高职院校大学生素质培养教材

大学生素质拓展

主　　编：薛仰全　冯黎成
参　　编：沈晓泉　任小勇　张　秀
曹　钰　赵国鑫　张　康

内 容 提 要

根据高职院校学生发展以及未来实际工作的需要，本书从体验式教育的角度出发，以培养高职院校学生的基本素质为目的，着重从社交礼仪、安全教育、拓展训练、心理健康教育、就业指导、中国传统文化和艺术修养七个方面训练大学生的基本素质。本书在内容上强调实用与科学，在形式上突出训练与自我操练，以期促进学生追求自身完善，获得整体、全面的发展。

本书既可以作为高职院校素质教育的教材，也可以作为学生进行素质培养的课外读物。

图书在版编目(CIP)数据

大学生素质拓展/薛仰全，冯黎成主编. —天津：天津大学出版社，2011.9 (2014.2 重印)

高职院校大学生素质培养教材

ISBN 978-7-5618-4162-4

Ⅰ.①大… Ⅱ.①薛… ②冯… Ⅲ.①大学生-素质教育-高等职业教育-教材 Ⅳ.①G718.5

中国版本图书馆CIP数据核字(2011)第190828号

出版发行 天津大学出版社
出 版 人 杨欢
地　　址 天津市卫津路92号天津大学内(邮编:300072)
电　　话 发行部:022-27403647
网　　址 publish.tju.edu.cn
印　　刷 天津泰宇印务有限公司
经　　销 全国各地新华书店
开　　本 185mm×260mm
印　　张 16.5
字　　数 412千
版　　次 2011年9月第1版
印　　次 2014年2月第3次
定　　价 32.00元

前 言

高等职业技术教育是以培养面向基层、面向生产、面向服务和管理第一线需要的高等技术应用型人才为目标的，这种教育被称为能力教育。随着社会经济成分、组织形式、就业方式、利益关系、分配方式的多样化，社会及用人单位对人才素质提出了更高的要求。高职教育只有重视学生的“潜质”，注重其能力的全面培养，才能使学生凭借已获得的基本知识和方法去扩展知识，适应社会发展的需要。培养基础扎实、操作能力强、综合素质高的应用型人才，已成为高职教育工作者必须认真研究的课题。

在高职教育领域，传统的专业技术教育一直居于主导地位，素质教育作为一种教育理念，成为职业教育的一种“补充”，长期停留在“形式上讲很重要，实际上由少数学生搞搞第二课堂活动的尴尬境地”。而这种高职教育与素质教育“两张皮”式的思维定式与传统的专业技术教育模式已严重制约了高职院校内涵建设与人才培养质量的提升。

为此，我系师生经过三年的实践和探索，从把素质教育作为职业教育的“补充”，到把素质教育真正落实贯穿于人才培养全过程；从素质教育由少数学生工作干部和团干部实施到素质教育的全员参与；从把素质教育作为一种办学策略到把素质教育作为高职院校建设发展的长远战略任务，对素质教育内涵的认识在反复的探索和实践中不断提升，最终形成高职院校实施素质教育的全新理念：高职院校的素质教育，应是高职院校以社会经济（特别是行业企业）发展以及人的职业生涯发展需要为出发点，以能力为核心要素的综合素质全面提高为根本目的，以尊重学生的主体性和主动性，注意开发学生的智慧潜能和形成人的健全个性为特征，促进每个学生全面地、生动活泼地、主动地得到发展的教育。

为从多角度、多方位、多层次探索研究学生素质教育的途径和方法，全面推进我系学生素质教育工作，提升素质教育效果，我们将各教学班的班会课改为素质拓展课，力求通过素质拓展课的开设，使学生学会做人、学会关心、学会团结协作、学会生活、学会正确处理各种矛盾、学会辨别是非，明确历史使命，坚定理想信念，帮助学生自立学习，独立思考，努力营造鼓励学生具有探索精神、创造思维、崇尚真知、追求真理的氛围，促进科学教育和人文教育的融合，实现高情感和高科技的联姻，人文气氛与科学精神的合璧，促进学生追求自身完善，获得整体全面发展。

为了更好地指导素质拓展课的开设，规范课程内容，明确培养方向，我们编写了本教材。本教材共分为七个部分，分别是社交礼仪、安全教育、拓展训练、心理健康教育、就业指导、中国传统文化和艺术修养。其中绪论部分由冯黎成编写，社交礼仪部分由曹钰编写，安全教育部分由任小勇编写，拓展训练部分由赵国鑫和薛仰全共同编写，心理健康教育部分由张康编写，就业指导部分由张秀编写，中国传统文化和艺术修养部分由沈晓泉编写。全书由薛仰全和沈晓泉负责统稿。

由于编者水平所限，书中错误和疏漏在所难免，敬请各位专家学者和广大读者批评指正，意见和建议请发往：dhflc@126.com。

编 者

2011年8月

目　录

Contents

绪　论 …… 1

学习情境一　社交礼仪 …… 7

任务一　仪表礼仪 …… 7

任务二　学校礼仪 …… 19

任务三　公共礼仪 …… 22

任务四　社会生活礼仪 …… 27

任务五　语言礼仪 …… 31

任务六　求职礼仪 …… 41

学习情境二　安全教育 …… 47

任务一　游泳安全 …… 47

任务二　交通安全 …… 48

任务三　火灾安全 …… 51

任务四　网络安全 …… 53

任务五　防盗、防抢、防骗 …… 56

任务六　大自然的威胁 …… 61

任务七　谨防食物中毒 …… 64

任务八　酗酒的悲剧 …… 66

任务九　疾病防治 …… 68

任务十　文体活动的安全 …… 69

任务十一　法律基本常识 …… 71

任务十二　赌博 …… 73

任务十三　传销 …… 75

任务十四　实习安全 …… 78

任务十五　安全的学习 …… 79

学习情境三　拓展训练 …… 81

任务一　团队简介 …… 81

任务二　“破冰”训练 …… 88

任务三　沟通表达能力训练 …… 91

任务四　团队信任项目训练 …… 99

任务五　团队协作项目 …… 106

任务六　挑战自我拓展 …… 109

任务七　学习能力拓展 …… 114

任务八　创新思维训练 …… 118

学习情境四　心理健康教育 …… 125
任务一　自我认识 …… 125
任务二　情绪管理与心理健康 …… 128
任务三　挫折应对与心理健康 …… 133
任务四　大学生恋爱心理 …… 140

学习情境五　就业指导 …… 147
任务一　职业生涯规划 …… 147
任务二　职业意识训练 …… 162
任务三　就业信息搜索与处理 …… 168
任务四　求职材料的制作 …… 173
任务五　成功面试 …… 180
任务六　大学生自主创业 …… 196

学习情境六　中国传统文化 …… 202
任务一　中国传统文化简介 …… 202
任务二　诸子百家简介 …… 209

学习情境七　艺术修养 …… 223
任务一　音乐 …… 223
任务二　绘画 …… 232
任务三　书法 …… 238
任务四　雕塑 …… 243
任务五　舞蹈 …… 247
任务六　影视 …… 252

参考文献 …… 258

绪 论

著名的国学大师南怀谨先生曾经说过这样一句话："一个人除了你现在拥有的钱物和所有的先天的如身体、相貌之外，还剩下的就是这个人的素质。"这里的"素质"是指除了先天素质之外的后天素质。素质教育是根据国情的要求和教育对象身心的特点，去发掘教育对象的发展潜能，弘扬其主体精神，促进其身心全面、和谐的发展的一种教育。从教育的结果来看，素质教育旨在提高教育对象整体素质结构；从教育的过程来看，素质教育是在培养人的后天素质。只有当人的先天素质与后天素质融为一体时，我们的教育就"创造"了一个"新人"，所以说素质教育的实质就是对人的教育。

高职院校培养的是适应社会主义现代化建设需要的新一代高级技术人才，其培养目标是面向地区经济建设和社会发展，适应就业市场的实际需要，面向生产、服务、管理第一线，培养实用人才。那么，如何做好高职学生的素质教育，培养高素质的现代化建设人才，是高职教育者要研究的重要课题。

一、什么是素质

《现代汉语词典》对素质的释义为：① 指事物本来的性质；② 后天的素养（或平日的修养)；③ 心理学上指人的神经系统和感觉器官上的先天的特点。可见，素质这一概念既可以从生理又可以从心理方面去解释，既可以说是人的"原始的状态"、"本来的性质"，即先天的素质，其中如遗传素质；又可以说是人在后天形成和发展的状态、水平，即通过环境、教育和社会实践活动而形成和发展起来的素养，如现有的身体素质、心理素质、文化素质，等等。

二、什么是素质教育

素质教育是指依据人的发展和社会发展的实际需要，以全面提高全体学生的基本素质为根本目的，以尊重学生主体性和主动精神、注重开发人的智慧潜能、注重形成人的健全个性为根本特征的教育。

实施素质教育是我国社会主义现代化建设事业的需要，也是高职院校教育的核心。它体现了高职教育的性质、宗旨与任务。高职教育本质上就是培养高等职业技术人才的素质教育，素质教育的理念应当贯穿于人才培养的全过程，落实到学校工作的各个方面。

素质教育的主阵地和主渠道是课堂和实践教学（我们所说的第一课堂），而素质拓展课以及学生社团、各种校园活动及社会实践活动等，是素质教育的重要补充。以上两方面对于学生的专业素质和综合素质，缺一不可。

高职教育应当是"以人为本"的教育。教育的对象和教育的目标，是"人"而不是"器"，在培养学生具有从事一定职业岗位群的技术工作能力的同时，应当尊重学生自身发展的愿望，考虑学生长远发展的需求。其中，"以人为本"要求做到：育"人"与育"才"相统一，技术教育与人文教育相统一，教育的社会发展要求与学生自身发展要求相统一。

高职教育应当是以能力培养为核心的全面发展教育，职业能力的培养是人才培养的重点；但同时必须重视学生思想道德、科学文化和身体心理等综合素质的培养教育。这是由高职学校的办学宗旨和党的教育方针所规定的，也是培养高素质技术应用型人才所必需的。

三、素质与素质教育的关系

素质与素质教育有着密切的联系。人的素质的提高离不开教育，有什么样的素质，就应有与之相对应的素质教育。人的素质可大致分为生理素质、心理素质和社会文化素质；与之相对应，则有生理素质教育、心理素质教育和社会文化素质教育。若详细划分，人的素质可分为思想道德素质、文化科学素质、身体素质、心理素质、审美素质和劳动技能素质等；与此相对应，则有思想道德素质教育、文化科学素质教育、身体素质教育、心理素质教育、审美素质教育和劳动技能素质教育等。

素质具有整体性。人的诸方面素质不是孤立存在的，而是互相制约、相互依存的整体。素质教育必须遵循人的素质整体结构的规律，从人的整体素质结构出发，使素质教育与人的素质结构相适应，养成人的整体素质。现代素质教育不仅深入到素质的生理与心理层面，而且扩展到社会文化层面。素质是个体性、群体性和民族性的统一。这就要求既重视个体的各种素质的教育，又重视群体素质的完善，还要致力于全民族素质的整体提高。

四、素质教育的特点

1. 素质教育的全体性

长期以来，我国的基础教育由于受片面追求升学率的影响，中小学教育紧紧围绕升学有望的学生来进行，仍有部分学生处于被冷落的“陪读”地位。这种教育实质上是一种“选拔”和“淘汰”教育。美国当代著名教育家布鲁姆曾经指出，教育者的基本态度应是选择适合儿童的教育，而不是选择适合教育的儿童。他批评只为少数可能达到最高层次教育的学生准备阶梯的教育是最大的浪费。

在高职院校，素质教育作为一种以全面提高全体学生的基本素质为根本目的的教育，是与应试教育的“选择性”和“淘汰性”相对立的。素质教育必须面向全体学生，使每个学生都具有作为新一代社会主义现代化建设者所应具备的基本素质，这就从教育对象上规定了素质教育的基本性质。

素质教育的全体性要求：① 必须使每个学生在原有基础上得到应有的发展；② 必须使每个学生在社会所要求的基本素质方面达到规定的合格标准。

2. 素质教育的全面性

素质教育要求受教育者的基本素质必须得到全面的、和谐的发展。素质教育的这种全面性要求是有社会学、教育学和心理学依据的。社会发展对人的素质要求是全面的，而非单一的。从心理学的角度看，人的心理活动具有整体性，认知过程与情感过程的产生与发展自始至终是互相交织、相辅相成的。因而，人的素质发展也是具有全面性。

素质教育的全面性要求：① 必须使每个学生在道德素质、科学文化素质、智能素质、身体素质、审美素质、劳动素质和心理素质等方面，都得到应有的发展；② 必须使每个学生的素质结构得到协调发展和整体优化。

3. 素质教育的基础性

素质教育是“为人生作准备”，即“为人生打基础”的教育。正如美国著名教育家赫钦斯所说：重要的是要通过学校教育“奠定做一个自由的和负责的人的基础”。这就是从社会经济发展对人的素质的基本要求上规定了素质教育的性质。

素质教育的基础性要求：① 必须使学生所接受的教育内容是当代社会要求每一个公民所必须掌握的；② 从社会发展的角度必须让每一个学生掌握“学会做人、学会学习、学会健体、学会劳动、学会审美”等基本技能。

4. 素质教育的发展性

应试教育的重要弊端之一就是把学生单纯视为接受知识的“容具”。素质教育不仅重视学生知识和技能的掌握，更重视学生智慧、潜能和个性的发展，而这些素质单靠一般的“灌输”是难以奏效的。正如德国教育家第斯多惠所说：“人们可以提供一个物体或其他什么东西，但是人却不能提供智力。人必须主动掌握、占有和加工智力。”人脑科学研究的大量成果表明，人有巨大的潜能，现已开发的只是很小的一部分。潜能就是每个人潜藏着的智慧才干和精神力量，被称为“沉睡在心灵中的智力巨人”和“每个人身上有待开发的金矿脉”。

素质教育的发展性意味着素质教育对学生潜能开发和个性特长发展的高度重视，具体表现为：① 教师要相信每个学生的发展潜能，每个人都是有潜能的，各人能力的高低不同很大程度上是因为各人潜能开发的程度不一样，而且绝大多数人的潜能没有得到充分的开发；② 教师要创造各种条件，激发学生无限的创造力和潜能，使每个学生都有机会在他天赋所及的一切领域最充分地展示并发展自己的才能。

5. 素质教育的主体性

如何看待学生在教育教学过程中的地位和作用，是素质教育与应试教育的重要区别之一。在应试教育过程中，一切活动都围绕教师的“教”来进行，学生往往处于附属的地位。这种师生观、教学观的最典型表现就是教师在教学中“满堂灌”，学生被动接受。在这种课堂教学中，学生很少有主动参与的机会。素质教育则不然，它充分尊重学生在教育教学过程中的主体地位。素质教育的这种主体性要求是与人的主体性原则在当代社会实践活动中的确立分不开的。

素质教育的主体性从根本上说就是教师要尊重学生的自觉性、自主性和创造性，具体表现为：① 教师要尊重学生的独立的人格，这是教育的前提，也是对待学生最基本的态度，教师不可能喜欢学生的一切，但教师要认识到学生是一个有价值的人、一个值得尊重的人；② 要把学习的主动权交给学生，在教育教学过程中教师要善于激发和调动学生的学习积极性，要教会学生学习和实践，要让学生有自主学习以及实践的时间和空间。

6. 素质教育的开放性

以教师中心、教材中心和课堂中心为代表的传统教育思想是比较适合应试教育需要的，这也正是传统教育教学思想在我国仍然支配教师教学行为的重要原因之一。应试教育中学生接受教育的场所主要是课堂，知识和信息的来源主要是教师和课本，形成了封闭的教育空间和单一的信息来源渠道，从而导致了应试教育的封闭性。

如果说应试教育的任务还可能由学校和教师独揽的话，那么素质教育的任务在校园里仅仅依靠教师是难以完成的。

素质教育由于涉及学生的全面发展，教育内容大大拓宽了，也要有相应宽广的教育空间和多样化的教育渠道与之相适应。因而，从素质教育的空间和教育渠道看，素质教育不再局限于校内、课内和课本，具有开放性。系统科学认为，系统只有开放，与环境进行信息交往，才能有序运行。

素质教育的开放性要求是：① 拓宽原有的教育教学空间，真正建立起学校教育、家庭教育和社会教育相结合的教育网络；② 拓宽原有的教育教学途径，建立学科课程、活动课程和潜在课程相结合的课程体系。

五、高职学生素质培养的途径

高职学生素质培养主要包括两大方面，一个是专业素质，一个是综合素质。专业素质主要通过专业课程（前面提到的第一课堂）来训练，而综合素质的训练贯穿于学生在校的所有活动，既渗透在专业课程的始终，也融会在学生各种活动中。同时，各种学生社团、学生组织也使参加学生的综合素质得到了很大提升。其中，由班主任负责的各班的素质拓展课，是学生综合素质培养的重要阵地和有力补充，也是加强班主任和学生心理联系的重要纽带。

1. 激发学习兴趣、促进学生主动学习

内在激情有助于能力的培养，能力提高反过来会激发更高的学习兴趣，激发学习兴趣是培养学生能力的前提。青年学生好奇心强，富有想象力，善于吸收新知识。马斯洛“层次需要理论”告诉我们：人只有感觉到自己需要，才会激发积极性。对任何一门课程，首先应该让学生认识到学好这门知识对自己具有重要作用。只有他意识到自己的需要，才会产生极大的学习热情。这就要求教师在教学方法上首先让学生认识到该知识的重要性，然后恰当地讲解、提问、综合对比，使学生带着若干问题主动去学习、思索，教师应该把“教学过程”看做是学生的“学习过程”。在这个过程中，教师要帮助和指导学生将学习任务与学习愿望有机地统一起来，以平等合作的态度与学生共同商定各个阶段的学习目标，制订个体学习计划。

2. 注重精讲多练，培养独立学习能力

独立学习能力是获取知识最重要的能力之一。边缘学科的大量涌现，使知识具有了很强的渗透性和交叉性，要求人才必须具备纵横结合的知识结构，而这种知识结构必须依靠学生的独立学习能力，如果没有很强的独立学习能力，就不能根据形势的发展变化，随时补充自己知识结构，甚至会被淘汰。培养独立学习能力，在当今和未来社会都具有不可替代的价值，对高职院校的学生更具有重要的意义。学生应当以教师指导下的自学为主，养成良好的自学习惯，注重自学能力的全面培养。

3. 开展课堂讨论，培养思维表达能力

思维表达能力是其他任何能力的突破口，它要求人要多动脑筋，勤于思索，善于分析。启发学生思维的方法有：① 变序——训练思维的多向性；② 抓点——训练思维的聚焦性；③ 求异——训练思维的发散性；④ 求同——训练思维的迁移性；⑤ 设疑——训练思维的创见性。教师讲课和指导实验实训时，可以把一些富有启发性的问题编成思考题，让学生独立思考，自己动手实践，再组织学生讨论，引导学生深入思索，使学生更深刻地理解和应用所学知识，掌握相关技能。这样不仅能拓宽学生的思路，还能使理论与实际结合起来。学生在教师的启发下，热烈讨论，各抒己见，即使是错误的，也能在辩论中明晰错误所在，这不仅能使学生高质量地完成学习任务，还能够提高学生的综合素质。

4. 加强实习实训，培养动手操作能力

人的能力是在实践中形成的，是实践实现了由知识到能力的转化。培养合格的高职学生，更应该注重对学生动手操作能力的培养。第一，教师必须更新思想观念，重视技能训练课的实践性，使学生对每一项技能操作要领理解到位。训练过程中，能用实物演示的不用模型，能让学生动手操作的不要单靠演示，能让学生深入社会实践的应指导学生亲自参加社会实践。第二，要改革实验教学内容，增加综合性实验。第二，推行观察性实习实训，积极开展实践锻炼活动。第四，组织学生开展各种专业技能竞赛，促进教学与实践紧密结合。第五，搞好实习实训基地建设，增加实习环节，为培养学生的动手操作能力，创造良好的实习环境，通过分阶段实习实训，使抽象性的知识变成实际操作技能。

5. 树立创新观念，培养创业创新能力

人的创造性必须通过科学和人文知识所内涵的文化精神的熏陶和教化才能潜移默化地生成。为适应高职教育发展，必须改革培养模式，要求教师打破常规，敢于标新立异，倡导学生开展创业实践，鼓励学生参加科技咨询活动，创造机会让学生多进行思想交流，激发他们的求知欲和探索精神。在创新思想中，要特别注意求异和反向思维能力的培养。

培养学生创新与思考能力，可按以下环节进行：第一，安排学生在对应的专业进行实际锻炼，目的是让学生感受所学专业的职业特点、工作内容及能力要求；第二，进行首轮理论教学环节，按岗位能力要求安排相关理论教学，并且专业理论知识的讲授应占主要部分；第三，进行第二轮实习实训环节，要求学生在实际职业岗位上动手操作，深刻地体会理论与实践的关系；第四，进行第二轮理论教学环节，目的是进一步训练学生综合职业能力，为学生进一步深造打好基础。

6. 采取多种形式，培养组织管理能力

随着现代职业劳动界限的超越，要求高职学生在校期间就要注重培养自己的组织协调能力、管理能力和决策能力，要善于与人协作，发挥群体效益。组织管理能力的培养既要学理论更要参加实践，在学校里这种能力培养可以通过参与民主管理、学生联合会、勤工俭学、公益劳动、参观访问、社会调查、智力竞赛等活动来开展。参与民主管理主要是让学生参与学校各种学生组织机构的决策、评议等，使学生早期介入社会生活，参与管理活动，提高责任感和管理意识，使理论和实践结合起来，提高学生的组织管理能力。

7. 大力发展学生社团，培养学生综合能力

学生社团是正式课程之外的课外活动之一，其功能不仅是课堂外的活动，而且具有联课活动的功能，即将各项学科所习得的知识和能力，在社团中得以展现。因而，学生社团具有观摩、发表、激励、领导和创造的各种作用。许多学生在课业上或课堂上无法发挥施展的才智能力，却得以在社团中实现；在发表和创造中获得自我肯定；在领导和被领导中学到对民主和议事的认知与能力；在服务与被服务当中习得与人相处之道；在观摩和访问活动中，扩大视野，增长见识。总之，对生活与生命有另一番真切而深刻的体验，对学生综合素质的提高具有重要的意义。高职院校的学生社团应包含专业型社团、创业型社团、兴趣爱好型社团、理想型社团、公益型社团等，从各方面开展社团活动，营造一个立体的综合素质培养环境。

8. 上好素质拓展课，全面培养学生综合素质

素质拓展课作为学生综合素质培养的重要阵地，通过讲座、主题班会、心理素质拓

展、各种比赛、联谊活动、参观、社会实践、艺术欣赏等各种丰富的形式，从安全、职业道德、就业、纪律、理想、心理、社交礼仪、做人做事、艺术修养、各种能力培养等方面，以学生为主体，教师为主导为原则，对学生进行全面的素质拓展。

六、素质拓展课与班会

班会课通常是班主任针对班级情况对学生进行教育的一种有效方式。在班会上，班主任除对学生进行日常思想品德教育外，还集中地对学生进行科学、审美、个性、心理以及社会实践等各种能力的培养。班会课的最终目的是为了帮助学生养成若干良好的日常生活行为习惯和学习习惯，提高学生明辨是非的能力，增加学生的集体凝聚力和荣誉感，丰富学生的学校生活和业余生活。

通常意义上，班会分为普通班会和主题班会两种类型。普通班会又有固定班会和临时班会两种。“固定”的概念是每周一次或是每几周一次；临时班会就是有事时临时召开的班会。而主题班会，一般来讲，是指在一定的阶段，围绕某个主题开展的对学生进行思想教育的班会。

素质拓展课是针对高职学生的特点，制定出一套完整的培养方案，以全面培养全体学生的综合素质为目标，以各种丰富的形式拓展学生的综合素质。它是以专业课程为主阵地的素质教育的重要补充，是综合素质培养的重要阵地。

素质拓展课是在班会的基础上提出来的，他的组织形式包含了班会课的各种形式，它的教育内容也包含了班会的教育内容。但是，素质拓展课与目前的班会课比较，也有很大的区别。

1．课程定位不同

班会课主要针对学生出现的问题，进行实时的引导和教育，是解决问题型的，尤其是在高职院校里，班会普遍趋向弱化的趋势，沦为“有事说事，没事就不开”的境地，停留在“解决”的层面。素质拓展课的目标直接定位于学生综合素质的培养，可以结合学生的实际情况，配合专业课程的训练，有针对性地培养和提高学生的综合素质。其要求高于“解决”的层面，以塑造高素质人才为目的，避免出现要“解决”的问题。

2．教学原则不同

班会课以班主任为主，进行事务的处理和各种问题的解决，主题班会也能适当调动学生的主观能动性，但其定位也只是解决某些问题。而素质拓展课以“学生为主体，教师为主导”为原则，教师根据本班学生的特点制订素质培养计划，明确培养任务，由学生根据培养任务写出活动策划书，由学生决定课程组织的具体形式，并轮流由学生主持进行，教师全程指导，作出点评和总结。

3．课堂组织形式更灵活

班会主要有普通班会和主题班会两种形式，而素质拓展课除了这两种形式外，还有主题讲座、课外拓展、各种比赛、讨论、艺术欣赏、参观、表演等形式，还鼓励教师和学生针对某个主题进行创新活动。素质拓展课可以在室内上，也可以在室外上。

4．课程内容更为丰富

班会课的内容局限于日常管理、纪律教育、思想教育、政治教育、心理健康、社交礼仪等方面，而素质拓展课的内容在上述基础上，还增加了心理拓展训练，艺术修养培养等，更包含了团结协作、做人做事、学习能力、组织能力、思维能力、策划能力、创业创新能力等各方面能力的培养，内容涉及综合素质的各个方面。

学习情境一

社交礼仪

礼仪是人类为维系社会正常生活而要求人们共同遵守的最起码的道德规范，它是人们在长期共同生活和相互交往中逐渐形成的，并且以风俗、习惯和传统等方式固定了下来。对一个人来说，礼仪是一个人的思想道德水平、文化修养、交际能力的外在表现；对一个国家来说，礼仪是一个国家社会文明程度、道德风尚和生活习惯的反映。重视、开展礼仪教育已成为道德实践的一个重要内容。

礼仪教育的内容涵盖社会生活的各个方面，从内容上看有仪容、举止、表情、服饰、谈吐、待人接物等；从对象上看有个人礼仪、公共场所礼仪、待客与做客礼仪、餐桌礼仪、馈赠礼仪、文明交往礼仪等。人际交往过程中的行为规范称为礼节，礼仪在言语动作上的表现称为礼貌。加强道德实践应注意礼仪，使人们在“敬人、自律、适度、真诚”的原则上进行人际交往，告别不文明的言行。

礼仪、礼节、礼貌的内容丰富多样，但它有自身的规律性，其基本的礼仪原则有：① 敬人的原则，应礼貌待人，尊师敬教、尊老爱幼、尊重他人等；② 自律的原则，就是在交往过程中要克己、慎重、自我对照、自我反省、自我要求、自我检点、自我约束，不能妄自尊大、口是心非；③ 适度的原则，适度得体，掌握分寸；④ 真诚的原则，要诚心诚意、以诚待人，不逢场作戏、言行不一。

任务一　仪表礼仪

案例 1

某次，在中美两公司的合作会谈仪式上，合同意向已经达成，只待签字，双方负责人正准备握手合影。这时，美方代表突然拒绝合作，理由是中方代表的眼镜污秽不堪。美方代表认为连自己卫生仪表都处理不好的人怎么能处理好美方几千万元的工程呢？一次合作、一次机遇就这样丢失了。

思考：一次良好的机遇为什么会如此丢失？

案例 2

有位女职员是财税专家，她有很好的学历背景，常能为客户提供很好的建议，在公司里的表现一直很出色。但当她到客户的公司提供服务时，对方主管却不太注重她的建议，她发挥才能的机会也就不大了。这时，一位时装大师发现这位财税专家在着装方面有明显的缺憾。她 26 岁，身高 147 厘米，体重 43 公斤，看起来机敏可爱。她喜欢着童装，像个16岁的小女孩，其外表与她所从事的工作相距甚远，客户对她所提出的建议缺少安全感、依赖感，所以她难以实现她的创意。这时时装大师建议她用服装来强调出学者专家的气质，用深色的套装，对比色的上衣、丝巾、镶边帽子来搭配，甚至戴上黑框眼镜。女财税专家照办了。结果，客户的态度有了较大的转变。很快，她成为公司的董事之一。

思考：如果你是这个案例中的财税专家，你会怎样来包装自己？

案例3

一位女推销员在美国北部工作，一直都穿着深色套装，提着一个男性化的公文包。后来她调到阳光普照的南加州，她仍然以同样的装束去推销商品，结果成绩不够理想。后来她改穿色彩浅淡的套装和洋装，换了一个比较女性化的皮包，使自己更有亲切感。着装的这一变化，使她的业绩提高了25%。

思考：这位女推销员的着装和佩饰的改变，为什么能使她的业绩提高？你能给她提供一些更好的建议吗？

在人际交往中，一个人如果有吸引力，他与人交往和沟通就会变得通畅。那么，个人的吸引力受到哪些因素的影响呢？具体来说，主要有三个方面的因素，即外貌因素、性格因素和能力因素。

人的外貌因素包括长相、穿着、体态、举止、风度等，这些都对人的吸引力有着重要的影响，特别是在交往的初期，外貌因素的作用更大。外貌因素是形成第一印象的重要条件。第一印象会给人形成一种特殊的心理定式和情绪定式，即所谓“成见效应”。成见效应会形成一个人的吸引力或排斥力。

仪表即人的外表，是一个人精神面貌的外观体现，它一般包括人的仪容、仪态、服饰等具体因素。仪容，即人的相貌，它是一个人仪表的基础内容；仪态，即人的行为姿态，它是一个人仪表的动态因素；服饰，即人的穿戴打扮，它是一个人仪表的补充成分。像风度一样，一个人的仪表也是一个多元的整体。

人不仅应该有美好的内心，而且也应该有美好的外表。如果我们把思想感情、性格品质、道德情操、文化修养看做一个人的内在美，那么包括仪容、仪态、服饰等因素在内的仪表则是一个人的外在美。从美学角度讲，美总是有形的，美的生命在于它外形的显现，抽象的内在本质的美只有借助外在美的形象才能得以表现。仪表美不仅是物质躯体的外壳，它也从一个侧面反映出人的思想修养、精神气质，甚至反映社会文明的发展水平。心灵美与仪表美不是对立的，而是不可分割的，只有它们互为表里，相得益彰，才是完善的美。因此，人的仪表与其道德修养、文化水平、审美情趣和文明程度有关，并且良好的仪表是由较高的道德修养、文化水平、审美情趣和文明程度决定的。

一、仪容礼仪

（一）仪容的概念

仪容主要指人的容貌，它与人的生活情调、思想修养、道德品质和文明程度息息相关。仪容美的基本要求如下。

1）强调自然美，精神饱满，容光焕发，具有青春活力。

2）注重清洁卫生。

3）发型朴实大方，彰显职业风范。

4）化妆淡雅自然，切忌浓妆艳抹。

讲究容貌的修饰，既能表示对人的尊重，又能体现自尊自爱。在社会交往活动中，人们常常以化妆品及艺术描绘手法来装扮自己，以达到振奋精神和尊重他人的目的。不能简单地将化妆理解为追求表面的美，更不能把它看做是不正当的吸引异性的手段而嗤之以鼻。化妆除了反映个人爱美的意识，更是尊人敬业的表现，这才是化妆的本质。通过对面容的精心修饰，以美丽动人的容貌和自信的精神状态出现在工作中，给人以美的享受、心理的满足，能烘托出时代气息和职业环境特色。

（二）化妆的原则

1. 美化的原则

每一个化妆的人都希望通过化妆使自己变得更美丽，这是毫无疑问的。但事实上，有些人以为把各种色彩涂抹在脸的相应部位就美了，这是错误的。要使化妆达到美的效果，首先必须了解自己的脸的各部位特点，孰优孰劣要心中有数；还要清楚怎样化妆和矫正才能扬长避短，变拙陋为俏丽，使容貌更迷人。这些，要在把握脸部个性特征和正确的审美观的指导下进行。

2. 自然的原则

自然是化妆的生命，它能使化妆后的脸看起来真实而生动，不是一张呆板生硬的面具。化妆失去了自然的效果，那就是假，假的东西就没有生命力和美可言。自然的化妆要依赖正确的化妆技巧、合适的化妆品；要一丝不苟，井井有条；要讲究过渡、体现层次；要点面到位、浓淡相宜。

总之，要使化妆说其有、看似无，就像被化妆的人确确实实长了一张美丽的面容一样。化妆时不讲艺术技法，胡来一气，敷衍了事，片面追求速度，都有可能使妆面失真。

二、仪态礼仪

（一）仪态概述

仪态是指人在行为中的姿态和风度，良好的仪态既是体态美的展示，又是其内在修养和心理状态的自然流露。良好的仪态来自于人们高尚的品质情操、广博的知识、良好的心理品质和独到的思辨能力。仪态中所表现出的完善的美，必须是人们内在美与外在美的和谐统一，必须是高尚品质、广博学识、良好心理品质和独到思辨能力与正确的站姿、优雅的坐姿、雅致的步态、恰当的手势、真诚的表情、和蔼的态度和优美的动作等的和谐统一。

（二）姿态是一种体态语言

1. 体态语言

姿态是一种非文字语言，包括人的体态姿势、动作和表情。体态语言是用人体的动作、表情作为词汇来象征人的心灵、表达人的思想感情的一种非语言的语言。人们在交谈中，一个眼神、一个表情、一个微小的手势和体态，都可以传递出非常丰富的内心世界，真可谓“此时无声胜有声”。姿态——这种语言的表达效果比起有声的口头语言有时会更丰富、更生动，更能表现出真实、诚恳的心态。此外，姿态所发出的语言信息比起口头语言具有含蓄、模糊的作用，给人们以朦胧美的感官享受。

要正确认识仪态，应当注意如下两个问题。

1）尽管姿态这种语言有着口头语言所无法替代的作用，但是，它毕竟是无声的，在传递信息的功能上，口语要比体态语更优越、更准确，不可偏颇。二者必须完美结合，才能“声情并茂”，全面、准确地表达思想感情，具体、深刻地传递信息。

2）尽管优美的姿态是一种美，可以起到很大的感染作用，但是，它毕竟是外在的、是表象的，不可由于刻意追求这种外在的美，而忽略了心灵美这个基础。只有真、善、美的心灵与优美的仪态相结合，才能相辅相成、相得益彰，形成一个完美的自我。

优美的姿态不是天生就有的，要获得正确、优美的姿态就应当积极主动地参与形体训练，掌握正确的仪态，矫正不良习惯，达到自然美与修饰美的最高境界。

2. 体态语言的特征

体态语言具有共通性、传承性、心理性、符号性等特性。

（1）共通性

体态语言的共通性是指某些基本的面部表情、眼神以及身体的动作和姿态所表达的信息可以为大多数不同民族、不同地位、不同语言、不同文化背景的人所接受并解释出一致或接近的含义。这主要是由人类谋生的基本方式及思维的基本方式的类似性所决定的。

（2）传承性

体态语言的传承性是指其作为一种文化现象出自人们的实践创造和约定俗成，而约定俗成正是一个传承和传播的过程。

（3）心理性

体态语言的心理性是指人们的心理状态，可以通过身势情态、服饰、仪表等形式分析出他们的气质和个性。在具体活动中，体态语言直接体现人的心态，并直接给予接受者以心理上相应的理解性刺激，产生相应的意识。

（4）符号性

体态语言的符号性是指体态语言的交际是以信息符号形态进行传递和交流的，这些符号有随机性和任意性的特点。这就是说，一方面，同一个意义及感情色彩的体态语言，既可以用身势语表达，也可以用情态语表达，或者用其他方式表达；另一方面，对于体态语言符号意义的表达，既可以运用其他方式的经验和技巧因素，亦受接受者多种理解即解释其符号的能力、角度、语境等的制约。正是由于体态语言符号的随机性和任意性，决定了其具有模糊性，使得一些体态语言符号在具体语境中会出现接受者把握不准，不能正确解释其含义的现象。这种现象的出现，主要是由于体态语言具有较强的民族性、地区性、行业性等多种层次的差异造成的，同时还受个人性格、愿望、态度和价值观的影响。

人际沟通往往是通过语言和体态语言两种形式进行的，并且二者总是相伴在一起的。一般情况下以语言为主，以体态语言为辅，二者构成了实际交际信息的综合方式。人们在不同的条件和语境中有选择地采用一些必要的体态语言，不断完善规范各种体态语言符号，使之成为自己习惯用的、得体典雅的体态，一定会在交往中展示礼貌的风度。

（三）各种仪态的基本要求

仪态主要包含站立的姿势、就坐的姿势、走路的步态、面部的表情、得体的手势和对人的态度及优美的动作。

1. 站立的姿势

站立是人们生活中一种最基本的举止。常言说“立如松”，就是说站立应像松树那样端正挺拔。站姿是静力造型动作，显现的是静态美。

站姿又是训练其他优美体态的基础，是发展不同姿态美的起始点。因此，练好站姿有着特殊重要的意义。

（1）规范的站姿

站姿的基本要求：站立端正、自然、稳重、亲切、精神饱满（见图1-1）。

1）头正。两眼平视前方，嘴微闭，收颌梗颈，表情自然，稍带微笑。

2）肩平。两肩平正，微微放松，稍向后下沉。

3）臂垂。两肩持平，两臂自然下垂，中指对准裤缝。

4）躯挺。胸部挺起、腹部往里收，腰部正直，臀部向内向上收紧。

5）腿并。两腿立直，贴紧，肌肉略有收缩感，脚跟靠拢，两脚成60°夹角。

图1-1　正确站姿示范

这种规范的礼仪站姿，同部队战士的立正是有区别的，礼仪的站姿较立正多了些自然、亲近和柔美。

（2）站立时忌讳

忌讳探脖、塌腰、耸肩、弯腰驼背、摇头晃脑、东倒西歪；忌讳倚靠在桌、椅或门、墙上，更不可靠在坐椅背上；忌讳双手放在衣兜里，腿脚不自主地抖动，把脚踏在凳上或在地面上蹭来蹭去，乱踢地面上的东西。

2. 走路的步态

行姿是一种动态美。每个人都是一个流动的造型体，优雅、稳健、敏捷的行姿会给人以美的感受，产生感染力，反映出积极向上的精神状态。

（1）规范的行姿

走路的步态要端正、轻盈、稳健、充满活力，体现一种动态美。女子的步态要轻盈有节奏，展示出曲线美；男子的步态稳健，充满阳刚之气。

行姿的基本要求：上体正直不摆动，两肩相平不摇，抬头挺胸，微收腹；两臂自然前后摆动，肩部放松；两腿直而不僵，提髋，身体重心落在脚掌的前部；眼平视，嘴微闭，面带微笑；步幅适中均匀，两脚落地一线，忌“内八字”和“外八字”。

1）头正。双目平视，收颌，表情自然平和。

2）肩平。两肩平稳，防止上下前后摇摆。双臂前后自然摆动，前后摆幅在30°~40°，两手自然弯曲，在摆动中离开双腿不超过一拳的距离。

3）躯挺。上身挺直，收腹立腰，重心稍前倾。

4）步位直。男子行走时一般要求两脚跟交替前进在两条平行线上，两脚尖稍外展。女子行走时要求两脚轮换前进，两脚尖略开，脚跟先着地，两脚内侧要落在一条直线上，称“一字步”。若女子的步位落在两条平行线上，臀部就会失去摆动，腰部会显得僵硬，失去了步态的优美感。

5）步速平稳。行进的速度应当保持均匀、平稳，不要忽快忽慢。在正常情况下，步速应自然舒缓，显得成熟、自信。

（2）行走时的忌讳

忌讳行走时摇晃肩膀，双臂大甩手，大幅度扭腰摆臀；忌讳急跑步或脚跟用力着地而发出声响；忌讳行走“八字步”，路线弯曲，甚至东张西望；忌讳抢道而行，不打招呼，不致歉意；忌讳与人并行时勾肩搭背。

3. 端坐的姿势

坐姿是非常重要的仪态。在日常工作和生活中，离不开各种坐姿。坐是一种静态造型，对男性，更有“坐如钟”一说。端庄优美的坐姿，会给人以文雅、稳重、大方的美感。

（1）端坐姿势的基本要求

端坐姿态的基本要求：坐得端正稳重、自然亲切、文雅、自如（见图1－2）。

图1－2　正确坐姿示范

端坐的具体要领：入座时，轻缓地走到座位前，转身后两脚成小“丁字步”，左前右后，两膝并拢的同时上身前倾，向下落座。如果穿的是裙装，在落座时要用双手在后边从上往下把裙子拢一下，以防坐出皱折或因裙子被打折坐住而使腿部裸露过多。坐下后，上体自然坐直，头正目平，嘴微闭，面带微笑；胸微挺，腰伸直，腰部微靠（或只坐椅子三分之二处）；两腿自然弯曲，小腿与地面基本垂直，两脚平落地面，双膝并拢，臀部坐在椅子中央；起立时，右脚先向后收半步，然后站起。

（2）端坐时两手、两腿和两脚的摆法

两手摆法：有扶手时，双手轻搭在扶手上或一手搭在扶手上一手轻放在腿上；无扶手时，两相交或轻握或呈“八”字形置于腿上。

两腿摆法：椅高适中时，两腿稍靠或稍分，但不能超过肩宽；椅面低时，两腿并拢，自然倾斜于一方；椅面高时，一腿搁于另一腿上，脚尖应向下。

两脚摆法：脚跟脚尖全靠或一靠一分；也可一前一后或右脚放于左脚外侧。

（3）女子八种优美坐姿

1）标准式。坐下后，上身挺直，双肩平正，两臂自然弯曲，两手交叉叠放在两腿中部，并靠近小腹。两膝并拢，小腿垂直于地面，两脚保持小“丁字步”。

2）前伸式。在标准坐姿的基础上，两小腿向前伸出一脚的距离，脚尖不要跷起。

3）前交叉式。在前伸式坐姿的基础上，右脚后缩，与左脚交叉，两踝关节重叠，两脚尖着地。

4）屈直式。右脚前伸，左小腿后屈，大腿靠紧，两脚前脚掌着地，并在一条直线上。

5）后点式。两小腿后屈，脚尖着地，双膝并拢。

6）侧点式。两小腿向左斜出，两膝并拢，右脚跟靠拢左脚内侧，右脚掌着地，左脚尖着地，头和身躯向左斜。注意大腿小腿要成90°，小腿要充分伸直，尽量显示小腿长度。

7）侧挂式。在侧点式基础上，左小腿后屈，脚绷直，脚掌内侧着地，右脚提起，用脚面贴住左踝，膝和小腿并拢，上身右转。

8）重叠式。重叠式也叫“二郎腿”或“标准式架腿”等。

在标准式坐姿的基础上，两腿向前，一条腿提起，腿窝落在另一腿的膝关节上边。要注意上边的腿向里收，贴住另一条腿，脚尖向下。

重叠式还有正身、侧身之分，手部也有交叉、扶把手等多种变化。

二郎腿一般被认为是一种不严肃、不庄重的坐姿，尤其是女子不宜采用。其实，这种坐姿常常被采用，因为只要注意上边的小腿往回收，脚尖向下这两个要求，不仅外观优美文雅，大方自然，富有亲近感，而且还可以充分展示女子的风采和魅力。

（4）男子六种优美坐姿

1）标准式。上身正直上挺，双肩正平，两手放在两腿或扶手上，双膝并拢，小腿垂直地落于地面，两脚自然分开成45°。

2）前伸式。在标准式的基础上，两小腿前伸一脚的长度，左脚向前半脚，脚尖不要跷起。

3）前交叉式。小腿前伸，两脚踝部交叉。

4）屈直式。左小腿后屈，前脚掌着地，右脚前伸，双膝并拢。

5）斜身交叉式。两小腿交叉向左斜出，上体向右倾，右肘放在扶手上，左手扶把手。

6）重叠式。右腿叠在左腿膝上部，右小腿内收、贴向左腿，脚尖自然地向下垂。

三、服饰礼仪

（一）服饰的概念

服饰是对人们衣着及其所用的装饰品的一种统称。衣着服饰是人类为了保护身体、御寒保暖，为工作、劳动、运动、休息、卫生等用途和功能而制作的，或者是为举行婚礼、葬礼及各种仪式、会客等社会功能的需要而特意制作的。服饰是人的形体外延，对形体美起着修饰作用，满足人们的审美需求。服饰反映着人们的社会生活、文化水平和道德修养。

（二）服饰的作用

服饰主要有以下作用。

1. 能增强自信心

每当人们穿上自认为好看的服装时，往往产生良好的自我感觉，从而使精神振奋。尤其是出入一些豪华的公共场所，服饰得体能使人增强自信心，避免自卑感的产生。

2. 是个人文明修养的外显

服饰从某种程度上可理解为自我广告。服饰也是一种语言，它向人们宣告一个人的个性、审美情趣、文化品味、为人处世态度以及文明修养。服饰得体总能给人以美感的人，往往也是文明修养程度较高的人。

3. 个人尊严的维护

一个人的着装往往向他人表明你对自己的态度，也表明他人会如何看待你。着装不整洁、不得体的人会被人轻视，自爱自尊的人往往衣冠整洁、得体，使人不由自主地对你以礼相待。

4. 能获得良好的第一印象

对于初次见面的人，容貌服饰、言谈举止，是第一印象产生的基本要素。在“以貌取人”的客观现实中，得体美好的服饰打扮，可以使人产生较好的第一印象。

（三）选择职业服饰的原则

选择职业服饰必须坚持四个“协调”。

1. 服饰与周围的环境协调

环境是指人与人之间交际过程中形成的社会环境，不同场合的穿戴应有所不同。

2. 服饰与自己的职业、身份及性别、年龄相协调

不同职业的人在岗位上的服饰有所不同，应有职业的要求。不同身份、职位的人在岗位上要穿着与其身份相称的服装，才可以体现出职业和身份的要求，才可以体现出责任感。

3. 服饰与节气相协调

不同的季节、气候及天气要选择相应的服饰。

4. 服饰与自己的身材相协调

要根据自己的体型、肤色选择服饰，以达到得体、美观。

总之，服饰美要注重整体的协调。

（四）服饰的要求

1. 整洁美观的要求

（1）服饰清洁的要求

服饰清洁是服饰美的基础，它体现了人的良好的精神面貌、卫生习惯。服饰清洁的要求为：衣裤无污垢、油渍、异味；尤其是领口、袖口要保持干净。

每天要检查衣服上是否有菜汁、油渍、污垢，发现不清洁时应立即换洗。

（2）服饰整齐美观的要求

首先，衣服要合身。注意四个长度适中，即衣袖长至手腕、衣长至虎口（手自然下垂）、裤长至脚面、裙长至膝盖。

其次，穿着要规范。内衣不能外露；不挽袖卷裤；不漏、掉扣；领带、领结、飘带与衬衫领口的吻合要紧凑，不可系歪；工号牌要佩带在左胸的正上方；戴好岗位帽子和手套。

再次，衣服要挺括、大方、美观。衣裤均不起皱，烫平，裤线笔挺；穿后挂好，保

持平整、挺括。制服的款式简单，穿着利落；线条自然流畅，便于接待服务；高雅、端庄。

2. 西装的穿着

西装是一种国际性的服装。一套合体的西装，可以使穿着者显得潇洒、精神、风度翩翩，极富魅力。穿着西装时要符合礼仪规范这一点十分重要。

（1）讲究规格

男士西装有两件套和三件套之分，穿着时必须整洁、笔挺。正式场合应穿同一面料、同一颜色的毛料套装为宜，内穿单色衬衫，系好领带，戴领夹，穿深色皮鞋。三件套西装，在正式场合不可脱下外衣。按国际惯例，西装里面不加毛背心或毛衣。在我国，至多也只能加一件“V”字领的毛衣，否则会显得十分臃肿，以致破坏西装的线条美。

（2）穿好衬衫

衬衫领子要挺括，不可有污垢、油渍。衬衫的下摆要放在裤腰里，系好领扣和袖扣。衬衫领口和衣袖要长于西上装领口和袖口 1～2 厘米，以显示出穿着的层次。衬衫里面的内衣领和袖口不能外露，否则，会显得不伦不类，很不得体。

（3）系好领带

西装脖领间的“V”字区最为显眼，领带处在这个部位的中心。系领结时，领结要饱满，与衬衫领口吻合要紧凑。领带的长度以系好后大箭头垂到皮带扣处为最标准。西装穿着系纽时，领夹应系在衬衫第二粒与第三粒纽扣之间为宜；西装穿着敞开时，领夹系在第三粒与第四粒纽扣之间为好。

（4）衣袋使用

上衣两侧的衣袋只作装饰用，不可装物品，不然会使西装上衣变型。西装上衣左胸部的衣袋只可放折叠好的装饰手帕。票夹、名片夹和笔可放在上衣内侧的衣袋里，但不可装过多物品。裤袋亦不可装物，以求臀位合适、裤型美观。裤子后兜可装入手帕。

（5）系好纽扣

西装有单排扣、双排扣之分。双排扣西装一般要求把全部纽扣系上。单排三粒纽扣的只系中间一粒；两粒纽扣的西装只系上第一粒扣或“风度扣”，或者全部不系，但不能全系；若在较正式场合，则要求把第一粒纽扣系上，在坐下时方可解开。

（6）皮鞋穿着

穿西装一定要穿皮鞋，不可穿旅游鞋、轻便鞋或布鞋，不可穿露脚的凉鞋，不可穿色彩鲜艳或花色的袜子。

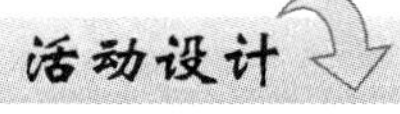

模拟招聘会

一、活动目的

1. 了解仪表礼仪的规范，理解注重仪表礼仪的意义。
2. 了解佩饰的基本要求，掌握日常生活工作中最基本的着装规则。
3. 掌握仪容礼仪的规范，学会得体的修饰和正确的化妆方法。

4. 掌握仪态礼仪的规范，培养优雅的仪态。

5. 学会塑造和维护自身良好的仪表。

二、活动形式

现场演练。

三、活动准备

1. 将会场布置成一个简单的招聘会场，让班主任、班干部充当面试官，其他同学顺次进入会场，面试官主要观察他们的仪容仪表并进行打分。

2. 参赛选手自己化妆、搭配衣服，针对面试细节进行自我练习；面试官要对每位参赛同学的表现加以点评。

四、活动过程

1. 在众多人的面前，面带微笑，以使面部表情具有亲和力。

2. 面试官检查：

(1) 学生的清洁卫生情况。

(2) 学生的衣着情况。

3. 展示正确的站姿、坐姿、行姿和手势。

4. 面试官现场打分、简单点评。

5. 活动结束后老师总结。

五、活动总结

通过简单的面试场景来体现同学们对仪表礼仪的日常行为习惯，掌握在不同场合和环境中服饰的选择和具体的着装规范。并能够在实际工作中熟练掌握，得体的穿戴和搭配等基本常识。在人的形体、容貌、服饰、姿态、举止、风度等方面加深记忆，为我们以后步入社会打下坚实的基础。

相关链接

化妆的程序

要掌握化淡妆的四个步骤：清洁面部、眉部化妆、面颊化妆和唇部化妆，同时还要配以得体的发型。

1. 清洁面部

清洁面部是涂抹化妆品前必须进行的一项重要步骤，面部尘埃、汗渍、皮肤排泄物以及其他污物极容易与化妆品中的某些化学成分起不良反应，导致皮肤过敏和其他刺激；另外，一些颗粒状的尘埃又容易与化妆品混合成团状物而堵塞毛孔，造成毛囊感染，诱发粉刺或其他炎症。因此，清洁面部是不应忽略和完全必要的准备工作。

清洁面部的方法有两种：一是选用含碱量极低的软性香皂去污，做法是把香皂蘸水抹在手心上，搓出泡沫，然后均匀地涂抹整个面部，几分钟后，用温水将面部的皂沫拂去，再用柔软的干毛巾轻轻地吸干面部的水分，并轻柔地按摩一下面部皮肤；二是选用清洁霜去污，做法是先在手心涂上些清洁霜，合掌搓匀，然后涂抹整个面部，几分钟后，用药棉或柔软的纸巾轻轻将已吸附了微小脏物的清洁霜抹去。

2. 眉部化妆

眉部的化妆应与整个面容化妆协调。不顾脸形与眉形的和谐，不恰当地偏爱细眉或欣赏浓眉都会影响到面部化妆的整体效果。因此，眉部化妆首先要根据自己的实际情况选择好适当的眉形，才能达到美化面容的目的。

眉部的化妆主要分整修眉毛和画眉两个步骤。

（1）整修眉毛

整修眉毛就是把过长、多余的眉毛剪去、拔除。方法是：先将眉毛用眉刷顺向进行梳理，接着使用眉毛钳除去长得位置不好、形态不好的眉毛，对眉形作适当的修整，不宜多剪、多拔，以保留自然的眉毛为主。然后再用眉毛梳从下而上倒梳眉毛，剪除过长、不齐的眉毛，再梳平复原。

（2）画眉

画眉是指用眉笔将已整修过的眉毛作勾描、加深处理，使眉毛显得完美、逼真。画眉的要领是：要画在眉毛上，而不要画在眉毛外；要顺着眉毛生长的方向画，而不要逆向涂抹；要仔细慢慢地进行，而不要粗略地涂上几笔。要尽量使眉毛的形状通过修饰显得柔美自然。需提醒的是：切忌作过分的修改，不然会造成虚假、夸张、走样的后果，失去画眉的意义。

眉毛画好后，应对着镜子检查一下两条眉毛是否对称，粗细是否一致。最后，可用眉刷将画好的眉毛轻轻地顺着眉毛生长的方向刷一下，扫去残留的墨粉，清洁一下眉部。

3. 面颊化妆

面颊部位的化妆就是涂抹胭脂，使面部的两颊泛出微微的红晕，产生健康、艳丽、楚楚动人的效果。

胭脂色红，但有大红、玫瑰红、粉红、桃红、水红等不同色调，使用时可根据肤色、部位等实际情况选用，并注意涂抹的浓淡以及涂抹的范围。

抹胭脂的技巧关键在于操作要轻，胭脂分布要匀，色彩过渡要自然，并以使用后不产生人工涂抹的痕迹为宜。胭脂着色的中心位置应在颧骨附近。操作时要用胭脂扑或胭脂扫，以颧骨为出发点往耳朵上缘方向轻轻抹去，接着用手掌轻柔地把胭脂匀开。需要提醒的是，开始涂抹时胭脂用量要少，少到几乎看不出明显的效果，匀开后似未化妆一样。以后手法熟练时再根据实际需要，逐步作适当的调节。

抹胭脂可用来掩饰面部的某些缺陷，这里介绍几种基本方法。

1）用横抹的手法可增加面形宽度，适用于面形狭长者。

2）用竖抹的手法可增加面形的长度，适用于面形宽阔者。

3）外侧用色偏重，可产生增宽面庞的效果，适用于长脸形。

4）内侧用色偏重，可产生增长面庞的效果，适用于圆脸形。

5）欲突出面部器官的优点需用浅色、亮调色。

6）欲掩饰面部器官的缺点需用深色、暗调色。

由于每个人面部的肤色、身体状况各不相同，使用胭脂就得按需选用。例如，原来面颊过红，就需用多扑些妆粉来弥补，使红色淡化，然后再用粉红色的胭脂匀开，尽可能使红与周围的肤色协调，减少色调上的强烈反差。又如，在面色苍白时，宜选用桃红色的胭脂，匀开面广一些，这样就可以避免整个面颊部位色调有明显的反差。如果使用油脂型胭脂，还可使皮肤呈现出一点光泽。

4. 唇部化妆

唇部化妆（见图1－3）主要是涂唇膏（口红），一般使用管状固体的唇膏，但最好还同时备一支唇线笔和唇化妆笔，配合使用，会使效果更佳。

唇部化妆的第一步，宜先用唇线笔按自己设计的唇形或自然唇形勾勒一圈，用做定型和防止唇膏外溢。接着再涂口红，要领是把唇膏涂在唇线内。讲究一点的话，可在唇线画好后，用唇化妆笔均匀地蘸好唇膏，沿唇纵向纹理，从嘴角两侧往中央一点点涂抹，涂好后要仔细检查一下是否涂满、涂匀，有无遗漏之处，以避免唇线与唇上的色彩有明显不同。为了方便喝水、用餐，不妨用餐巾纸轻轻按一下嘴唇，使口红固定下来，避免染到杯子和餐具上。若要使嘴唇在涂好口红后有立体反光感，可用无色亮光的唇膏再进一步加工，方法是：只要在唇中央突起处轻轻点几点即可。

图1－3　唇部化妆示例

由于各人的唇形不同，涂口红时可采取一些针对性的措施，以争取达到预期的效果。以下三种情况是较常见的。

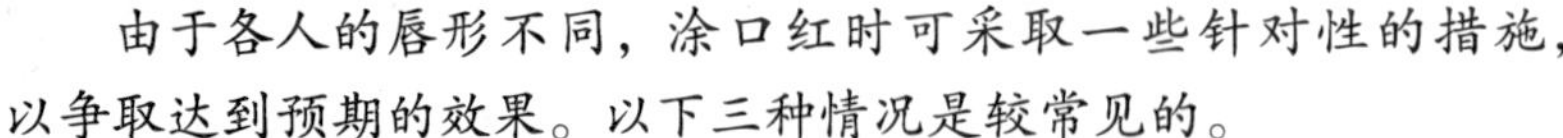

如果嘴唇太小、太薄，宜使用大红、玫瑰红、猩红等色彩浓的唇膏，用唇线笔勾勒唇形应稍微放宽些，即在天生的唇线外0.5～1毫米处勾一圈，涂唇膏时要尽量遮盖掉原来的唇线，这样就可克服嘴唇小而薄的“先天不足”。

如果嘴唇生得又大又厚的，唇膏色则宜淡不宜深，淡红色的唇膏是首选的色调，加上用粉底作掩饰，可以让嘴唇看起来小一些。关键的方法是，勾勒唇线要沿天生的唇线内0.5～1毫米处画一圈，这样可相对克服原来嘴唇大而厚的印象。

如果是嘴角下垂的情况，就需用改变唇形的方法来解决。其要领是将唇中部的曲线稍向上下扩大些，从视角上冲淡对唇角下垂的注意，在勾勒唇线时要把下垂部分适当提高些，延长些。下唇使用的口红颜色可比上唇稍暗一些。

不宜把唇膏涂得太厚、太浓，不要过分表现自己。虽然化妆品能起美容作用，但同时也可能产生一些不良的反应，这是需要注意的。

1）宜化淡妆，不宜浓妆艳抹，减轻对皮肤的刺激。

2）化妆品质量要好，不要使用伪劣商品。

3）使用化妆品的同时，宜适当配用一些皮肤营养品，保护肌肤。

4）要养成卸妆的习惯，让皮肤能得到休息。

5）有皮肤过敏症者，不宜用化妆品。在面部皮肤有创伤时也应尽量避免使用化妆品。

5. 发型

头发是一个衬托面容的框架，发型的改变可以改变整个头部的外貌和造型。也就是说，毛发的多少，头发质量的好坏，头发颜色的深浅以及头发经过制作后形成的状态与变化，会给人的脸型、面容、情绪及个性的塑造带来较大的影响。

（1）椭圆脸型的特征与发型设计

椭圆脸型是一种比较理想的脸型：脸型的长宽之比接近美学的黄金比。由于这种脸型具有较好的视觉基础，因此选择发型的范围就较广泛，长短发型都容易与这种脸型协调，产生良好的视觉美感。

（2）圆脸型的特征与发型设计

圆脸型有娃娃脸的感觉。对于成熟女性而言，这种脸型缺少明朗的结构及形式上的生动美感，因此应利用发型共同来塑造脸型，如顶部丰隆的发型可以使额头增宽，削弱圆脸圆弧线的感觉，不对称发式可以产生跳跃感，削弱圆脸型有时产生的平板感觉。

（3）窄长脸型的特点及发型设计

这种脸型“脸宽不足，脸长有余”，有时会使人觉得缺乏活泼生动感。可以用遮盖法掩饰脸长，如直发童花式和层次短翻翘以及蓬松自然短波浪都可以减弱脸型的纵长感。

（4）长方脸型的特点与发型设计

与椭圆脸型相比，长方脸型下颌过宽，也称国字脸，具有雄性风范的阳刚之气。可用柔和的发型和线条来减弱脸型的刚硬感，常见的有长碎波浪式发型，这种丰满而又飘柔的发型具有浓浓的女性味，弯曲的头发能使下颌角显得圆滑。

此外，发型还需与服装款式相搭配、相协调。发型还要与人的身材相适应，如身材短小的人，如果留披肩发，就会显得身材更短，留短发则会显得利索、干练；身材高较胖的人留成运动员式的短发，则会显得干净、利落、健美；而身材修长的女性，留长披肩发则会显得飘逸动人。另外，发型还要与年龄相适应，总之，要强调各方面的协调、和谐。

任务二　学校礼仪

案例

李有容是国内一家大型进出口公司的董事长，平常工作非常紧张，日程安排极其紧凑，她的工作日历上从来没有“节假日”和“休息日”。客户要与她见面，都要提前预约。然而，每年的9月10日——教师节这天，她总要在百忙之中抽出时间，前去探望一位叫王西美的退休老人。王西美是一名普通的退休教师，也是李有容中学时代的老师。每年教师节这天，李有容董事长都要作为一名学生，前去探望自己的老师。这是中国人“尊师重道”优良传统的充分体现。

学校作为教书育人的专门场所，礼仪教育是德育、美育的重要内容。人生活在社会里，注重仪表形象，养成文明习惯，掌握交往礼仪，融洽人际关系，这是我们每一个人人生旅途中必修的一门课程。作为一个有理想、有追求的现代人，注重礼仪的自我修养，即在学习礼仪、运用礼仪中，对仪容、举止、表情、服饰、谈吐和待人接物等方面，都能展现出一个人的教养。并在社会交往中，有所为，有所不为，自觉地运用礼仪规范，方算知书达礼，方称得上是一个有教养的人。只有严格要求自己，才能做到举止文明得体，方可“有礼走遍天下”。

一、学生礼仪

学生是学校工作的主体，因此，学生应具有的礼仪常识是学校礼仪教育重要的一部分。学生在课堂上、在活动中、在与教师和同学相处过程中都要遵守一定的礼仪。

1. 课堂礼仪

遵守课堂纪律是学生最基本的礼貌。

(1) 上课

上课铃声一响，学生应端坐在教室里，恭候老师上课，当教师宣布上课时，全班同学应迅速起立，向老师问好，待老师答礼后，方可坐下。学生应当准时到校上课，若因特殊情况，不得已在教师上课后进入教室，应先得到教师允许后，方可进入教室。

(2) 听讲

在课堂上，要认真听老师讲解，注意力集中，独立思考，重要的内容应做好笔记。当老师提问时，应该先举手，待老师点到你的名字时才可站起来回答；发言时，身体要立正，态度要落落大方，声音要清晰响亮，并且应当使用普通话。

(3) 下课

听到下课铃响时，若老师还未宣布下课，学生应当安心听讲，不要忙着收拾书本，或把桌子弄得乒乓作响，这是对老师的不尊重。下课时，全体同学仍需起立，与老师互道“再见”。待老师离开教室后，学生方可离开。

2. 服饰仪表

穿着的基本要求是：合体、适时、整洁、大方、讲究场合。

3. 尊师礼仪

学生在校园内进出或上下楼梯与老师相遇时，应主动向老师行礼问好。学生进老师的办公室时，应先敲门，经老师允许后方可进入。在老师的工作、生活场所，不能随便翻动老师的物品。学生对老师的相貌和衣着不应指指点点、品头论足，要尊重老师的习惯和人格。

4. 同学间礼仪

同学之间的深厚友谊是生活中的一种团结友爱的力量。注意同学之间的礼仪礼貌，是你获得良好同学关系的基本要求。同学间可彼此直呼其名，但不能用“喂”、“哎”等不礼貌的用语称呼同学。在有求于同学时，须用“请”、“谢谢”、“麻烦你”等礼貌用语。借用学习和生活用品时，应先征得对方同意，用后应及时归还，并要致谢。对于同学遭遇的不幸、偶尔的失败、学习上暂时的落后等，不应嘲笑、冷笑、歧视，而应该给予热情的帮助。对同学的相貌、体态、衣着不能评头论足，也不能给同学起带侮辱性的绰号，绝对不能嘲笑同学的生理缺陷。在这些事关自尊的问题上一定要细心加以尊重，同学忌讳的话题不要去谈，不要随便议论同学的不是。

5. 集会礼仪

集会是学校经常举行的活动。一般在操场或礼堂举行，由于参加者人数众多，又是正规场合，因此要格外注意集会中的礼仪。下面以升国旗仪式为例讲解集会礼仪。

升国旗仪式：国旗是一个国家的象征，升降国旗是对青少年爱国主义教育的一种方式。无论中学、小学还是大学，都要定期举行升国旗的仪式。升旗时，全体学生应列队整齐排列，面向国旗，肃立致敬。当升国旗、奏国歌时，要立正、脱帽、行注目礼，直至升旗完毕。升旗是一种严肃、庄重的活动，一定要保持安静，切忌自由活动、嘻嘻哈哈或东张西望。神态要庄严，当五星红旗冉冉升起时，所有在场的人都应抬头注视。

6. 校内公共场所礼仪

学生应该自觉保持校园整洁，不在教室、楼道、操场乱扔纸屑、果皮，不随地吐痰、不乱倒垃圾。不在黑板、墙壁和课桌椅上乱涂、乱画、乱抹、乱刻，爱护学校公共财物、花草树木，节约用水用电。自觉将自行车存放在指定的车棚或地点，不乱停乱放。在食堂用餐时要排队礼让，不乱拥挤，要爱惜粮食，不乱倒剩菜剩饭。

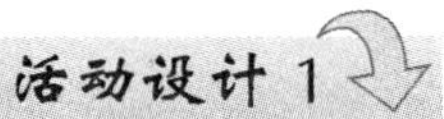

表演常见礼仪

一、活动目的

使学生能够更多地了解作为一名大学生应有的礼仪。

二、活动形式

当场演练。

三、活动准备

1. 由班委会成员将班级分为若干个小组（2 人、3 人、4 人组）。

2. 学生在活动前通过有关资料，必须了解：作为一名大学生该注意的礼仪（课堂、男女同学、师生对话等礼仪）。

四、活动过程

由班主任选取两名班委成员，进行一个简单的见面礼仪演示，由班主任指出不足之处，再轮到下一组表演，然后大家讨论每组的现场表现，依次类推。最后通过前面的表现，班主任评出最佳组合。

五、活动总结

通过本次活动，使同学们及老师了解到了现今社会礼仪的重要性，发现自己在日常生活中该注意的一些不经意但却至关重要的礼仪礼节。

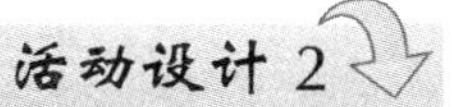

表演社交礼仪

一、活动目的

1. 了解并掌握社交礼仪的相关知识，从而明确社交礼仪对在校大学生的影响。

2. 对学生进行健康、文明的教育，使其能在不同场合选择不同礼仪。

3. 提高综合素质。

二、活动形式

观看视频短片。

三、活动准备

学生在活动前必须了解：① 社交礼仪有哪些类型；② 在不同场合应怎样做才能给对方留有好的印象；③ 社交礼仪有利于大学生与他人建立良好的人际关系，形成和谐的心理氛围的实例。

四、活动过程

让同学们带着不同场合的礼仪问题去观看视频短片、查看相关资料，进而发现自己的不足。

五、活动总结

通过本次活动，使同学和老师更进一步理解社交礼仪，并在日常学习和生活中不断严格要求自己，养成大方、得体的社交礼仪。

任务三　公共礼仪

案例 1

一天下午，高职生莫平和他的同学们一起前往一处山林游玩。时逢周末，春光明媚，山林里景色宜人，游人如织。路过一条小溪时，原本又说又笑的莫平却眉头紧锁，停下脚步。原来莫平发现那条水流潺潺的小溪上，漂浮着许多塑料袋、水果皮以及矿泉水瓶等游客遗弃的垃圾。此种状况实在大煞风景。于是莫平二话没说便悄悄留了下来，跳进溪水之中去捡那些废弃之物。在那里，莫平整整干了一个下午，终于使那条小溪“旧貌换新颜”。莫平的这次义务劳动，凑巧被几位外国记者注意到了。其中的一位外国记者还悄悄为胸佩校徽、正在埋头大干的莫平拍了一张照片，并以《中国的希望》为标题，在一家著名的外刊上发表。莫平的所作所为之所以被外国的记者“小题大做”，就在于它反映了当代大学生良好的公德意识。

案例 2

某城市有一家大型购物商场，在信誉方面对顾客的承诺是：“不满意就退货”，并在购物小票下注明“30 日内保持原质可凭票退换货（食品、化妆品、内衣等商品除外）”。在 2006 年 3 月的某天，张女士在该商场购买了一部诺基亚手机，在使用期间发现一些非质量问题，要求退货。该商场以手机、家电等大件物品属于非退换商品为由，拒绝退换。张女士手持小票说：“商场规定 30 天内可以退货，且手机没有在非退货名单之内。”顾客要求退换手机，售货员不予退换，各持己见，最后闹到了商场主管部门处理。

案例 3

一次，入住韩国酒店的某旅游团，在退房时，被酒店查出为客房配备的一双并非一次性使用的拖鞋不见了踪影，而且没有人承认是自己将其拿走了。为了避免出现让大家打开行李箱检查的尴尬局面，领队只好掏钱赔付了事。另外，不少游客退房前会恶作剧般地将毛毯、枕头踩脏，用毛巾擦皮鞋。更有甚者，会将宾馆的毛巾、杯子等东西带走。还有一些游客贪图省事会少带一些换洗衣服，因为他们备有“高招”：将一件衣服洗后，挂在台灯上连夜“烘”干。这常使台灯罩上出现一道道黄色的水渍。

案例 4

2005 年 4 月 5 日，游客谢某与几位朋友到湖南冷水江市国家级风景区波月洞内参观，在洞内由钟乳石组成的“鹅管群”景点处，谢某在无聊中把还剩有部分矿泉水的瓶子乱扔，不料砸中“鹅管群”，当场造成三根“空心鹅管”折断脱落。事发后，波月洞管理处邀请中国地质科学院桂林岩溶研究所对损失进行鉴定。专家认为，“空心鹅管”系天然钟乳石经过数世纪点滴聚积而成，波月洞这样密度高、面积阔的“空心鹅管群”价值连城，这三根“空心鹅管”的损失无法估量。2005 年 7 月下旬，经有关部门再三研究，波月洞管理处决定把谢某告上法庭，并参照张家界景区内黄龙洞“定海神针”的投保标准，要求谢某赔偿景区 176 万元。几经商议和周旋，并综合考虑到谢某的赔偿能力和认错态度，景区管理处最后同意对谢某从轻处理，由谢某赔偿管理处 12000 元。

公共礼仪具体是指人们置身于公共场合时所应遵守的礼仪规范。它是社交礼仪的重要组成部分，也是人们在交际应酬之中所应具备的基本素养。

公共场合又叫公共场所，是指可供全体社会成员进行各种活动的社会公共活动空间，如街头、巷尾、楼梯、走廊、公园、车站、码头、机场、商厦、卫生间、娱乐场所、邮政设施、交通工具，等等。公共场合最显著的特点是公用性和共享性。它为全体社会成员服务，是全体社会成员进行社会活动的处所。

人是社会的人，除了个人生活、家庭生活之外，人们还必不可少地要置身于公共场合，参与社会生活。在这种情况下，与他人共处，彼此礼让、包容、理解、互助，也是做人的根本。公共礼仪的基本内容就是人们在公共场合与他人共处时和睦相处、礼让包容的有关行为规范。

一、特定公共场所个人礼仪

1. 影剧院

观众应尽早入座。如果自己的座位在中间应当有礼貌地向已就座者示意，然后再通过。通过让座者时要与之正面想对，切勿让自己的臀部正对着人家的脸，这是很失礼的。应注意衣着整洁，即使天气炎热，袒胸露腹也是不雅观的。在影剧院万不可大呼小叫、笑语喧哗，也别把影院当成小吃店而大吃大喝。演出结束后观众应有秩序地离开，不要推搡。

2. 图书馆、阅览室

图书馆、阅览室是公共的学习场所。

1）要注意整洁，遵守规则。不能穿汗衫和拖鞋入内。就座时，不要为别人预占位置，查阅目录卡片时，不可把卡片翻乱或撕坏，或用笔在卡片上涂抹画线。

2）要保持安静和卫生。走动时脚步要轻，不要高声谈话，不要吃有声或带有果壳的食物，这些都是有悖于文明礼貌的。

3）图书馆、阅览室的图书、桌椅、板凳等属于公共财产，应该注意爱护，不要随意刻画、破坏。

二、乘车个人礼仪

1. 骑自行车

要严格遵守交通规则。不闯红灯，骑车时不撑雨伞，不互相追逐或曲折竞驶，不骑车带人。遇到老弱病残者动作迟缓，要给予谅解，主动礼让。

2. 乘火车、轮船

在候车室、候船室里，要保持安静，不要大声喊叫。上车、登船时要依次排队，不要乱挤乱撞。在车厢、轮船里，不能随地吐痰，不能乱丢纸屑果皮，也不能让小孩随地大小便。

3. 乘公共汽车

车到站时应依次排队，对妇女、儿童、老年人及病残者要照顾谦让。上车后不要抢占座位，更不要把物品放到座位上替别人占座。遇到老弱病残孕及怀抱婴儿的乘客应主动让座。

三、旅游观光个人礼仪

1. 游览观光

凡旅游观光者应爱护旅游观光地区的公共财物。对公共建筑、设施和文物古迹，甚至花草树木，都不能随意破坏；不能在柱、墙、碑等建筑物上乱写、乱画、乱刻；不要随地吐痰、随地大小便、污染环境；不要乱扔果皮纸屑、杂物。

2. 宾馆住宿

游客在任何宾馆住宿，都不要在房间里大声喧哗或举行聚会，以免影响其他客人。对服务员要以礼相待，对他们所提供的服务要表示感谢。

3. 饭店进餐

尊重服务员的劳动，对服务员应谦和有礼，当服务员忙不过来时，应耐心等待，不可敲击桌碗或喊叫。对于服务员工作上的失误，要善意提出，不可冷言冷语，加以讽刺。

四、快餐店用餐的礼仪

1. 友好征询，礼貌就座

用餐找座，应礼貌地征询邻座客人的意见，如“请问你身旁的这个座位有人坐吗?”或“我可以在这儿用餐吗?”对方同意后方可落座，不得贸然抢占空位。

2. 举止规范，吃相文雅

用餐时应注意坐姿端稳，双肘不要张开过大，以免碰及邻座。双腿切勿随意乱伸或抖动。要小口进食、闭嘴咀嚼，口内如有食物应避免交谈。尽量避免在餐桌上打喷嚏、咳嗽；但如果忍不住，就应及时侧身掩面，并说声“对不起”。欲取摆在同桌其他客人面前的食物，如调味品等，应请邻座客人帮忙传递，不可伸手横越。切忌用手指剔牙，应用牙签取而代之，并用手加以遮掩。

3. 切勿浪费，保持洁净

在外用餐应尽量根据自己的食量点菜、取食，以免所剩过多而造成不必要的浪费。在倡导节约的今天，用餐适量尤为重要。若口中有难以下咽之物，应妥善放入盘内，不得随处乱吐，以免弄脏餐桌。食用完毕，餐具务必摆放整齐，不可凌乱放置。

五、超市购物的礼仪

1. 慎重选取，物归原位

在超市购物，选取后又决定不要的商品，应及时放回到货架上，尤其是那些冷冻商品。选购水果等食用商品时，不要随手乱翻、乱捏，那样会让水果过早腐烂。使用超市提供的手推车，要注意停放的位置，不要妨碍他人，结账后则应将其推放到指定的地方。

2. 诚实消费，损物赔付

若因不慎而损坏超市的物品，则需如实说明，主动承担责任并照价赔偿，不应若无其事，溜之大吉。趁人不备的“顺手牵羊”、小偷小摸或多拿少付等卑劣行径更是文明社会所不容的。

3. 耐心说明，自觉排队

选购商品时若遇纠纷，应以事实为依据，心平气和地耐心说明，不要发生无谓的争执。结账之际，遇顾客人数较多时，应自觉依次排队。

六、游乐园游玩的礼仪

1. 安全至上，规范操作

游乐园是深受广大青少年朋友喜爱的现代休闲娱乐场所之一。游乐场里的设施一般以动态项目为多，每位游客在使用游乐设施之前都应认真倾听相关的安全知识讲解和安全事项说明，并接受必要的使用指导和培训，以掌握基本的操作要领。活动中则应严格按规程行事，绝不可掉以轻心。

2. 爱护设施，遵守秩序

对于游乐场里的任何设施，游客都有爱护的责任。为保障游乐场内各种游乐设施的安全运营，游客应自觉遵守各项活动规则，不随意争抢。若遇恶劣天气或设施故障时，应对工作人员所采取的应急措施予以积极的配合，尤其是当因违规而出现危情时，应虚心接受工作人员的提示和纠正，不得胆大妄为。

3. 举止文明，共创愉悦

在游乐场内，同样须注意个人的行为举止，即便游兴颇高也不得随心所欲。参加游乐项目，应自觉排队等候，切勿不讲先后随意插队或争抢，以免发生拥挤造成混乱。活动过程中，应文明使用各类设施，不乱踩乱踏供游客休息之处，如滑梯面、秋千座、休憩椅等；不得长时间独占活动器具，尤其在有人等候时；不得猛晃、乱敲活动设施。

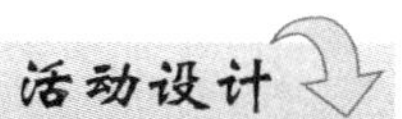

公共候车的礼仪

一、活动目的

1. 明确候车室礼仪。

2. 养成遵守乘车秩序的良好习惯。

3. 培养学生尊敬老人、关心他人的情感。

二、活动形式

放映录像和表演小品。

三、活动准备

1. 看录像，回忆当时打扫的情况，并对此展开讨论，从而让学生认识到在车上不应乱丢果皮纸屑，不随意吐痰。

2. 看小品，看完后对此展开讨论，让学生明白上车挤占座位是不对的。

四、活动过程

（一）导入

同学们，上个星期六，我们学校的一部分同学到公交公司帮忙打扫卫生，同学们不怕脏、不怕累，打扫得很认真。

（二）看录像

老师把当时的情况都拍下来了，同学们请看。（老师给同学们播放那天劳动时拍摄的情景）

（三）谈感受

1. 车厢里为什么会那么脏？

2. 你会向那些不文明的人说什么？

3. 通过这次活动你懂得了什么？今后你将怎么做？

4. 老师小结。

（四）看小品

要求学生边看边想谁的做法是正确的？

（小品情节简介：一天，主人公小刚和小强约好要去少年宫参加活动。他们来到3路车车站。小刚指着人群说："人好多啊，我们快排队去！"小强说："急什么？先到处看看。呆会儿再来。"说完，便拉着小刚朝另一边跑去。一会儿，司机上车了，小强对小刚说："快，我们挤上去，要不就没有座位了。"小刚说："不要，我们还是排队吧。"可是小强不听，挤上去了。还抢了一个座位。他朝着小刚招手："快过来！"小刚走过去坐下来。这时，一位老奶奶走了过来，小刚就把位子让给老奶奶了。小强不高兴了，说："这位子是我给你的，不是给别人的，哼。"说完就不理小刚了。）

（五）展开讨论

第一步：小刚和小强，谁的做法是正确的？

1. 四人小组讨论。

2. 集体讨论。

第二步：到了少年宫，王老师知道了事情的经过，会怎样教育他们呢？请同学们给这个小品想个结尾，事情的结果如何？

第三步：从这个小品你懂得了什么？（学生自由发言）

（六）老师小结

同学们，这节课你有哪些收获和体会？我们在候车、乘车的过程中怎样做才算是一个文明的学生？

五、活动总结

在日常生活和工作中，公共礼仪能够调节人际关系，从一定意义上说，公共礼仪是人际关系和谐发展的调节器，人们在交往时按礼仪规范去做，有助于加强互相尊重，建立友好合作的关系，缓和和避免不必要的矛盾和冲突。一般来说，人们受到尊重、礼遇、赞同和帮助就会产生吸引心理，形成友谊关系，反之会产生敌对、抵触、反感，甚至憎恶的心理。

公共礼仪的重要功能是对人际关系的调解。在现代生活中，人们的相互关系错综复杂，在平静中会突然发生冲突，甚至采取极端行为。礼仪有利于促使冲突各方保持冷静，缓解已经激化的矛盾。如果人们都能够自觉主动地遵守礼仪规范，按照礼仪规范约束自己，就容易使人际间感情得以沟通，建立起相互尊重、彼此信任、友好合作的关系，进而有利于各项事业的发展。

任务四　社会生活礼仪

案例 1

讲述者：张小姐，26 岁，某杂志社记者。

说起穿衣礼仪，有一段至今让我无法忘记的尴尬经历，从某种程度上来讲甚至是一种屈辱。记得我刚进杂志社不久，领导安排我去采访一位某民营企业老总，女性。听说她是一位既能干又极有魅力的女性，对工作一丝不苟，又极会享受，最关键的是，即使再忙她也不会忽视身边美好的东西，尤其对时尚非常敏感，对自己的衣着、礼仪要求极高。这样的女性，会让很多人产生兴趣，还未见到她，仅仅是通过介绍，我已经开始崇拜她了，所以我非常高兴能由我来做这个专访。事先我做了大量的准备工作，采访纲要修改了好多次，内心被莫名的激动驱使着。那几天，我始终处于兴奋状态。到了采访当天，穿什么衣服却让我犯愁。要面对这样一位重量级的人物，尤其是位时尚女性，当然不能太落伍了。说实在的，我从来就不是个会打扮的女孩，因为工作和性格关系，平时穿衣都是怎么舒服、方便就怎么穿。时尚杂志倒也看，但也只是凑热闹而已。现在，还真不知道应该穿什么衣服才能让我在这样一位女性面前显得更时尚些。终于，杂志上一个穿吊带装、清纯可人的形象打动了我，于是我迫不及待地开始模仿。那天采访，我穿了一件紧身“小可爱”，热裤（虽然我的腿看起来有点粗壮），扎了个在家乡极其流行的发髻，兴冲冲地直奔采访目的地。当我站在该公司前台说明自己的身份和来意时，我明显看到了前台小姐不屑的眼神。我再三说明身份，并拿出工作证来，她才勉强地带我进了老总的办公室。

眼前的这位女性，高挑的身材，优雅的举止，得体的穿着，让我怎么看怎么舒服。虽然我不是很精通衣着，但在这样的场合，面对这样的对象，我突然感觉自己的穿着就像个小丑，来时的兴奋和自信全没了。还好，因为采访纲要准备得充分，整个采访过程还比较顺利。结束前，我问她：“日常生活中，您是如何理解和诠释时尚、品位和魅力的？”她告诉我：“女人的品位和魅力是来自内心，没有内涵的女人是散发不出个人魅力，也无法突显品位的。而时尚不等同于名牌、昂贵和时髦，那是一种适合与得体。”说完这话，她微笑地看着我。此时我的眼睛看到的只有眼前自己那两条粗壮的腿……我感觉自己无法正视她，采访一结束，我逃跑似地奔离了她的办公室。

案例 2

在西方社会，“女士优先”是男士们恪守的社交原则，在一些不起眼的小事上谦让和照顾女士，被认为是男子汉气概与绅士风度的表现。因此，在西方不少国家，都有一条不成文的规矩：女士搭乘公共汽车的时候，同车的男士应主动让座。在这种情况下，女士无须推让，只要说一声“谢谢”，便可以安然入座。

一天，正值上班高峰时间，一辆搭载了不少乘客的电车缓缓地停靠在站台上。一位太太登上了电车，她穿着合体的套装，拎着一只小小的漆皮包，在车厢里走了几步，便犹豫地站住了。因为乘客太多，已经没有空座位了。一位先生见状，便客气地站起身对她说："请坐这儿吧！"这位太太走上前去，看也没看他一眼，便一声不吭地坐下了。这让那位先生颇感诧异，周围的乘客也都对她这种不礼貌的行为感到不满。

那位先生站在她的身边，想了一下，俯下身问她："太太，您刚才说什么来着？我没有听清楚。"那位太太抬起头看看他，奇怪地说："我什么也没有说呀！"

"噢，对不起，太太，"那位先生淡淡地说，"我还以为您在说'谢谢'呢！"

社交素质在我们必备的多项素质和能力中是非常重要的。一个人能力的大小，有时候取决于素质是否全面。素质越全面，则能力越强。人的素质好比一只木桶。一只木桶的容量取决于什么？不是取决于最长的木板，而是取决于最短的木板。对于我们而言，决定我们能力大小的，并不在于我们拥有哪一项特长，如果其他素质都是短项，那么长项就会像木桶上的那根最长的木板一样，发挥不出任何作用。所以，没有一定的社交素质，我们的许多长项就都发挥不出来。

一、介绍礼仪

介绍有先后，通常男士总是先被介绍给女士，年轻的总是先被介绍给年长的，未婚女子总是先被介绍给已婚妇女，然后再把后者介绍给前者。总之，不太重要的总是先被介绍给重要的，这是介绍的规则。

介绍时应介绍全名，名字只说一遍即可。对上司、客户、高职位的人，专业人员如律师、医生和年长者，不可直呼其名；对职业妇女，介绍她的职称更为得体。必要时介绍前还应征得同意。措词要避免命令句式，避免称其中一人为"我的朋友"，这似乎在暗示另一个人不是你的朋友，难免使人感觉厚此薄彼。

介绍家庭成员时，通常要说明他们与你的关系，但在介绍男、女朋友时不必如此，只要说出他们的名字即可。

在会议或集会时，也可向地位相当的人作自我介绍：伸出手来，先问候，再说出自己的姓名，表示很高兴认识对方。

介绍时女士、男士一般都要起立。唯老年人在别人把年轻人介绍给他时可不起立。

被介绍以后，你应该握手、微笑，问候"你好"。问候中加添对方姓名是礼貌之举，补充个人情况要随机应变。礼仪还要求被介绍者至少在短时间内，要沿同一方向继续当前的谈话。交谈结束要互相道别。

二、个人礼仪

1. 接电话

在电话铃响三声之内接起，如果接不了，回拨时要道歉。谈话时尽量不要涉及个人收入、年龄、健康等隐私问题，多谈论点天气、新闻时事等。

2. 敲门

即使房间的门是虚掩的，也应先敲门。敲门时用右手的手指关节轻轻地敲三下，问一声："我可以进来吗？"待听到允许后再轻轻推门进去。

3. 站姿

站立时，女士双膝和双脚要靠紧；男士两脚间可稍分开点儿距离，但不宜超过肩膀。

4. 坐姿

入座时要稳、要轻，不可猛起、猛坐使椅子发出声响。女士入座时，若着裙装，应用手将裙子稍向前拢一下，坐定后，上体保持正直，两眼平视，目光柔和。男子双手掌心向下，自然放在膝盖上，两膝距离以一拳左右为宜。女士可将右手搭在左手上，轻放在腿面上。

5. 握手

男士和女士握手，绝不能男士先伸手，这样不但失礼，而且还有占别人便宜的嫌疑。男士握女士的手力度应轻一些，不要握满全手，只握其手指部位即可。握手时长一般控制在3秒内，切忌握住异性的手久久不放。

6. 交换名片

递名片给他人时，应使用双手或者右手，将名片正面面对对方，交予对方。接受名片时，宜双手捧接，或以右手接过，切勿单用左手接过。接过名片后，应当即认真默读一遍。切勿看也不看，或手头把玩，或弃之桌上，或装入衣袋，或交予他人。

7. 就餐

不可坐主人位（一般正对大门或电视机的位置为主人位）。就餐时，让菜而不夹菜，敬酒而不劝酒。吃东西时不能发出声音。

8. 衣着

女士正装是套裙和高跟鞋，适当化淡妆，头发梳整齐；男士正装是西装和皮鞋，腰部以上不可有太多杂物。

9. 乘车

女士登车不要一只脚先踏入车内，也不要爬进车里。需先站在座位边上，把身体降低，臀部坐到位子上，再将双腿一起收进车里，双膝一定保持并拢。

三、餐桌礼仪

餐桌上有许多应注意的礼仪，而这些礼仪常被忽视。

1. 就座和离席

1）应等长者坐定后，方可入座。

2）席上如有女士，应等女士坐定后，方可入座。如女士座位在隔邻，应招呼女士。

3）用餐后，须等男、女主人离席后，其他宾客方可离席。

4）坐姿要端正，与餐桌的距离保持适宜。

5）在饭店用餐，应由服务生领台入座。

6）离席时，应帮助隔座长者或女士拖拉座椅。

2. 餐巾的使用

1）餐巾主要防止弄脏衣服，兼做擦嘴及手上的油渍。

2）必须等到大家坐定后，才可使用餐巾。

3）餐巾摊开后，应放在双膝上端的大腿上，切勿系入腰带，或挂在西装领口。

4）切忌用餐巾擦拭餐具。

3. 餐桌上的一般礼仪

1）入座后姿势端正，脚踏在本人座位下，不可任意伸直，手肘不得靠桌缘，或将手放在邻座椅背上。

2）用餐时须温文尔雅、从容安静，不能急躁。

3）在餐桌上不能只顾自己，也要关心别人，尤其要招呼两侧的女宾。

4）口内若有食物，应避免说话。

5）自用餐具不可伸入公用餐盘夹取菜肴。

6）必须小口进食，不要大口的塞，食物未咽下，不能再塞入口。

7）取菜舀汤，应使用公筷公匙。

8）吃进口的东西，不能吐出来，如系滚烫的食物，可喝水或果汁冲凉。

9）送食物入口时，两肘应向内靠，不直向两旁张开，碰及邻座。

10）自己手上持刀叉，或他人在咀嚼食物时，均应避免跟人说话或敬酒。

四、电话礼仪

电话被现代人公认为便利的通信工具。在日常工作中，使用电话的语言很关键，它直接影响着一个公司的声誉；在日常生活中，我们通过电话也能粗略判断对方的人品、性格。因而，掌握正确的、礼貌的打电话方法是非常必要的。

打电话时，需注意以下几点。

1. 要选好时间

打电话时，如非特别紧急的事情，应尽量避开受话人休息、用餐的时间，而且最好不要在节假日打扰对方。

2. 要掌握通话时间

打电话前，最好先想好要讲的内容，以便节约通话时间，不要现想现说“煲电话粥”，通常一次通话不应长于3分钟，即所谓的“3分钟原则”。

3. 要态度友好

通话时不要大喊大叫，震耳欲聋。

4. 要用语规范

通话之初，应先做自我介绍，不要让对方“猜一猜”。请受话人找人或代转时，应说“劳驾”或“麻烦您”，不要认为这是理所应当的。

五、鲜花礼仪

送花是一门学问，也是一门艺术。广泛了解花语和花的象征，才能更好地表达这种艺术。

祝贺友人生日，宜送月季和红掌、麒麟草、满天星等，象征着火红年华，前程似锦。

祝贺新婚，宜用玫瑰、百合、郁金香、香雪兰、非洲菊、红掌、天堂鸟等。至于新娘捧花，适当加几枝满天星，会更加华丽脱俗。

节日期间，看望亲朋，宜送吉祥草、百合、郁金香，象征“幸福吉祥”。

夫妻之间，可互赠百合花。百合花象征着百年好合，顺顺利利，长相厮守。

朋友远行，宜送剑兰、红掌，寓意一路顺风，前程似锦。

给病人送花，有很多禁忌，探望病人时不要送盆栽的花，以免病人误会为久病成根。香味太浓的花对手术病人不利，易引起咳嗽；颜色太浓艳的花，会刺激病人的神经，激发烦躁情绪。看望病人宜送兰花、水仙、马蹄莲、百合、剑兰等，或选用病人平时喜欢的品种，有利病人怡情养性，早日康复。

拜访德高望重的老者，宜送兰花，因为兰花品质高洁，又有“花中君子”之美称。

新店开张、公司开业，宜送月季、红掌、黄菊、天堂鸟等，这类花花期长，花朵繁茂，寓意“兴旺发达，财源茂盛”。

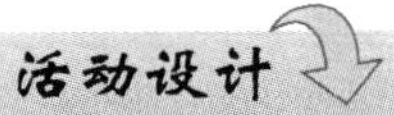

打电话的礼仪

一、活动目的

懂得和遵守打电话的礼仪，树立良好的公德意识。

二、活动形式

模拟。

三、活动准备

在打电话之前，要将所讲事情的要点写在纸上，准备好相关资料，避免在打电话时有所遗忘。为了告知自己忘记的事情，又重新打电话给对方，会多次打断对方的工作，给对方带来麻烦。

四、活动过程

1. 课件出示活动要求。

要求：两人一组，结合生活中曾经出现的打电话的情况和刚才提到的礼貌用语的使用，打电话的时间、地点、内容自己设定，在活动的过程中声音不要太大，尽量不影响其他组。

2. 全班展示并评议。

第一组：打电话的礼仪。（检验礼貌用语使用情况：在打电话的过程中，打电话的同学是否注意了礼貌用语的使用？你觉得他做的好不好?）

第二组：打错和接错电话时的礼仪。（接到错打的电话我们怎么办?）

第三组：代接电话的礼仪。（代接电话时我们应该怎么做：准确记录、及时转告）

任务五　语言礼仪

案例1

有这样一则故事：一个人请客，早早就把酒菜准备好了。他请的三位客人却只来了两位，还有一位左等右等也没有到。他一着急，说了一句：“该来的怎么还不来?”听了这句话，一位客人起了疑心：“是不是我不该来呀?”于是起身告辞：“对不起，我还有点事，失陪了。”主人送走这位客人以后，回来叹了口气说：“唉！这是怎么搞的？不该走的倒走了。”剩下的那位客人听了心里不乐意了：“就我们两个客人在这儿，他不该走，那该走的是我了？”于是，生气地说：“我该走了。”愤然离去。

思考：这两位客人为什么没等吃饭就走了？主人在语言方面怎样表述才能既不会让客人曲解自己，又能准确地表达自己焦虑的心情？你在生活中是否也出现过类似的情况？

案例 2

1972 年，美国总统尼克松一行抵达上海，下榻于锦江饭店。尼克松夫妇被安排在 15 层，基辛格国务卿被安排在 14 层，罗杰斯、格林等其他官员被安排在 13 层。周恩来总理特地去看望罗杰斯及其助手们。当电梯标志牌上的“13”处亮红灯时，周总理恍然大悟地说：“怎么能安排他们住第 13 层呢？西方人最忌讳 13……”周总理走进罗杰斯的套间时，那些官员们都站了起来，但笑得很不自然。周总理在寒暄后说道：“有个很抱歉的事情我们忽视了，没有想到西方风俗对 13 的忌讳。”周总理转而风趣地说：“我们中国有寓言，一个人怕鬼的时候，越想越可怕，等他心里不怕鬼了，到处去找鬼，鬼也就不见了……西方的‘13’大概就像中国的鬼吧？”机智幽默的语言说得众人开怀大笑。

在社会中，每个人都要与各种各样的人打交道，交谈是最基本的形式。交谈可以将一个人的文化修养、道德素质、思维能力等内在素质客观地反映出来。一个善于用语言与人沟通的人，他取得成功的可能性也较大。强化语言方面的修养，学习、掌握并运用好交谈的礼仪，至关重要。

一、礼貌用语礼仪

（一）礼貌用语的概念

语言是社会交际的工具，是人们表达意愿、思想、情感的媒介或符号。人际交往离不开语言，服务语言离不开礼貌。礼貌服务用语是人际交往中人们用来互相表达意愿，交流思想、感情和沟通信息的重要交际工具，是一种对交往对象表示友好和尊敬的语言。

礼貌用语的作用主要有以下三点。

（1）礼貌用语关系到祖国的声誉

我国素以语言文明、礼貌待客而誉满世界。如果我们说话不文明礼貌，伤害了宾客的自尊心，客人会对中国这个“礼仪之邦”有看法，对社会主义精神文明产生怀疑，这必将对我国的声誉产生不良影响。

（2）礼貌用语反映了学生的素质涵养和学校的管理水平

作为将来从事旅游服务接待的工作者，如果语言粗鲁、态度生硬，那么势必影响学校的声誉，将来走上工作岗位会影响企业的形象和管理水平。

（3）礼貌用语是学生自身人格的体现

俗话说：“言为心声”。语言是人们心灵的体现。准确亲切的语言反映了学生的文化修养和精神面貌，同时也会赢得社会对学校的美誉和传颂。

（二）礼貌用语的基本形式

1. 谦让式

当对方对你发火时，你应保持谦让的态度，必能“灭火消气”，换来微笑。

“火气”遇到“和气”就失掉了发泄的对象，自然会降温熄火；以“和气”对“火气”，必将产生积极的效果。

2. 委婉式

当有人无理取闹时，你不必冲动，更不需以牙还牙，采取理智的态度和委婉的方式，定能转危为安，战胜对手。

3. 恳求式

通常这是处于弱者地位的人使用的语言表达方式。然而它并不是低三下四的恳求，而是一种智斗，是一种心理战术。

4. 商讨式

需要他人帮助时，应采取商讨式口气，这是平等待人、尊重他人的必要方式。礼貌语言是心灵美的具体体现。有这样一句话“心底无私天地宽”。只有心地纯正的人，胸怀才能宽广，性情才能开朗，在发生矛盾时才会严以律己，宽以待人。

（三）礼貌用语的基本要求

1. 态度要诚恳、亲切

人是有感情的，也是最讲感情的，而人的感情一般是通过语言和表情流露出来的，人们常说“言以传情，情以动人”，就是这个道理。例如，当你向对方表示祝贺或慰问时，虽然你嘴上说得非常动听，而表情却冷冰冰的，那对方一定会认为你是故作姿态，不仅不会感激你，反而会产生反感。所以礼貌用语必须做到态度诚恳、言语亲切，给对方表里如一的印象。

2. 用语要谦逊、文雅

在人际交往中，养成称呼人使用敬语的习惯。例如，称呼他人时用“您”、“先生”、“夫人”、“女士”、“小姐”、“师傅”、“老大爷”、“老大娘”等；麻烦别人时用“请问”、“劳驾”、“请多关照”等。而对自己则应多用谦语，如“愚”、“鄙人”、“学生”等。接待时应用雅语，如“请”、“贵姓”、“您贵姓”等。我国正在提倡用十字礼貌用语“您好”、“请”、“谢谢”、“对不起”、“再见”，充分体现了语言文明的基本形式。

3. 声音要优美、动听

在使用礼貌用语时，语言要标准，无论是普通话、外语、方言，吐字要清晰，尽可能讲得标准；嗓音要动听，增加语言的感染力与吸引力；音量要适度，以客人听清楚为准，切忌大声说话，语惊四座；语调要婉转，抑扬顿挫有情感，使听者感到亲切自然；语速要适中，避免“连珠炮”式说话，轻柔甜润的话语定会使人愉悦。

4. 表达要灵活、恰当

要使交际对方感到满意和高兴，使用礼貌用语时还必须察言观色，随时注意对方的反应。一般来说，我们可以直接通过交际对象的服饰、语言、肤色、气质等去辨别宾客的身份，通过对方的面部表情、语气的轻重、走路的姿态、手势的运用等行为举止来领悟对方的心境；遇到语言激动、动作急躁、举止不安等现象，要特别注意使用温和的语调和委婉的措辞。校园内同学之间说话不恰当，就会产生摩擦与隔阂，影响团结，甚至大打出手，造成校园的不和谐、不文明现象的发生。学校的发展要求我们不断提高自身文明程度，而语言文明是其中一个极其重要的内容，从中可以窥见一所学校的精神面貌。

（四）常用礼貌用语

1. 称呼语

称呼语是在社会交往中对交往对象的尊称。要分清国内和国外常用称呼，要求做到及时、准确、恰当。

（1）一般称呼

对男性不论其年龄大小与婚否，可统称为“先生”。对女士则根据婚姻状况而定。已婚女子称“夫人（太太）”，未婚女子称“小姐”。对婚姻状况不明的女士，可称“小姐”或“女士”。对打扮时髦的已婚女子也可称“小姐”。

以上称呼可以连同姓名、职衔、学位一起使用，如“李小东先生”、“马丽小姐”、“陈总经理（或陈总）”、“张局长”、“陈夫人”、“张太太”、“吴教授”、“刘老师”、“秘书小姐”、“护士小姐”、“赵医生”、“陈小为同学”、“刘博士”等。

（2）涉外称呼

对地位高的政府官员、外交大使、军队中的高级将领，按不同国家习惯，可称“阁下”，以示尊重，如“总统阁下”、“部长阁下”、“大使阁下”、“将军阁下”等。美国、墨西哥、德国等国家则习惯称“先生”，不称“阁下”。对君主立宪制国家，则应称国王、王后为“陛下”，称王子、公主、亲王为“殿下”。对有公、侯、伯、子、男爵位的可称其爵位，如“公爵先生”、“公爵夫人”等，也可称“阁下”。

（3）对军人称呼

对军人一般称军衔或军衔加先生，知道姓名的可冠以姓与名，在国外的用“上校先生”、“伯尔爵中尉先生”等。在国内，一般称职务，知道姓氏的可冠以姓氏，不知姓氏的则加“同志”，如“杨连长”或“连长同志”等。

（4）习惯称呼

有的国家还有习惯称呼语，如称“公民”等。在日本，对社会地位较高的妇女也可以称为“先生”，如“中田京子先生”、“高原子先生”等。

2. 问候语

问候语是在交际场合，根据不同的时间、场合和对象使用不同的规范化用语。

（1）在交往见面时应主动说的问候语

“您好，欢迎到××来。”“您好，欢迎光临。”“女士们，先生们，欢迎你们的光临。”“您好，××小姐（先生），我们一直恭候您的光临。”“您好，××同学见到你很高兴。”“您好，刘老师，很高兴见到您。”

（2）每天不同时间的问候语

“您早！”“您好！”“早上好！”“下午好！”“晚上好！”“晚安！”

（3）外宾的习惯用语

初次见面用“How do you do！”熟人用“How are you？”。千万不能用“您吃饭了吗？”“您上哪去啊？”这类语言、这类问话在中国习以为常，可在外宾听来易产生误会，或者他会认为你在干涉他的私事。

（4）与人道别或给人送行时的问候语

“晚安！”“再见！”“谢谢光临！”“欢迎再来！”“祝您一路平安！”“祝您一路顺风！”

（5）遇到节日、生日等喜庆日子的问候语

“祝您圣诞快乐!”“恭喜发财!”“祝您生日快乐!”“大吉大利!”“祝您健康长寿!”“新婚幸福美满!”“新年好!”

（6）对患病或身体不适的人的问候语

“请多保重!”“祝您早日康复!”

（7）当气候发生变化时的问候语

“请多添衣服，当心感冒（着凉）。”“请带雨具。”

（8）对参加体育、文艺代表团的问候语

“祝你们比赛获胜!”“祝您演出成功!”“你们的表演太精彩了!”

3.“五句十字”礼貌用语

在社交中，尤其有必要对下述“五句十字”礼貌语经常加以运用，并且多多益善。

（1）您好

“您好”是一句表示问候的礼貌用语，表达友好之情。

（2）请

“请”是一句请托礼貌用语，表达尊重之情。

（3）谢谢

“谢谢”是一句致谢的礼貌语，表达感激之情。

（4）对不起

“对不起”是一句道歉的礼貌用语。

（5）再见

“再见“是一句道别的礼貌用语，表达惜别之情。

二、礼仪中的语言谈吐

仅掌握上一节的礼貌用语是远远不够的，那么人们在日常生活中应学会运用语言进行交谈、表达思想、沟通信息、交流感情，从而达到建立、调整、和谐人际关系的目的。中国人讲究“听其言，观其行”，把语言谈吐作为考察人品的一项重要内容。

（一）语言谈吐的概念

语言谈吐即言谈，是人们为了某种目的在一定的语境中以口头形式运用语言的一种活动。

这种话主要是利用有声的自然语言、符号系统通过口述和听觉而实现的，也就是人与人之间通过对话来交流思想。虽然由于形式本身的局限，使言谈的内容往往稍纵即逝，“一言既出，驷马难追”。但与书写形式的言语活动相比，言谈这一口头形式的言语活动，在表达思想感情方面则更为直接、生动和形象，便于对方接受与理解。正因为如此，言谈一直是人们最常用、最主要的交际手段。

在社会生活中，语言谈吐不仅能帮助人们传递信心、交流思想，而且还能帮助人们增进了解、加深认识。常言道“言为心声”，说明语言谈吐还能够反映一个人的内心世界，如品德修养、文化水平及其个人志趣等。

（二）言谈的类型

言谈形式是多种多样的，从不同的角度可作不同的区分。

1. 正式言谈和非正式言谈

按言谈的准备情况及采用的方式分，可分为正式和非正式言谈两种。

正式言谈即正式交谈，是指双方事先经过协商约定了主题、目的、时间和地点的谈话，如谈判、审判大会、记者发布会、研讨会等。

非正式言谈即非正式交谈，是双方事先没有任何准备的，比较自由而随意的谈话，如寒暄、聊天等。这种形式较正式交谈方便、灵活、随意、活泼，易表达思想感情和态度，更利于相互熟悉，相互融洽。

2. 直率的言谈和委婉的言谈

按交谈的方法与技巧分，可分为直率和委婉的言谈两种。

直率的言谈，就是双方直接表达自己的思想，不拐弯抹角，心里有什么话就直言相告。

委婉的言谈是指不直接把话说明白，而是运用各种曲折含蓄的语言来表达意思。在人际交往中，有时运用委婉的言谈可以更容易、更好地达到目的。

（三）言谈的形式

1. 言谈的主要语言形式有三类

（1）有声语言

有声语言即自然语言，是发出声音的口头语言。它是以说和听为形式的语言，也称口语。

（2）无声语言

无声语言是借助非有声语言来传递信息、表达感情、参与交际活动的一种不出声的伴随语言。言谈中的无声语言以身体语言为主，如用眼睛传递，用身体姿势表意等。

（3）类语言

类语言是交际过程中一种有声而无固定语义的语言，也称副语言。如说话时的重读语调、语速的变化等。

这三种语言形式在人际交往中被广泛使用，可以说是三者相互的作用才使人类准确而充分地表达自己的思想感情成为现实。尤其是无声语言的主要形式——体语，更是以它神奇的功力，弥补着语言表达的不足。

2. 言谈中常见的几种体语表达形式

体语是人体语言的简称，它是以人的动作、表情、界域等来传递信息的一种无声伴随语言。言谈中最为常见的体语有表情语、目光语、界域语、头部语及手势语等。

（1）表情语

表情是人内心的思想感情的脸部外化，这种外化是通过面部肌肉的运动来实现的。通过这种面部肌肉的运动所传递的信息就是表情语。人的表情会有多种表现，如喜、怒、哀、乐等。微笑被认为是人类最美好的人体语言。

（2）目光语

目光语是人们通过视线接触所传递的信息，也称眼神。人的心理特征的表达与接受往往与眼睛分不开。例如，仰视有尊敬与崇拜之感；俯视一般有爱护、宽容与傲慢、轻视之意；正视则体现平等、公正或自信、坦率；斜视一般表示不屑一顾、敌视之意。

（3）界域语

界域语是交际者之间以空间距离所传递的信息，它是人际交往的一种特殊的无声语言。研究说明，人体周围都有一个属于自己的个人空间。因此，在交往中要注意与交往对象保持一定的距离，双方之间的交往距离直接反映了交往双方关系的密切程度。例如，夫妻、情侣的允许交往空间为0～45cm，即所谓的亲密空间；朋友、熟悉的人可进入个人空间的距离在46～122cm；在社交、谈判等场合，人们一般在122～317cm这一社交空间之内觉得较为自在。在平时与人交往时，不妨根据双方关系的亲疏来决定与人交往的空间距离。

（4）头部语

头部语是通过头部活动所传递的信息，常见的有点头语和摇头语。在世界上绝大部分国家和地区都以点头表示肯定，以摇头表示否定。专家们认为这种摇头“不是”点头“是”的头部语言，是一种天生的人体行为，但在印度、巴基斯坦等国，点头却是一种否定信号。

（5）手势语

手势语是通过手和手指活动所传递的信息。手势作为信息传递的方式，在日常交往中使用频率很高，范围也较广泛。例如，在美国，食指与中指分开成“V”形，表示胜利之意；用拇指和食指合成圆圈，其他三根手指伸直，表示“OK”，是赞扬和允诺之意。

1）指示。

这是用以引导交际对象、指示方向的手势。手势的基本要领是自然优雅、规范适度。手势的规范标准是：五指伸直自然并拢，掌心斜对上方，腕关节伸直，手与前臂形成直线，以肘关节为轴，弯曲140°左右为宜，手掌与地面基本上形成45°角。适度是指手势不宜过多，幅度不宜过大，其具体要求：与宾客交谈时，手势不宜过多，动作不宜过大，更不要手舞足蹈。

介绍某人或为宾客引路、指示方向时，应掌心向上，四指并拢，大拇指张开，以肘关节为轴，前臂自然上抬伸直。

指示方向时，身体微向前倾，面带微笑，自己的眼睛看着目标方向，并兼顾宾客是否意会目标。切忌用手指指点点，因为它含有教训人的意思，在人际交往中是不允许出现的。

2）鼓掌。

鼓掌也是一种手势，如欢迎客人到来、他人发言结束，或观看体育比赛、文艺演出时，应用右手手掌拍左手掌心，但不要过分用力或时间过长。

3）招呼与告别。

在欧洲，人们相遇时习惯用手打招呼。正规的方式是伸出胳膊，手心向外，左右摆动。在国内，这种手势也可用于告别。

总之，与不同的国家、地区、民族的人交往要懂得他们的手势语含义，以免闹笑语，造成不必要的误会。

三、握手礼仪

（一）握手礼的概念

握手礼是人们见面和离别时的礼节，此外，它还含有感谢、慰问、祝贺或相互鼓励的意思。

握手习俗流行于全世界，究其来源，是从原始人类摸手演化而来的。在古代，不同氏族部落的人一旦相遇，双方各自伸出手掌，让对方抚摸，表示自己手中没有武器，后来逐渐演化，成为了现在的握手礼。

（二）握手的三种标准形式

1. 平等式握手（最为普通的握手方式）

要领：施礼双方各自伸出右手，手掌均呈垂直状态，四指并拢，拇指张开，肘关节微屈并抬至腰部，上身稍微前倾，目视对方，与对方右手相握，可以适当上下抖动，以示亲热。

平等式握手适用于与初次见面或交往不深的人。

2. 手扣手式握手

要领：主动握手者用右手握住对方的右手，再用左手握住对方右手的手背。这种形式的握手在西方国家被称为“政治家的握手”。

手扣手式握手适用于朋友和同事之间。然而，如果初次见面的人这样相握，则可能导致相反的效果，因为，接受者可能会怀疑主动者的目的性。

3. 双握式握手

要领：主动握手者的右手与对方的右手相握，左手移向对方的右臂；然后，主动握手者左手进入对方的亲密区域，这样他的左手和右臂就给对方增加了额外的温暖。

应该注意的是这种握手方式只有在情投意合、极为密切的人之间才适合使用。

（三）握手的注意事项

1. 握手力度

握手力度一般以不握疼对方的手为限度，在一般情况下，握手不必用力，握一下即可。男子与女子握手不能握得太紧，西方人往往只握一下女士的手指部分，但老朋友可以例外。

2. 先后顺序

在社交场合，握手应有严格的先后顺序，握手时谁先伸出手是礼仪规范的重点，通常按照以下顺序。

1）职位高或身份高者先伸出手。

2）女士先向男士伸手。

3）已婚者先向未婚者伸手。

4）年长者先向年幼者伸手。

5）长辈先向晚辈伸手。

6）上级先向下级伸手。

7）主人先向客人伸手。

8）客人告辞时，应先伸出手来与主人相握。

3. 握手时间

初次见面者，握手时间一般应控制在 3 秒钟以内，切忌握住异性的手久久不松开。亲近的人则可边握手边问候，时间没有限制。

4. 握手方式（普通式）

握手应伸右手，四指并拢，拇指伸开，掌心向内，手的高度大致与对方腰部上方持平。同时，上身略微前倾，注视对方，面带微笑，不可一边握手，一边左顾右盼。

5. 握手语

握手时，常伴有一定的语言，称为握手语。常见的握手语有以下几种。

（1）问候型

这是最常见的一种握手语，如“您好!”“最近怎么样?”“工作忙吗?”等。

（2）祝贺型

当对方受到表彰或遇到喜事时，可以说“恭喜您!”“祝贺您!”等。

（3）关心型

这种形式适用于长辈对晚辈，上级对下级或主人对客人等，如“辛苦了!”“一路很累吧?”等。

（4）欢迎型

对第一次来的客人，接待人员接待时均可用欢迎语，如“欢迎您!”“欢迎光临!”等。

（5）致歉型

需道歉或表示客气时可用此类握手语，如“照顾不周，请多包涵!”“未能远迎，请原谅!”“照顾不周，请原谅!”等。

（6）祝福型

送客时多用此握手语，如“祝您一路平安!”“祝您走好运!”等。

（四）握手的禁忌

握手礼仪有比较多的禁忌，如果有一个小细节没有注意到，会被认为是失礼的表现。握手主要有如下禁忌。

1）在交际场合遇到身份高的客人，应有礼貌地点头致意，表示欢迎，不要主动上前握手问候。

2）在任何情况下拒绝对方主动要求握手的举动都是失礼的。

3）在手中有东西时需要与人握手，应该把东西放下，再伸手相握。

4）握手时不能三心二意、东张西望。

5）不要用左手与他人握手。

6）不要戴手套握手。

7）不要戴墨镜握手。

8）不要在握手时将另一只手插在口袋里。

9）不要在握手时面无表情，不置一词。

10）握手时不要长篇大论。

11）不要用不洁的手与他人握手。

12）不要在与人握手后，立即揩拭自己的手。

活动设计

握手礼仪

一、活动目的

掌握致歉、问候、感谢以及分别时的礼仪。

二、活动形式

现场模拟。

三、活动准备

1. 注意自己的穿着。

2. 注意对方的身份。

四、活动过程

1. 要求：两人一组，结合生活中曾经出现的握手情况和礼貌用语的使用，注意握手的时间及握手力度。

2. 全班展示并评议。

第一组：同辈之间握手礼仪。（握手的过程中，握手的同学是否注意了相关礼仪？你觉得他做得如何）

第二组：与长辈握手礼仪。（握手时晚辈应怎么做?）

第三组：与晚辈握手礼仪。（握手时长辈应怎么做?）

五、活动总结

语言是人际交往中最直接的一种沟通方式。在交际的过程中，就有从问候宾客开始到告别宾客结束。语言是完成这一过程的重要手段，其主要方式有谦让式、委婉式、恳求式和商讨式四种。使用礼貌用语不仅是自身人格的体现，作为培养人才的学校来说，也同时反映了学校的管理水平和教学质量，甚至还关系到学校的美誉度。

相关链接

22个常用的礼仪客套词

初次见面说“久仰”，分别重逢说“久违”；
征求意见说“指教”，求人原谅说“包涵”；
求人帮忙说“劳驾”，求人方便说“借光”；
麻烦别人说“打扰”，向人祝贺说“恭喜”；
求人解答用“请问”，请人指点用“赐教”；
托人办事用“拜托”，看望别人用“拜访”；
赞人见解用“高见”，宾客来临用“光临”；
送客出门说“慢走”，与客道别说“再来”；
陪伴朋友说“奉陪”，中途离开说“失陪”；
等候客人用“恭候”，请人勿送叫“留步”；
欢迎购买叫“光顾”，归还物品叫“奉还”。

任务六　求职礼仪

案例

张同学的求职意向首选是国际四大会计师事务所，经过层层筛选，他如愿进入普华永道和安永华明的最后一轮面试，也就是要去见事务所的合伙人。能在数千大军中杀到见合伙人这一步实属不易。然而，在见合伙人的时候，张同学特别紧张。在见普华永道的合伙人时，张同学叫错了合伙人的名字，并且临走时把包忘在了合伙人的办公室里；在见安永华明的合伙人时，由于是英文面试，张同学重复一个英文单词数遍，唯恐对方听不清楚，直到那位合伙人亲自打断并说明已经明白了意思，他才明白该适可而止。结果是两家国际一流的会计师事务所都在最后面试时将他拒之门外。

李同学面试中信集团总部时，面试官问他对中信集团了解多少。他想了半分钟然后说道："我接到面试通知时还没来得及查看中信的资料，所以不太了解。"面试官对他说："我们招人自然希望他能了解中信。你还是回去再多了解了解吧。"

我们每个人都要经历求职、择业的阶段，真正成为社会的中坚骨干。在求职过程中如何面试显得尤为重要。

一、怎样面试

1. 面试前的准备

面试前要准备充分，应该提前一些时间出发。越是大城市，越是要这样。现在交通堵塞在大城市成了"家常便饭"，所以，如果不多留一些时间在路上的话，万一遇上了堵车等情况，肯定就会迟到。不管出于什么理由，迟到都会让主考官对你的第一印象大打折扣。

2. 再一次整理形象

到达面试地点时，如果条件或时间允许，应整理一下自己的服装，不至于灰头土脸地站在主考官面前。经过一番整理，也可以让自己更从容、更自信。

3. 要对工作人员有礼貌

从你进入面试企业大门的那一刻开始，对待所有的工作人员，都应该一视同仁，如保安员、接待员、秘书等，不要不在乎这些你认为不重要的人，这些细节往往能决定面试的结果。有些公司的面试环节中，对普通工作人员的态度就是其中重要一环。

二、怎样先入为主

1. 把握进房的时机

如果是秘书领你进面试房间，而这时候主考官正在埋头填写资料，你不要贸然和主考官打招呼，以免打乱他的思绪，要表现出理解和合作，先静静地稍等一会儿。因为既然是秘书领你进面试房间，而你进屋后一直站在那儿，主考官当然知道你的存在。或许他想趁和你交谈之前，把上一位求职者的面试结果填写出来，不会超过一两分钟，正式的面试就会开始。

如果是你自己去面试房间，千万不要贸然往里闯。不管门开着还是关着，你都要先有节奏地、轻轻地敲门，在获得主考官同意后，再进房间。即使看到主考官在填写材料，也要敲门，这样他才知道你来了。如果他有事情的话，会直接告诉你稍等一会儿。不要自作聪明，一直在门外等着一言不发。对主考官来说，什么时候干什么，那是他自己的工作安排；对你来说，如果面试的时间到了，你就应该按时敲门。

如果主考官没有让你坐下的话，不要擅自直接坐到主考官边上。

2. 无声胜有声的身体语言

（1）眼观六路

眼神的交流。游离的、善变的目光会让主考官认为你这个人不老实。在留意倾听一个问题时，将坚定的、自信的目光停留在问话人脸上 5 ~ 7 秒钟，而且注视时间的长度应该占总交流时间的2/3 左右。

如果有多位主考官的话，为了表示你在和在场的每一位都在交流，说话的时候就要经常用目光正面扫视一下其他人，以示平等地重视和尊重。

（2）耳听八方

主动积极的聆听者。最优秀的求职者往往不是滔滔不绝地说，而是积极地听。

（3）举手投足

常犯的错误。坐在椅子上，双手要摆姿势时，想象有一个和肩膀同宽的盒子放在你的下巴和腰之间，将所有的手部动作都控制在这个范围内。移动双手时，确定手离开身体的距离不超过肘部的长度。时不时挤响手指关节而发出声响会干扰面试，破坏和谐。

（4）稳如泰山

只坐三分之二。面试的时候，有两种坐姿要坚决避免。一是全身瘫倒在椅背上，二是只坐椅边。全身瘫坐表明轻视、无关紧要；只坐椅边则意味着战战兢兢、紧张、如坐针毡。

所以，面试的时候，坐下后身体要略向前倾，表明你坐得很稳，而且不会因为稍向前倾就失去重心；还表现出了愿意和主考官积极交流的身体语言暗示。有时候，坐下时可能需要挪动椅子，或者是主观需要挪动，或者是主考官让你更靠近他而挪动。要注意的是，不要拖动椅子致使发出扰乱神经的噪声，而一定要把椅子提起来挪动，轻拿轻放。

三、面试中的自我介绍

面试的时候，主考官提出的第一个问题往往就是：“谈谈你自己吧！”也就是让你做个自我介绍。通过自我介绍，用人单位可以了解应聘者各方面的能力。

1）可以基本了解应聘者的口头表达、沟通等能力。

2）可以基本判断应聘者是否了解该职位的要求。自我介绍时要与应聘的职位需求相契合，如果应聘者连未来工作的主要方向都不知道，那么在自我介绍时表述出来的东西往往是用人单位不感兴趣的。

3）可以通过自我介绍来判断应聘者是否诚实。应聘者有可能会在简历或者应聘表上做手脚，但临场的口头表述往往更具真实性。

4）也可能应聘者的简历撰写得并不好，用人单位希望能从应聘者口中了解更详细的信息。

但不管怎么说，还是一句话，自我介绍应简明扼要，抓住主考官感兴趣的关键点。

1. 谈自己

（1）自我认识

自我认识主要是回答三个问题：你现在是干什么的？你将来要干什么？你过去是干什么的？

（2）投其所好

清楚自己的强项后，就可以开始准备自我介绍的内容：包括工作模式、优点、技能，突出成就、专业知识、学术背景等。

2. 自我介绍的禁忌

1）宁肯抢话也不让别人说话。

2）语言反复追加。

3）确定性的两个极端。

4）语言呆板、重复使用某种句式或词语。

5）随便扩大指代范围。

6）过多的口头禅和零碎动作。

7）言行虚假。虚言假语总会招致别人的反感。

四、怎样写个人简历

个人简历主要是针对应聘的职位，将相关经验、业绩、能力、性格等简要地列举出来，告诉招聘单位你是一个怎样的人才，以达到推荐自己的目的。一份好的个人简历不见得一定能获得工作，但一份糟糕的个人简历肯定会将你淘汰出局。

1. 简历的内容

（1）个人基本资料

个人基本资料包括姓名、性别、年龄、籍贯、受教育情况、语言表达能力（口头或文字达到的水平）、兴趣爱好、联系电话或通信地址。其中，联系电话务必填写清楚，便于用人单位与你联系，以免错过机会。

（2）学习和工作经历

学习和工作经历包括所读学校的名称、学习年限、在校考试成绩、所获奖项、曾经发表过的论文著作、被授予的荣誉称号、工作过的单位及岗位、在工作中取得的成绩等。这部分内容主要是向用人单位证明自己的应聘资格，用人单位比较重视这一部分内容，所以应该认真对待。

2. 怎样写好个人简历

第一个原则："求职简历"要"简"。招聘主管不可能对所有的简历都进行仔细阅读，但是，内容简洁、易懂、清楚的简历最不易被漏掉。

第二个原则："求职简历"要突出"经历"。用人单位最关心的是求职者的经历，从经历来看求职者的经验、能力和发展潜力。

第三个原则："求职简历"要突出所应聘的"职位"信息。招聘主管关心主要经历的目的是为了考察求职者能否胜任工作。所以，不管是写自己的经历，还是作自我评价的时候，一定要紧紧抓住所应聘职位的要求来写。

3. 个人简历的写作忌讳

个人简历是求职材料的核心内容，所以简历在写作上一定要多多揣摩，以免出现差错，前功尽弃。除前面介绍的内容外，下面四点也要避免。

（1）缺乏重点

一份有效的个人简历应该重点突出。求职者能干什么，优势在哪里，谋求什么职位应当一目了然。很多求职者竞争力很强，写起简历来却没有突出重点。如果一份简历看上去适合任何单位、任何职位，它给人的印象就是求职者不能确定自己的工作目标，相比别人而言，也就失去了竞争优势。

（2）缺乏营销战略

这个错误非常普遍。很少有求职者把求职看成一项推销活动。具有市场营销观念的人，会动用各种销售工具，获得决策者的信任。你的求职信实际上是一份市场销售书，目的是把你带到下一轮的面试中去。把你的工作经历设想成销售工具，意味着你在写简历的时候首先考虑了读者的购买需求。个人简历上每个词都要表明你能满足他们的需求：帮他们解决问题，节省时间和金钱，增加利润或改善客户关系。

（3）缺乏工作业绩的陈述

大部分的简历都缺乏工作业绩陈述。过去的工作成绩是雇主评判你未来表现的依据。工作业绩能刺激雇主迫不及待地抢在竞争对手之前给你打电话。为了达到业绩陈述的最好效果，业绩必须量化成数字或百分比，量化的业绩比空洞的叙述更可靠、具体和客观。

（4）把幼稚的语气带到简历里

像“给我一个机会，还您一个惊喜”等幼稚的求职语经常出现在个人简历里，如果主考官真的给你一个机会，你会带给应聘单位什么“惊喜”？这样的语言显得既虚伪又空洞。

五、怎样写求职信

一封好的求职信能体现求职者清晰的思路和良好的表达能力。换句话说，它体现了求职者的沟通交际能力和性格特征。它可以拉近求职者和人事主管（负责人）之间的距离，从而更容易获得面试机会。

1. 写好求职信的八个注意

（1）要说清楚为什么应聘

要列举用人单位的优点及引人之处，要表达自己对加盟到该单位的渴望和对该单位真诚的关心。对单位历史、现状、未来的认识或对领导的关心，将会赢得用人单位对你的好感。

（2）要说清你希望承担什么工作

应说明你应聘的专业和岗位，但不必太具体，太具体了容易缩小求职范围或与用人单位对不上口径。所以在求职信的行文里要有一定的回旋余地，以便使相关的工作也有入选的可能。

（3）有的放矢

在材料中列举出对单位历史、现状、未来的认识或对领导投其所好的关心，无疑会赢得单位对你的好感。还有，给不同性质的单位寄求职信，应该有内容侧重，切忌不问青红皂白写一个版本复印到处投递。

（4）要说明自己的条件、能力，表达对胜任工作的信心

可以列举自己的专长和曾经获得过的成绩、荣誉等，表明应聘的必备条件，增强对方的信任感。

（5）要注意措辞得体及突出个性的包装

写求职信既要正确评价自己，对自己的特长、优势、能力有具体、充分的介绍，同时也要态度谦虚、语气委婉，做到自信而不妄自尊大，自谦而不妄自菲薄。

（6）内容得体、文法正确

求职信的语气应不卑不亢，不要给人一种你失业后无事可做的印象。

（7）要简明扼要

求职信是自我表白，目的是让人事主管看的。因为人事主管有太多的求职信函要看，所以求职信一定要简明扼要，内容控制在两页之内就足够了。

（8）不要提薪水的具体数目

求职信的目标是建立联系，争取面谈的机会。现在谈钱为时尚早，面试的时候会是更适当的场合。

2．求职信的用词礼节

（1）称呼要准确，要有礼貌

一般来说，收信人应该是单位里有实权录用你的人。要特别注意这个人的姓名和职务，书写要准确，不要有误。最初的印象如何，对于这份求职信件的最终效果有着直接影响，所以要慎重。求职信的目的在于求职，带有“私”事公办的意味，因而称呼要求严肃谨慎，不要过分亲近，以免给人以“套近乎”或者阿谀、唐突之嫌。当然礼貌性的致辞还是可以适当使用的。

（2）问候要真诚

称呼之后的应酬语（承启语）起开场白的作用。信的开头要有问候语。向对方问候一声，是必不可少的礼仪。问候语可长可短，即使短到“您好”两字，也体现出写信人的一片真诚。问候要简洁、自然。

（3）内容要清楚、准确

正文是书信的主体，即写信人要说的事。书信的内容尽管各不相同，写法也多种多样，但都要求内容清楚、文辞通畅、字迹工整。

（4）祝颂要热诚

正文后的问候祝颂语虽然只有几个字，但却表示写信人对收信人的祝愿、钦敬，不能忽视。祝颂语有格式上的规范要求，一般分两行写，上一行前空两格，下一行顶格。祝颂语可以套用约定俗成的句式，如“此致”、“敬礼”、“祝您健康”之类，也可以另辟蹊径，即景生情，以更能表示出对收信人的良好祝愿。

（5）署名要有礼

最后，要署上写信人的名字和写信日期。为示礼貌，可在名字之前加上相应的“弟子”、“受业”字样。给用人单位领导写信，可写“求职者”或“您未来的部下”。

（6）信封称呼用尊称

很多人认为求职信重在里面的信，而对于信封毫不在意。其实，这是错误的想法。因

为对方首先看到的就是信封，如果信封就给对方留下了好印象，那成功率无疑就会更大。

信封的主要内容除要清楚、准确地写明收信人地址及邮政编码、收信人姓名、发信人地址及姓名以外，还要恰当地选用对收信人礼貌的词语。首先要注意收信人的称呼。封皮是写给邮递员看的，所以应根据收信人的职衔、年龄等，写上“经理（或总经理)”、“厂长”、“人事资源部总监”、“人事经理”或“先生”、“女士”；如果是在国家行政机关或事业单位求职，信封上则可以写“同志”。其次，要讲究“启封辞”、“缄封辞”的选择。“启封辞”是请收信人拆封的礼貌语词，它表示发信人对收信人的感情和态度。一般对高龄者常用“安启”、“福启”，对其余长辈用“钧启”、“赐启”；对平辈，可依照收信人的身份、性别，分别用如“文启”（对教师)、“芳启”（对女士)。“缄”字的用法也有讲究，给长辈的信宜用“谨缄”，对平辈则用“缄”。

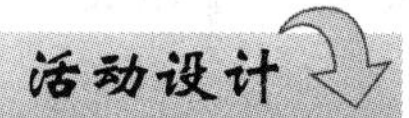

面试礼仪

一、活动目的

初步了解面试的相关事项。

二、活动形式

现场演练。

三、活动准备

1. 班委成员以及班主任充当面试官，其他同学充当应聘者，一一应聘。

2. 学生在活动前必须了解：① 面试前的准备（衣着、个人的精神面貌、发型设计等)；② 面试过程中该注意的事项；③ 面试结束时的答谢等相关知识。

四、活动过程

每一位同学将本次活动当做是实实在在的面试，面试结束后面试官指出不足及应注意的事项，然后由班主任选出几位面试官，由班委成员充当应聘者。最后由班主任做活动总结。

五、活动总结

通过本次活动，学生们加深了对面试过程中注意事项的了解，为将来面试做好充分的准备。

相关链接

要想在面试中脱颖而出，给招聘人员留下深刻的印象，就要克服紧张情绪、建立自信。要自信，就必须知己知彼，对自己和用人单位都有客观的认识。求职应聘，是一个了解自己、了解用人单位，向用人单位展示自己能力与素质的面对面的接触。只有做好了充分的准备，才能用特色和真才实学为自己铺就成功之路。

学习情境二

安全教育

任务一　游泳安全

案例

2006 年 4 月的一天，湖北某高校学生魏某等 8 人相约到郊外一小溪中游泳，8 人中只有张某会游泳。游泳过程中，大家突然听到“救命”的呼叫声，只见魏某掉进了深潭，在水中不停地挣扎。张某迅速去救，4 月的溪水温度很低，在施救的过程中，张某腿部抽筋，自己也险些发生意外。由于水太深，其他同学又不会游泳，只能眼睁睁地看着魏某沉入水底。半小时后，魏某被闻讯赶来的村民从水中救出时，年轻的心脏已经停止了跳动。

夏日炎热，很多人喜欢去户外游泳。游泳不仅能防暑降温，而且能锻炼身体、增强体质，由此，游泳成了人们尤其是大学生喜爱的一项体育运动。但是，我们在游泳中必须注意安全，以避免发生意外事故。

一、溺水的危险因素

1．游泳技能

尽管从常理来讲，游泳技能高者发生溺水的可能性低，但游泳水平和溺水危险度之间没有相关关系。有人认为，游泳水平越高的人越喜好危险的水体活动，从而面临的危险越大，继而导致溺水率升高。

2．健康状况

溺水发生的可能性与人的健康和身体素质有关。虽然目前还没有精确的数据说明某些疾病使人容易发生溺水，但癫痫会增加溺水危险度已得到了证实。

3．酒精和药物

酒精和药物会降低一个人的体力和智力，导致溺水发生。美国对路易斯安那州溺死者的调查研究表明，60% 的溺死者被检出溺水之前曾服用过药物和酒精。

4．不安全水域

保障水域安全性是降低溺水发生率的一项重要举措。游泳池、池塘、水库等水体周围没有明显警示标志，缺少救生员和监视设备以及某些设计和管理上的缺陷都会导致溺水的发生。

二、游泳时的安全防范

1）不要一个人独自外出游泳。最好组织几位同学一起去，并且其中必须有熟悉水性的人，以便互相照顾。如果集体组织外出游泳，下水前后都要清点人数，并指定救生员做专职安全保护工作。

2）要清楚自己身体健康状况。平时四肢较容易抽筋者不要参加游泳或不要到深水区游泳，以免发生意外。

3）选择适宜的游泳场所。一定要选择正规的游泳场所、避免“游野泳”或到不熟悉的水域戏水。对游泳场所的环境条件要了解清楚，以防发生溺水意外事故。

4）做好下水前的准备。先活动身体，若水温太低，可先在浅水处用水洗淋身体，待适应水温后再下水游泳。

5）饱食或饥饿时，剧烈运动或繁重劳动以后不要游泳。

6）要有自知之明，不要在急流或漩涡处游泳，更不能酒后游泳。

7）要适时休息。如果突然感觉到体力不支或身体不舒服，如觉得眩晕、恶心、心慌气短等，应立即上岸休息或者呼救。

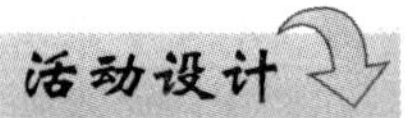

如何救护溺水者

一、活动目的

1．初步了解游泳时应该注意与预防溺水的事项。

2．掌握发生危险时的一些应急反应以及脱离危险的方法。

二、活动形式

模拟救护过程。

三、活动准备

1．班级分三大组，每一大组分两小组（一小组为救护人，另一小组为被救护人）。

2．学生在活动前必须了解：

（1）水中遇险该如何自救和求救。

（2）溺水者被救上岸后该怎么做。

（3）救护人和被救护人都在水中时，应该如何去营救。

四、活动过程

在教室内中心铺若干废旧报纸作为水，边缘用笔勾画出浅水区，一小组在水中，另一小组在岸边作为救护人。每一组在模拟过程中尽可能多地表演出游泳时会出现的问题以及救护措施。

任务二　交通安全

案例

某年9月8日上午，以优异的成绩从农村考入上海某大学的女生孙××到学校报到。办理入学手续后，第一次来上海的她怀着兴奋的心情和父母到外滩观光。当三人从外滩走到南京路时，未走人行过街地下通道，而是由东向西横穿地面道路。当他们穿过第三条车道时，一辆公交车正好由南向北行驶过来，一时避让不及，公交车右前角与孙××及其家人发生碰撞。事故发生后，孙××和母亲被送往医院急救，母亲伤势严重，而这位尚未满18周岁、风华正茂的少女离开了人间。

我国是道路交通事故死亡人数最高的国家，每年道路交通事故死亡人数约10万。据统计，2003年全世界交通事故死亡人数为50万，其中，中国交通事故死亡人数为10.4万，占全年死亡人数的20.8%。我国交通事故的致死率也是世界上最高的。

一、骑自行车人的交通安全

据不完全统计，在高校发生的与骑自行车有关的交通事故占在高校发生的交通事故总数的60%~70%。

《中华人民共和国道路交通管理条例》规定，骑自行车人必须遵守下列规定：

1）转弯前必须减速慢行，向后观望，伸手示意，不准突然猛拐。

2）超越前车时，不准妨碍被超车辆的行驶。

3）通过陡坡，横穿四条以上机动车道或途中车闸失效时，须下车推行。下车前须伸手上下摆动示意，不准妨碍后面车辆的行驶。

4）不准双手离把，攀扶其他车辆或手中持物。

5）不准牵引车辆或被其他车辆牵引。

6）不准扶身并行，互相追逐或曲折竞驶。

7）不准骑自行车带人。

安全来自于对交通规定的严格遵守。上述规定，是国家对骑自行车人提出的必须遵守的交通条规，也是骑自行车人的安全保障，不遵守这些规定就有可能付出惨痛的代价。

二、行人的交通安全

《中华人民共和国道路交通管理条例》规定，行人必须遵守下列规定：

1）须在人行道内行走，没有人行道的靠路右边行走。

横过车行道时，须走人行横道。通过有交通信号控制的人行横道，须遵守信号的规定；通过没有信号控制的人行横道，须注意车辆，不准追逐猛跑。没有人行横道的，须直行通过，不准在车辆临近时突然横穿。有人行过街天桥或地下通道的，须走人行过街天桥或地下通道。

2）不准穿越人行道、车行道和铁道口护栏。

3）不准在道路上扒车、追车、强行拦车和抛物击车。

4）列队通过道路时，每横列不准超过两人。须靠紧车行道右边行走。

5）列队横过行车道时，须从人行横道迅速通过；没有人行横道的，须直行通过。

上述规定是国家制定的行人必须遵守的交通条规。它既是对行人交通行为的要求，也是行人的安全保障。

三、乘车人的交通安全

《中华人民共和国道路交通管理条例》规定，乘车人必须遵守下列规定：

1）乘坐公共汽车、电车和长途汽车须在站台或指定地点依次候车，待车停稳后，先下后上。

2）不准在车行道上招呼出租汽车。

3）不准携带易燃易爆等危险品乘坐公共汽车、电车、出租车和长途汽车。

4）机动车行驶中，不准将身体任何部分伸出车外，不准跳车。

5）乘坐货运机动车时，不准站立，不准坐在车厢拦板上。

机动车的危险性较大，乘车人遵守交通规则和具有较高的安全意识是避免发生交通事故的根本。

四、大学生交通安全事故的主要表现形式

1. 校园内易发生的交通事故

思想麻痹和安全意识淡薄是校园内发生交通事故的主要原因。校园内发生交通事故的主要形式有以下几种。

（1）注意力不集中

行人走路时或边走路边看书、边听音乐，或左顾右盼，或心不在焉，这是发生交通事故最主要原因。

（2）在路上进行球类活动

在路上行走时蹦蹦跳跳、嬉戏打闹，在路上进行球类活动，这样很容易发生交通事故。

（3）骑“飞车”

大学校园里的道路一般较窄，骑“飞车”很容易发生交通事故。

2. 校园外常见的交通事故

大学生外出活动乘坐各种交通工具，交通事故也时有发生。造成悲剧的原因有以下几点。

（1）不遵守交通规则，随意行走

许多大学生连“红灯停，绿灯行”的基本要求都做不到；或在横穿马路时忽略交警的口哨声，危险穿行；或对安全常识知之甚少，盲目横穿猛拐。

（2）存在“车不敢撞人”的侥幸心理

大部分行人认为司机不敢撞人，因为“撞了人，司机不但要赔偿损失，还要吃官司”。这是十分幼稚的认识。要知道行人与汽车发生相撞事故，不是司机想撞人，而是遭遇突发事件时往往措手不及。

（3）违章行走，“飞来横祸”

公路上车来车往，违章行走很容易造成交通事故；有时候即便行人遵守有关交通规则，也并不意味着绝对安全，可能会遭遇“飞来横祸”，这就要求行人行走时要时刻观察周围环境。

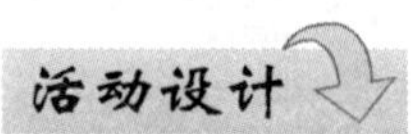

如何防范交通事故的发生

一、活动目的

1. 学习交通法规，提高交通安全意识。

2. 防范交通事故的发生。

二、活动形式

现场打擂。

三、活动准备

1. 班级分为若干个小组，班委成员及班主任为评委，选出擂主。

2. 学生在活动前必须了解：

（1）交通规则。

（2）乘车及驾驶的交通安全。

（3）交通事故的预防。

（4）如何救助交通事故伤员。

（5）交通事故的自救方法。

四、活动过程

将学生分为1，2，3…组，每组讲述一个他们所遇到的交通事故并加以分析、评价。由评委打分，淘汰分数最低的一组，最终选出擂主。

相关链接

近年来，与大学生有关的交通事故频频发生，给学生本人及其家庭都造成了极大的伤害。因此，对大学生来说，不论骑车、步行还是乘车，都要注意交通安全。预防交通事故的最根本办法是遵守交通规则，因此，大学生应该自觉学习交通规则，提高交通安全意识，防范交通事故的发生。

任务三　火灾安全

案例

2008年11月14日凌晨6时许，某大学宿舍楼602室因为违章使用电热器引发火灾。2名学生先跑去呼救并去水房取水灭火，回来后发现宿舍门已经无法打开。此时火势增大，留在宿舍内的4名学生被迫跑到阳台上，抓住栏杆吊在外面，坚持了一两分钟后，由于体力不支，先后坠亡。

人类生活离不开火，火的发现也改变了人类的生活方式。但是，火在给人类带来好处和便利的同时，也会带来许多不安全隐患。如果处理不好，火还会酿成灾难。

一、校园常见的火灾隐患

大学校园里的教室、实验室、图书馆、宿舍、礼堂、报告厅等地方都有可能存在火灾隐患。大学校园内常见的火灾隐患主要有：① 安全门、疏散通道堵塞；② 电线、电器设备短路、电线老化；③ 吸烟、乱丢烟头；④ 违章使用明火；⑤ 使用劣质电器；⑥ 不按规定存放易燃品；⑦ 使用大功率用电设备；⑧ 电热器靠近易燃物；⑨ 电器、明火靠近床单被褥；⑩ 实验室物品存放不当或试验过程缺乏专业人员指导等。

这里要特别强调一点大学生在宿舍里一定要有安全意识，严格按规定用电，消除火灾隐患。

二、大学生宿舍内火灾预防

大学生宿舍防火安全应做到：① 不私拉乱接电线；② 不卧床吸烟和乱扔烟头；③ 不

占用、堵塞疏散通道；④ 不在楼内焚烧杂物；⑤ 不携带易燃易爆物品入宿舍；⑥ 不使用“热得快”等大功率和劣质电器设备；⑧ 不使用酒精炉等明火器具；⑨ 不擅自变动电源设备；⑩ 离开宿舍要关闭电源；⑪不损坏灭火器和消防设备。

三、发现着火了怎么办

1．电器或电线着火

① 切断电源；② 用相应灭火器灭火；③ 向相关人员报告或向火警报警（拨打 119）；④ 保护自己的安全。

2．易燃易爆品着火

① 立即向相关人员报告或向火警报警（拨打 119）；② 保护自己的安全。

3．一般物品着火

① 用灭火器灭火；② 如果火势接近电器或电线，切断电源；③ 向相关人员报告或向火警报警；④ 保护自己的安全。

四、哪些物品着火不能用水扑救

1．电器

电器发生火灾时，首先要切断电源。在无法断电的情况下，千万不能用水和泡沫灭火器扑救，因为水和泡沫都能导电。应选用二氧化碳、1211、干粉灭火器或者干沙土进行扑救，而且要与电器设备和电线保持 3 米以上的距离。

2．油锅

油锅起火时，千万不能用水浇。因为水遇到热油会形成“炸锅”，使油火到处飞溅。扑救的方法就是将锅盖或能遮住油锅的大块湿布遮盖在起火的油锅上，使燃烧的油火接触不到空气缺氧熄灭。

3．燃料油、油漆

燃料油或油漆起火千万不能用水浇，应该用泡沫、干粉或 1211 灭火器或干沙土进行扑救。

4．计算机

计算机着火应马上拔下电源，使用干粉或二氧化碳灭火器进行扑救。切勿向失火电脑泼水，因为温度突然下降，会使计算机发生爆炸。

活动设计

预防火灾

一、活动目的

1．认识火灾的危害。

2．明确预防火灾的责任。

3．明确报火警时的注意事项。

二、活动形式

现场问答。

三、活动准备

1. 班级分为三组，由班主任提问，每组选出一个代表回答提问。

2. 学生在活动前必须了解：

（1）火灾的危害性。

（2）假设发生在自己身边自己如何去解决。

（3）消除火灾隐患、预防火灾的意识。

（4）基本的火灾预防知识和火灾逃生的知识，要对火灾保持高度的警惕。

四、活动过程

（1）播放相关录像资料，提出问题，如“你看到了什么，想到了什么？”

（2）小组讨论交流，分析发生火灾的原因，感受火灾带给人类的危害。

（3）设想：如果这件事发生在你的身边，你会怎样做？让学生试着说一说。

（4）通过学生发言引出火警电话“119”。

（5）创设情景让一位学生表演拨打“119”的情景。

（6）从上一位同学的表演中找出不足之处。

（7）让学生自由发言，给他们设想的空间。

（8）师生共同总结拨打“119”的方法和注意事项。再让同学试着表演此情节。

相关链接

火灾猛于虎。多少次，无情的火灾，烧毁了财产，吞噬了人的生命。很多时候，着火了，根本来不及灭火，就已酿成严重的火灾。因而，对待火灾最有效的方法不是灭火，而是预防。大学生要有消除火灾隐患、预防火灾的意识，要了解基本的火灾预防知识和火灾逃生的知识，要对火灾保持高度的警惕。

任务四　网络安全

案例

2008年5月29日20时许，西安某高校的学生贾某在学生宿舍内，通过个人计算机控制了该校的计算机网络服务器并对陕西省地震局网站进行攻击，破坏了该网站的用户名和密码，侵入信息发布页面。20时53分，贾某怀着恶作剧的心态发布了一条自己编造的信息：“今晚23时30分陕西等地有强烈地震发生。”该信息发布后，不断有群众向陕西省地震局打电话询问此事。贾某的行为严重扰乱了社会秩序，造成了社会恐慌。6月4日，贾某被警方抓捕归案，西安市雁塔区检察院以编造、故意传播虚假信息罪对其提起公诉。8月29日上午，雁塔区法院公开审理此案。贾某因编造、故意传播虚假信息罪，一审被判处有期徒刑一年零六个月。

网络是一把双刃剑，在不同的人群中发挥着不同的作用，技术专家可以利用网络技术造福社会；犯罪分子可以利用网络危害他人和社会。作为大学生，应掌握基本的网络安全知识，维护社会和自己的权益。

一、网络安全

网络安全包含三方面含义：一是上网时个人信息资料的安全；二是接入互联网时个人计算机的安全；三是由网络接触转入现实接触时的人身安全。

1. 个人信息资料的安全

当今社会是信息化（或数字化）的社会，个人信息安全非常重要。个人信息资料包括出生日期、身份证号码、家庭住址、电话号码、银行卡密码、电子信箱账号与密码、个人照片，等等。

2. 个人计算机的安全

保持个人计算机安全须做到：① 备份资料；② 选择很难猜测的密码；③ 安装防毒软件，并每天更新升级；④ 及时更新操作系统，时刻留意软件制造商发布的各种补丁，并及时安装应用；⑤ 在 IE 或其他浏览器中会出现一些黑客鱼饵，对此要保持清醒，拒绝点击，同时将电子邮件客户端的自动脚本功能关闭；⑥ 在发送敏感邮件时使用加密软件，也可用加密软件保护硬盘上的数据；⑦ 安装一个或几个反间谍程序，并且经常运行检查；⑧ 使用个人防火墙并正确设置，阻止其他计算机、网络和网址与你的计算机建立连接，指定哪些程序可以自动连接到网络；⑨ 关闭所有不使用的系统服务，特别是那些可以让别人远程控制你的计算机的服务，如 RemoteDesktop、RealVNC 和 NetBIOS 等；⑩ 保证无线网络连接的安全。

3. 人身安全

上网时间不能太长、杜绝与陌生网友见面、禁止长期观看有暴力倾向的视频短片。

二、网络健康

网络健康包括两个方面：一是心理健康，二是道德健康。

（1）坚决抵制黄色网站，严禁传播色情内容。

（2）健康有序地利用网络资源。

三、网络文明

要善于网上学习，不浏览不良信息；要诚实友好交流，不侮辱欺诈他人；要增强自护意识，不随意约会网友；要维护网络安全，不破坏网络秩序；要有益身心健康，不沉溺虚拟时空。

四、浏览网页时注意事项

1）在浏览网页时，选择合法的大型门户网站。互联网上的各种网站数以亿计，良莠不齐，许多非法网站为达到其自身的目的，不择手段，传播不健康信息，甚至进行反动宣传。

2）不要浏览色情网站。色情网站宣传不健康的性观念，内容露骨，易给大学生的身心健康造成伤害。色情网站多是计算机病毒的“潜藏”地点，易给计算机造成直接损害。

3）浏览 BBS 等虚拟社区时，发帖一定要注意内容的合法性，不诽谤他人，杜绝发表反党、反政府的言论等，注意用词文明。

五、网络购物注意事项

1）选择合法的、信誉度高的网站交易。网上购物时需对该网站的信誉度、安全性、付款方式，特别是以信用卡付费的保密性进行考察，防止个人账号、密码遗失或被盗，造成不必要的损失。

2）不要轻信一些虚拟社区、BBS 里面的销售广告，特别是进行二手货物交易时要谨慎，不可贪图小便宜。

3）避免与身份不明的商家交易，如需交易，可通过电话或其他方式向电子商务监管部门了解该商家的基本资料（如信誉度等）。

4）若网上商店所提供的商品与市价相距甚远或明显不合理，要小心求证，切勿贸然购买，谨防上当受骗。

5）消费者进行网上交易时，须妥善保存交易记录和相关票据。

六、如何避免网络陷阱，防止网络欺诈

在网络这个虚拟世界里，一些网站或个人为达到某种目的，往往会不择手段，套取网民的个人资料，设置陷阱，进行欺诈。

1）不要轻易相信互联网上中奖之类的信息。某些不法网站或个人利用一些人贪图小便宜的心理，向网民发布一些中奖信息，如 E-mail、QQ 号码中奖，然后通过要求中奖人邮寄汇费、提供信用卡号或个人资料等方式，套取个人钱物。

2）不要轻易相信互联网上来历不明的测试个人情商、智商、交友之类的软件，这类软件大多数要求提供个人真实的资料，往往这就是一个网络陷阱。

3）不要轻易用电话号码、手机号码在网上注册，一些网民在注册成功后，不但要缴纳高额的电话费，而且会受到一些来历不明的电话、信息骚扰。

4）不要轻易相信网上公布的快速致富窍门，“天下没有免费的午餐”，一旦相信这些信息，绝大部分人都会赔钱，甚至血本无归。

七、关于计算机网络方面大学生必须遵守的法律规定

1）遵守《中华人民共和国计算机信息系统安全保护法条例》，禁止侵犯计算机软件著作权。

2）任何组织或个人不得利用计算机信息系统从事危害国家利益、集体利益和其他公民合法权益的活动，不得危害计算机信息系统的安全。

3）计算机信息网络直接进行国际联网，必须使用信息部国家公用电信网提供的国际出入口信道。任何单位和个人不得自行建立或者使用其他信道进行国际联网。

4）任何组织或个人，不得利用计算机国际联网从事危害国家安全、泄露国家秘密等犯罪活动；不得利用计算机国际网络查阅、复制、制造和传播危害国家安全、妨碍社会治安和淫秽色情的信息。如果发现上述违法犯罪行为和有害信息，应及时向有关主管机关报告。

5）国际联网用户应当服从接入单位的管理，遵守用户守则；不得擅自进入未经许可的计算机系统，篡改他人信息；不得在网上散发恶意信息，冒用他人名义发出信息，侵犯他人隐私；不得制造、传播计算机病毒及从事其他侵犯网络和他人合法权益的活动。

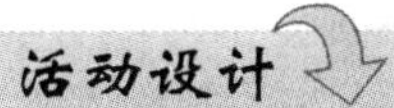
活动设计

如何安全、健康地使用网络

一、活动目的

1. 明确互联网对在校大学生的影响。

2. 正确对待互联网，并能充分利用网络资源。

二、活动形式

讨论。

三、活动准备

1. 组织好分组。

2. 对比两组学生的“网络实例”。

四、活动过程

1. 将同学分两组采用积分制，分为网络安全、网络健康、网络文明三个内容进行。

2. 主持人引导两组同学分别对所设的三个问题发表意见。

相关链接

大学生上网聊天交友注意事项

（1）在聊天室或互联网交友时，尽量避免使用真实姓名，不要轻易告诉对方自己的电话号码、住址等有关个人信息。

（2）不要轻易与网友见面。

（3）与网友见面时，要有自己信任的同学或朋友陪伴，尽量不要一个人赴约。约会地点尽量选择在公共场所，尽量选择在白天，不要选择偏僻、隐蔽的场所，一定要有足够的警惕性。

（4）在聊天室聊天时，不要轻易点击来历不明的网址链接或来历不明的文件，往往这些链接或文件会携带“聊天室炸弹”、“逻辑炸弹”，或带有攻击性质的黑客软件，会造成强行关闭聊天室、系统崩溃或被植入木马程序等后果。

（5）警惕网络色情聊天、反动宣传。聊天室里鱼龙混杂，其中不乏好色之徒，言语间充满挑逗，对不谙世事的大学生极具诱惑；或在聊天室散布色情网站的链接，换取高频点击率，对大学生的身心造成伤害。也有一些组织或个人利用聊天室进行反动宣传，这些都应引起大学生的警惕。

任务五　防盗、防抢、防骗

案例 1

2007 年 11 月，某高校大三学生陈某到学校保卫处报案：“昨晚上由于打球太累，回到宿舍冲洗了一下就上床睡觉了，当时把手机和钱包放在了计算机旁，结果第二天早上发现手机和钱包都不见了”。后经调查得知，在陈某睡觉大约20分钟后，宿舍其他三个同学出去吃夜宵，之后有一男生进入了陈某的宿舍，在不到1分钟的时间里，盗窃了陈某价值1 500多元的诺基亚手机和装有270余元现金、身份证、校园卡（余额为160多元）、银行卡（余额为1 450多元）的钱包。

案例2

2001年5月的一个晚上，某高校女大学生乔某在回宿舍途中遭一歹徒袭击。据她本人回忆，当时这名歹徒从背后袭击，一手扯住她的挎包，一手用刀抵住她的腰部，并威胁她不能出声。乔某面对这一突如其来的情况，非常惊慌，不顾歹徒的威胁，本能地大喊“救命……”歹徒见状向乔某腰部猛刺一刀后仓皇逃窜。乔某边喊“抓坏人”边朝前方追。当发现自己腰部流血时，便赶紧向校医院方向走，并向途中遇到的两名男同学求救，两名男同学将其送往医院就诊。

案例3

2007年3月，某高校大一学生李某下课后回宿舍途中，遇到一个穿白色外套和靴子并面带“受伤”的女子。该女子称她刚刚出车祸，身上没钱，手机没电，急需用手机联系家人汇钱过来住院疗伤，向李某借得手机。接着，该女孩打了电话后，称已经和家人取得联系，家人会马上汇钱过来，但是身上没带银行卡，于是将自己的身份证交给李某以取得李某的信任，并要求将李某的手机、银行卡及密码留给她，等汇款到账办完住院手续之后会立即联系李某，届时将银行卡和手机归还并重谢。李某回宿舍以后才发现此事有些蹊跷，赶紧打电话，手机已经关机；去银行查账，发现银行卡里的现金已全被取走。经公安机关查证，该女子的身份证是伪造的。

以非法占有为目的，秘密窃取他人财物的行为，是我们深恶痛绝的违法犯罪活动。盗窃案在高校刑事治安案件中占有相当大的比例，给大学生正常的学习、生活带来了极大的危害和不必要的麻烦。抢劫和抢夺是大学生遭受人身伤害和财产损失的主要形式之一，也是危害大学生人身安全和财产安全的主要违法犯罪行为之一。诈骗是指以非法占有为目的，用虚构事实或者隐瞒真相的方法，骗取较大款额财物的违法犯罪行为。目前，发生在高校的诈骗案件越来越多，对大学生的人身和财产安全造成了一定的威胁。所以，了解和掌握必要的诈骗防范知识显得尤为重要。作为大学生，应掌握基本的防盗、防抢、防骗安全知识，维护社会和自己的生命财产安全。

一、盗窃

校园盗窃事件，给学生的正常学习和日常生活带来了诸多不便，不仅造成了经济损失，同时也扰乱了学校的正常秩序。综观校园盗窃案件，最主要的原因是大学生自身粗心大意，麻痹疏忽。所以，防止校园盗窃案件的发生，关键在于提高警惕，有效防范。

1. 校园常见盗窃案件

大学校园里的宿舍、教室、图书馆、食堂以及校园外的超市、公交车、银行等公共场所都是容易发生盗窃案件的地方。最常见的被盗窃物品主要有：现金、各类证卡（银行卡、校园卡、身份证、学生证等）、计算机、手机、相机、MP3、MP4、电子词典、图书、自行车等。

2. 大学生宿舍预防盗窃常识

学生宿舍防盗应做到：

1）最后离开宿舍的同学，一定要关好窗户、锁好门。

2）不随便留宿不知底细的人，以免引狼入室。

3）发现形迹可疑的人要保持警惕。

4）保管好宿舍的钥匙，不要随便借与他人，以免被复制。

5）养成把贵重物品放在抽屉里或柜子里的良好习惯。

6）在较贵重的物品上可做些特殊标记。

7）将印鉴、身份证、存折、银行卡等分开保管。

8）将暂且不用的现金存入银行。

3. 公交车上和商场里的扒窃防范

公交车和商场都是扒手喜欢光顾的地方。扒手作案的主要特点是：天气比较寒冷和人多拥挤的时候是扒手相对活跃的时候。他们主要利用了我们一些不好的习惯，如把钱包、手机等贵重物品放在上衣外口袋、裤子后口袋、手提袋里等，这些习惯都给扒手偷窃提供了可乘之机。因此，无论是乘坐公交车还是去商场购物，都要提高警惕，保管好自己的财物。

4. 大学生外出旅游如何防盗

1）外出旅游结伴为宜，不宜携带大量的现金，随身所带现金应分开保管，尽量少带东西，着装简便。

2）妥善保管身份证、信用卡、学生证等证件。

3）晚上住宿要将贵重物品寄存在旅馆，不宜放在客房里。

4）购票是不宜拥挤，最好集体购票，一个人拿钱，一个人办理相关手续。

5）不要随意接受陌生人馈赠的食品、水果、饮料、香烟等。

6）不随意请陌生人照看行李。

7）多人乘车，可交换休息，最好不要同时入睡。

8）在公共场所（洗脸间、餐厅）不可将手表、首饰等摘下来乱放，以免遗失。

二、抢劫

抢劫是指犯罪分子以暴力、胁迫或其他方法强行抢走他人财物的行为。抢夺是以非法占有为目的，趁人不备或虽然有备但来不及保护的情况下公然夺取他人财物的行为。抢劫和抢夺的危害性极大，严重地威胁着大学生身心健康及生命财产安全。因而，我们要增强防范意识，掌握应对抢劫与抢夺的基本知识和策略，尽量减少或避免抢劫和抢夺事件的发生。

1. 校内抢劫、抢夺案件的特点

1）作案时间一般为师生员工休息室或校园内行人稀少时。

2）作案地点多发生在校园内比较偏僻、黑暗、人少的地带，如树林、小花园、池塘边、小土坡上、远离宿舍区的教学实验楼附近或无灯的人行道、正在兴建的建筑物内等。

3）作案的主要对象是携带贵重物品、单身行走、外出活动或晚自习晚归无伴或少伴、谈恋爱滞留于偏僻地带的大学生。

4）抢劫、抢夺分子通常以团伙形式出现，以跟踪的形式暗中寻找作案对象。

2. 抢劫、抢夺的一般防范措施

为了尽量避免成为抢劫、抢夺分子的攻击目标，我们应该做到：

1）增强自我防范意识，妥善保管个人信息，不在公共场合外露或炫耀随身携带的贵重物品和现金。

2）穿戴适宜，保持良好的心态，不胆怯、不害怕，并时刻注意环视四周，警惕可疑人员尾随，如果发现有可疑人员尾随，则要保持高度的警惕性，尽快走入人多热闹的安全地带。

3）如果需要携带大量现金或贵重物品外出办事，最好请同学结伴而行，并乘坐出租车，尽量不要单独一人去办理。

4）不要在偏僻、阴暗、行人稀少等安全感差的地方独自行走或逗留。

5）尽量避免深夜滞留在外不归或晚归，迫不得已需要深夜返回或外出，应结伴而行。

6）尽量少出入歌舞厅、酒吧等人员复杂的地方，以免成为犯罪分子跟踪的目标。

7）保管好随身钱物，提高日常防范意识。

8）夜间不要独自到公园、绿化带内散步、休息。

9）遇到异性引诱，切忌跟随，防止色诱抢劫。

3. 抢劫、抢夺的危机应对方法

若遇到抢劫、抢夺，不要畏惧、恐慌，要尽量保持冷静，并审视自己所处的环境，针对具体情况采取不同的应对措施。

若在人员聚集的地方遭抢劫或抢夺，则应大声呼救，或故意高声呵斥作案分子，以引起他人的注意，并尽快报警。

三、诈骗

近年来，诈骗已成为我国波及面广泛、社会危害严重、高频多发、手法多种多样的犯罪行为。大学生刚刚离开父母，思想单纯，缺乏社会经验和防范意识，极易成为诈骗分子作案的对象。多起诈骗案例表明，大学生群体之所以最容易被诈骗分子利用，是因为他们缺乏对有效预防诈骗知识的了解和认识。

（一）常见诈骗手段

1. 短信中奖

诈骗分子常会借助一些通信设备（主要是手机和QQ）发出大量欺诈信息，声称为庆祝某单位活动而进行抽奖，以你中了一等或二等或特等奖或者“你被邀请参加某某盛会”为诱饵，要求你通过汇款、转账等形式，缴纳一定的邮费、所得税、公证费、手续费、工本费等，从而进行诱骗。

2. 闪断电话

打入电话只响一声就马上挂断，当你按原号码拨回去以后，经常会出现“欢迎致电××六合彩……”等类型的声音。这是非法“六合彩”在招揽客人，而回拨电话既可能

损失话费，又容易上当受骗。

此外，大学生还应警惕话费返还、急诊求助、消费通知、贪利求廉、假冒身份、合同诈骗、传销诈骗、意外之财、嫁祸他人、色情诈骗等诈骗方式。

（二）大学生容易上当受骗的主观原因

通过分析各类诈骗案件，我们发现在校大学生容易上当受骗的主观原因主要有：

1）缺乏社会经验，防范意识薄弱。

2）贪占小便宜，心存“天上会掉馅饼”的侥幸心理。

3）警惕性不高，随意结交朋友，感情用事，盲目同情、怜悯他人。

4）急于求成，爱慕虚荣。

活动设计

一、活动目的

1. 自觉维护校园安全稳定。

2. 如何防盗、防抢、防骗。

二、活动形式

小品表演。

三、活动准备

组织好演绎选手，布置道具。

四、活动过程

表演有关盗窃、抢劫（夺）、诈骗的小品。

相关链接

大学生在交往中容易上当受骗的原因

1. 不加选择地结交朋友

当今的大学生大多是从学校走进学校，进入大学后吃住在学校，每天过着宿舍—食堂—教室（实验室）“三点一线”的生活。大多数学生喜欢结交朋友，但一些同学防范意识差，警惕性不高，从而导致上当受骗。

2. 缺乏社会生活经验和辨别能力

在大学校园里，每个学生都可能遇到一些来访的老乡、熟人、同学，或同学的同学、老乡的老乡、朋友的朋友之类的人。然而，这其中有的是真，有的是假，可许多学生又缺乏刨根问底的习惯，在不辨真伪的情况下宁可信其有而不信其无，而且有些学生常常把他人来访看做是自己的一种荣耀，这就给骗子以可乘之机。

3. 疏于防范、警惕性不高是大学生上当受骗的主要原因

据资料显示，在校大学生被骗取钱物，绝大多数是疏于防范。事实上，很多大学生（特别是新生）热情奔放，性格直率，经历的事情很少，没有处事经验，防范能力也比较差，大多数人被骗后才后悔莫及。

4. 求人办事，成事心切，从而导致上当受骗

人生活在社会之中，难免求人相助。在校大学生涉世不深，有时为了办事而轻率交友

行事，不分青红皂白，弄不好就要被骗。据了解，当前大学生容易被利用的心态一般为：① 急于求成，爱慕虚荣而无戒备之心；② 想经商助学而缺乏资金和经验；③ 想找到理想的工作单位而又没有门路；④ 不经过自己劳动而想摇身变为富翁，等等。这些都是导致上当受骗的诱发心理因素。

任务六　大自然的威胁

案例

2008 年 7 月，连续几日的大雨过后，一男子骑摩托车行驶在临近某县城的盘山路上。突然前方山体滑坡，男子不幸被滚下的石头压住双腿，该男子被及时赶到的路人救出后，腿部严重受伤，流血不止。热心路人及时拨打了“120”，但因当场无人会止血，等“120”急救车到来时，伤者因流血过多，抢救无效，失去了生命。医生十分痛心地说，如果在等待“120”急救车的过程中，能及时对伤者止血，伤者完全能够转危为安，绝不会失去生命。

洪水、地震、泥石流、山体滑坡、海啸等突然、剧烈、难以预测的自然灾害，给人类造成的危害令人触目惊心。自然灾害持续的时间越长、强度越大，危害就越大。另外，社会对受灾人员的急救水平，也影响受灾程度。因此，普通公众具有足够的急救知识和技能，在自然灾害发生时，积极实施救助，是减轻自然灾害损失的重要保证。

一、搬运伤员的正确方法

在搬运伤员的过程中应采用以下方法。

1. 脊柱损伤伤员的搬运

对疑有脊柱骨折的伤员，均应按脊柱骨折处理。脊柱受伤后，不要随意翻身、扭曲，因为这样可能会增加受伤脊柱的弯曲，使失去脊柱保护的脊髓受到挤压和牵拉损伤，造成截瘫。这类伤员必须由多名救护人员协同搬运。

1）先将伤员下肢伸直，上肢也要伸直放在身旁，硬木板放在伤者一侧。

2）至少三名救护人员水平托起伤员躯干，有一人指挥整体行动，将伤员平起平放移至木板上。

3）在搬运过程中动作要轻柔、协调，以防躯干扭转。对颈椎受伤的伤员，搬运时要固定头颈部，有专人扶持。

2. 颅脑受伤伤员的搬运

伤员取半仰卧位或侧卧位，头偏向一侧使呼吸道保持通畅。颅脑损伤常伴有颈椎损伤，搬运时须注意保护其颈椎。

3. 腹部损伤伤员的搬运

伤员取仰卧位，下肢屈曲，防止腹腔脏器受压而脱出。此类伤员宜用担架或木板搬运。

4. 胸部损伤伤员的搬运

胸部受伤者常伴有开放性血气胸，需进行包扎，以座椅式搬运为宜，伤员取坐位或半卧位。有条件者最好用坐式担架、靠背椅或将担架调整至靠背状。

5. 昏迷伤员的搬运

伤员取平卧位，垫高背部，头稍后仰，如有呕吐，须将其头朝向一侧，或采用脚高头低位，搬运时应用普通担架即可。

6. 呼吸困难伤员的搬运

伤员取坐位，不能驼背。用软担架（床单、被褥）搬运时，注意不能使伤员躯干屈曲。如有条件，最好用折叠担架（或椅子）搬运。

二、如何紧急止血

由外伤引起的大出血，如不及时予以止血，就会严重威胁伤员的健康乃至生命。外出血的止血急救常见方法如下。

1. 一般止血方法

针对小的创口出血，先用生理盐水冲洗，然后消毒，最后再覆盖多层消毒纱布用绷带扎紧包扎。注意，如果患部有较多毛发，如头部，在处理时应剪剃毛发。

2. 指压止血法

在伤口的上方，即近心端，找到跳动的血管，用手指紧紧压住。这是紧急的临时止血法，只适用于头、面、颈部及四肢的动脉出血急救，压迫时间不能过长。指压止血的同时，应准备材料换用其他止血方法。

3. 加压包扎止血法

用消毒的纱布、棉花做成软垫放在伤口上，再用力加以包扎，以增大压力达到止血的目的。此法应用普遍，效果也较好，但要注意加压时间不能过长。

4. 屈肢加垫止血法

当前臂或小腿出血时，可在肘窝、腋窝内放以纱布垫、棉花团或毛巾、衣服等物品，屈曲关节固定。但骨折或关节脱位者不能使用此法。

5. 橡皮止血带止血法

常用的止血带是1米左右的橡皮管。止血方法是：掌心向上，止血带一端由虎口拿住，一手拉紧，绕肢体2圈，中、食两指将止血带的末端夹住，顺着肢体用力拉下，压住“余头”，以免滑脱。注意使用止血带止血时要加垫，不要直接扎在皮肤上。每隔60分钟放松止血带3~5分钟，松时用指压法代替。

6. 填塞止血法

将消毒的纱布、棉垫、急救包填塞压迫在创口内，外用绷带包扎，松紧度以达到止血目的为宜。

三、伤口包扎的正确方法

包扎是各种外伤中最常用、最基本的急救技术之一。包扎得当，有压迫止血、保护伤口、防止感染、减少疼痛作用。

包扎材料以绷带、三角巾、方形长带最为多见。在现场急救时，如没有专用的绷带和三角巾，可将衣物、床单、手巾等物撕成布条来代替绷带，也可将衣物、床单裁成三角巾。

(一) 胸部伤包扎方法

如果胸腔受伤穿孔，吸气时胸腔扩展，空气会进入伤口，引起肺功能衰竭，这是胸部伤引起的最大危险之一。应及时用手掌捂住伤口，阻止吸气时空气进入。病人仰卧，头和肩膀倾向受伤的一边。用大块疏松湿润的敷料堵塞伤口，或者利用塑料片或铝箔（最好外包一层凡士林），用绷带包扎好。

(二) 腹部伤包扎方法

腹部受伤可能会损伤内脏器官，引起内出血。用湿润布条湿润病人嘴唇和舌部，会使病人感觉好受许多。如果伤员肠子流出腹腔，要保护好，并保持湿润。不要企图把它复位，这会为营救后的手术带来麻烦。如果没有内脏器官外露，应将伤口清洗后包扎。

(三) 头部伤包扎方法

头部受伤很可能会伤及胸部，伤口也可能会影响正常的呼吸和饮食。要确保舌根不会抵住喉管，使呼吸通畅，必须除去假牙或已脱落的碎牙，控制住流血。清醒病人可以坐卧。昏迷病人如果颈部和脊柱无伤，必须按照恢复位侧卧。

活动设计

一、活动目的

1. 面对大自然的灾害应做的防范。
2. 引导学生正确面对灾害。

二、组织形式

观看视频短片。

三、活动准备

1. 寻找有关视频短片。
2. 搜集相关信息。

四、活动过程

1. 带着疑问观看视频短片、相关资料。
2. 观后讨论总结灾害紧急预案、应对措施。

相关链接

如何应对自然灾害

1. 如果你只是在户外

此时你最好就停留在户外，不要因为你的家属或朋友还在屋里或旅馆里，就冒着大地的抖动进屋去抢救，你要相信他们在屋里也会做好应急保护的。即使震后将他们压埋在废墟下，你在外还可以及时抢救，将他们营救脱险。国内外很多震例表明：在地震发生的过程中，在短短的几十秒钟时间内，人们匆忙进入或离开建筑物时，被砸死、砸伤的概率最大。你在户外，要停留在开阔的地方。要远离上面可能掉下东西的建筑物，或上悬着高压电线的地方。震时照明最好用手电筒，不要使用蜡烛、火柴等明火。地震时汽车是一个非常安全的地方。地震开始时，假如你正在驾驶汽车，就请小心地减速把车停在路边；如果可能时，车不要停在电线杆、路灯、桥或高层建筑物下。假如你正驾车在桥上行驶，那么就请保持低速行驶，使你与后面的汽车拉开距离，然后停下来，系好安全带滞留在车内。

2. 如果你正在山里徒步或野营

泥石流发生时，外面的响声特别的大，轰隆轰隆的，有时还伴随着有牛羊的乱喊乱叫。遇上泥石流，唯一的办法就是往高处跑，跑得越快越好。等一切都平息后，赶紧离开那个地方，如果你还有什么宝贝没有来得及带走，你就把他献给大自然吧，因为这家伙喜欢频繁拜访，直到它自己累了。如果你还不明白什么是泥石流，可以这样简单地理解。

3. 如果你正在车里（在山路而不是城市里的公路上）

迅速观察周围，如果只是小型的泥石流或落石，那还是呆在车里比较安全；不过情况允许时还是应跑出车外，向高处跑；也可以躲到车的背面，此时一定要仔细观察，如果规模变大，那就要迅速逃离。如果你碰巧在隧道内，那就赶紧冲出去；如果在桥上，则要尽快通过。然后把车开到靠近山脊的山腰处，迅速弃车向高处凸出的山腰处跑。注意要避开山脊和山谷。山谷容易有泥石流和滑坡，山脊则可能会有塌方。当然不是说山腰就没有这些危险，只是稍微安全些。此外，就是设法脱离险境。如果不幸受伤，找不到脱离险境的好办法，就要尽量保存体力，不要乱动，以免使骨头错位，影响下一步治疗。最实用的方法是用石块敲击能发出声响的物体，向外发出呼救信号，不要哭喊、急躁和盲目行动，这样会大量消耗精力和体力，尽可能控制自己的情绪或闭目休息，等待救援人员到来。如果有人遭遇泥石流、塌方、滑坡而导致受伤，首先要将其受伤的部位固定下来，不要发生晃动；其次要想法包扎，避免流血过多，还要快速求援，发出呼救。

从以上三方面不难看出，只要我们稍加注意，就可以在自然灾害中进行自救。

任务七　谨防食物中毒

案例

2003 年 10 月 12 日，某学院一食堂发生一起集体事物中毒事件。32 名在该食堂用餐的学生陆续出现恶心、呕吐、腹痛和腹泻等症状，送医院对症治疗后，除个别学生因头晕、头痛、胸闷、心慌以及胃部烧灼感需继续留医院观察外，其余学生均康复出院。据调查，中毒学生均食用过四季豆。

有人说“不干不净，吃了没病”，要做到百分之百的洁净几乎不可能，但并不是说我们不需要考虑食品的卫生和安全，毕竟我们生活的世界也是细菌生活的世界。正确认识食品卫生的重要性，树立科学的食品卫生观念和养成良好的食品卫生习惯，对我们大学生尤为重要。

食品加工、储存、运输、销售等各个环节都有可能发生食品污染，卫生检查部门要严格遵守《中华人民共和国食品卫生法》并执行《食品卫生条列》。

作为个体，我们很难控制食品生产、流通的全过程，但如果注意以下几点，就可以积极地预防中毒。

一、预防细菌性食物中毒

各类食品均可能受细菌污染，正确烹饪食品，保证彻底加热是防治食物中毒的关键。不去卫生条件差的饭馆、路边摊点吃东西；不买、不食用无生产厂家名称、无厂家地址、无生产日期和保质期及过期的食品；不买、不食用未在产品包装上标注“QS”质量安全标志的食品；不买、不食用卫生条件差、无食品生产经营资质的小作坊生产的食品。

1）沙门氏菌、副溶血性弧菌容易污染肉类、禽类和蛋类，水产品尤其易受污染。很多餐后呕吐、腹泻的同学很可能是吃了被细菌感染又没有煮熟的肉类食品。烹饪时肉块不易太大，并保证加热时间，感染沙门氏菌的肉类在水沸后要再煮 3 小时；蛋类要沸煮 8 ~ 10 分钟；海蟹应沸煮 30 分钟。

2）金黄色葡萄球菌容易污染肉类以及米饭、糯米糕、熏鱼、奶及奶制品、含奶食品等，被金黄色葡萄球菌污染的食品应 100℃加热 2 小时方可食用。

3）豆类和面酱等发酵食品易受毒杆菌污染，食用前应彻底加热。

4）不吃病死或死因不明的禽畜及水产品和有异味的食品。

5）经消毒的一次性筷子的保质期是 4 个月，一旦过了保质期很可能带有金黄色葡萄球菌、致病性大肠杆菌性。如果一次性筷子上出现非本色的斑点，在未使用之前潮湿、变形或是有明显的酸味，都是受污染的标志，不可使用。

二、预防生物性食物中毒

1）黄曲霉素致癌性极强，特别容易在花生、玉米上繁殖。食用前应观察花生、玉米表面是否霉变，不要购买过期、储藏不当的炒货食品，如瓜子、花生等果仁、坚果。被霉菌污染的食物，如赤毒病麦、黄变米、霉变甘薯等，均禁止食用。

2）学习识别毒草等有毒食物。到野外出游时，不能盲目试吃不熟悉的动植物，以免中毒。

3）四季豆应煮至熟透；豆浆应在 100℃煮 15 分钟；发芽马铃薯应彻底切除芽枝，尤其要切除芽根；鲜黄花菜要晒干，咸菜要腌透；木薯为南方作物，应切片浸泡处理。

三、预防化学性食物中毒

1）慢性中毒目前十分常见，我国颁布了《农药安全使用手册》，指定了农药残留量标准。我们可以采取浸泡水洗去，浸泡时间不少于 10 分钟；黄瓜、胡萝卜可以采用去皮法；苹果不易腐烂，采用储存法，存放期为 15 天；菠菜、小白菜等通过加热法，先用清水清洗蔬菜，再放入水中，2 ~ 5 分钟捞出，然后用清水冲洗一两遍即可。

2）不购买市场上的问题水果，如激素草莓，用催熟剂或其他激素类药使其生长期变短，颜色新鲜了，但果味变淡；硫黄香蕉，用二氧化硫来“催熟”，但果肉吃上去仍是硬硬的，一点也不甜；有毒西瓜，超标准地使用催化剂、膨大剂及剧毒农药，西瓜皮上的黄绿不均匀，切开后瓜瓤特别鲜艳，瓜子是白色的，吃起来没有甜味；变色葡萄，催化剂乙烯和水按比例稀释后，将没有成熟的青葡萄放入稀释液中浸湿，过一两天青葡萄就变成“熟透”的紫葡萄。食用以上水果时，若发现口感不好，尤其是舌头有麻感时，应立即停止食用，不可心存侥幸。

3）街边盛饭的透明状、很薄的塑料袋都是以 PVC 为原料加工而成的。PVC 多数是再生废料，含有聚氯乙烯。聚氯乙烯是一种有毒化工原料，遇酸性和油性物质，有毒成分很容易游离出来。如果接触热的食品，温度超过 50℃时，塑料袋里面的有毒成分就会渗出，污染食物；温度达到 80℃，塑料袋会遇热溶解，释放出有毒物质。虽然这种危害一时看不出来，但长期使用必然会引起食用者慢性中毒。

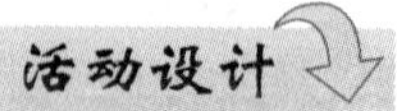

如何应对突发食物中毒

一、活动目的

1. 了解并掌握食物中毒的相关知识，总结相关的经验。
2. 如何预防食物中毒及应对突发食物中毒的办法。

二、活动形式

场景演练、师生评述。

三、活动准备

1. 分成两组（中毒表演组、中毒救援组）。
2. 学生要提前了解：

（1）什么是食物中毒。

（2）食物中毒常见的种类。

（3）食物中毒常见的症状及表现。

（4）如何对常见食物中毒的症状进行解救和自救。

四、活动过程

表演食物中毒的场景及解救食物中毒的措施。

任务八　酗酒的悲剧

案例 1

学生马某与女朋友在学校附近的网吧上网后在一个地方喝酒，马某与同在一个地方喝酒唱歌的学生肖某、王某等同学发生争执。马某为了泄愤，于是叫了社会上的几个“哥们”来挑衅，双方冲突升级，互相打了起来。最后，王某被马某打伤。事发后，派出所对事情进行了调查。马某最后受到了留校察看的严厉处分。

案例 2

鲍某某，男，财政金融系公共事业管理专业学生。

2007 年 1 月 13 日晚 20:30 左右，鲍某某酗酒后无端殴打其他学生，并致一学生眼角受伤，缝合三针。

事后该生认错态度较好，但影响较坏，为严肃校纪，教育其本人和其他学生，根据

《铜陵学院学生纪律处分暂行办法》第十三条（二）款、第十四条之规定，经研究决定，给予鲍某某留校察看处分。

酗酒容易引起打架、斗殴等治安、刑事案件，酗酒和酒后闹事，与当代大学生应有的良好风貌很不相称，不仅会扰乱学校的正常秩序、危害师生安全，还会影响学生的身体健康和正常学习。

加强对大学生的教育，开展健康、积极向上的文化活动，引导大学生形成良好的生活习惯，并对学生饮酒行为进行监督和管理，确保学生人身安全和健康，维护学校稳定。全体同学要严格遵守学校规章制度，珍视自身健康，不断提高科学文化素质，努力塑造当代大学生良好形象。

请客吃饭已成为校园里很普遍的现象，因为吃饭，进而喝酒。越来越严重的酗酒风气对纯净的校园文化的侵蚀日渐让人感到焦虑。校园外的灯红酒绿，寝室中的推杯换盏，迪厅、歌厅里的沉迷放纵……种种酗酒行为严重地威胁着大学生的成长成才。

“高兴喝酒，不高兴也喝酒。现在的大学生基本都是独生子女，内心比较孤独。而且，现在的子女很少受到挫折教育。”他们进入校园后，遇上开心或烦恼的事情，酒精很容易成为他们放纵自我或是逃避现实的载体。当莘莘学子也习惯把社会上流行的“感情深一口闷，感情浅舔一舔”挂在嘴边时，酒文化对校园的熏染就太让人忧虑了。哈佛大学的一份调查报告指出，美国在校生中44%的人过度饮酒，他们每周至少一次喝掉3瓶或更多的酒。美国国家酗酒和酒癖问题研究所估计，每年差不多有1 400名大学生因酗酒致死，其中1 100人因酒后开车而发生车祸，300人醉酒后或从窗户掉下楼摔死，或坠入水中溺死，或喝得酩酊大醉后一睡不起。由于酗酒过度，每年有50万学生被送入医院治疗，7万女生遭到强奸或性骚扰。

酗酒的原因是多方面的，如人际关系不好、学习压力大，等等。在学校周边，酒吧、迪厅、歌厅一个挨着一个。成人商业文化对校园的冲击，也极大地影响了学生的生活方式。

为改善这种局面，教育部在《关于禁止高等学校学生酗酒的通知》中特别规定：

1）禁止高等学校学生酗酒。对酗酒者和酒后肇事者，要视情节轻重给予批评教育或纪律处分；对触犯法律的，要由公安、司法部门依法处置。

2）高等学校校园内的食堂、餐馆、饮食摊点，一律不得出售啤酒以外的各种酒。如有违反，要给予经济和行政处罚。

3）节假日和学生毕业、结业时的聚餐活动，一律不得饮用啤酒以外的各种酒，在饮用啤酒和其他饮料时也要适度。

广大学生由于身心还不够成熟，自我克制力有限，对酒精的摄入更多地需要凭借他律，家庭、学校以及整个社会都应该承担起教导和帮助学生远离酗酒的责任。

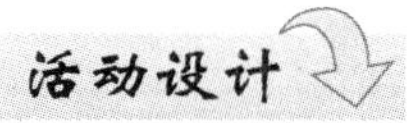

如何塑造当代大学生的良好形象

一、活动目的

1. 明确酗酒的危害。

2. 提高科学文化素质，努力塑造当代大学生良好形象。

二、活动形式

研讨会。

三、活动准备

采用各种方法搜集有关资料，并进行分析，写出研讨论文。

四、活动过程

1. 划分3～5组进行调查写出论文。
2. 选出5～8名评委。
3. 每组选出代表进行现场演讲。

任务九　疾病防治

一、怎样看待治病广告

现在医疗广告特别多，作为患者应怎样选择医院治病才不会延误治疗时机呢？一般医院都设有感染性疾病科，感染性疾病从20世纪80年代才在我国迅速普及并发展，未引起社会的广泛重视。感染性疾病科的医生应当临床经验丰富、知识面广，而且十分注意为患者保密。随着经济的发展，医院竞争也越来越激烈，有的医院为在竞争中求发展，创优质服务、创优质品牌，时常进行广告宣传。患者应鉴别有些不正规医疗机构打着“包治百病”的幌子，以检查费、治疗费、挂号费全免，药品优惠等作为诱惑手段，吸引患者上当受骗。所以，谨慎选择医院，才是治病的捷径。一般来说，感染性疾病只要能及早发现，及时治疗，在正规医院是可以治愈的。因此，一旦怀疑自己患有感染性疾病，一定要到正规的医院去、及时诊断及时治疗。

二、滥用药物不可取

感染性疾病由于滥用药物和不规范的治疗，可能导致患者病原体对药物产生耐药性，产生后遗症、并发症，甚至更严重的后果，使急性转为慢性。为此医生指出，未查清是哪一种疾病就乱用药物治疗是有害无益的。感染性疾病的检查治疗需要有专业的医疗技术和一定的实验条件，否则难以达到满意的疗效。感染性疾病患者滥用药物，不仅病情得不到缓解，有的甚至产生副作用。早期正规治疗完全可以治愈，而随便使用抗生素，虽然症状会暂时消失，但很可能会转为隐匿性疾病或继续发展，并具有传染及复发的可能。这些都说明，不规范的治疗不仅危害个人健康，而且会引起感染性疾病在家庭及社会上进一步扩散，所以患者应尽快到正规医院让专科医生作系统检查，确诊后合理正规治疗，并定期复查，才能彻底治愈。

三、感染性疾病能治愈吗

目前，感染性疾病中除了艾滋病外，其余只要发现及时，正规治疗，都能达到满意的治疗效果，但一定要把握以下几个原则。

（1）要早期发现

最先发现患感染性疾病的人往往不是医生，而是患者本人。因此，需要人们了解一些必要的医学知识。

（2）要早诊断、早治疗

感染性疾病治疗得越早，治疗效果也就越好，引起的并发症也就越少。

（3）用药要准，剂量要足，疗程要够

因为每种抗生素对病原体有不同的杀伤作用。要选用一种作用强、杀伤力大的抗生素，这就要求用药要准。药物的应用，要根据不同的年龄、体重及病情，采用不同的治疗方案。此外，不同的病种、个体差异，用药的剂量、疗程也不同。

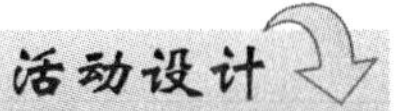

如何预防常见疾病

一、活动目的

了解常见疾病的有关知识，做好常见疾病的预防、防范。

二、活动形式

观看视频资料。

三、活动准备

搜集有关常见疾病视频。

四、活动过程

观看、讨论。

任务十　文体活动的安全

案例 1

2007 年 10 月 11 日下午，武汉某高校召开秋季运动会，一名 19 岁的男生参加了 2 000 米长跑。他在比赛过程中突然跌倒在跑道上，经校医紧急处理，送往广州军区武汉总医院急诊科，最后因抢救无效死亡。据急诊科副主任医师介绍，该学生是因运动过量出现运动性晕厥而猝死的。

体育运动有助于强健体魄，是培养大学生勇敢顽强的性格、迎接挑战的意志、承担风险的能力、集体协作的精神等积极品质的有效途径和手段。大学生风华正茂、精力充沛，热衷于各种体育运动，但是由于一些学生缺乏基本的运动安全常识，往往会造成运动效果不佳，甚至会损害身心。因此，了解基本的体育运动安全常识对于大学生来说是非常必要的。

一、运动中常见的生理反应、疾患的症状及预防

1. 肌肉痉挛（俗称“抽筋”）

【症状】肌肉不由自主地强直收缩，局部肌肉发硬并隆起；局部肌肉剧痛，且疼痛一时不能缓解。常见于小腿腓肠肌和足底屈趾肌、屈指肌。

【预防】运动前应做充分的准备活动，对易发生肌肉痉挛的小腿肌肉做适当的按摩；冬天要注意保暖；夏季由于运动出汗过多，盐分流失过多，所以要及时补充水分，饮用一些淡盐水比较理想。

2. 中暑

【症状】轻度中暑，可能出现面部潮红、头晕、头疼、胸闷等症状；严重时，将出现恶心、呕吐、脉搏快而细弱、虚脱抽搐，甚至昏迷。

【预防】在高温炎热的季节锻炼时，应适当减小运动量，缩短运动时间，避免在烈日下长时间锻炼；夏天在室外锻炼时，易穿浅色衣服；在室内锻炼时，应有良好的通风，并注意饮用低塘含盐饮料。

3. 运动中腹痛

【症状】由于人体进入运动状态后，下腔静脉压力回升，血液回流受阻会引起腹痛；因运动时呼吸紊乱、膈肌运动异常，会引起肝脾膜张力性疼痛；因运动前吃得过饱、饮水过多以及腹部受凉引起的腹痛，且运动中腹痛部位并不固定

【预防】合理安排运动时间，饭后至少 1 小时后才能进行运动，运动前要做好准备活动，运动要循序渐进。

4. 运动性晕厥

【症状】运动性晕厥是指由于剧烈运动或长时间运动，大量血液积聚在下肢，回心血流量减少，导致脑部供血不足而出现晕厥状态。跑后如立即停止不动，亦可出现“重力休克”现象，表现为全身无力，眼前一时发黑，面色苍白，手足发冷，失去知觉而昏倒。

【预防】不要在饥饿的情况下参加剧烈运动，平时要加强体育锻炼，特别是要在参加长跑测试和比赛之前的一段时间里加强锻炼，在比赛前一定要充分热身，急跑后不要立即停下来，而要放慢速度逐渐停下来。

二、女子体育卫生和安全

女子身体结构和生理结构异于男子，在体育锻炼中，要注意以下问题。

1）女子呼吸系统和心血管系统功能较男子差，在锻炼中总体运动量比男子要相对少些。

2）女子肩部较窄，臂力较弱，故应避免做过多的持久支撑、悬垂和大幅度摆动动作。

3）根据女子爱美心理和柔韧性较好的生理特性，可多选择一些节奏性较强、轻松活泼的练习，如艺术体操、舞蹈等项目。

4）为塑造体形美，可多选一些增强腰背、腹肌和骨盆底肌练习，如仰卧起坐、仰卧举腿等。

三、体育运动中衣着的要求

体育活动多是全身性运动，活动量大，还要运用很多体育器械，如跳箱、单双杠、铅球……所以为了安全，衣着要有一定的讲究。

1）衣服上不要别胸针、校徽、证章等。

2）上衣，裤子口袋里不要装钥匙、小刀等坚硬、尖锐锋利的物品

3）不要佩戴各种金属或玻璃装饰物。

4）不要戴发卡。

5）患有近视眼的，尽量不要戴眼镜；如必须戴，建议佩戴隐形眼镜。

6）根据不同的运动选择适宜的运动鞋。

7）衣服要宽松合体，建议选择运动服。

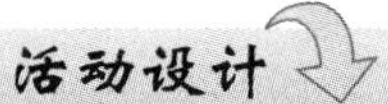

开展各种体育竞赛

一、活动目的

1. 明确意识到“健康是革命的本钱”，把“健康第一”的思想落到实处。
2. 使学生有选择地参与体育活动，激发学生的运动兴趣，发挥学生各方面的才能。
3. 丰富校园文化生活，营造积极向上的学风。

二、活动形式

各种竞赛。

三、活动准备

课外活动分集体和个人两大类，下设六个活动小组并设各小组组长。

1. 足球联赛。
2. 篮球联赛。
3. 跳绳、踢毽子。
4. 阅读写作与演讲。
5. 音乐、艺术。
6. 科普实验。

四、活动过程

1. 鼓励学生报名，力争使每位学生都参加到活动中。
2. 实行组长负责制由组长聘请辅导教师组织、评价，填写活动开展情况记录表。

任务十一　法律基本常识

案例

一位大学计算机专业硕士毕业生，找到了一份外资公司的工作。在签订合同前，他仔细阅读了合同文本。人事经理说文本是通用的，每个新入职者都签这个文本。当他看完所有条款后，发现“三险一金”（养老险、失业险、医疗险和住房公积金）没有提及。人事经理解释，该公司是著名公司，被录用人员都是行业的佼佼者，根本不存在失业问题；论薪酬是同行业中最高的；至于医疗，到时到公司报销即可。他一听，觉得有道理，于是就签了合同。他在这家公司工作到第三年，突然患了风湿性关节炎。由于公司没有给他上医疗险，他拿着医药费用单据去找公司经理，希望公司能给报销。结果公司以未上医疗险为由拒绝了他的请求。这时，他才想起当初签合同时的情形，他万分后悔当时没有坚持自己的主张。

我们生活在一个法制社会，法律和我们的日常生活息息相关，学法、懂法、守法、用法是每一个公民应有的基本素质。作为大学生，学习和掌握法律知识，自觉守法，合理用法是必要的，也是必需的。

一、掌握基本法律知识

1）掌握马克思主义关于认识和观察法律现象的基本观点和基本理论。

2）掌握宪法的相关知识。

3）掌握维护社会安定必需的法律知识。

4）掌握参与国家政治、经济、文化和其他社会生活所必需的法律知识。

5）掌握与本专业密切相关的法律知识。

6）掌握法律救济知识。

二、增强法律意识

首先，要增强宪法是我国根本大法的意识；其次，要增强市场法律意识；再次，要增强守法、用法、护法的意识。学会运用法律手段维护自身权益。

三、求职中应注意的法律问题

毕业生求职前，要了解国家的有关法律法规，如《劳动合同法》，以及劳动部、人事部关于劳动招聘、人才市场及劳动争议等的规定和地方政府相关的规章制度。在与供职单位签订劳动合同时，首先要弄清供职单位提出的合同条款，哪些是合法的，哪些不是合法的。劳动合同签订后，便产生法律效力，双方必须严格遵守。任何一方如有违约行为必须承担相应的法律责任。

四、怎样看待校方检查学生宿舍的行为

对于校方相关人员进入学生宿舍检查学生学习和生活情况这一现象，有些学生认为住宅不应受侵犯，检查者未经允许不能进入学生宿舍检查，这种观点对吗？

这里混淆了两个概念，即学生和学校的租住房屋关系不等同于一般的租赁合同，因为它是作为校方和学生方整体关系的一个附件而存在的。也就是说，学生租住学校宿舍的合同本身就包括接受学校作为管理方的管理权利。相应地，学校对于学生住宿便利和安全也负有义务，学校作为管理方，检查学生宿舍本身不会构成任何侵权或者违约责任。当然，校方检查是一个概括的权利，并不是所有的检查行为都不受限制，学生的隐私和通信秘密等权利不能侵犯。

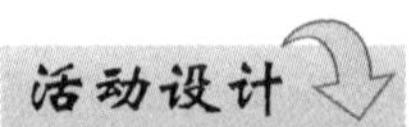

模拟法庭审理案件

一、活动目的

1. 加强社会主义道德教育和法制教育。
2. 增强大学生社会主义法制观念。

3. 帮助大学生解决成长过程中遇到的实际问题，帮助大学生释疑解惑，提高大学生对社会主义法律制度的理性认识，增强他们对依法治国建设社会主义法治国家的信心，同时引导他们通过合法途径正确处理在政治权利与自由、受教育权、财产权和人身权等方面的法律难题。

二、活动形式

模拟法庭。

三、活动准备

准备主题有关模拟法庭中所用的材料。

1. 审判长：一名；审判员：二名。

2. 评审团人员：若干名。

3. 书记员：一名。

4. 公诉人或者抗诉人、司法警察应当按照规定着装；出庭的辩护人、证人、和其他诉讼参与人应当衣着整洁。

四、活动过程

按照法定程序模拟审理。

任务十二　赌　博

案例

21 岁的牛某自从上大学后，因贪玩经常旷课，之后又沉迷于赌博无法自拔。为筹赌资，他多次以交学杂费为由向父亲骗钱。一开始，他每次输 100 多元就收手，随着赌瘾增大，最多时一天输掉了近千元。为了翻本，他多次找无业人员郑某借钱，结果还是输光，欠下了 8 000 余元赌债，加上向家里骗来的钱，他输掉了上万元。后来，郑某找他讨债，牛某很是心烦，伙同他人猛打了郑某，造成多处砍伤。次日，牛某被警察依法拘留。

赌博是以占有他人利益为目的，用斗牌、掷色子等形式，拿财物作赌注比输赢的违法犯罪行为，是一种丑恶的社会现象。有些大学生不思进取，沉迷于赌博之中，不但违反了学校的规章制度，搅乱了学校的正常秩序，而且损害了个人的身心健康，造成了家庭财产的损失。

一、导致大学生参与赌博的主要因素

1. 媒体因素

有些影视媒介、网络、书本等教人如何卖弄赌技，对大学生产生了强烈的诱惑，使一些意志薄弱的大学生带着好奇和尝试的心态参与赌博，以致心态失衡，最后深陷赌博泥潭，难以自拔。

2. 学生心理因素

寻求刺激、好奇消遣、争强好胜、逃避现实、投机取巧等心理因素，驱使某些大学生从尝试赌博到逐渐上瘾，最后越陷越深，成瘾难戒。

3. 学校管理因素

有些学校管理松散，校园文化单调，对学生学习缺乏必要的督促和引导，致使有些学生自由放纵、无心学习、荒废学业，把赌博视为精神寄托。

4. 家庭和社会因素

喜欢新鲜刺激、贪图享受的不良习惯，使一些大学生易陷入赌博泥潭。有些地方，赌博盛行的社会风气也是诱导大学生参与赌博的重要原因之一。

二、容易参与赌博的几类大学生

1）家里经济条件比较差，想通过赌博“赢”钱赚取生活费。

2）家庭条件一般，为了娱乐助兴而参与赌博。

3）家庭条件较好或较富裕，输赢不在乎，玩个心跳。

4）家庭环境不良，父母关系失和，或父母参赌博。

5）自身学习成绩低下，缺乏学习兴趣，自暴自弃。

三、大学生中较常见的几种赌博形式

1）利用扑克牌和麻将赌博。扑克牌和麻将是最为普通的娱乐工具，利用扑克牌和麻将赌博是大学生进行赌博的最常见形式。

2）利用电子游戏机赌博。随着大学与社会融合程度的加深，一些大学生经常在学校附近的一些娱乐场所、游戏厅进行赌博。

3）利用电脑进行赌博。有的大学生利用电脑进行押注赌博，有的利用电脑进行赌球。

4）利用中介进行赌博。

四、大学生参与赌博的危害性

赌博，不但没有创造任何财富，相反地，它造成的危害难以用金钱来衡量，人生前途尽毁、亲人朋友受苦、婚姻感情破裂、家道凋零败落、个人负债累累、心灵挣扎内疚，等等。赌博对大学生的危害主要表现在以下几个方面。

1）影响学习，荒废学业。

2）破坏同学关系，影响正常秩序。

3）伤害健康，体质下降。

4）毒害心灵，损伤心理。

5）形成不良习惯，诱发不良事件。

五、大学生赌博现象的防治

大学生赌博，其实就是拿青春“赌”明天，若不能防微杜渐，后果难以想象。作为大学生，要从自我做起，不断提高自我约束能力，遵守学校有关规定和法律法规，认清危害，远离赌博。

首先要从思想上根治。赌博者一开始都是以寻求精神刺激、放松紧张心理为由，逐步升级而上瘾的。因此，只有看清赌博的实质，提高思想认识，才能做到防微杜渐，远离赌害。

其次要正确对待社会上的玩牌现象。在社会上，不少人在工作之余搓麻将、打扑克，以满足精神生活的需要，尤其是逢年过节亲朋好友聚在一起，也许会玩一些有较少钱物输赢的麻将、扑克牌游戏，这样的游戏虽然不算赌博。但作为大学生，应尽量不参与，更不能把这种现象带入校园。

最后要树立远大的理想。大学阶段是学习的黄金时期，我们要十分珍惜它，把主要精力放在学习科学文化知识上，努力提高自身的思想政治素质和专业素养，即便有剩余精力，也要合理分配，多参加一些健康有益的活动，不辜负家长、社会和国家的期望。

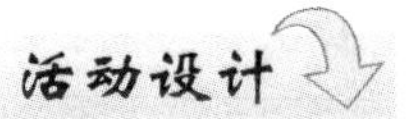

关于赌博的讲座

一、活动目的

1. 明确赌博的危害性。
2. 帮助参与赌博的同学戒除赌瘾，远离赌害。

二、活动形式

讲座或者座谈会。

三、活动准备

搜集有关赌博的相关资料，预先邀请相关老师参加。

四、活动过程

1. 了解你周围是否有同学参与赌博，如果有，你会怎么做？
2. 调查同学们用扑克牌游戏的种类。
3. 你是否会参与有金钱输赢的游戏？
4. 专家讲述自己的观点。

任务十三　传　销

案例

楚某某、张某某等18名传销头目，以做生意、找工作、旅游等名义将亲朋好友诱骗到江苏省连云港市，采用控制人身自由、隔断联系等手段，强行对他们进行“洗脑”。以无限累积代理制、五级三阶制、出局制等较为深奥的理论来迷惑、诱骗参与人员交纳2 900元现金购买一套“蝶贝蕾”化妆品，（案发后参与人员承认，没有一人见过“蝶贝蕾”化妆品），并要求参加者发展下线，下线的销售业绩可以累积上线点数，作为晋升的依据，直至晋升为A级后发展两条以上A级下线可以出局。宣称：每条线可一次性领取出局奖2万元，如有三条以上A级下线还可以拿中心发货奖104万元。在高额回报的诱惑下，案发时，楚某某等骨干分子在连云港地区已发展200余名下线，非法经营额达100多万元。

2007年7月10日，连云港市工商局新浦分局与新浦公安分局联合行动，现场查获传销人员228名。新浦工商分局将楚某某、张某某等18名传销头目移交公安机关，公安机关依法对其作出了刑事拘留的决定。其中12名传销金额超过5万元的传销人员，检察机关依法批准逮捕。

传销，自20世纪90年代传入我国后，一些不法分子顺风跟进，他们打着传销的招牌，招摇撞骗，怂恿被游说的对象交纳高额入会费或认购高昂的假冒伪劣商品，加入到传销队伍中来。在整个传销网络中，真正受益的只是那些处在传销“金字塔”网络顶端的极少数人，绝大部分传销人员不仅没有挣到什么钱，到最后反而血本无归，有的还倾家荡产、妻离子散。传销是严重扰乱经济秩序，影响社会稳定的行为。

根据1998年《国务院关于禁止传销经营活动的通知》精神，国家禁止传销的主要原因如下。

1）传销经营不符合我国现阶段国情。

2）目前我国市场发育程度低。

3）管理手段比较落后。

4）群众消费心理尚不成熟。

此外，传销还可能被“不法分子利用进行邪教、帮会和迷信、流氓等活动”。

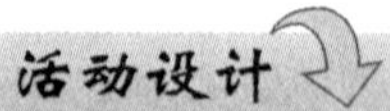

如何避免传销陷阱

一、活动目的

明确传销的危害性。

二、活动形式

讨论会或座谈会。

三、活动准备

1. 搜集关于传销的资料并进行整理。
2. 提前练习。
3. 准备其他有关的事宜。

四、活动过程

1. 反思自己是否有过“天上掉馅饼”的念头？
2. 当某个不知情的组织或个人邀请你与其合作，赚取高额利润，你是否会同意？
3. 与陌生人交往，如何识别骗局？
4. 当你在行走途中，突然看到丢失在路边的一包钱，你是否会动心去捡？

相关链接

“学费”打水漂

小张是武汉生物工程学院生物制药专业大四学生，去年他深陷传销近两个月，被骗取现金1万多元。

2008 年 9 月，小张经人介绍，交了几百元的会费进入一家所谓的直销机构。进入该组织后，大家对他嘘寒问暖，还不断给他讲财富故事。在这精心设计的陷阱里，他渐渐失去了人身自由，身份证被收、银行卡被收、手机被收，和外界几乎断了联系。

父母长时间没得到儿子消息十分焦急。终于，儿子打电话回家了，告诉父母，自己过得很好，但学校要交学费了。于是，1 万多元的生活费和学费汇入小张的银行卡。此后，家里偶尔会接到小张的电话，只是这些号码有的居然是河南的，电话内容不外乎自己的事业刚起步，需要家里资助等，家人很疑惑和担心。

一个多月后，家里的一位熟人与小张取得联系，小张极力劝说他和自己一起发财。熟人感觉奇怪，带着好奇和小张父母的担忧去外地见小张。熟人很快发现小张是在拉人头发展下线，他陷入了一个打着卖化妆品幌子的传销组织，于是，强行将小张带回了家。

被迫回家的小张埋怨熟人断了自己的财路，几次想返回河南继续发财梦，父母坚决不允许小张重蹈覆辙。半年后，小张进入了安利公司，在做销售的过程中，他慢慢认识到直销与传销的区别。

网上被“网”

2008 年 7 月，一位大学生被网友骗到山西运城，被迫进入传销队伍，直到开学前夕，才历经艰难回到武汉。

这位大学生说：“这真是一个噩梦般的暑假！一到山西运城，网友就在车站接我。聊了一会儿，她们说要借我的手机发个短信，又找借口骗走我的钱包，不再还我。我的身份证和学生证都在钱包里，我被她们控制了。他们有好几百人，运城只是他们的一个点。在河南洛阳、许昌、开封等地都有他们的网络。网络里什么人都有，大多是外地人，有不少大学生。”

“他们对新骗来的人都是这样的：先控制你，然后强迫给你‘洗脑’，再把自己的朋友骗过来搞传销。就这样，他们的网络发展得很快，仅一个月，我看到好多和我一样的人被骗来。”“我死活不干，眼看要开学了，我急得要命。他们要我找人打进 800 多元才可以放我回去。没办法，我只能找同学在网上打进 850 元。我离开之前，想要回我的东西，他们就是不还。”

创富神话

一些传销组织以销售保健品、化妆品、服装为幌子，以高额返利、高额回报为诱饵，通过发展加盟商、业务员、优惠顾客等形式发展下线，有的甚至打出“纯资本运作”招牌，以“空手套白狼”的创富神话诱骗群众从事传销活动。

特别是针对就业困难比较突出的问题，一些传销分子利用介绍工作、就业招聘、毕业实习、介绍生意等名义，以高薪、高报酬为诱饵，诱骗学生，并采取限制人身自由、上课洗脑等手段，逼迫受骗人员交纳费用和发展亲戚、朋友、同学、老乡参加。

武汉大学广告系大四学生小冯到广州番禺参加某电子公司的“面试”，不料竟是传销分子策划的骗局，在遭遇非法软禁一天一夜后，小冯冒死从四楼爬窗跳下，不幸摔致重伤，腰椎第四节骨折。

传销陷阱

近几年，被骗进入传销组织的大学生不在少数，湖北省工商局、公安厅列举了一个个令人心痛的案例：大二女生林芳被中学同学诱骗到广东佛山市，在逃离传销魔窟的过程中，不幸从6楼坠下身亡；大四女学生伊萍被骗进传销组织浑然不觉，竟用感情做诱饵拉三名男性朋友下水，甚至还骗已退休的母亲“下水”；大四学生小娉被同班同学以介绍工作的名义骗去搞传销，取走家中存款近万元，之后不再与家人联系，也不回学校参加毕业答辩。

湖北省工商局公平交易分局局长王志军说：“受国际金融危机影响，大中专毕业生就业压力加大，非法传销活动抬头，一些在校大学生、大学毕业生涉世不深，极易上当受骗。”

湖北省工商局长期从事打击传销工作的吴杰鹏说：“当前在加大对传销行为打击力度的同时，必须教育、警示广大群众自我防范，谨防落入传销陷阱，尤其是涉世尚浅的在校大学生和大中专毕业生，更应擦亮眼睛，不要被骗。”

工商部门有关负责人提醒，求职找工作碰到这样的情况，就要有冷静的头脑和清醒的认识，不要寄希望于“一夜暴富”的幻想，以免落入非法传销人员挖好的陷阱。尤其是面对高额入门费、拉人头、专卖、代理、加盟连锁、消费储值、网络直销、电子商务等关键词汇，应提高警惕，对不确认又疑似传销的组织应向工商管理部门咨询，一旦发现身边有传销组织要及时向工商管理部门和公安机关举报。

任务十四　实习安全

案例

2007年8月，小刘考入了东营市某技术学校。去年7月，根据学校与某公司签订的就业实习协议，小刘被派遣到该公司进行实习。8月2日上午，小刘在实习单位工作时，不慎被机器伤及左上肢，造成左臂离断。经鉴定，小刘的左上肢损伤为三级伤残。

安全就是使人的身心健康免受外界因素影响的状态。安全也可以看做是人、机具及人和机具构成的环境三者处于协调、平衡状态，一旦打破这种平衡，安全就不存在了。在实习期间，学生们都要慢慢适应当前的工作岗位。实习生活面对的是一个全新的模式，要学着适应不同的环境、不同的人际关系、不同的工作性质。面对困难、面对压力，不能选择放弃或离开，只有真正的面对，才可能适应以后人生路上的各种工作。

1）在实习期间，学生必须提高安全防范意识，提高自我保护能力。注意自身的人身和财物安全，防止各种事故的发生；对毕业生产实习中有关安全问题的复杂性要有充分的思想准备。

2）凡实习的学生应严格遵守实习纪律及实习单位的保卫、安全操作规程、保密制度。特别要注意安全，杜绝各类不安全事故的发生。严格遵守安全操作规程，爱护设备，不乱动设备，不得无故损坏设备。如发现设备故障或异常现象，立即报告。未经允许，不得随意拆卸或启动设备，确保人身、设备的安全，杜绝事故的发生。

3）注意饮食卫生和饮食安全，不食用过期或无安全保证的食品。学生在实习期间应注意饮食卫生，养成良好的饮食习惯，不要在外面不卫生的环境暴饮暴食或吃易引起食物中毒的食品。

4）严格遵守实习作息时间，不允许私自组织其他活动。非工作原因，不能擅自离开实习单位外出活动，有事须及时向单位请假获得批准，并及时向学校汇报。

5）实习学生应注意着装要求，严禁穿着不符合安全要求的服装进入实习场地。具体根据特定的实习环境和实习单位的要求而定。

活动设计

一、活动目的

1. 学会适应不同的环境、不同的人际关系、不同的工作性质。

2. 明白人和机具构成的环境的协调、平衡状态就是安全。

二、活动形式

讲座。

三、活动准备

1. 做好实习前的指导工作。请熟悉实习工作的教师作讲座或报告，明确角色转换的诸多要求和注意事项。

2. 要求学生做好相应的知识准备和心理准备。知识准备包括：了解企业工作的工作纪律和工作程序；掌握社会调查理论与方法；选定社会调研的系列课题等。心理准备主要是注意角色转换，形成必要的心理预期，并根据具体情况随时作出适应性调整，力求以一个正式工作人员的身份投入实习过程。

四、活动过程

1. 以科学发展观和与时俱进的态度对待教育实习工作。

2. 以人为本，精密组织，细致安排，提前做好本届教育实习准备工作。

3. 求真务实，尽力实干，确保实习质量。

任务十五　安全的学习

树立和践行持续安全理念，抓好理论学习是基础，强化安全意识是关键。只有深入学习，统一思想，提高认识，增强自觉性，切实强化安全意识，才能自觉付诸实践，在思想认识和实际行动上实现从“要我安全”到“我要安全”的根本转变。

一、要增强理论学习的自觉性

理论是行动的先导。只有认识到位、思想自觉，才有工作的主动和热情。实现持续安全，青年要有所作为，必须认真学习领会持续安全理念的科学内涵、重大意义、主要内容和工作要求，深刻认识持续安全理念与科学发展观的辩证关系，把思想真正统一到这一理念上来。只有这样，才能切实履行所肩负的安全职责，以扎实的工作、一流的学习成绩为安全作出自己应有的贡献。

理论学习要务求实效。要讲究方式、方法，态度要端正，做到虚心学习，勤于学习，善于学习，在真学、真懂、真信、真用上下功夫。

要坚持集中学习与个人自学相结合，自己深入研读与集体集中研讨相结合，理论的学习思考与深入实际的调查研究相结合，汲取专家的智慧与自己开动脑筋相结合。

不但要重视书本学习，还要善于在实践中学习，边干边学，学以致用，学用结合。只有这样，才能学有所成，取得实效，真正打牢思想理论根基。

二、要持续强化安全意识

理论学习的目的在于强化每一个学生的安全意识。所谓安全意识，就是一种基于对安全工作极端重要性的深刻认识基础上的安全自觉，是固化在人们头脑中的安全观念，它可以使人们的行为在任何情况下都按照安全工作的要求进行选择并为之不懈努力。这种意识对于持续安全的实现发挥着至关重要的作用。实践证明，“无知是最大的隐患”，“麻痹松懈就可能导致事故”。安全意识对员工的安全行为具有决定性作用。只有真正提高安全意识，头脑中时刻绷紧安全这根弦，才能促进大学生安全行为的规范、安全防范能力的增强和安全事故的减少。因此，一定要通过理论学习，切实强化安全意识，这是树立并落实持续安全理念的关键。

活动设计

一、活动目的

培养学生的学习安全意识。

二、活动形式

座谈会。

三、活动准备

1. 观察课前材料的准备过程中是否有不安全的因素。
2. 观察课前、课中、课后的实地寻访和考察是否有什么潜在的危险或意外等。
3. 观察课前准备有关实训及实习过程中所存在的安全问题等。

四、活动过程

1. 讨论学习安全问题的重要性。
2. 学生发现学习中的安全问题，教师引导学生探究问题并得出结论。

学习情境三

拓展训练

拓展训练英文为 Outward Bound，意为一艘小船驶离平静的港湾，义无反顾地投向未知的旅程，迎接一次次挑战，战胜一个个困难！这种训练起源于第二次世界大战期间的英国。当时大西洋商务船队屡遭德国人袭击，许多年轻海员葬身海底。人们从生还者身上发现，他们并不一定都是体能最好的人，但却都是求生意志最顽强的人。于是汉思等人创办了“阿伯德威海上学校”，训练年轻海员在海上的生存能力和船触礁后的生存技巧。战争结束后，拓展训练的独特创意和训练方式逐渐被推广开来，训练对象由海员扩大到军人、学生、工商业人员等群体。训练目标也由单纯体能训练、生存训练扩展到心理训练、人格训练、管理训练等。

拓展活动并非体育加娱乐，而是对正统教育的一次全面提炼和综合补充。通过训练课程能够有效地开发学生的潜能，提升和强化个人心理素质，激发团队精神，增强团队凝聚力，认识自身潜能，增强自信心，改善自身形象；克服心理惰性，磨炼战胜困难的毅力；启发想象力与创造力，提高解决问题的能力；认识群体的作用，增进对集体的参与意识与责任心；改善人际关系，更为融洽地与群体合作；学习欣赏、关注和爱护自然。

任务一　团队简介

从文字结构来看，“团队”是由一群有“口”“才”的人和“耳”听的“人”组成的组织。团队（Team）是由员工和管理层组成的一个共同体，它合理利用每一个成员的知识和技能协同工作，解决问题，达到共同的目标。团队的构成要素总结为 5P，分别为目标（Purpose）、人（People）、定位（Place）、权限（Power）、计划（Plan）。团队和群体有着根本性的一些区别，群体可以向团队过渡。一般根据团队存在的目的和拥有自主权的大小将团队分为三种类型：问题解决型团队、自我管理型团队、多功能型团队。

一、团队的定义

有多少教科书就有多少种关于团队的解释，本书把团队定义为：团队是由员工和管理层组成的一个共同体，该共同体合理利用每一个成员的知识和技能协同工作，解决问题，达到共同的目标。

管理学家罗宾斯认为：团队就是由两个或者两个以上的，相互作用、相互依赖的个体，为了特定目标而按照一定规则结合在一起的组织。

二、团队的构成要素

团队有几个重要的构成要素，总结为5P。

1. 目标（Purpose）

团队应该有一个既定的目标，为团队成员导航，令其知道前进的方向，没有目标的团队就没有存在的价值。

案例1

自然界中有一种昆虫很喜欢吃三叶草（也叫鸡公叶），这种昆虫在吃食物的时候都是成群结队的，第一个趴在第二个的身上，第二个趴在第三个的身上，由一只昆虫带队去寻找食物，这些昆虫连接起来就像一节一节的火车车厢。管理学家做了一个实验，把这些像火车车厢一样的昆虫连在一起，组成一个圆圈，然后在圆圈中放了它们喜欢吃的三叶草。结果它们爬得精疲力竭也吃不到这些草。

这个案例说明，团队失去目标后，团队成员就不知道上何处去，最后的结果可能是饿死。团队的目标必须跟组织的目标一致，此外还可以把大目标分成小目标具体分到各个团队成员身上，大家合力实现这个共同的目标。同时，目标还应该有效地向大众传播，让团队内外的成员都知道这些目标，有时甚至可以把目标贴在团队成员的办公桌上、会议室里，以此激励所有的成员为这个目标去工作。

2. 人（People）

人是构成团队最核心的力量，两个（包含两个）以上的人就可以构成团队。

目标是通过人员具体实现的，所以人员的选择是团队非常重要的一项工作。在一个团队中可能需要有人出主意，有人订计划，有人实施，有人协调不同的人一起工作，还有人监督团队工作的进展，评价团队最终的贡献。不同的人通过分工来共同完成团队的目标，在人员选择方面要考虑人员的能力如何、技能是否互补、人员的经验如何。

3. 定位（Place）

团队的定位包含两层意思：

1）团队的定位：团队在企业中处于什么位置，由谁选择和决定团队的成员，团队最终应对谁负责，团队采取什么方式激励下属？

2）个体的定位：作为成员在团队中扮演什么角色？是订计划还是具体实施或评估？

4. 权限（Power）

团队当中领导人的权力大小跟团队的发展阶段相关。一般来说，团队越成熟领导者所拥有的权力应越小，在团队发展的初级阶段领导权则相对比较集中。

5. 计划（Plan）

计划的两层面含义：

1）目标最终的实现，需要一系列具体的行动方案，可以把计划理解成目标的具体工作的程序。

2）提前按计划进行可以保证团队的进度。只有在计划的操作下团队才会一步一步地贴近目标，从而最终实现目标。

三、团队和群体的区别

群体的概念：两个以上相互作用又相互依赖的个体，为了实现某些特定目标而结合在一起。群体成员共享信息，作出决策，帮助每个成员更好地担负起自己的责任。

团队和群体经常容易被混为一谈，但它们之间有根本性的区别，可汇总为六点：

1. 领导方面

作为群体应该有明确的领导人；团队可能就不一样，尤其团队发展到成熟阶段，成员共享决策权。

2. 目标方面

群体的目标必须跟组织保持一致；但团队中除了这点之外，还可以产生自己的目标。

3. 协作方面

协作性是群体和团队最根本的差异，群体的协作性可能是中等程度的，有时成员还有些消极，有些对立；但团队中是一种齐心协力的气氛。

4. 责任方面

群体的领导者要负很大责任；而团队中除了领导者要负责之外，每一个团队的成员也要负责，甚至要一起相互作用，共同负责。

5. 技能方面

群体成员的技能可能是不同的，也可能是相同的；而团队成员的技能是相互补充的，把不同知识、技能和经验的人综合在一起，形成角色互补，从而达到整个团队的有效组合。

6. 结果方面

群体的绩效是每一个个体的绩效相加之和；团队的结果或绩效是由大家共同合作完成的产品。

案例 2

NBA 在每赛季结束后都要组成一个明星队，由来自各个队伍中不同的球员组成一支篮球队，跟冠军队比赛，这个明星队是团队还是群体，或其他组织？

明星队是团队还是群体，有一些争议。这里的看法是：明星队至少不是真正意义上的团队，只能说是一个潜在的团队，因为最关键的一点是成员之间的协作性还没有那么成熟，还没有形成一个整体的合力，当然从个人技能上来说也许明星队个人技能要高一些。所以认为它是一个潜在的团队，在国外也有人称它伪团队。

四、群体向团队的过渡

从群体发展到真正的团队需要一个过程，需要一定时间的磨炼。这个过程分为以下几个阶段（见图 4－1）。

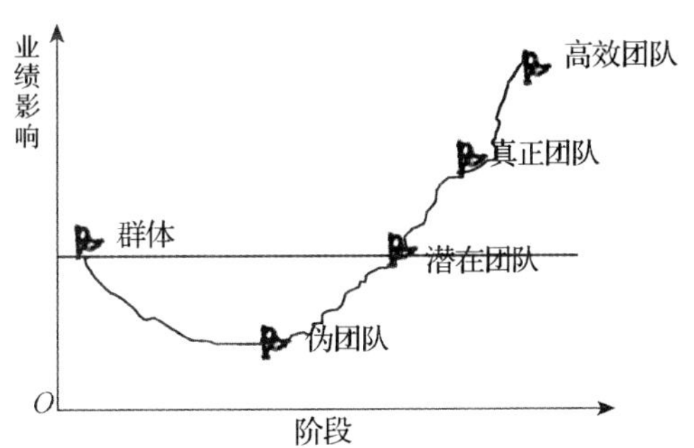

图 4－1 从群体向团队过渡的四个阶断

第一阶段，由群体发展到所谓的伪团队，也就是我们所说的假团队。

第二阶段，由伪团队发展到潜在团队，这

时已经具备了团队的雏形。

第三阶段，由潜在团队发展为真正团队，它具备了团队的一些基本特征。真正团队距离高效团队还比较遥远。

第四阶段，由真正团队发展为一个高效团队，它具有良好的组织方式和积极的合作精神，是团队发展的终极目标。

五、团队的类型

根据团队存在的目的和拥有自主权的大小可将团队分成三种类型。

1. 问题解决型团队

问题解决型团队的核心是提高生产质量、提高生产效率、改善企业工作环境等。在这样的团队中成员就如何改变工作程序和工作方法相互交流，提出一些建议。成员几乎没有什么实际权力，只能来根据建议采取行动。

案例 3

20 世纪 80 年代最流行的一种问题解决型团队是质量圈，看一下它的构造（见图 4－2）。

质量圈分成六个单元，或六个部分。① 要找到存在哪些问题；② 在众多问题中选择一些必须马上解决的；③ 进行问题的评估——如果不解决可能会带来什么样的损失、这个问题的等级是重量级的还是轻量级的；④ 推荐解决方案，要解决问题采取什么样的方式比较好；⑤ 评估方案，看看可行不可行、它的成本花费是多少；⑥ 决策最终是否实施。

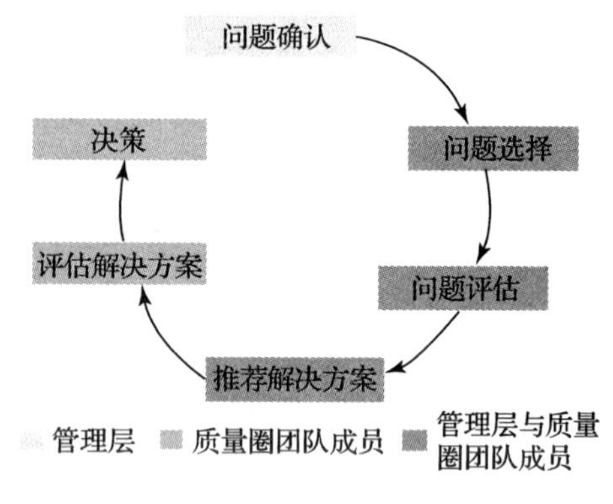

图 4－2　问题解决型团队质量圈

通常质量圈由 5 到 12 名员工组成，他们每周花几个小时碰头，着重讨论如何改进质量，他们可以对传统的程序和方法提出质疑。在质量圈中问题确认这一部分是由管理层来最终实施的，团队的成员没有权力来确定问题在哪里，只能提出建议。第二到第四个部分是由质量圈的成员操作，最后两个部分需要管理层和质量圈的成员共同把握。

在这六个部分当中权力其实是分解的，并不是所有质量团队的成员都有权力或能力完成这六个任务。

2. 自我管理型的团队

质量圈对表现企业的质量行之有效，但团队成员在参与决策方面的积极性显然不够，企业总是希望能建立独立自主、自我管理的团队——自我管理型团队。

案例 4

美国德州一汽车公司因为推行自我管理型团队而获得国家质量奖。美国最大的金融和保险机构路得教友互动会，因为推行自我管理团队在 4 年的时间中减员 15%，而业务量增加了 50%，主要的原因是提高了员工的满意度，推行了自我管理型团队。麦当劳成立了一个能源管理小组，成员来自于各连锁店的不同部门，他们对怎样降低能源问题提供自己的方案，解决这一环节对企业的成本控制非常有帮助。能源管理小组把所有的电源开关用红、蓝、黄等不同颜色标出，如红色是开店的时候开，关店的时候关；蓝色是开店的时候开直到最后完全打烊后关掉。通过这种色点系统他们就可以确定，什么时候开关最节约能源，同时又能满足顾客的需要。这种能源小队其实也是一个自我管理型团队，能够真正起到降低运营成本的作用。

但推行自我管理团队并不能总是带来积极的效果，虽然有时员工的满意度随着权力的下放而提升，但同时缺勤率、流动率也在增加。所以首先要看企业目前的成熟度如何，员工的责任感如何，然后再来确定自我管理团队发展的趋势和方向。

3. 多功能型的团队

多功能型团队由来自同一种等级不同领域的员工组成，成员之间交换信息，激发新的观点，解决所面临的一些问题。

20 世纪 60 年代爱必尔诺威开发了卓有成效的 360 类反馈系统，该系统采用的是一种大型的任务攻坚团队，成员来自公司各个部门。由于团队成员知识、经验、背景和观点不太相同，加上处理复杂多样的工作任务，因此实行这种团队形式，建立有效的合作需要相当长的时间，而且要求团队成员具有很高的合作意识和个人素质。

案例 5

麦当劳有一个危机管理队伍，责任就是应对重大的危机，由来自于麦当劳营运部、训练部、采购部、政府关系部等部门的一些资深人员组成。他们平时共同接受关于危机管理的训练，甚至模拟当危机到来时怎样快速应对。比如广告牌被风吹倒，砸伤了行人，这时该怎么处理？一些人员考虑是否把被砸伤的人送到医院，如何回答新闻媒体的采访，当家属询问或提出质疑时如何对待；另外一些人要考虑的是如何对这个受伤者负责，保险谁来出，怎样确定保险。所有这些都要求团队成员能够在复杂问题面前快速做出行动，并且进行一些专业化的处理。

虽然这种危机管理的团队究竟在一年当中有多少时候能用得上还是个问题，但对于跨国公司来说是养兵千日，用兵一时，因为一旦问题发生就不是一个小问题。在面临危机的时候，如果做出快速而且专业的反应，危机就会变成生机，问题就会得到及时解决，而且还会给顾客及周围的人留下专业的印象。

六、团队与团体有何区别

任何聚集在一起的群体，都可以称为团体，如旅游团、观看球赛的人群、在同一单位工作的一群人，在一个教室里上课的学员，在同一个医院上班的医疗人员。但是要成为“团队”，必须要有以下几个条件：

1）具有共同的愿望与目标。

2）和谐、相互依赖的关系。

3）具有共同的规范与方法。

同样的旅游团，干练的导游可以建立成为团队，无能的导游可能导致大家愤愤不平。

例如，到某个景点，有些人想多照相，多看看，有些人觉得无聊，想快点走；上车时间已到，某些人还姗姗来迟，引起其他人不满，导游不及时处理，便会破坏旅游团和谐的关系。至于上车以后的位置安排，由于没有合理的轮换，以至于有些人老是坐较差的位置，到最后，干脆谁先上车，便占好位置，这是因为缺乏共同的规范与方法导致的矛盾现象。所以团队建设的功夫，不仅用于正式的工作场所，日常生活中，如果能善用这项功夫，也能解决问题与纷争，促进合作与关系，增进效率与达成共同的目标。

七、团队建设的基本步骤

团队建设的基本步聚包括四个：① 评估团队现况；② 采取对策；③ 观察结果；④ 采取进一步对策。

首先团队的现况如何？这称为团队成熟度，根据不同的成熟度，要运用不同的对策。成熟度可以分为四个阶段，下面说明每个阶段的特征、该阶段的目标与方法。

1. 形成期（从混乱中理顺头绪的阶段）

（1）特征

团队成员由不同动机、需求与特性的人组成，此阶段缺乏共同的目标，彼此之间的关系也尚未建立起来，人与人的了解与信赖不足，尚在磨合之中，整个团队还没建立规范，或者对于规矩尚未形成共同看法，这时矛盾很多，内耗很多，一致性很少，花很多力气，却产生不了多大效果。

（2）目标

立即掌握团队，快速让成员进入状况，降低不稳定的风险，确保事情的进行。

（3）方法

此阶段的领导风格要采取控制型，不能放任，目标由领导者设立（但要合理），清晰直接地告知想法与目的，不能让成员自己想像或猜测，否则容易走样。关系方面要强调互相支持，互相帮忙，此时期人与人之间关系尚未稳定，因此不能太过坦诚。（例如，刚到公司的小伙子，领导问他："你有何意见没有？"他最好回答："我还需要多多学习，请领导多指点。"如果他果真认真地指出缺点与问题，即使很实际，也许会得不到肯定与认同）该时期也要快速建立必要的规范，不需要完美，但需要能尽快让团队进入轨道，这时规定不能太多太烦琐，否则不易理解，又会绊手绊脚。

2. 凝聚期（开始产生共识与积极参与的阶段）

（1）特征

经过一段时间的努力，团队成员逐渐了解领导者的想法与组织的目标，互相之间也经由熟悉而产生默契，对于组织的规范也渐渐了解，违规的事项逐渐减少。这时日常事务都能正常运作，领导者不必特别费心，也能维持一定的生产力。但是组织对领导者的依赖很重，主要的决策与问题，需要领导者的指示才能进行，领导者的工作量很大，如果其他事务繁忙，极有可能耽误决策的进度。

（2）目标

挑选核心成员，培养核心成员的能力，建立更广泛的授权与更清晰的权责划分。

（3）方法

该时期的领导重点是在可掌握的情况下，对于较为短期的目标与日常事务，可授权部属直接进行，只要定期检查，并维持必要的监督。在成员能接受的范围内，提出善意的建议，如果有新进人员进入，必须尽快使其融入团队之中，部分规范成员可以参与决策。但在逐渐授权的过程中，要同时维持控制，不能一下子下放太多，否则回收权力时会导致士气受挫，配合培训是该时期很重要的事情。

3. 激化期（团队成员可以公开表达不同意见的阶段）

（1）特征

通过领导者的努力，建立开放的氛围，允许成员提出不同的意见与看法，甚至鼓励建设性的冲突。目标由领导者制定转变为团队成员的共同愿景；团队关系从保持距离、客客气气变成互相信赖、坦诚相见；规范由外在限制，变成内在承诺。该时期团队成员成为一体，愿意为团队奉献，智慧与创意源源不断。

（2）目标

建立愿景，形成自主化团队，调和差异，运用创造力。

（3）方法

这是领导者必须创造参与的环境，并以身作则，容许差异与不同的声音。初期会有一阵子的混乱，许多领导者害怕混乱，又重新加以控制，会导致不良的后果，可以借助第五项修炼中的建立共同愿景与团队学习的功夫，可以有效地渡过难关。该时期能否转型成功，是组织长远发展的重要关键。

4. 收割期（品尝甜美果实的阶段）

（1）特征

通过过去的努力，组织形成强而有力的团队，所有人都有强烈的一体感，组织爆发前所未有的潜能，创造出非凡的成果，并且能以合理的成本，高度满足客户的需求。

（2）目标

保持成长的动力，避免老化。

（3）方法

运用系统思考，综观全局，并保持危机意识，持续学习，持续成长。

八、管理和发展团队

1. 目标

根据目标可分为：长、中、短期目标，设定自己目前的、未来的目标。

目前的目标可以为：提高自己的沟通能力；提高自己的领导能力；激励成员的能力；培训和发展员工的能力；建立积极、开放的团队气氛，建立自信等。

未来的目标可以为：在5年以后成为主管经理；10年以后，开一家公司，等等。

2. 目前的能力水平

可以通过对各种能力的测试，得出自己目前的能力水平。还可以通过SWOT分析法分析自己目前的情况。

3. 行动步骤

通过反思自己的行为，选择合适的方法来提高自己的能力；可以通过有效的学习，通过各种学习方式实现自己的目标。

4. 时间表

目标的制定、完成日期或各个阶段的时间安排。

5. 评估

把实际实现的目标与自己制定的目标进行比较，并做出分析和评估。找出自身的优点和缺点，吸取经验。

6. 总结和重新安排

目标的完成预示着一个新的目标的开始，总结前一个目标制定、完成的经验，制定新的目标。

专家建议

1. 组织一些活动、比赛，让同学们在活动中形成团队，感受团队。
2. 老师组织学生对团队的认识进行讨论，分享回顾。

任务二 “破冰”训练

“破冰”是培训当中一项专业的技术，特别在户外拓展当中，可以说成功的破冰是整个培训是否能达到预期效果的关键。

什么是“破冰”？这个叫法起源于冰山理论。冰山理论是指人就像一座冰山一样，意识的部分只占了很少的部分，而更大的部分是潜在的意识，或者说是不容易被分辨的意识，而破冰就是把人的注意力移到现在，因为注意力在现在就无法或者不容易被潜在的意识影响，这样就可以达到团队融合，避免怀疑、猜忌、疏远，帮助人们放松并变得乐于与人交往和相互学习，拉近成员之间的距离，建立和谐气氛。

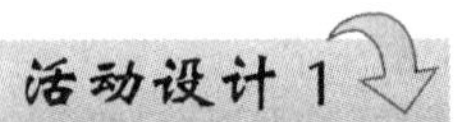

猜猜我是谁

一、项目类型

团队破冰。

二、器材

不透明幕布一块。

三、场地

室内外均可。

四、人员要求

10 人以上。

五、活动目标

加深印象，迅速熟悉团队成员。

六、操作过程

1. 参加的学生分成两边。

2. 依序说出每个人的姓名和希望别人称呼自己的绰号。

3. 教师和助理拿幕布隔开两边的学生，分组蹲下。

4. 第一阶段：两边成员各派一名代表走至幕布前，隔着幕布面对面蹲下，教师喊“1，2，3”然后放下幕布，两个学生以先说出对方的姓名或绰号者为胜，胜者可以将对方俘虏到本组。

(5) 第二阶段：两边成员各派一名代表至幕布前，隔着幕布背对背蹲下，教师喊“1，2，3”然后放下幕布，两个成员依靠同组提示（不能说出名字、绰号）先说出对方姓名或绰号者为胜，胜者可以将对方俘虏到本组。

(6) 活动进行至某组的人数少于三人即可停止。

七、活动变化

1. 可增加幕布前的代表人数。

2. 可让组员背部紧贴幕布，另一组凭借其轮廓猜出姓名和绰号。

3. 可在排球场进行，以沙滩球相互投掷时，需要叫出对方队友的姓名或绰号，全部叫完前不得重复。

八、注意事项

1. 选择的幕布不能为透明，以免失去公平性及趣味性。

2. 成员蹲在幕布前，不得踩住幕布，以免操作幕布时跌倒。

3. 训练老师应该制止窥视的现象发生。

4. 组员叫出名字时间差距短，训练老师应注意公平性。

5. 本活动不适用于不熟悉的团队。

活动设计 2

好邻居

一、项目类型

团队破冰。

二、器材

无。

三、场地

室内外均可。

四、人员要求

10 人以上。

五、活动目标

消除团队成员之间的隔阂，活跃团队气氛。

六、操作过程

(1) 所有人围成一个圆圈，一人站在圆心。

(2) 教师宣布规则：站在圆心的人随机向圆圈里的人（比如说 A）提问“你喜欢我吗?”如果 A 回答喜欢，则与 A 相邻的两个人就要互换位置，在互换位置的时候，站在圆心的人就迅速插到 A 周围相邻的两个位置之间，这样与 A 相邻的两个人中就有一个没有位置，那么就由他表演一个节目或作自我介绍，然后他站在圆心，游戏继续，开始下一轮。

(3) 如果A回答不喜欢，则站在圆心的人将会继续问A："那你喜欢什么"。如果A回答我喜欢戴眼镜的人，则场上所有戴眼镜的人都必须离开自己的位置寻找空位，而站在圆心的人需要迅速的找一个位置，这样没有找到位置的人就需要由他表演一个节目或作自我介绍，然后就由他站在圆心，游戏继续开始下一轮。

(4) A如果回答不喜欢，还可以回答例如"我喜欢男人"，那么全场的男人必须全部换位，如果A是男的，他自己也要换位。

七、活动变化

为了增加难度和趣味性，还可以回答"我喜欢穿白袜子"等不易被人马上发现的细节。

八、注意事项

(1) 在活动过程保持轻松愉快的氛围。

(2) 防止学生碰撞受伤。

活动设计3

花开花落

一、项目类型

团队破冰。

二、器材

无。

三、场地

室内外均可。

四、人员要求

10人以上。

五、活动目标

消除团队成员之间的隔阂，关注队友的安全。

六、操作过程

1. 所有人手拉手围成一个圆圈（男女相隔），手拉手的方式为每个学生分别通过身侧学生的背后与第三个学生互握手腕紧紧相扣。

2. 教室发出"花开"指令时，所有学生头后仰身体向后打开，脚不能移动；教师发出"花落"指令时，所有学生低头身体前屈。

七、注意事项

防止学生手脱滑造成学生摔倒。

八、引导分享

如果在活动过程中，某一位同学的手松开会出现什么情况？

专家建议

1. 问好方式

老师：各位同学大家好

学生：好！很好！非常好！

2.“没有问题”

在进行每个项目之前，教师会对这个项目的规则和要求进行布置，介绍完之后，教师要问“完成这个任务，克服这个困难有没有问题?”要求学生在回答时把头从左下角用力甩向右上角同时大声回答说“没有问题!”。

任务三 沟通表达能力训练

案例

杨瑞是一个典型的北方姑娘，在她身上可以明显地感受到北方人的热情和直率，她喜欢坦诚，有什么说什么，总是愿意把自己的想法说出来和大家一起讨论，正是因为这个特点她在上学期间很受老师和同学的欢迎。今年，杨瑞从西安某大学的人力资源管理专业毕业，她认为，经过四年的学习自己不但掌握了扎实的人力资源管理专业知识而且具备了较强的人际沟通技能，因此她对自己的未来期望很高。为了实现自己的梦想，她毅然只身去广州求职。

经过将近一个月的反复投递简历和面试，在权衡了多种因素的情况下，杨瑞最终选定了东莞市一家研究生产食品添加剂的公司。她之所以选择这家公司是因为该公司规模适中、发展速度很快，最重要的是该公司的人力资源管理工作还处于尝试阶段，如果杨瑞加入，她将是人力资源部的第一个人，因此她认为自己施展能力的空间很大。但是到公司实习一个星期后，杨瑞就陷入了困境。原来该公司是一个典型的小型家族企业，企业中的关键职位基本上都由老板的亲属担任，其中充满了各种裙带关系。尤其是老板给杨瑞安排了他的大儿子做她的临时上级，而这个人主要负责公司研发工作，根本没有管理理念，更不用说人力资源管理理念。在他的眼里，只有技术最重要，公司只要能赚钱其他的一切都无所谓。但是杨瑞认为越是这样就越有自己发挥能力的空间，因此在到公司的第五天杨瑞拿着自己的建议书走向了直接上级的办公室。

“王经理，我到公司已经快一个星期了，我有一些想法想和您谈谈，您有时间吗?”杨瑞走到经理办公桌前说。

“来来来，小杨，本来早就应该和你谈谈了，只是最近一直扎在实验室里把这件事忘了。”

“王经理，对于一个企业尤其是处于上升阶段的企业来说，要持续企业的发展必须在管理上狠下工夫。我来公司已经快一个星期了，据我目前对公司的了解，我认为公司主要的问题在于职责界定不清；员工的自主权力太小致使员工觉得公司对他们缺乏信任；员工薪酬结构和等级的制定随意性较强，缺乏科学合理的基础，因此薪酬的公平性和激励性都较低。”杨瑞按照自己事先所列的提纲开始逐条向王经理叙述。

王经理微微皱了一下眉头说：“你说的这些问题我们公司确实存在，但是你必须承认一个事实——我们公司在赢利，这就说明我们公司目前实行的体制有它的合理性。”

“可是，眼前的发展并不等于将来也可以发展，许多家族企业都败在管理上。”

“好了，那你有具体方案吗?”

“目前还没有，这些还只是我的一点想法而已，但是如果得到了您的支持，我想方案只是时间问题。”

“那你先回去做方案，把你的材料放这儿，我先看看然后给你答复。”说完王经理的注意力又回到了研究报告上。

杨瑞此时真切地感受到了不被认可的失落，她似乎已经预测到了自己第一次提建议的结局。

果然，杨瑞的建议书石沉大海，王经理好像完全不记得建议书的事。杨瑞陷入了迷茫之中，她不知道是应该继续和上级沟通还是干脆放弃这份工作，另找一个发展空间。

一、案例点评

随着企业对人才价值认识的不断深化，越来越多的企业都把企业拥有高素质人才的多少作为企业未来能否成功的一块砝码。因此，企业必须设计出良好的用人机制以留住企业的核心人才，良好的沟通机制和新员工的导入机制发挥着巨大的作用，尤其是新进员工与其直接上级之间的沟通将直接影响他们的去留以及未来的工作态度。

刚毕业的大学生、研究生是企业人才招聘的主要来源之一。这部分人群的主要特点是成就动机较强，期待别人的认可；急于把自己的所学运用到实践中去，因此渴望受到较少的限制、拥有较大的自由发展空间；具有很强烈的挑战精神和创新精神，不甘于维持现状；理论水平高但缺乏实践经验，对现实的看法比较理想化；做事急躁，更渴望看到结果而忽略过程等。这对企业来说，如果导入正确就可也给企业注入新的活力，增强企业的竞争力；如果导入失败企业不但损失招聘成本而且影响了企业的社会美誉度。因此，企业必须针对这类人群的特点制定合理的新员工导入机制，使这些新员工在认识和接受现实冲击的同时继续保持积极创新的心态和富于挑战的精神。

本案例就是一个典型的由于管理者缺乏新员工导入机制理念而导致上下级沟通失败，最终使新员工的积极性受挫的案例。杨瑞满腔热情想把自己的所学应用到实践中去，从而获得成就感。可是她的直接上级却没有认识到杨瑞的特点和需求，过分强调杨瑞缺乏实践经验的一面，对杨瑞的行为作出了消极的反馈，致使杨瑞的积极性受挫。

二、沟通过程的理论分析

沟通是一个信息交流过程，有效的人际沟通可以实现信息的准确传递，达到与其他人建立良好的人际关系，借助外界的力量和信息解决问题的目的。但是由于沟通主客体和外部环境等因素，沟通过程中会出现各种各样的沟通障碍，如倾听障碍、情绪噪声、信息超载等。因此，为了达到沟通的目的，我们必须首先认识到沟通中可能存在的障碍，然后采取适当的措施以避免障碍，从而实现建设性沟通。

所谓建设性沟通是指在不损害或改变人际关系的前提下进行确切的、诚实的沟通。它具有三个特征：① 实现信息的准确传递；② 人际关系至少不受损害；③ 不仅仅是为了他人喜欢，而是解决问题。大量的理论和实践研究表明建设性沟通是可以获得的，但是必须遵守一些沟通原则，掌握建设性沟通的技能，如：信息组织原则、正确定位原则、尊重他人原则、倾听技巧、传递正确的非言语信息等。但是最关键之处在于沟通双方在沟通中是否能够换位思考，即是否能站在他人角度考虑问题。

我们从以下几个方面来具体阐述。

（一）沟通目标

任何沟通都是有目的的，沟通双方都希望通过沟通来满足自己某方面的需要。如果沟通双方在沟通中能够清楚地了解对方的沟通目标，在沟通中站在对方的角度，在不损害自身利益的前提下提供对方期待得到的东西，那么沟通就会实现双赢。

在本案例中根据杨瑞的个性和心理等特点，杨瑞在本次沟通中可能目标：① 从公司利益出发，提出自己的建议，希望能解决公司的管理问题；② 满足一个刚毕业的大学生的成就动机需要，仅仅是通过向上级表达自己的观点证明自己是一个能干的人，因此希望获得上级的肯定和认同；③ 从杨瑞的性格来看，她可能只是想找一个人来探讨交流自己的观点，希望对方能和自己一起讨论完善自己的观点。

而王经理是公司的未来一把手，他更关心公司的赢利状况和自己在公司的地位和影响力。而且他又是主要负责研发工作的，在思维逻辑和处世方法上就会更注重实证的、数据性的东西，追求理性、准确、明晰。因此他在本次沟通中的目标可能有：① 借机会向新员工介绍企业的现实状况，希望新员工能更快地了解组织情况以融入组织，尽快进入工作状态；② 希望杨瑞在不影响自己在公司中地位和权限的情况下拿出解决公司管理问题的方案；③ 向杨瑞传递这样一个信息：我们公司是一个家族企业，有许多东西是无法改变的，尤其是在权力分配方面，因此你不要试图改变公司的权力结构，打破公司的现状；④ 希望通过沟通，再争取一个支持者和助手，以帮助巩固和增强自己在公司中的权力和地位；⑤ 希望和第三者交流自己作为家族企业中的一员所要面对的各种裙带关系和权力纷争，获得对方的理解和共鸣。

在本次沟通中杨瑞可能更倾向于通过沟通满足自己的成就感和自我实现需要，因此更希望获得王经理的及时反馈，即使王经理不同意自己的观点也应该说明理由并肯定自己的做法和精神。而王经理则可能更希望杨瑞在了解公司实际情况后，在不触及家族成员间利益关系的前提下针对公司的管理问题提出具体可行的解决方案，而且这种方案有助于巩固提高自己的地位或者至少不受损害。由此可以看出，本次沟通失败的原因之一在于没有明确对方的沟通目标，从而向对方传递了不合适的信息。如杨瑞提出的“管理对家族企业的发展很重要，公司中职责权限不清”等建议就与王经理的期望不符；而王经理则忽视了杨瑞期望获得及时反馈和认可的需求，不但没有对杨瑞的建议给予评价反而表现出很大的不满，并且强制性地中断了谈话，以后也没有作出任何反馈。

（二）沟通原则

实现建设性沟通应该遵循一定的原则。在本案例中沟通失败的另一个原因就是沟通双方没有很好地掌握和运用这些原则。

1. 杨瑞忽略了信息组织原则

所谓信息组织原则就是沟通双方在沟通之前应该尽可能地掌握相关的信息，在向对方传递这些信息时应尽可能简明、清晰、具体。在本案例中杨瑞只是到公司还不到一个星期的新员工，以前也没有任何工作经验，因此在提建议时很容易给同事或上级一种“异想天开、脱离实际、年轻气盛”的感觉。降低或消除这种感觉最好的办法就是尽可能充分地准备，使自己的建议建立在事实基础之上从而具有说服力和可执行力。但是本案例中杨瑞却仅仅凭借自己的观察和主观判断就提出了问题，而且没有针对问题设计出解决问题的方案。

2. 杨瑞忽视了正确定位原则

沟通中的定位包括：问题导向、责任导向、事实导向定位等。本案例主要是下级向上级提建议希望上级给予认可和支持。因此最好的做法是以事实为导向，先描述公司中存在的事实和问题使上级认识到问题的存在和解决的必要性，然后适时地提出自己的建议。但是案例中的杨瑞却没有仔细描述事实，而只是给出了自己对公司管理的主观评价，而且没有拿出初步可行的方案只是作了许诺，这使王经理觉得很没有说服力而且认为杨瑞提出这些建议只是一时冲动。

3. 沟通双方缺乏沟通技能

沟通是一门艺术，说话有说话的艺术，听也有听的艺术。说话的人要引起对方的兴趣，而听话的人也要及时作出反馈，鼓励对方透露更多的信息，只有双方在信息交换的基础上了解了彼此的需要和意图，才能找到最佳的平衡点实现有效的沟通。在本案例中杨瑞在没有任何铺垫的情况下，就亮出了自己的观点——列数公司的管理问题，在某种程度上使王经理觉得这更像是一次抱怨式的发泄而非建议。而王经理在刚听了几句之后就“微皱眉头”，表现出不耐烦的样子最终以要方案为名打断了谈话。也就是说王经理根本没有给杨瑞表达观点的机会，从这一点上说明王经理不是一个好的倾听者。

（三）沟通策略

沟通讲究策略。根据沟通客体、沟通内容、沟通情境的不同应该选择合适的沟通策略。在本案例中双方在沟通中由于观点的不同产生了冲突，这种冲突属于简单冲突。在面对冲突时双方选择了各自的策略。王经理利用他的地位和权力驳回了杨瑞的建议，即采取了权力支持型的策略。而杨瑞面对王经理的回绝和权力地位的压力之下对冲突采取暂时回避的态度。也就是说双方在选择沟通策略的时候都没有作出继续沟通的努力，因此也就没有给达成一致留下余地，沟通失败在所难免。

沟通是一个互动的过程，实现建设性沟通需要沟通双方共同努力。根据上面的分析，沟通双方可以在以下几个方面进行改进。

杨瑞应做出的改进：

（1）在沟通之前做好信息准备工作

这些信息包括：公司中的各种裙带关系和家族成员间的利害关系；公司以前是否有人提出过改革建议，结果如何；了解直接上级的脾气和秉性以及他在公司中的地位和影响力；公司中存在的问题和严重性的事实。

（2）事先提出解决问题的草案

比起听下级挑毛病，上级更希望下级拿出解决问题的具体方案而不仅仅是指出问题所在。

（3）先咨询后建议。作为一个刚毕业的大学生而且到公司还不到一个星期，对许多事情的认识还只停留在表面，有时候甚至过于理想化。因此，不要把自己当做专家而是要事事抱着谦虚的态度。所以在与王经理的沟通过程中杨瑞可以先咨询后建议。也就是说先向王经理请教有关管理方面的问题，这样一方面可以避免王经理把这次谈话当做一次抱怨，另一方面也可以探知王经理对公司管理的看法和态度。有了这一层铺垫后，杨瑞再根据王经理的态度决定何时提出建议、以怎样的方式提出建议、提出哪些建议才是合适的。

王经理应作出的改进：

1）认识到杨瑞作为一个刚刚毕业的大学生，具有的强烈的成就动机，对她的这种敢想敢说的精神给予肯定和赞扬。这样一方面使杨瑞希望得到认可的心理需求得到了满足，另一方面又为培养杨瑞以后的创新和工作积极性打好了基础。

2）对杨瑞的谈话给予积极的反馈，鼓励杨瑞把自己的观点表达清楚。

3）在肯定杨瑞行为的前提下，以列举公司中的事实的方式来提醒杨瑞应该多关注公司的实际，不要过于理想化。

4）给杨瑞提供一些工作指导，使她明白以后工作中应该注意哪些方面的问题。

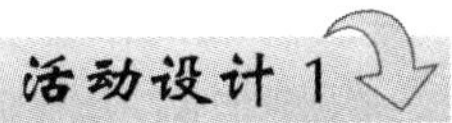

辩论赛

一、项目类型

口才训练。

二、器材

桌子若干，桌签若干。

三、场地

室内。

四、人员要求

4人以上。

五、活动目标

训练学生的口才，更好地与他人交际沟通。

六、操作过程

1. 赛制：四对四团体赛。
2. 辩论赛细则：辩论赛程序及用时规定，见表3－1。

表3－1　辩论赛程序及时间

序号	程 序	程序要求	时 间
1	选手入场	选手结合辩题自我介绍	双方各3分钟
2	开篇立论	正方一辩	3分钟
3	开篇立论	反方一辩	3分钟

续表

序号	程 序	程序要求	时 间
4	攻辩阶段	正方二辩选择反方二辩或三辩进行攻辩	1分30秒（问者不许答，答者不许问，每轮攻辩，提问时间不得超过10秒，回答不得超过20秒）
5	攻辩阶段	反方二辩选择正方二辩或三辩进行攻辩	1分30秒（问者不许答，答者不许问，每轮攻辩，提问时间不得超过10秒，回答不得超过20秒）
6	攻辩阶段	正方三辩选择反方二辩或三辩进行攻辩	1分30秒（问者不许答，答者不许问，每轮攻辩，提问时间不得超过10秒，回答不得超过20秒）
7	攻辩阶段	反方三辩选择正方二辩或三辩进行攻辩	1分30秒（问者不许答，答者不许问，每轮攻辩，提问时间不得超过10秒，回答不得超过20秒）
8	攻辩小结	正方一辩作攻辩小结	1分30秒
9	攻辩小结	反方一辩作攻辩小结	1分30秒
10	自由辩论	从正方开始自由辩论	双方各5分钟
11	总结陈词	反方四辩总结陈词	4分钟
12	总结陈词	正方四辩总结陈词	4分钟
13	观众提问	由台下的观众向任何一方自由提问	5分钟（每个观众问题数目不得超过两个，每个问题回答不得超过1分钟）
14	评委点评	请评委为本次比赛进行点评	
15		比赛结束，合影留念	

3. 评判：

（1）组委会将邀五位评委对每场比赛进行评议。

（2）评分标准：

团队部分，按全国大专辩论赛的通行方法，共300分。

1）按辩论阶段评分，应包括：陈词、攻辩、攻辩小结、自由辩论、回答观众提问、总结陈词等。

2）综合印象分，应包括：语言风度、团队配合，临场反应等。

3）每场比赛的胜负判断由五位评委的综合评定决定，分数高者获胜。

4）单场最佳辩手只作为个人奖项的评审依据，与判断每场胜负无关。

七、活动变化

1. 题目变化：可以根据学生不同时期有针对性地提出一些问题。例如，如是大一的新生，可以做关于校园恋爱方面等的辩题，大二大三可以涉及毕业、就业以及社会等切实问题；

2. 人员变动：争取全部都可以参与进来，使大家在辩论时了解大家的想法，能够相互熟悉，同时也能锻炼口才。

3. 活动方式：可以不只是辩论赛，也可以是演讲等方式。

除通过口语表达以外，还有一种表达方式那就是肢体语言表达。

肢体语言（Body Language）又称身体语言，是指经由身体的各种动作，从而代替语言以达到表情达意的沟通目的。广义言之，肢体语言也包括前述之面部表情在内；狭义言之，肢体语言只包括身体与四肢所表达的意义。

谈到由肢体表达情绪时，我们自然会想到很多惯用动作的含义。比如，鼓掌表示兴奋，顿足代表生气，搓手表示焦虑，垂头代表沮丧，摊手表示无奈。当事人以此等肢体活动表达情绪，别人也可由之辨识出当事人用其肢体所表达的心境。

部分肢体语言代表的意义：

眯着眼——不同意、厌恶、发怒或不欣赏。

走动——发脾气或受挫。

扭绞双手——紧张，不安或害怕。

向前倾——注意或感兴趣。

懒散地坐在椅中——无聊或轻松一下。

抬头挺胸——自信、果断。

坐在椅子边上——不安、厌烦或提高警觉。

坐得不安稳——不安、厌烦紧张或者是提高警觉。

正视对方——友善、诚恳外向、有安全感、自信、笃定等。

避免目光接触——冷漠逃避、不关心、没有安全感、消极、恐惧或紧张等。

点头——同意或者表示明白了、听懂了。

摇头——不同意、震惊或不相信。

晃动拳头——愤怒或富攻击性。

鼓掌——赞成或高兴。

打呵欠——厌烦。

手指交叉——好运。

轻拍肩背——鼓励、恭喜或安慰。

搔头——迷惑或不相信。

笑——同意或满意。

咬嘴唇——紧张、害怕或焦虑。

抖脚——紧张。

环抱双臂——愤怒、不欣赏、不同意、防御或攻击。

眉毛上扬——不相信或惊讶。

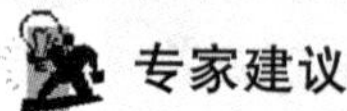
专家建议

口语作为沟通思想、交流信息、展示才华的重要工具，已经越来越受到大家的重视。如何提高口语表达能力，也是人们关注的焦点。口语交际有规范性、敏捷性、礼仪性、情感性等特点。那么如何训练口语表达能力呢？

1. 要破胆，很多人害怕说得不好，讲得不精彩，被人笑话，所以老是当听众。有一句话说得好：要想明天说得棒，别怕今天出洋相。

2. 低起点、严要求——先想后说。每天坚持进行说话训练，时间不一定要很长，说的题目也可以随机地从“题库”中抽取，比如：你明天准备做什么？你的爸爸是一个什么样的人？假如我是国家主席，等等。

3. 微型辩论会的方法——现想现说，辩论既要求口语表达敏捷，又要求准确。通过这种方式来训练，最接近实战。

小贴士

评价自己的沟通能力

表达能力是一种将自己的感觉正确地传递给他人的能力，传递的途径有很多种。你可以通过表情或者形体语言暗示给别人你的心思，当然，最重要的表达方式还是语言。

因此，在这个测试中所包含的表达能力的大部分都是语言能力。假如你没有语言表达的能力，那么你就很难与别人交际，无法告诉别人你所想的和你所愿的。这里提到的语言能力不仅仅是指你能够正常地表达自己的意思，而且你还要通过正确的方式，恰当地把自己的意思告诉别人，并获得别人的理解。

下面是语言表达能力测试题。

（1）我在表达自己的情感时，很难选择准确、恰当的词汇。

（2）别人难以准确地理解我口语和非口语所要表达的意思。

（3）我不善于与和我观念不同的人交流感情。

（4）我对连续不断的交谈感到困难。

（5）我无法自如地用口语表达我的情感。

（6）我时常避免表达自己的感受。

（7）在给一位不太熟悉的人打电话时我会感到紧张。

（8）向别人打听事情对我而言是困难的事。

（9）我不习惯和别人聊天。

（10）我觉得同陌生人说话有些困难。

（11）同老师或是上司谈话时，我感到紧张。

（12）我在演说时思维变得混乱和不连贯。

（13）我无法很好地识别别人的情感。

（14）我不喜欢在大众面前讲话。

（15）我的文字表达能力远比口头表达能力强。

（16）我无法在一位内向的朋友面前轻松自如地谈论自己的情况。

（17）我不善于说服人，尽管有时我觉得很有道理。

（18）我不能自如地用非口语（眼神、手势、表情等）表达感情。

（19）我不善于赞美别人，感到很难把话说得自然亲切。

（20）在与一位迷人的异性交谈时我会感到紧张。

语言表达能力测试结果：

每题均有两个测试结果："是"、"否"。答一个"是"得1分。得分在14分以上表示语言表达能力较弱；9～14（含）分表示一般；5～8（含）分表示较好；5分以下表示语言表达能力非常好。

任务四　团队信任项目训练

一、团队信任的基本问题

1. 信任的定义

对于信任的定义，许多专家学者都给出了自己的理解。下面列举他们对信任的看法，以寻找信任的内在特征。

罗宾斯认为："信任就是对他人的一种肯定的预期，认为他人不会通过语言、行动或决定而任意行事。"

梅耶等认为："相互信任就是尽管一方有能力监控和控制另一方，但他却愿意放弃这种能力而相信另一方会自觉地做出对己方有利的事情。"

艾里克森将信任定义为"对他人的善良所保有的信念或指一种健康的人格品质，强调了对意向因素的内部期待。"

彭泗清等认为："中国人习惯于将信任区分为对他人能力的信任或对他人人品的信任。"

根据许多学者的定义，我们认为，信任是对他人的言词、行为、承诺的可靠的肯定的期望，相信合作的另一方会自觉做出对自己有利的事情，而不会利用合作伙伴的脆弱点去获取利益。这种信任是建立在对他人能力的信任或人品的信任的基础之上，体现了合作的一方对另一方的可靠性、诚实度有足够的信心。但这种信任关系的缺陷就是一方要依赖于另一方，使得信任本身具有一定的不确定性和脆弱性。我们信任别人，也就预示着我们必须承担信任风险。对团队中的信任，我们比较赞同巴伯所说的第二种期望，即"对同我们一道处于社会关系和社会体制之中的那些人的有技术能力的角色行为的期望"。

2. 信任的类型

对于信任的类型，主要有三种分类方法。

第一种是把信任分成契约信任、能力信任和善意信任，其中契约信任指与坚持协议和承诺相关的信任；能力信任包括对能力和绩效的期望；善意信任指伙伴间关系的相互承诺，它可以使关系持久，减少机会主义行为。

第二种是把信任分成基于威慑因素的信任、基于知识的信任和基于识别的信任。基于威慑因素的信任，指如果无法保持行为的一致性将会受到惩罚的威慑；基于知识的信任，指双方彼此都非常了解（即拥有足够的关于对方的信息）以至于能准确预测对方的行为；基于识别的信任指合作的双方都把对方的偏好充分内在化，以至于一方作为另一方的代理人，另一方则相信他的利益将受到很好的保护。

第三种是把信任分成基于声誉的信任、基于社会相似性的信任和基于法制的信任。由声誉产生的信任，即根据对他人过去的行为和声誉的了解而决定是否给予信任；社会相似性产生信任，一般来说，相似性越多，信任度越高；三是由法制产生信任，即基于非个人性的社会规章制度的保证而给予信任。

3．信任的构成要素

有四个要素对于团队信任是非常关键的：获得成效、一致性、诚实和表现关注。

（1）获得成效

获得成效是首要的甚至是最重要的因素。就算一个人的动机是善意的，如果他不能实现我们对他的期望，他也不可能得到我们的信任。而能力是个人获得成效的保证，因此个人必须具备一定能力，且这种能力足以使他的承诺得到实现时才会可能得到别人的信任。

（2）一致性

一致性与个体的可靠性、预见性和把握局势的良好判断力有关，言行不一必然会降低信任。在大多数情况下，我们信任那些言行一致的人；言行不一意味着他可能是不诚实的或者是自私的，那是不值得别人信任的。

（3）诚实

诚实，首先是真诚和正直，其次是坦白。如果一个人缺少了真诚和正直的品质，则很难令别人会对这个人产生信任；而且，人们往往相信一个告诉别人真相的人。

（4）表现关注

一般来说，人们总是信任那些关心自己的人，信任那些自己认为行为处世符合自己的需要、至少不和自己的需要相冲突的人。这种关注的要素包括，在多大程度上，我们相信其他人会支持我们的福利乃至全体人的福利；同时，关注还应包括更大的范围，比如对我们所在群体的关注，乃至对我们的工作团队、组织的关注。

4．信任在团队中的重要性

在许多研究中，信任被认为是组织成功的重要因素，即使对于虚拟组织和团队，信任的重要性也是无可置疑的。同样的，对于团队来说，它的重要性也是丝毫不受怀疑的。信任对于团队的重要性主要体现在以下几个方面。

1）它横越团队的整个生命循环过程。新团队需要信任才能起步；信任是团队克服艰难工作的全效润滑剂；当团队解散时，来自组织环境的信任（或缺乏信任）将会继续流传。

2）促使团队成员之间愿意进行合作，有助于避免和减少搭便车行为的发生，降低因加强监督而带来的附加成本。

3）团队成员间信任度的提高，有助于相互间信息共享程度的进一步提高。

4）团队信任有助于组织向团队提供更多的支持和更大的自主权。

5）团队信任有助于提高个体成员工作满意度，从而有助于提高个体对团队、组织的忠诚度。

6）团队信任有助于团队绩效的提高和团队项目的顺利进展及成功。

总之，团队信任的建立有利于促进组织、团队、个人三方的“共赢”。

二、影响团队信任的因素分析

团队的信任涉及组织对团队的信任、团队对组织的信任、团队对成员的信任以及成员对团队和组织的信任四个方面。因此，信任的影响因素分析可以从组织、团队、个体三个层次来进行。这里需要说明的是，团队信任的研究，有的只关注到组织对团队的信任、团队管理者对成员个体的信任和团队成员间的信任三个方面，这是不够的。信任的建立应该是双向的，而不仅仅是单向的，如果成员对团队和组织不信任，如果团队对组织不信任，那么其后果是对信任关系的破坏。一旦信任关系受到破坏，要重新构建信任将会遇到更大的困难。

1. 组织层次

从组织层次来说，以往组织领导对团队的偏见、组织对团队授权不充分、过多干预和控制团队的决策和行动、组织行为前后不一致、组织与团队缺乏沟通和交流、缺乏必要的团队激励、对团队缺乏支持、对团队及其成员的关注不够、不公正、低信任度的组织文化特征等，是导致团队和个人对组织信任度低的主要原因。

2. 团队层次

从团队层次来说，缺乏与组织之间的互动沟通和交流、以往的不成功的经历、团队领导的不称职、缺乏让组织信任的能力、团队整体的凝聚力低，将导致组织对团队的低信任度；另一方面，由于团队领导对其成员缺乏信任、相互之间的互动沟通不够、对成员的行动过多地干预或授权不足、薪酬和其他相应激励措施力度不够、言行不一致、不公正、团队规模大等，也会导致团队成员对其所在团队的低信任度，其结果是导致团队凝聚力松散，战斗力不强。

3. 个体层次

从团队成员层次来说，成员个体的受教育程度、家庭背景和文化背景，经历、年龄、收入水平等方面的差异、成员之间的相互沟通机会少、相互间熟悉程度低、受到的待遇不公平，是导致成员间低信任度的原因；同时，成员个人的成功或失败的经历、成员个人的能力水平、个人的品质及其过去在组织中的表现、与领导之间的互动沟通等，将直接关系到组织和团队对成员个体的信任。

三、构建团队的信任

构建团队的信任，可以从组织与团队间的相互信任、团队与成员间的相互信任以及团队成员间的相互信任三个方面来阐述。

（一）构建组织与团队间的相互信任

组织与团队间的相互信任，包括组织与团队领导之间的相互信任，以及组织与成员个体间的相互信任。

1. 组织层次

这里的组织层次，指的是企业的高层领导。作为企业的高层领导，个人应该具备出众的才能和卓越的领导艺术，在组织中的岗位上或曾经在类似方面得到良好的业绩表现，这样才能在个人条件方面服众，对企业组织中的工作开展也非常有利。同时，对项目团队进展中的各种问题和困难给予及时的帮助和解决，提高项目团队的适应性和战斗力。建立一套科学、合理的团队激励机制，保证团队能够沿着组织目标前进而不偏离方向。建立起高信任度的、公开的、公正的组织文化，提倡在组织范围内敢于讲实话、讲真话，让团队及成员个体了解组织目前的状况，使员工与组织一起患难与共，共图发展。

2. 团队层次

团队层次，这里主要指团队领导。团队领导以往的经历、个人能力情况以及目前团队的工作进展情况将直接影响到组织对团队领导的信任，这就要求团队领导必须指导成员们尽力做好每一件事情，尽可能地使工作进展得更顺利，这将在一定程度上增强组织对团队的好印象，为团队取得组织的信任打开良好的局面。其次，团队领导个人的品质，比如真诚、正直和坦白，也将会影响到组织对其的信任程度，这要求团队管理者要保持对组织忠诚，保持对员工的正直和坦白，处理事情要秉着公正、公开的态度。

3. 个体层次

个体层次指的是团队成员。首先，个体的能力情况及其过去的相关工作经历将直接影响组织对其的最初印象，不过个体的能力可以通过相应的培训来获取，因此对于个体来说，获得工作的成效是关键，它将直接影响到团队领导和组织对其办事能力的信任程度，这正如利普耐克所说的“信任来自业绩的表现”。这就要求团队成员做好职责范围内的岗位工作，保质保量按时地完成上级领导布置的各项工作。

（二）构建团队与成员间的相互信任

对于团队与成员间相互信任的建立，应该从团队领导如何赢得成员的信任和成员个体如何赢得团队领导的信任两个方面考虑。

1. 团队领导如何赢得成员的信任

我们同意下述两种观点以建立团队领导的凝聚力。

1）威尔逊和乔治在《团队领导生存手册》中指出，要建立团队内的信任，团队领导应该做好以下九点：必须知道自己所做的事是否对建立团队内部的信任有意义；能识别同伴间的不信任以及不信任对团队的不良影响；知道如何避免信任陷阱，如随便猜疑别人、掩饰自己、不守承诺、打击报信人、混淆信息、糖衣炮弹等；在陷入信任陷阱时，有自己信任和尊重的人来提醒自己；坦率表达自己的看法；善于倾听别人的谈话；适当的时候，承认自己不全知道所有的解决办法；让别人提供反馈意见，同时要对他们的意见作出合理、恰当的反馈；要告诉别人，你是非常信任他们的。

2）费西尔等在讨论团队领导与成员间的信任时，认为应该注意以下要点：公开且经常沟通；要得到信任，先给予信任；真实诚恳；树立有力的经营道德规范；要说到做到，行动可见；务必使你与团队的互动前后一致，有章可循；从一开始就决定将来互动的调子；易于接近和反应迅速；保密；注意用词；要为团队创造社交时间。

2. 成员个体如何赢得团队领导的信任

首先，获得工作的成效是关键，它将直接影响到团队领导对其办事能力的信任程序，这就要求员工做好职责范围内的岗位工作，保质保量按时地完成工作，并协助其他成员完成团队工作。其次，要求个体成员必须忠诚、正直和坦白，这是非常重要的信任构建要素。个体成员要始终忠诚于团队，不做不利于团队的事情。最后，互动沟通是非常必要的。通过互动的沟通和交流，让团队领导更多地了解自己，及时解决对技术问题处理的意见分歧，消除相互间的矛盾和误解。

活动设计 1

信任背摔

一、项目类型

团队信任协作。

二、器材

背摔台一个，高 1.4 米；绑手软绳一根。

三、场地

室外。

四、人员要求

10 人以上。

五、活动目标

让团队成员体验安全感和归属感，建立成员间的互相信任和支持，了解信任在团队中的作用，增强成员自信心和责任感，培养合作精神。

六、操作过程

1. 项目介绍：我们将做下一个团队项目，也是个人挑战项目。这个项目源自于一个古老的仪式，当每个外来人想融入当地的印第安部落时，都要进行一个仪式，让他们站在 1 米 5 高的台上向后平直倒下，由地面上的印第安人展臂接住，只有成功完成平直后倒的人才能赢得当地人的信任，融入当地部落生活。演变至今成了拓展训练中最常用、最经典的项目——背摔。

2. 带领做准备活动。

3. 要求大家把危险物品（眼镜、手表等物品）统一管理，助理负责整理、收集。

4. 讲解动作要领：

(1) 练习者：身体直立，双手平举，双臂交叉，掌心相对，手掌交叉相握，内收两肘夹紧并紧靠胸前。

(2) 保护者：(织网) 同性别人员两两相对，右腿膝盖内侧相扣，抬头直腰，双臂放于对方肩上，掌心向上，一内一外，五指并拢，头往后仰，空出空间，全神凝注，时刻准备。

(3) 口令：练习者："我是某某，我需要大家帮助"。

(4) 保护者："我们永远支持你"。

(5) 练习者："我来了"。

(6) 保护者："来吧"。

5. 准备完毕，第一位练习者上台，帮助捆绑住练习者手腕。

6. 把练习者移至背摔台前端，教师一手扶住练习者手腕。

7. 教师帮助练习者调整心态，做好准备，并随时观察现场情况，安全操作，严格执行。

8. 教师助理要协助操作，对台下不规范动作进行纠正，组织对每位成功者进行鼓励。

9. 练习完成后由助理组织大家安全把人放下（脚先着地）并解开布条，递给教师。

10. 教师宣布完成情况。

七、注意事项

1. 要求保护人员在任何情况下都不可以撒手。

2. 随时提醒大家注意保护，纠正保护动作，一旦发现安全隐患，应立即中止训练。

3. 整个过程中要时刻注意保护人员的动作是否正确，精力是否集中。如发现有人嬉笑打闹或有人还未做好准备好，不可让背摔队员进行操作。

4. 不管被摔人员在任何情况下，向任何方向发生坠落，都要有人能够接住并保护。

5. 尤其要注意保护背摔人员的头部和脚部；

6. 项目进行中教师随时关注可能出现危险的地方，宁可自己受伤也要保护好队员；

7. 当背摔人员长时间不敢背摔时，应具体分析其原因并采取相应的调适措施。如果因为害怕自己倒下的姿势不标准，可以对其进行放松性调适，告诉其训练的主要目的不是倒下的姿势，而是体验被队友接住的感觉；如果是害怕队友无法接住自己，则可以对其进行安慰，并让大家给予鼓励；如果经调试长时间仍无法背摔时，可以带他到一边有海绵垫的地方由低难度至高难度逐渐进行脱敏训练，最终帮助其完成正常训练。

八、引导分享

1. 信任是团队得以运行的基石，为什么？

2. 谈谈突破心理障碍瞬间的感受和挑战自我的意义。

3. 当你躺在队友的怀抱中时有什么感觉？有没有感觉彼此间的内心距离拉近了？

4. 倒和接不同位置时的思考。

5. 未完成者是能力问题还是心理问题？

九、总结评估

1. 如果背摔学生信任自己的伙伴，从容放松地倒下，接的学生受力均匀，托住背摔的学生一点问题也没有。

2. 如果背摔学生不信任自己的伙伴，倒下时下意识蜷曲身体，接的学生受力不均匀，反而不容易接住。

3. 团队合作必须从完全信任开始，并且一直以之为核心。

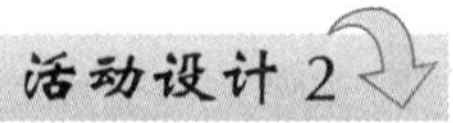

瞎子背瘸子

一、项目类型

信任、沟通。

二、器材

眼罩、鲜花、气球等活动道具。

三、场地

有起伏变化的场地。

四、人员要求

人数不限。

五、活动目标

1. 让学生感受信任与被信任的感觉，增进学生之间的沟通，拉近彼此间的距离。

2. 使学生切身体会到团队协作的重要性和意义所在。

3. 挑战自我安全区，建立对团队学生的信任，感受这个信任带来的突破。

4. 训练倾听和辅导的技巧。

六、操作过程

当场选六名队员，三男三女，男生背女生。男生当“瞎子”，用纱巾蒙住眼睛；女生扮“瘸子”，为“瞎子”指引路，绕过路障，达到终点，最早到达者，为赢。其中路障设置可摆放椅子，须绕行；气球，须踩破；鲜花，须拾起，递给女生。

七、注意事项

1. 路线选择不能有太大的危险性。

2. 提醒学生保护戴眼罩的学生。

八、引导分享

1. 通过亲身体验，让学生体会信任和被信任的感觉。作为被引导的一方，应全身心信赖对方，大胆遵照同伴的指引去做；作为牵引者，要时刻注意被牵引者的安全。

2. 诚信是交往的基础，诚信来源于对做事的认真态度，要取得别人的信任，就要认真地对他人负责，也是对自己的负责。

3. 如何做到信息的高保真传输？

4. 当蒙上眼睛后，是否有一种不安全感？

5. 对于带领自己的人，内心的想法如何？是否会完全信任对方？

6. 当蒙眼者被要求跑五步时，他有什么想法？

7. 带领者在行动过程中的心情如何？

8. 采用不同的引导方式，如声音或行动，被蒙眼的学员是否有不同的感受？

九、总结与评估

1. 当蒙眼者被告知跑五步时，这需要极度的信任，通过他跑动的幅度，可以看出他对同伴信任程度的大小。

2. 以声音或身体接触相结合，有助于双方建立信任，增加安全感。

3. 当人们需要跑动时（一只手搭在同伴的胳膊上），这已有足够的风险去挑战对同伴的信任，而无需更多的不必要的危险。

4. 可以发现一个有趣的现象：有些蒙眼人将手伸向前方，那些不这样做的人可能对同伴的引导能力怀有更大的信任。

5. 信任是沟通和合作的基础。

6. 双方有效沟通与合作，有助于顺利完成任务。

小贴士

信任一个人有时需要很长的时间。

有些人终其一生也没有真正信任过一个人。

倘若你只信任那些能够讨你欢心的人，那是毫无意义的。

倘若你信任你所见到的每一个人，那你就是一个傻瓜。

倘若你毫不犹疑、匆匆忙忙地去信任一个人，你可能会被你所信任的人背弃。

倘若你只是出于某种肤浅的需要去信任一个人，那么接踵而来的就是恼人的猜忌和背叛。

倘若你迟迟不敢去信任一个值得你信任的人，你永远不能获得爱的甘甜和人间的温暖，你的一生将黯淡无光。

信任是一种有生命的感觉。

信任是一种高尚的情感。

信任是一种连接人与人之间的纽带。

你有义务去信任另一个人，除非你能证实那个人不值得你信任。

你也有权利受到另一个人的信任，除非你已被证实不值得那个人信任。

任务五　团队协作项目

案例

在远古时代，上帝创造了人类。随着人的增多，上帝开始担忧，他怕人类不团结，会造成世界大乱，从而影响他们稳定的生活。为了检验人们之间是否具备团结协作、互帮互助的意识，上帝做了一个试验：他把人类分为两批，在每批人的面前都放了一大堆可口美味的食物，但是，却给每个人发了一双细长的筷子，要求他们在规定的时间内，把桌上的食物全部吃完，并不许有任何的浪费。

试验开始了，第一批人各自为政，只顾拼命地用筷子夹取食物往自己的嘴里送，但因筷子太长，总是无法够到自己的嘴，而且因为你争我抢，造成了食物的极大浪费。上帝看到此，摇了摇头，感到欣慰。

轮到第二批人类开始了，他们一上来并没有急着要用筷子往自己的嘴里送食物，而是大家一起围坐成了一个圆圈，先用自己的筷子夹取食物送到坐在自己对面人的嘴里，然后，由坐在自己对面的人用筷子夹取食物送到自己的嘴里，就这样，人们在规定时间内吃掉了整桌的食物，并丝毫没有造成浪费。第二批人不仅仅享受了美味，从此，还获得了更多彼此的信任和好感。上帝看了，点了点头，为此感到欣慰。

最后上帝在第一批人类的背后贴上五个字，叫“利己不利人”；而在第二批人的背后贴上另外五个字，叫“利人又利己”！

社会其实也是一个团队，我们中国人当然更是一个大的团队。如果我们自己的团队成员都不能互相帮助，我们的国家还有什么竞争力可言呢？有一句老话：帮人即帮己，也就是利人又利己。德国企业非常重视一个人的“人品管理”——一个经常帮助别人的人更有团队精神，也更爱公司。

现代企业的竞争就是团队间的竞争，就是团队协作能力的竞争。精诚合作的团队精神是企业成功的保证。2004 年以来，随着姜戎《狼图腾》一书的畅销，“狼性文化”大行其道，备受企业推崇。

什么是“狼性文化”呢？那就是它体现了“敏锐的嗅觉，不屈不挠、奋不顾身的进攻精神，协同作战的团队精神”。一旦攻击目标确定，头狼发号施令，群狼各就各位，嗥叫之声此起彼伏，互为呼应，有序而不乱。待头狼昂首一呼，主攻者奋勇向前，佯攻者避实击虚，助攻者嗥叫助阵。这种高效的团队协作性，使它们在攻击目标时无往不胜。独狼并不是最强大的，但狼群的力量则是空前强大的，所以有“猛虎也怕群狼”之说。

在专业分工越来越细、市场竞争越来越激烈的前提下，单打独斗的时代已经过去，合作变得越来越重要。例如，在诺贝尔获奖项目中，因协作获奖的占2/3以上。在诺贝尔奖设立的前25年，合作奖占41%，而现在则跃居80%。

在竞争激烈的经济领域，合作更为重要，参与竞争的企业就是合作的表现形式。但合作并不一定产生1+1>2的效果，如何进行有效合作，形成一种凝聚力，以达到整体效益大于部分之和的效果，是每一个企业的重要任务。

所以，在现代企业团队建设中，打造一支“协作型团队”无疑是企业实现目标最有力的保障。马克思论述分工和协作的时候，提出“协作力”这一概念。这种协作力，就是一种团队精神。

送人玫瑰，手留余香。帮助别人不会使自己损失什么，反而能让自己收获友情、关爱和愉悦的心情。

——李慧波

活动设计1

翻叶子

一、项目类型

团队协作。

二、器材

依人数多少提供相应大小的帆布。

三、场地

室外。

四、人员要求

12~16人。

五、活动目标

培养团队协作精神和领导能力。

六、操作过程

参加游戏的人都必须站在塑胶帆布上，然后将塑胶帆布翻过来。

七、规则

1. 所有人都必须站在叶子（即塑胶帆布）上（包含讨论）。

2. 只要有人的身体任何部分碰触到地面就要重来。

八、变化

叶子面积越小，难度越大，可计算难度系数。

九、讨论

1. 我们怎么办到的？在过程中听到什么？有何感受？

2. 整个项目中有没有关键人物？他是谁？做了什么？
3. 各位觉得叶子像什么？而整个过程又是什么？
4. 在生活中有无类似感受？
5. 从过程中你学到了什么？

活动设计 2

寻猎

一、项目类型

团队协作。

二、器材

给每一组发一个“寻猎”项目列表。

三、场地

室外。

四、人员要求

无限制，但每组须有 5 ~ 7 人。

五、活动目标

1. 加深团队成员间的接触，培养团队协作精神。
2. 发现团队成员的智慧。
3. 挖掘团队成员的领导能力。

六、操作过程

1. 将团队成员分为 5 ~ 7 人。
2. 告知每个参与者将一起去参加一个搜寻活动，获胜的小组将受到奖励。
3. 将“寻猎”列表交给各小组，告诉他们将利用他们自己的智慧尽可能多地获得表中所列内容。
4. 设置一个时间限制，如 1 小时。
5. 时间一时，全体集合，比较哪一个队的得分高。

七、讨论题目

1. 各组的完成度如何？
2. 你是怎么分析获胜队的获胜原因的？
3. 在你的小组里是否有人显得比其他人更出色？
4. 有人领导你的小组吗？是谁？为什么他能领导？

活动设计 3

生命履带（风火轮）

一、项目类型

团队协作。

二、器材

每队 25～35 张报纸、两卷胶带纸、两把剪刀。

三、场地

室外。

四、人员要求

10～15 人一组。

五、活动目标

通过愉悦的活动让学员有效地利用团队智慧、团队决策，体会自己解决问题的能力、计划与协调的能力，培养学员之间配合与协作的行动力。

六、操作过程

1. 每队在规定时间内用自己的有效资源做一条运输带，将全体学生从起点运输到终点。

2. 组与组之间进行比赛，在比赛中，如有断裂，原地停止补上才能继续前进。

七、注意事项 注意裁判尺度要统一。

八、引导分享

1. 应该如何合理分配资源？（资源效果最大化、创造最大价值、防止资源浪费）
2. 每小组成功与失败的感受是怎样的？
3. 成功的运作取决于什么？
4. 团队有没有统一的规划？有没有领导？
5. 时间如何掌控？

九、总结与评估

1. 一台机器正常运转时依靠的是多个齿轮之间的紧密啮合，而团队在完成一项任务时，依靠的是团队队员之间的协调合作。

2. 首先，要确认传输带的质量是否可靠，否则无法保证正常运输；其次，确认团队的行动是否有统一的步调，学生之间是否相互配合。

3. 为了更好地配合，每个学生既是领导者又是被领导者。

任务六　挑战自我拓展

案例 1

有三个人要被关进监狱三年，监狱长答应满足他们每人一个要求。

美国人爱抽雪茄，要了三箱雪茄。

法国人最浪漫，要一个美丽的女子相伴。

而犹太人说，他要一部与外界沟通的电话。

三年过后，第一个冲出来的是美国人，嘴里鼻孔里塞满了雪茄，大喊道："给我火，给我火！"原来他忘了要打火机了。

接着出来的是法国人。只见他手里抱着一个小孩子，美丽女子手里牵着一个小孩子，肚子里还怀着第三个。

最后出来的是犹太人，他紧紧握住监狱长的手说：“这三年来我每天与外界联系，我的生意不但没有垮掉，反而越来越红火，为了表示感谢，我送你一辆劳斯莱斯！”

这个故事告诉我们，什么样的选择决定什么样的生活。今天的生活是由之前我们的选择决定的，而今天我们的抉择将决定我们今后的生活。我们要选择接触最新的信息，了解最新的趋势，从而更好地创造自己的将来。停滞只能落伍，突破才会成功！

案例 2

一个障碍，就是一个新的已知条件，只要愿意，任何障碍都会成为我们超越自我的契机。

有一天，素有“森林之王”之称的狮子，来到了天神面前：“我很感谢你赐给我如此雄壮威武的体格、如此强大无比的力气，让我有足够的能力统治这整座森林。”

天神听了，微笑地问：“但是这不是你今天来找我的目的吧！看起来你似乎为了某件事情而困扰呢！”

狮子轻轻叹了一声，说：“天神真是了解我啊！我今天来的确是有事相求。因为尽管我的强大令群兽闻风丧胆，但是每天鸡鸣的时候，我总是会被鸡鸣声给吓醒。神啊！祈求您，再赐给我一个力量，让我不再被鸡鸣声给吓醒吧！”

天神笑道：“你去找大象吧，它会给你一个满意的答复的。”

狮子兴冲冲地跑到湖边找大象，还没见到大象，就听到大象踩脚所发出的“砰砰”响声。

狮子跑向大象，却看到大象正气呼呼地直踩脚。

狮子问大象：“你干吗发这么大的脾气？”

大象拼命摇晃着大耳朵，吼道：“有只讨厌的小蚊子，总钻进我的耳朵里，我都快痒死了。”

狮子离开了大象，心里暗暗想着：“原来体型这么巨大的大象，还会怕那么瘦小的蚊子，那我还有什么好抱怨呢？毕竟鸡鸣不过一天一次，而蚊子却是无时无刻地骚扰着大象。这样想来，我可比他幸运多了。”

狮子一边走，一边回头看着仍在踩脚的大象，心想：“天神要我来看看大象的情况，应该就是想告诉我，谁都会遇上麻烦事，而他也没有办法帮助所有人。既然如此，那我只好靠自己了！反正以后只要鸡鸣时，我就当做鸡是在提醒我该起床了，如此一想，鸡鸣声对我还算是有益处呢！”

这个故事告诉我们：在人生的路上，无论我们走得多么顺利，但只要稍微遇上一些不顺的事，就会习惯性地抱怨老天亏待我们，进而祈求老天赐给我们更多的力量，帮助我们渡过难关。但实际上，老天是最公平的，就像它对狮子和大象一样，每个困境都有其存在的正面价值。

面对困境，逃避是没有用的，只有勇于面对，才能征服困难，超越自我。

活动设计 1

高空抓杠

一、项目类型

个人挑战项目（见图 3－1）。

二、器材

安全头盔 2～3 个、半身安全带 2 副，全身安全带 2 副、长扁带 2 根，丝扣主锁 5 个，“8”字环 2 个，保护绳 2 根，钢锁 4 把，动、静力绳各 1 根。

图 3－1　高空抓杠训练

三、场地

户外高空训练架。

四、人员要求

人数不限。

五、活动目标

1. 克服心理障碍，建立自信心，增强自我控制能力。
2. 感受队友的关心，亲身体会相互信任、相互负责的团队精神。

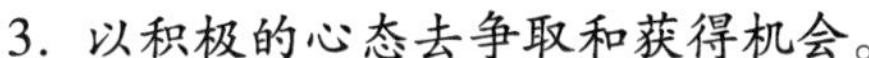

3. 以积极的心态去争取和获得机会。
4. 掌握目标管理与控制的成功经验。
5. 学习挑战顺序与团队内部组织方法的关系。
6. 学习换位思考。

六、操作过程

1. 让学员围成一圈，宣布项目名称和活动方式，要求所有学员都要完成。
2. 讲解保护器械的正确使用方法。
3. 学员开始前做好热身活动。
4. 向地面保护学员解释正确的保护手法，强调安全事项。
5. 根据学员的体能情况调整单杠的远近。

七、项目规则

1. 所有学员在有保护的情况下，爬上起跳立柱，完成跳跃，不管是否抓着单杠，只要跳出就算完成。
2. 确认学员已穿戴好安全装备（包括安全带、安全帽、保护绳结），在指定人员做好安全检查工作后方可上升。
3. 在立柱上起跳前，学员应将双脚的前 1/3 伸出平台边沿，然后抬头向前上方看，两腿 120 度弯曲，膝关节微内扣，两手臂后伸，起跳时两腿充分向前上方蹬出，两手臂充分向前上方挥动，身体在空中充分伸展，动作完成后注意缓冲。

八、注意事项

1. 学员开始之前，应由队长带领全队队员为其加油——全体队员将手放在即将挑战自我的学员的头部、肩部，整齐地大声喊出其名字及“加油”等话语。
2. 项目进行期间，其他队员应关注挑战自我的队友。

3. 教师须示范讲解安全带、安全头盔的穿戴使用方法，进行上桥攀爬前须进行安全检查。(特别注意安全带反扣和女学员的长发，长发者应将长发束入盔内，头发特别长的应入如衣服内)

4. 讲完规则时应让学员在地面实验跳跃几次，熟悉动作要领，大致并了解自己能跳的距离。

5. 教师与学员及时沟通，给予足够的鼓励。

6. 下方保护人员高度集中注意力。

7. 学员下降时，要注意身体与起跳台立杆不要相互碰撞。

8. 学员在没有安全保护措施的情况下严禁攀上训练架。

九、总结分享

1. 突破个人心理障碍，挑战自我安全区（舒适区），最大的敌人是自己，不要埋怨外界的条件。

2. 每尝试一件陌生的事物都是一次宝贵的成长机会。

3. 如果由于自己的恐惧不敢做，那么今生永远不敢做。一旦突破了之后，即使失败，下次也敢做，而且会一次比一次好。

4. 虽然是自己个人的事，但作为团队的一员，要勇于为团队付出，要有责任感。

5. 心中的恐惧远远大于实际的困难，看似很远，认为抓不到，跳出去才知道自己有这个能力。

6. 在众目睽睽之下产生勇气，潜能依靠团队才能更快开发的。

7. 人只有在鼓励的环境中才能够成长得更快速。

8. 不要自以为是，总认为简单、没问题，可一上去就不行了。

9. 成功与失败只有一线之隔。

活动设计2

空中断桥

一、项目类型

个人挑战项目（见图3-2)。

二、器材

安全头盔1个、半身安全带1副、手套1双、“8”字环1个、丝扣主锁1把（连接“8”字环和安全带)、上升器1个——以上器材为每人次使用，可准备2~4套轮换使用即可。

三、场地

户外高空训练架。

四、人员要求

人数不限。

五、活动目标

1.“断桥一小步，人生一大步。”自我突破，挑战自我，超越心理障碍，全力以赴，克服队员的畏难情绪。

图 3－2　高空断桥训练

2. 同样的项目在地面完成是容易的，但是换到高空为什么就那么难呢？通过高空中的项目，增进员工的适应性。

3. 通过加油、鼓励、关注等让学员认识到相互激励与关爱是一个优秀团队的必备因素。

4. 以积极的心态去争取和获得机会。

5. 认知心态对行动的影响，学习缓解心理压力。

六、操作过程

1. 召集学员介绍项目名称，要求每个学生都能成功跳跃。

2. 讲解保护器械的正确使用方法。

3. 要求全体学员完成，跃出前要将起跳绳探出脚尖，先将保护绳向前打，然后再跃出，跳跃时不允许抓前面的保护绳索。

4. 学员到桥上先站稳，然后由教师为其加上保护绳索，再摘去上升器铁索。

5. 全体学员给准备跳跃的学生加油。

七、项目规则及保护要点

所有学员在有保护的情况下，依次爬上断桥，完成两次跨步跳（跳过去、跳回来）视为成功。

1. 确认学员已穿戴好安全装备（包括安全带、安全帽、上升器），在指定人员做好安全检查工作后方可上升。

2. 在断桥上起跳前，学员应将用力的脚的前1/3 伸出桥板边沿，然后抬头，将保护绳甩向前方，起跳（学员也可一只手拽住保护绳起跳，但不推荐）。

3. 跳跃断桥动作三禁止：第一，严禁助跑和跨；第二，严禁双脚跳；第三，严禁单脚跳。

4. 学员上断桥之前，应由队长带领全队队员为其加油——全体队员将手放在即将挑战自我的学员的头部、肩部，整齐地大声喊出其名字及“加油”等话语。

5 项目进行期间，其他队员应关注上方的队友。

八、注意事项

1. 教师须示范讲解安全带、安全头盔的穿戴使用方法，进行上桥攀爬前须进行安全检查。(特别注意安全带反扣和女学员的长发，有长发者应将长发束入盔内，头发特别长的应放入衣服内)。

2. 讲完规则时应让学员在地面实验跳跃几次，熟悉动作要领，大致并了解自己能跳的距离。

3. 教师与学员一样，一旦上桥，任何活动都必须在有保护的状态下进行。

4. 关注学员情绪——特别是一上来就很紧张的学员，让其进行深呼吸，给予足够的鼓励。

5. 教师应有耐心，控制自身情绪。

九、总结分享

1. 成功跳跃后，你的直接感受是什么？

2. 跨之前和跨之后的心态有何不同？

3. 有没有发现你的潜力超过自己的想象？是否感觉以前失去了很多机会？今后遇到类似的事情应该怎么办？

案例3

一群青蛙想看看塔顶的风景，于是在某一天相约去爬那座在它们眼里高耸入云的塔。刚开始，一大群青蛙一起往上爬，气势浩大。不一会儿，太阳晒得青蛙难受，口渴难耐，有些青蛙坚持不下了，抱怨说："谁出的好主意呀，干吗非要爬上去那么受罪？"它们退了下去，然后在塔下对着越爬越高的青蛙们喊："塔太高，再爬上去掉下来会摔死的。"于是，又有一批青蛙退缩了。天快黑了，大部分青蛙已经退了下去，它们在下面喊："太高了，太危险了，快下来吧。不看塔顶的风景，我们不也照样过来了吗？现在天黑了，就算上去了，也看不到什么。"

这时，塔上就只剩下一只小青蛙在坚持不懈地往上爬。那只青蛙个子很小，爬得也不快，只是一步一步地向上爬，一点一点地向上爬，不管下面的青蛙怎么叫，怎么喊，它都像没听见一样。终于，它爬到了塔顶，站在上面美美地欣赏了一番风景，然后心满意足地爬了下来。最终，那只青蛙造就了一个奇迹，成为了众多青蛙的偶像。

在塔下的青蛙非常惊讶，好奇地过去问它塔顶的风景怎么样，它都不予理睬，自顾自地往前走。终于有一只蛙忍不住了，拍了拍那只青蛙，生气地问："就算你爬到了塔顶，也没必要这样神气，理都不理我们！"这时，那只青蛙才吃惊地把目光拉到伙伴身上，但还是没其他反应。

原来，那只青蛙天生就是聋的，在爬塔的时候，它根本就没听到伙伴们在下面的叫喊声，所以，它才能够顺利地爬到塔顶，看到其他青蛙不能够看到的风景。

通过这个故事，衍生出不少道理。

有人认为：为了成功，何妨当回傻瓜，作回聋子。为了登上事业的高塔，必须克服习惯的消极心态，以正面积极的心态看问题。永远不要听信那些习惯消极悲观看问题的人，因为他们只会粉碎你内心最美好的梦想与希望。

也有人认为，做人应该"不改其乐"。如果坚信信念，就往往能得到意外的收获。

任务七　学习能力拓展

动物和人的生活都离不开学习。学习是动物和人与环境保持平衡、维持生存和发展所必需的条件，也是适应环境的手段。

动物要在后天环境中求得生存和种群延续，首先要依靠先天遗传的种群本能行为，但这种先天本能只能适应相对固定或变化较小且缓慢的外界环境。

动物和人为了生存下去，还必须通过学习获得个体经验。这种后天习得的行为经验可适应相对迅速的变化，与先天本能相比，其意义显然要重要得多。譬如，一只小羊羔通过不断地向羊妈妈学习，知道了哪里可以寻找到新鲜的绿草，知道了怎样躲避狼的追捕。如果小羊不学习，就不能适应不断变化的外界环境，也就无法生存下去。

然而，学习对个体生活的作用和重要性的程度，在各种动物之间的差异很大。越高等的动物，生活的方式越复杂，本能行为的作用也越小，学习的重要性就越大。在低等动物中，习得的行为很少，获得的速度也很慢，学习对其生活可以说不起什么作用。例如，原生动物刚出生不久，其一生中的大部分动作就已出现了，后天所需要的反应也大都已具备。它们学习的能力很低，保持经验的时间也很短，因而学习的结果对它们生活的作用是很小的。

人是最高等的动物，生活方式极为复杂，固定不变的本能行为最少。人类行为的绝大部分是后天习得的，学习的能力以及学习在人类个体生活中的作用也就必然是最大的。人类婴儿与初生的动物相比，相对来说，独立能力低，天生的适应能力也低。可以说，离开父母的养育，婴儿是无法生存下去的。但是人类却有动物不可比拟的学习能力，可以迅速而广泛地通过学习适应环境。例如，种植谷物，获取粮食，靠的是学习；战胜毒蛇猛兽等天敌，对付可怕的瘟疫，以免于被消灭，靠的也是学习。总起来看，人和自然界的其他动物如狮子、老虎甚至麻雀相比，很多方面都处于劣势，人能够成为万物之灵，靠的是学习。国外有句名言，叫做“不学习就灭亡”。1972 年联合国教科文组织国际教育发展委员会发表著名的研究报告，题为《学会生存》，就把学习同生存直接联系在一起，可见学习对人类生存的重要性。

我国著名心理学家潘菽对人类的学习下了这样的定义：人的学习是在社会实践中，以语言为中介，自觉地、积极主动地掌握社会和个体的经验的过程。这个定义说明，人类的学习需要个人的自觉行动，积极参与，主动获取；吸收的内容可以是知识，可以是技能，也可以是智慧；学习的范围既可以是整个社会，也可以是某个个体。人如果不自觉、不主动、不积极，就不会产生学习的行为。具体来说，学生到学校注了册，并不意味着他开始了学习。

活动设计 1

木头的体积

一、项目类型

学习能力项目。

二、器材

卡片若干。

三、场地

室内外均可。

四、人员要求

每组 12 人。

五、活动目标

1. 训练学员进行有效的群体决策。
2. 让学员体验到个体思维方式的差异如何影响我们的有效决策。
3. 让学员体会群体决策中的有效冲突和无效冲突。

六、操作过程

1. 分小组，每组 12 人，每组将获得 12 张卡片，一人一张。

2. 卡片上会有一些信息，小组的任务就是在30分钟内利用卡片上提供的信息，共同完成一项任务——计算木头的体积。(木头的形状见图4－3)

七、注意事项

1. 游戏的答案有两个。

2. 游戏中设计的陷阱，看学员是如何处理的。

八、分享讨论

1. 小组发生分歧怎么办？该如何解决问题？

2. 在遇到困难的时候有没有放弃第二个答案的打算？

3. 持有不同卡片信息的人，在我们的组织当中会是什么样的一群人？

4. 群体决策有分工吗？

5. 观察员在当中有没有认真观察？

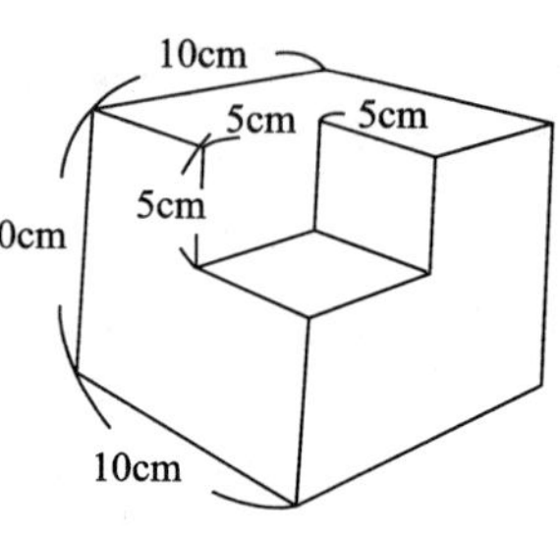

图4－3　木头的形状

九、卡面信息

卡片1：

1. 你知道以下信息：

木头的密度$\rho = 0.8g/cm^3$。

木头浮在水面的高度是1cm。

2. 看完这些信息之后，要记住你所掌握的信息，并将卡片撕碎。

3. 和你们小组的人去讨论吧。

卡片2：

(1) 你知道以下信息：

计算体积的公式是$v = m/\rho$。

木头的形状是不规则的

(2) 看完这些信息之后，要记住你所掌握的信息，并将卡片撕碎。

(3) 和你们小组的人去讨论吧。

卡片3：

(1) 你知道以下信息：

木头的质量是无法知道的。

木头有9个面。

(2) 看完这些信息之后，要记住你所掌握的信息，并将卡片撕碎。

(3) 和你们小组的人去讨论吧。

卡片4：

(1) 你知道以下信息：

木头有三个面是正方形。

木头有10个面！

(2) 看完这些信息之后，要记住你所掌握的信息，并将卡片撕碎。

(3) 和你们小组的人去讨论吧。

卡片5：

(1) 你知道以下信息：

木头的所有边的长度只有两个尺寸。

木头有 10 个面。

（2）看完这些信息之后，要记住你所掌握的信息，并将卡片撕碎。

（3）和你们小组的人去讨论吧。

卡片 6：

（1）你知道以下信息：

木头的边长一个是 10cm，一个是 5cm。

木头在水下的高度是 9cm。

（2）看完这些信息之后，要记住你所掌握的信息，并将卡片撕碎。

（3）和你们小组的人去讨论吧。

卡片 7：

（1）你知道以下信息：

你们小组成员提供的信息不一定是有用的。

木头不是圆的。

（2）看完这些信息之后，要记住你所掌握的信息，并将卡片撕碎。

（3）和你们小组的人去讨论吧。

卡片 8：

（1）你知道以下信息：

你不知道任何信息！

你是一个观察员，你的身份要保密，别人不可以知道你的身份。

你要仔细观察你的团队最大的障碍在哪里。

（2）看完这些信息之后，要记住你所掌握的信息，并将卡片撕碎。

（3）和你们小组的人去讨论吧。

卡片 9：

（1）你知道以下信息：

你是最重要的人！

虽然你不知道答案！但你知道凭你的经验，你知道。

卡片 4 所有信息都是绝对正确的！

（2）看完这些信息之后，要记住你所掌握的信息，并将卡片撕碎。

（3）和你们小组的人去讨论吧。

卡片 10：

（1）你知道以下信息：

计算木头的体积，也许一个小学生都会。

（2）看完这些信息之后，要记住你所掌握的信息，并将卡片撕碎。

（3）和你们小组的人去讨论吧。

卡片 11：

（1）你知道以下信息：

计算木头的体积，起码要一个中学生才可以算出来。

(2) 看完这些信息之后，要记住你所掌握的信息，并将卡片撕碎。

(3) 和你们小组的人去讨论吧。

教师必读

看到上面的图，你可能会觉得很奇怪，这只有一个答案，不就是一个边长10cm的正方体在一个角上被挖去了一个边长为5cm的正方体嘛，答案就是875cm^3，而且只有9个面！

其实，这幅图是一个视觉谬误图，还有一种情景也隐藏在这幅图中：你再仔细看看——假想一个边长为5cm的正方体斜插在一个边长为10cm的正方体的一个角，它形成的一个物体也是这样一个形状，这样的话就有10个面了，体积是大于1000cm^{3}的！

看出来了吗？

学员的冲突、矛盾、意见的不统一都在这里体现出来了……

任务八　创新思维训练

案例

这个是一个真实的故事，发生于20世纪90年代。

一位犹太富豪走进一家银行。“请问先生，您有什么事情需要我们效劳吗？”贷款部营业员一边小心地询问，一边打量着来人的穿着：名贵的西服、高档的皮鞋、昂贵的手表，还有镶宝石的领带夹子……“我想借点钱。”“完全可以，您想借多少呢？”“1美元。”“只借1美元？”

贷款部营业员的头脑立刻高速运转起来，此人穿戴如此阔气，为什么只借1美元？他是在试探我们的工作质量和服务效率吧？于是便装出高兴的样子说：“当然，只要有担保，无论借多少，我们都可以照办。”“好吧。”于是犹太人从豪华的皮包里取出一大堆股票、债券等放在柜台上：“这些做担保可以吗？”

营业员清点了一下：“先生，总共50万美元，做担保足够了，不过先生，您真的只借1美元吗？”“是的，我只需要1美元，有问题吗？”“好吧，请办理手续，年息为6%，只要您付6%的利息，且在一年后归还贷款，我们就把这些作保的股票和证券还给你……”

犹太富豪走后，一直在旁观的银行经理怎么也弄不明白，一个拥有50万美元的人，怎么会跑到银行来借1美元呢？

他追了上去：“先生，对不起，能问您一个问题吗？”“当然可以。”“我是这家银行的经理，我实在弄不懂，你拥有50万美元的家当，为什么只借1美元呢？”“好吧！我不妨把实情告诉你。我来这里办一件事，随身携带这些票券很不方便，便问过几家金库，要租他们的保险箱，但租金都很昂贵。所以我就到贵行将这些东西以担保的形式寄存了，由你们替我保管，况且利息很便宜，存一年才不过6美分……”

瞧！犹太商人只采用了“横向思维”和“反向思维”的方法，就取得了常人意料不到的效果。所以一个成功的经营者的思维方式不应仅仅是顺时针的。

大家一般都是竖着切苹果吧？

下次切苹果的时候，建议大家横着切苹果，你就会看到很不一样的东西，那一颗很漂亮的星星，不知道你会看见什么呢?

换个思维，或者反向思维，拓展你的思维，你的世界会更加大!

一、运用反向思维塑造形象

所谓艺术形象是指作家按照事物本来的样子，经过主观加工创造，将现实生活中的人和物反映到作品中来就形成了艺术形象。文学作品中的艺术形象包括人物、景象、场面、环境等。

运用反向思维塑造形象，可以通过以下方法。

1. 反正法

将坏的说成好的，将丑的说成美的，将假的说成真的，将小的说成大的，将轻的说成重的，将弱的说成强的……蜜蜂蜇人，令人厌恶，但我们可以赞美它不畏强暴、勇于自卫的精神；我们可以赞美荆棘扎根岩石倔强挺立的坚强的生命力；可以赞美苍蝇不怕脏不怕累；可以赞美蚊子为了繁育后代冒着生命危险吸取营养的伟大母爱，等等。陋室人人厌居，而刘禹锡却安居其中，自得其乐。狼是凶恶的，但裴多菲的《狼之歌》则将其喻为争取自由的战士大加赞扬。王愿坚《七根火柴》中普通的无名战士却有对革命无限忠诚伟大的精神。

2. 正反法

即将好的、美的、真的、大的、重的、强的说成坏的、丑的、假的、小的、轻的、弱的。桃花是艳丽的，但也有人用它形容女子的轻浮；楠木是非常秀丽颀长的一种树，茅盾的《白杨礼赞》却批评它自居高贵，只有外表美，缺乏内在美。

3. 形神反差法

即指外表与本质不统一。外貌极其丑陋，但心灵非常美好；容貌迷人，仪表大方，彬彬有礼，却道德败坏。例如，雨果的《巴黎圣母院》中的卡西莫多，外貌丑陋无比，但有一颗善良的心；而副主教弗罗洛，看上去既有学问又有德行，却是一个阴险恶毒的伪君子；弓箭队长外表英俊威武，骨子里却卑劣自私。金庸的武侠小说中常有这样的人：一个耄耋老人却充满青春活力；一个弱冠青年却老气横秋。阿成的《棋王》中王一生呆头呆脑，却棋艺精湛。葛朗台口齿木讷，生意场上却精明过人。

【思维训练1】

1. 有一次，马克吐温走在一条仅能供一人行走的小路上，遇到了一个大资本家。那资本家说：“我从来不给愚蠢的人让路。”请你想一想，马克吐温是怎么说的?

2. 有一个人在路上遇到了两个朋友，他从衣兜里掏出香烟盒准备递烟，手一摸才发现只剩一支了。这个人怎么做才会避免尴尬?

3. 小明从六楼窗台上跳下，却安然无恙，为什么?

提示：

1. 马克吐温说：“我正好相反。”便让开了。

2. 这个人把烟一捏说：“对不起，没有了。”

3. 小明是向楼内跳的。

二、运用反向思维加工材料

1. 相反相成

相反相成即应用相反的材料来表达自己的意思。同一件事，从这个角度来看，能看到其好的方面；从另一角度看，又会看到其坏的方面。有的事物，好的方面远远大于坏的方面，则写其坏的方面更能表现其好的方面。有的事物，坏的方面远远大于好的方面，则写其好的方面更能表现其坏的方面。

例如，有一个学生为了赞扬他的爸爸工作勤奋，全篇写的是爸爸的缺点：不理家务，不关心自己的生活，也不关心孩子的学习，只忙于工作。这样，一个兢兢业业工作的人物形象就活灵活现地写了出来。我们写一个贪官，则可写他的好处，说他非常顾家：什么东西都往家里拿，并运用手中权力给子女安排了好工作，从而揭露他贪婪的本质。若写一个人道德败坏，可写他为沽名钓誉而装模作样做的几件好事，从而揭示他的虚伪、阴险。

再如《老山界》，为了表现夜的寂静，写了许多声音："耳朵里有不可捉摸的声响，极远的又是极近的，极洪大的又是极细切的，像春蚕在咀嚼桑叶，像野马在平原上奔驰，像山泉在呜咽，像波涛在澎湃。"相反，为了写动，写嘈杂，可先写非常静，然后忽然写到动、嘈杂，更能突出其动、嘈杂。

为了表达浓厚的感情，表现深刻的道理，可以用浅显的语言写几个平淡的故事，"寄至味于淡泊"。如朱自清的《背影》用平实朴素的语言写了几件普通的、平淡的故事，却表现了浓浓的父子之情。俄国作家柯罗连科的《火光》写在夜行船上看到的遥远却似迫近的火光引导自己不断向前。一件多么简单的事，但却给我们许多的遐想和人生的启迪。

要反映一个大的主题，我们偏要写一件小事，收到一叶而知秋的效果。如张洁的《挖荠菜》，由挖荠菜这件小事谈到珍爱生活、理解幸福的大问题。再如李元岁的《有关拖鞋问题的问题》，通过写有关拖鞋的小问题，反映了改革的大问题。不写人而写人，如《黄鹤楼送孟浩然之广陵》后两句："孤帆远影碧空尽，唯见长江天际流。"和岑参的《白雪歌送武判官归京》的末两句："山回路转不见君，雪上空留马行处。"都没有写人，却都折射出诗人送友远去、极目远眺的情形。只字未提友情，却恰恰表现了诗人与友人之间浓厚的情谊。

2. 歪曲反映事实

事物本来是这个样子的，我们偏偏把它写成与之相反的样子。文学作品中常用的以动写静即属此法。例如，李白在《望天门》中写道："两岸青山相对出，孤帆一片日边来"。山是静止的，诗人却写其"出"，动了。再如毛泽东的《沁园春·雪》中有"山舞银蛇，原驰蜡象"的句子，也是将本来不动的山、原写得动了。鲁迅的《社戏》中也有此种写法："淡黑的起伏的连山，仿佛是踊跃的铁的兽脊似的，都远远地向船尾跑去了……"把静止的写成运动的，使文章生动了，使所写景象由死寂单纯变得活泼动人了。

【思维训练2】

1. 英国作家萧伯纳很瘦，有一次与一位胖资本家相遇，这位资本家对他说："我一见您就知道世界上正在闹饥荒。"萧伯纳会怎么说？

2. 有两个烟鬼都想在祈祷时抽烟，他们便向牧师请求。第一个问："我在祈祷时能抽烟吗？"牧师断然回答："不行。"第二个请求时牧师却答应了，他是怎么问的？

提示：

1. 萧伯纳："我一见您就知道闹饥荒的原因。"
2. 第二个人问牧师："我在抽烟的时候能祈祷吗?"

三、运用反向思维表现主题

1. 大与小的逆反

即把大的说成小的，把小的说成大的。"一屋不扫，何以扫天下"，"勿以恶小而为之，勿以善小而不为"，把扫屋、小恶、小善等小事看得极其重大。端木蕻良的《老鞋匠》写老鞋匠一刻不停地为人修鞋，"鞋子修得称心，走路的人，加快速度，要节省多少时间，多做多少事呢!""他不只是个修补鞋子的人，他倒是一个为人们修补了流去时间漏洞的人。"把一个看似微不足道的人看得极为重要。《龚遂治渤海郡》里写渤海郡盗贼并起，郡守束手无策，可见事态之严重。而龚遂却对皇上说这不过是"陛下赤子盗弄陛下之兵于潢池中耳"。说得多么轻松，把事情看得多么微不足道。举重若轻，真乃大家风度。

2. 好与坏的逆反

读《马说》人们都深深同情千里马被摧残埋没的遭遇。而有的人却批评千里马不善表现自我，不善推销自我，去体现自身价值。台湾作家李敖的《好人坏在哪里》，写好人受不得气，拉不下脸，坏人一气就躲起来，任坏人为所欲为，等等，坏处太大了。又如徐迟的《枯叶蝴蝶》写峨眉山下有一种枯叶蝶，"比最美丽的蝴蝶可能还要美丽些"。但当它阖上两张翅膀时像张干枯的树叶，用以保护自己，但由于人们的捕捉而快要绝种了。当人们赞美枯叶蝶的奇妙、批评捕蝶者的残忍时，作者却写道："我们既然有一对美丽的如真理的翅膀，我们永远也不愿意阖上它们。做什么要装模作样，化为一只枯叶蝶，最后也还是被售，反而不如那翅膀两面都光彩夺目的蝴蝶到处自在地飞翔。"对枯叶蝶进行了批评。泰戈尔的《失败者之歌》、刘心武的《起点之美》也都是用反向思维来表现主题。

另外，还有苦与乐、得与失、荣与辱、成与败、美与丑、彼与此等方面的问题可以运用反向思维来思考，确立文章主题。

【思维训练3】

甲乙两人打赌，甲说："我和你赌100元钱，我能咬我自己左边的眼睛。"乙不相信，同意打赌。只见甲把左眼中的玻璃眼珠拿出来，放到了嘴里。乙只得乖乖掏出100元钱。接着甲又说："我们再赌100元钱，我还能用我的牙齿咬我的右眼。"他的右眼是真的，乙便很痛快地再次与他打赌。可结果又输了，为什么?

提示：

甲的牙齿是假牙。

【思维训练4】

第一个事实：

电视广告的效果越来越差。一项跟踪调查显示，在电视广告所推出的各种商品中，观众能够记住其品牌名称的商品的百分比逐年降低。

第二个事实：

在一段连续插播的电视广告中，观众印象较深的是第一个和最后一个，而中间播出的广告留给观众的印象，一般来说要浅得多。

以下哪项，如果为真，最能使得第二个事实成为对第一个事实的合理解释？

A. 在从电视广告里见过的商品中，一般电视观众能记住其品牌名称的大约还不到一半。

B. 近年来，被允许在电视节目中连续插播广告的平均时间逐渐缩短。

C. 近年来，人们花在看电视上的平均时间逐渐缩短。

D. 近年来，一段连续播出的电视广告所占用的平均时间逐渐增加。

E. 近年来，一段连续播出的电视广告中所出现的广告的平均数量逐渐增加。

［解析］　**答案是**E。

E项断定，近年来，一段连续播出的电视广告中所出现的广告的平均数量逐渐增加，由题干的事实二，在一段连续插播的电视广告中，观众印象较深的是第一个和最后一个，其余的则印象较浅。由此可知，近年来，在观众所看到的电视广告中，印象较深的所占的比例逐渐减少，这就从一个角度合理地解释了，为什么在电视广告所推出的各种商品中，观众能够记住其品牌名称的商品的百分比逐年降低。

其余各项都不能起到上述作用。其中，B和C项有利于说明，近年来人们看到的电视广告数量逐渐减少，但不能说明，在人们所看过的电视广告中，为什么能记住的百分比逐年降低。

D项断定，近年来，一段连续播出的电视广告所占用的平均时间逐渐增加，由此不能推出，一段连续播出的电视广告中所出现的广告的平均数量逐渐增加，因为完全可能少数几个广告所占的时间增加了，而人们在所看过的广告中能记住的百分比并不会降低。

【思维训练5】

一个美国议员提出，必须对本州不断上升的监狱费用采取措施。他的理由是，现在，一个关在单人牢房里的犯人所需的费用，平均每天高达132美元。即使在世界上开销最昂贵的城市里，也不难在最好的饭店里找到每晚的租金低于125美元的房间。

以下哪项能构成对上述美国议员的观点及其论证的恰当驳斥？

Ⅰ据州司法部公布的数字，一个关在单人牢房里的犯人所需的费用，平均每天125美元。

Ⅱ在世界上开销最昂贵的城市里，很难在最好的饭店里找到每晚的租金低于125美元的房间。

Ⅲ监狱用于犯人的费用，和饭店用于客人的费用，几乎用于完全不同的开支项目。

A. 只有Ⅰ。　B. 只有Ⅱ。　C. 只有Ⅲ。　D. 只有Ⅰ和Ⅱ。E. Ⅰ、Ⅱ和Ⅲ。

［解析］　**答案是**C。

题干中议员的观点及其论证的实质性缺陷，在于把两个具有不同内容的数字进行不恰当的比较。

如果Ⅰ和Ⅱ被认为是对题干的恰当驳斥的话，实际上就确认了题干中议员所作的比较是成立的，问题只在于如何使进行比较的数字更为精确，这显然不得要领。因此，Ⅰ和Ⅱ并不能构成对题干的恰当驳斥。

Ⅲ指出题干中的两个数字具有不同的内容，这就点出了题干的症结，从而构成了对题干的恰当驳斥。

【思维训练6】

据《科学日报》消息，1998 年 5 月，瑞典科学家在有关领域的研究中首次提出，一种对防治老年痴呆症有特殊功效的微量元素，只有在未经加工的加勒比椰果中才能提取。

如果《科学日报》的上述消息是真实的，那么，以下哪项不可能是真实的？

Ⅰ 1997 年 4 月，芬兰科学家在相关领域的研究中提出过，对防治老年痴呆症有特殊功效的微量元素，除了未经加工的加勒比椰果，不可能在其他对象中提取。

Ⅱ 荷兰科学家在相关领域的研究中证明，在未经加工的加勒比椰果中，并不能提取对防治老年痴呆症有特殊功效的微量元素，这种微量元素可以在某些深海微生物中提取。

Ⅲ 著名的苏格兰医生查理博士在相关的研究领域中证明，该微量元素对防治老年痴呆症并没有特殊功效。

A. 只有 Ⅰ。　　B. 只有 Ⅱ。

C. 只有 Ⅲ。　　D. 只有 Ⅱ 和 Ⅲ。

E. Ⅰ、Ⅱ 和 Ⅲ。

［解析］ **答案 A。**

Ⅰ不可能是真实的。因为由题干，上述观点，是瑞典科学家在 1998 年 5 月首次提出的，因此，芬兰科学家不可能在 1997 年 4 月提出过。

Ⅱ和Ⅲ都可能是真的。因为题干只是断定，《科学日报》登载的消息是真实的，而没有断定消息中提到的瑞典科学家的观点是真实的。

【思维训练7】

美国法律规定，不论是驾驶员还是乘客，坐在行驶的小汽车中必须系好安全带。有人对此持反对意见。其理由是，每个人都有权冒自己愿意承担的风险，只要这种风险不会给别人带来损害。因此，坐在汽车里系不系安全带，纯粹是个人的私事，正如有人愿意承担风险去炒股，有人愿意承担风险去攀岩纯属个人的私事一样。以下哪项，如果为真，最能对上述反对意见提出质疑？

A. 尽管确实为了保护每个乘客自己，而并非为了防备伤害他人，但所有航空公司仍然要求每个乘客在飞机起飞和降落时系好安全带。

B. 汽车保险费近年来连续上涨，原因之一，是由于不系安全带造成的伤亡使得汽车保险赔偿费连年上涨。

C. 在实施了强制要求系安全带的法律以后，美国的汽车交通事故死亡率明显下降。

D. 法律的实施带有强制性，不管它的反对意见看来多么有理。

E. 炒股或攀岩之类的风险是有价值的风险，不系安全带的风险是无谓的风险。

［解析］　答案 B。

如果 B 项为真，则说明不系安全带不是汽车主的纯个人私事，它引起的汽车保险费的上涨损害了全体汽车主的利益。这就对题干中的反对意见提出了有力的质疑。

其余各项均不能构成有力的质疑。

【思维训练8】

世界卫生组织1995年调查报告显示，70%的肺癌患者都有吸烟史。这说明，吸烟将极大地增加患肺癌的危险。

以下哪项，如果是真的，将严重削弱上述结论？

A. 有吸烟史的人在1995年超过世界总人口的65%。

B. 1995年世界吸烟的人数比1994年增加了70%。

C. 被动吸烟被发现同样有致肺癌的危险。

D. 没有吸烟史的人数在1995年超过世界总人口的40%。

E. 1995年未成年吸烟者的人数有惊人的增长。

［解析］　答案是A。

因为如果有吸烟史的人在1995年超过世界总人口的65%，由题干可知，这个百分比已经接近于有吸烟史的肺癌患者占整个肺癌患者的比例，又考虑到事实上患肺癌的主要是成年人，因此，有吸烟史的肺癌患者占整个肺癌患者的比例，绝不会高于有吸烟史的人占世界总人口的比例。这说明吸烟并没有增加患肺癌的危险。

例如，不能因为患艾滋病的中国人中，90%以上是汉族人，就得出汉族比少数民族更易患艾滋病，因为中国人中90%以上都是汉族人。

其余各项均不能削弱题干的结论。

【思维训练9】

广告：

本厨师培训班有着其他同类培训班所没有的特点，就是除了传授高超的烹饪技艺外，还负责向毕业生提供切实有效的就业咨询。去年进行咨询的本培训班毕业生中，100%都找到了工作。为了在烹饪业找到一份理想的工作，欢迎您加入我们的行列。

为了确定该广告的可信性，以下哪个相关问题是必须询问清楚的？

Ⅰ 去年有多少毕业生？

Ⅱ 去年有多少毕业生进行就业咨询？

Ⅲ 上述就业咨询在咨询者找到工作的过程中，究竟起到了多少作用？

Ⅳ 咨询者找到的工作，是否都属于烹饪行业？

A. Ⅰ、Ⅱ、Ⅲ、Ⅳ。　　B. 只有Ⅰ、Ⅱ和Ⅲ。

C. 只有Ⅱ、Ⅲ和Ⅳ。　D. 只有Ⅲ和Ⅳ。　　E. 只有Ⅰ和Ⅱ。

［解析］　答案是C。

为了确定上述广告的可信性，去年毕业生中有多少人进行就业咨询是必须弄清楚的。因为如果进行就业咨询的毕业生极少（例如只有一个人），那么，即使全部都找到了工作，也是一个很弱的根据，很难就此让人建立对该广告的信任。

广告的中心思想，是宣传就业咨询的有效性。不了解去年毕业生的总人数，也能了解其中进行就业咨询的人数，反过来，了解了去年毕业生的总人数，不一定能了解其中进行就业咨询的人数，因此，去年毕业生的人数，和确定广告的可信性，没有直接关系。

所以，Ⅰ不必须询问清楚，Ⅱ必须询问清楚。

学习情境四

心理健康教育

心理健康既是一门学科，又是一种心理状态，更是指一种实践活动，是探索和研究人的心理健康的形成、发展、变化的规律，以及如何维护和增进心理健康的专业。

大学是一个帮助年轻人实现梦想的地方，大学生涯对每一位大学生来说，都是一个无法割舍的人生体验。大学生活三四年时光虽然短暂，但对人生发展的影响却具有决定性的作用。许多学生进入大学后，一直苦苦挣扎在学业成绩、两性交往、人际关系、情绪调控、前途命运等人生课题中，生活中充满困惑和烦恼，出现诸如焦虑、压抑、紧张等消极心理，如果这些消极心理长期积累得不到缓解，就容易出现心理障碍，轻则影响正常的学习与生活，重则导致心理疾病，影响今后的发展。因此，保持心理健康，优化心理素质，不仅仅是大学期间正常学习、生活的基本保证，也是促进大学生人格完善和全面发展，为今后的人生之路打下坚实基础的必要条件。

在这里，不管愿意与否，大学生都要开始独立地面对真实的生活，都要自主解决各种人生难题。但是，当他们以极大的热情去直面生活，实现自己的理想之梦时，会发现生活是那么的复杂，有时甚至是那么的难于驾驭。在痛苦的反思之后，有人开始调整目标，重塑生活，以积极的心态去迎接新的生活；有的人则选择了逃避与自暴自弃，以消极的心态与行为去对抗生活。积极的接纳与奋进是美好人生的起点，而消极的对抗则有可能一事无成。因此，在大学阶段，树立良好的心理健康观关系着每一位学子的成长。

心理健康的标准是一种理想尺度，它一方面为人们提供了衡量心理是否健康的标准，同时也为人们指出了提高心理健康水平的努力方向。如果每个人能够在自己现有基础上做不同程度的努力，都可追求自身心理发展的更高层次，从而不断发挥自身的潜能。大学生心理健康的基本标准是他们能够进行有效的学习和生活。如果正常的学习和生活都难以维持，就应该及时调整心态。心理健康如一缕阳光，撒在我们探索人生了解自我与社会的路上，也让心灵始终充满阳光。使我们看清自己的前方，特别是自己的囿限，懂得如何调节自己，成为一个健康的社会人。

任务一　自我认识

中国人的学习有两种方式，一种是“我注六经”，另一种就是“六经注我”。前一种方式需要皓首穷经，等头发都读白了，把所有的书读完了，才可以为经典作注解。而后一种所谓“六经注我”的方式是更高境界的学习，其目的是以经典传达的精神来诠释自己。

大学期间是一个建立心灵自信的年龄。这种自信不是与很多外在的事物形成对立，而是要形成一种融合与相互提升。这就像泰山上的一副对联：“海到尽头天作岸，山登绝顶我为峰”。这是国人对于山川的一种感受，它讲的不是征服，而是山川对自我的提升。就像大海到了尽头，以苍天为岸，对自己是一种拓展；人登上山峦的顶峰，并不是把高山踩在脚下，而是站在山顶，高山提升了我们自身的高度。

其实这就是“六经注我”的一种境界！

案例

小A以优异的成绩考入大学，且选择了热门的机械专业，学了以后才发现自己的兴趣根本不在于此，完全没有学习的热情，成绩也不尽如人意。原以为自己有很强的管理协调能力，但是在组织班级、社团活动时，总有部分同学不配合，小A渐渐对自己失去了信心，觉得自己做什么都失败，未来也没有方向。其实他学习非常勤奋刻苦，只是成绩达不到自己的要求。他做事情认真负责，人际交往能力也不错，但却没有实现他当优秀干部的愿望。同学、老师的劝解、忠告他也听不进去，最后陷入沮丧、痛苦之中难以自拔。

【想一想】是什么原因导致小A陷入困境之中？他怎样才能走出当前的困境？

自我认识和心理健康有很大关系。善于认识自我的人，更能真实地认识自己，不歪曲自己的直觉来迎合别人的愿望，更能按自己的本性，过自己想要的生活。善于认识自我的人，由于对自己认识全面、充分，能表现出恰当的行为，为社会和他人接纳，鲜少有消极、负面的情绪；相反，不能正确认识自我的人，常表现出和自身实际不相符合的行为，在社会生活中有较多不适应，个人也由于认识和实际的不一致而感受到心理的矛盾和冲突。认识自我是智慧的体现，善于认识自我的人更成熟，更能把握生活，获取人生的幸福和成功。

活动设计

一、活动目的

1. 引导学生正确认识自身兴趣、能力和客观现实。
2. 掌握自我认识的一些方法和途径。

二、活动形式

主题班会。

三、活动准备

《自我量表》（见表4－1）若干份（与班级人数相同）。

四、活动过程

（一）给学生发放《自我量表》，根据自己实际情况对照《自我量表》进行测试。

注：1代表该句话完全不符合自己的情况；2代表比较不符合自己的情况；3代表不确定；4代表比较符合自己的情况；5代表完全符合自己的情况。

表4－1　自我量表

序号	评价项目	赋分				
1	我周围的人往往觉得我对自己的看法有些矛盾	1	2	3	4	5
2	有时我会对自己在某些方面的表现感到满意	1	2	3	4	5
3	每当遇到困难，我总是首先分析造成困难的原因	1	2	3	4	5

续表

序号	评 价 项 目	赋 分				
4	我很难恰当地表达我对别人的情感反应	1	2	3	4	5
5	我对很多事情有自己的观点，但我并不要求别人也与我一样	1	2	3	4	5
6	我一旦形成对事物的看法就不会再改变	1	2	3	4	5
7	我经常对自己的行为不满意	1	2	3	4	5
8	尽管有时做一些不愿意的事，但多数时候是按自己的意愿办	1	2	3	4	5
9	一件事好是好，不好是不好，没有什么可含糊的	1	2	3	4	5
10	如果我在某件事上不顺利，我就会怀疑自己的能力	1	2	3	4	5
11	我有几个知心的朋友	1	2	3	4	5
12	我觉得我所做的很多事情都是不该做的	1	2	3	4	5
13	不论别人怎样说，我的观点决不改变	1	2	3	4	5
14	别人常常会误解我对他们的好意	1	2	3	4	5
15	很多情况下我不得不对自己的能力表示怀疑	1	2	3	4	5
16	我朋友中有些是与我截然不同的人，这并不影响我们的关系	1	2	3	4	5
17	与朋友交往过多容易暴露自己的隐私	1	2	3	4	5
18	我很了解自己对周围人的情感	1	2	3	4	5
19	我觉得自己目前的处境与我的要求相距太远	1	2	3	4	5
20	我很少去想自己所做的事是否应该	1	2	3	4	5
21	我所遇到的很多问题都无法自己解决	1	2	3	4	5
22	我很清楚自己是什么样的人	1	2	3	4	5
23	我很能自如地表达想要表达的意思	1	2	3	4	5
24	如果有足够的证据，我也可以改变自己的观点	1	2	3	4	5
25	我很少考虑自己是一个什么样的人	1	2	3	4	5
26	把心里话告诉别人不仅得不到帮助，还有可能招致麻烦	1	2	3	4	5
27	在遇到问题时，我总觉得别人都离我很远	1	2	3	4	5
28	我觉得很难发挥自己应有的水平	1	2	3	4	5
29	我很担心自己的所作所为会引起别人的误解	1	2	3	4	5
30	如果我发现自己某些方面表现不佳，总希望尽快弥补	1	2	3	4	5
31	每个人都在忙自己的事，很难与他们沟通	1	2	3	4	5
32	我认为能力再强的人也可能遇到难题	1	2	3	4	5
33	我经常感到自己孤独无援	1	2	3	4	5
34	一旦遇到麻烦，无论怎样做都无济于事	1	2	3	4	5
35	我总能清楚地了解自己的感受	1	2	3	4	5

（二）对测试结果进行分析评价。

1. 计分办法与结果解释：各分量表的得分为其所包含的项目分直接相加。

2. 三个分量表包含的项目及题号如下：

（1）自我与经验的不和谐：1、4、7、10、12、14、15、17、19、21、23、27、28、29、31、33共16项。“自我与经验的不和谐”反映的是自我与经验之间的关系，包含了对能力和情感的自我评价、自我一致性、无助感等，它所产生的症状更多地反映了对经验的不合理期望。

（2）自我的灵活性：2、3、5、8、11、16、18、22、24、30、32、35共12项。“自我的灵活性”是敌对与恐怖的相关显著，可以预示自我概念的刻板与僵化。

（3）自我的刻板性：6、9、13、20、25、26、34共7项。“自我的刻板性”不仅同质信度较低，而且与偏执显著相关。

3. 还可以计算总分，方法是将“自我的灵活性”反向计分，再与其他两个分量表得分相加，得分越高自我和谐程度越高。

五、活动总结

自然界本就有经纬之分，人们的自我评价也存在着纵横之别。但在现实生活中，人们常常是与周围的人作比较，比出自己的不足；在纵向上的比较也多集中在拿以前的辉煌比现在的没有，从而丧失自信。这些人忽略了一个重要的内容，就是自己在现实中的各方面的成长与提高，这种成长提高在很大程度上能提高我们的自信心。

专家建议

1. 客观地自我认识

为了客观、准确地认识自我，我们需要深刻地剖析自己，我们行为的结果可以提供一个客观认识自我的标准；另外辩证的反躬自省也有助于认识自我。

2. 以发展的眼光看待自己

个体是不断发展和成长的，因此不能以静止的眼光来认识自我，不要受以前的习惯、经历所束缚而形成思维定势，同时还要看到环境和自身的变化，需要放眼未来，认识到自己的发展潜力。

任务二　情绪管理与心理健康

著名的国学大师文怀沙先生曾经说过一句话：“烦躁、愤怒和忧伤都是催人衰老的暗器。”情绪是伴随人的心理活动过程所产生的内心体验，对于大学生来讲，情绪是复杂多样的，与每个人的需要、认知和行为相联系。同时情绪具有自我保护、人际交流、行为应变等方面的功能，对大学生的学业、成长和身心健康具有直接影响。大学生的情绪自我管理与控制，不仅是大学生身心健康的重要内容，而且也是大学生自我发展和人格成长的必要条件，是大学生面对挫折、适应环境的基础。

案例

2005年2月5日，浙江省丽水市缙云县山岭下村村民马彩杏家因建房屋与邻居马开亮家发生矛盾，现因翻建房屋与其又添新仇。马开亮从家里拿出铁锹，冲向邻居的房子，嚷着："再盖我就要撬了"。此时，马彩杏的几个儿子坚持不让停工。一场混乱的殴斗开始了。北京某著名高校的公共管理博士生董秀海与其哥哥们一起参与了混战。马开亮头部因受到重击导致死亡。缙云县公安局刑侦大队以涉嫌故意伤害罪拘留了董家四兄弟。董秀海从本科到研究生一直表现优秀，担任过班里的团支书，热心为大家服务。本科毕业时，以排名班级前四名的成绩被保送为公共管理学院管理科学与工程研究生，研究生期间，被多次评为优秀团干部。从山岭下村到北京，从农村孩子到北京名校的博士生，董秀海苦苦熬了20年才改变自己和董家在村里的地位。然而，从前程远大的优秀博士生，到涉嫌杀人的嫌疑人，仅仅不到10分钟。一时的情绪冲动，导致行为失控，让董秀海付出了沉痛的代价。

情绪，在我们每个人的生活和学习中随处可见。可以说人们所有的心理活动，都伴随着一定的情绪状态。情绪与我们的生活、学习、人际交往、个人发展密切相关。优化自己的情绪，是通向成功之路的保证，也是大学生优化心理素质的重要内容。

一、情绪知多少

谈到情绪，人们自然会联想到喜怒哀乐、悲欢离合。在生活中，每个人都会随着心理的活动，表现出不同的心理状态。有时积极，有时消极；有时温和，有时暴躁；有时平静，有时起伏；有时焦虑，有时轻松；有时痛苦，有时幸福；有时烦恼，有时快乐……人在清醒时每时每刻都处于一定的情绪状态之中，情绪时时刻刻伴随着我们的生活、学习和人际交往，并直接影响着我们的生活、学习和身心健康。

到底什么是情绪呢？从一般意义上讲，情绪是指人们在内心活动过程中所产生的心理体验，或者说，是人们在心理活动中，对客观事物是否符合自身需要的态度体验。

1. 情绪有其生理反应

在不同的情绪状态下，人的心率、血压、呼吸乃至人的内分泌、消化系统等，都会发生相应的变化。例如，人在焦虑状态下，会感到呼吸急促、心跳加速；人在恐惧状态下，则会出现身体颤抖、瞳孔放大；而在愤怒状态下，则会出现面红耳赤等生理特征。这些变化都是受人的自主神经支配的，是不由人的意识所能控制的，即使你再不愿意，甚至去控制，情绪也会出现。

2. 情绪有其内心感受

人的不同情绪生理状态必然会反映在人的知觉上，反映到人的意识中来，从而形成人的不同的内心体验。如人在受到伤害时，会感到痛苦；在朋友聚会时，会感到由衷的快乐；面临极度危险时，会产生毛骨悚然的恐惧；在失去亲人时，会感到悲伤。

除此之外情绪还有其行为表现。

二、情绪的健康

1. 健康的情绪

健康的情绪，即良好的情绪状态。良好的心理状态，首先是情绪上的成熟，是指一个人的情绪发展、反应水平和自我控制的能力与其年龄和社会对此的要求相适应，并为社会所接受。

怎样保持健康的情绪呢?

（1）保持积极乐观的心态。

其中包括保持好奇心，善于关注和发现生活、学习中积极的事物，并能够充分地享受愉快。主动创造能使自己感到快乐的生活和事业。快乐不是等待和被赐予，而是一种发现和创造。

（2）能接纳自己的情绪变化。

能接受自己的情绪，不苛求自己，不过于追求完美，以平常心来面对自己情绪上的波动。

（3）善于及时调整自己的不良心态。

能够保持一个正确客观的理性认知；善于采用多种方式及时宣泄自己的情绪；在遇到生活中的挫折时能够积极地自我暗示。

（4）宽容别人。

保持良好的人际沟通，并能理解和宽容别人，尤其在对方有过失时，不去怨恨别人，更不拿别人的错误来惩罚自己。怨恨是一把双刃剑，既会伤人，更会伤己。

2. 不良的情绪

不良情绪是指不良的情绪反应或对自己及他人带来不良影响甚至伤害的消极情绪状态。有些人将不良情绪等同于负性情绪，这是不准确的，所谓负性情绪，通常是指那些不愉快甚至是引发人痛苦、愤怒的情绪体验。一般来讲，负性情绪并非一定都是不良的消极情绪，正如前面所说，负性情绪在一定的情境中，也同样具有重要的作用和功能，它们具有使人能及时感受到自己的心理不适，促使人们去主动调整自己的积极功能，所以说，负性情绪并不等于消极的不良情绪。不良情绪具有如下表现。

（1）负性情绪持续时间过长。

例如，当一个人长期处于悲观、失落的情绪状态，而自己又无法调整时，就会形成一种抑郁的心境，导致身心的危害，严重的还可表现为抑郁症等严重心理疾病。

（2）负性情绪超过了自己所承受的强度，致使自己行为失常或感到被伤害。

例如，考试中过度焦虑，是一些学生考试发挥失常的主要原因；严重的应激状态，会导致人的晕厥；面临期末考试，却怎么也紧张不起来，神情恍惚，精力涣散，导致无法进入考前状态等。

（3）负性情绪出现了恶性循环不能自拔的状态。

例如，某大一学生面对学习上的压力，感到焦虑不安，影响了自己的学习效率，心理上不能接受，又无法解脱，于是引发了更加严重的焦虑，导致失眠、食欲下降，焦虑越来越强烈，且不能自控。

（4）情绪状态已经构成了对自己及他人的影响或伤害。

例如，对自己所爱慕的人与其他异性交往而产生的嫉妒情绪，一般来讲，它并非不良情绪，而是一种爱情专一性和排他性的正常心态反应。但是当这种嫉妒情绪已经导致猜疑甚至限制对方的行为，使自身或对方感到被伤害时，就已经成为一种不良的情绪反应了。

三、大学生的情绪特点

对于大学生来说，再没有比情绪状态更容易让人产生波动的了。一名大学生这样形容自己的情绪："当我情绪高涨时，我就像一座喷发的火山，心花怒放，充满着豪情壮志，好像有使不完的力量和精力，我愿意将我的所有热情和智慧，与我认识的所有人分享；而当我情绪低落时，我又好像是一座冰山，对什么都失去了兴趣，我会感到命运乃至周围所有的人都在和我做对，我是那样的沮丧与无奈，甚至想到过死……。"

依据对在校大学生心理状况的调查，大学生具有开放、活泼、富有激情、情绪状态相对比较成熟稳定等情绪特点。

1. 大学生情绪的共性

大学生的情绪特点主要表现为如下几个方面。

（1）外向、活泼、充满激情。

就大学生整体水平而言，在情绪特点上，表现为乐观、活泼、开放、热情、精力旺盛、积极向上、充满着朝气和激情。

（2）情绪延迟性及趋向于心境化。

相比青少年情绪反应往往受制于外界情境，来得快，消失得也快的特点，大学生情绪反应的发生，往往会表现为一定的延迟性，趋向于心境化。

（3）情感体验更深刻、丰富。

大学生的情绪体验更加丰富多彩，并随着自我意识的不断发展和各种需要及兴趣的扩展而表现为更加敏感、细腻和深刻，并更加带有社会内容的情感体验。

（4）波动性与两极性。

大学生的情绪年龄正处于由未成年人向成年人的转变过程，与成年人相比，大学生的情绪带有明显的起伏波动性，有时会表现为大起大落、大喜大怒的两极性。

（5）冲动性与爆发性。

大学生的情绪特点还表现在情绪体验上特别强烈和富有激情，有时则表现为一定的盲目狂热、冲动。

（6）矛盾性与复杂性。

大学阶段正是大学生面临着许多重大选择的时期，常常会呈现出一种矛盾和复杂的情绪状态。例如，希望自己独立和希望依赖于他人的需要同时存在；对自己既不满，又不想承担责任；既希望得到他人的理解，又不愿意接受他人的关心等复杂、矛盾的心态。

（7）内隐性与掩饰性。

大学生的情绪表现，虽然有时会喜形于色，但已经不像青少年时期那样坦率直露，不少大学生常会将自己的情绪隐藏和掩饰起来，外在表现与内在体验并不一致，使一些学生出现相互交流障碍，陷入孤独和苦闷的情感困惑中。

2. 大学生情绪的差异

而不同的大学生群体，也会呈现出不同的情绪特点。

（1）男女生的差异。

不同性别在情绪状态上也呈现出差异性。女生具有热情开放、富有激情和幻想、敢想敢做等特点，但容易出现忧郁、焦虑、多愁善感等不稳定情绪。男生的情绪状态要比女生相对趋向稳定，主动和敢为性强，更有独立性和刚毅性等情绪特点；但当情绪冲动时，也容易出现情绪失控，行为过激。

（2）年级的差异。

刚刚入学的一年级新生，会因为过去对大学的幻想与现实大学生活的差别而出现失落感，情绪处于不稳定阶段。二年级是情绪波动较大的阶段，此时的新鲜感已荡然无存，暴露出在大学生活、学业、人际交往等方面所面临的矛盾冲突和情绪困扰。三年级由于即将走上社会，人生将面临重要的转折，情绪状态呈现矛盾性和复杂性。

（3）生源的差异。

来自农村的学生朴实、好学，但与大城市的生活环境、都市文化形成一定的心理反差，不少农村学生是抱着上大学跳龙门、在大城市找工作的想法来上学的，有些农村学生还面临着不同程度的经济负担，这些都会造成自卑、焦虑、忧郁、心理压力过大等情绪问题。城市学生绝大部分为独生子女，情绪特点上更加开朗、乐观，自我适应性较强，但同时，由于在家庭中备受关注，造成一些学生责任意识淡薄，学习缺乏动力，心态浮躁。

（4）家庭背景的差异。

部分来自贫困家庭的大学生心理压力较大，常常会为学费、生活困难以及家庭的债务而感到困惑、焦虑、忧郁。同时，大学中也有部分富裕家庭的学生，过于优越的家庭环境与大学艰苦的学习和学校有限的学习、生活条件形成鲜明的对比，为此，也会出现厌学、无生活目标、无所事事等不良情绪。

活动设计

一、活动目的

1. 对自身的情绪发生状况有一定的了解。

2. 学会面对各种情绪时应采取的办法。

二、活动形式

主题班会。

三、活动准备

纸、笔。

四、活动过程

1. 让每位同学在纸上写出自己日常生活中发生过的20种情绪，如高兴、忧郁、兴奋等。

2. 让每位同学把发生频率最多的前10种情绪列出来。

3. 找几位同学分享自己的几种情绪，并说明在什么情况下会出现这种情绪、出现这种情绪时自己的状态如何以及哪种情绪对自己的影响最大，为什么？

五、活动总结

一个人情绪上的特点，往往与其气质和性格特征密切相关。因此，了解自己的气质与个性，对于认识和把握自己的情绪特点有着重要的意义。针对自身不同的性格特点和情绪特点，我们可以采用相应的情绪管理方法和调节措施来控制过激情绪的发生。

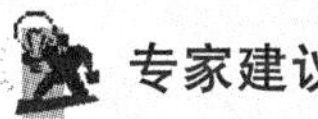

专家建议

在情绪的自我调节中，一味的忍受、压抑并不是最好的方式，吸烟、借酒浇愁等有害身体的方法是不健康的；迁怒于周围的同学、亲友甚至互不相识的人，给别人带来伤害的做法更是不可取的。而采取找人倾诉、给朋友写信、拨打心理热线、直接找心理咨询师求助等，是一种比较积极、主动的调节方式；用写日记、听音乐、打球、跑步等剧烈运动来宣泄一下，也是一种可取的方式。

任务三　挫折应对与心理健康

“人生逆境，十有八九。”在人的一生中，只要有追求、有欲望、有需求，就会有失败、有失望、有失落。每个人都享受过成功的喜悦，也都品尝过失败的沮丧。挫折与成功一样，是一个人成长与发展不可缺少的，是人一生的伴侣。大学生不仅要有迎接成功的准备，也要有面对挫折的勇气。当奋斗目标遇到阻碍或重大挫折时，大学生应冷静地分析情况，及时调整应对策略和方式，设法摆脱困境，避免心理和行为失常，这对每个大学生的健康成长都是至关重要的。能够客观、理性地面对挫折和采取积极的方式应对挫折、化解挫折是大学生走向成熟的重要标志，也是维护大学生心理健康的重要保证。

案例 1

某大学女生张某，品学兼优，相貌端庄秀丽，一向对自己要求严格，具有积极进取、争强好胜的个性特点。高中时由于学习成绩优秀被保送上大学。男生李某是张某的同班同学，担任系学生会宣传部部长，学习努力，成绩中等，性格活泼开朗，人缘好，口才好。上大学二年级后，张某逐渐对李某产生了好感，并产生与李某谈恋爱的念头，但一直没有勇气向李某表达爱慕之情。2 个月后，张某鼓起勇气给李某写了一封信，表达了想交朋友的意思。3 天后，张某收到了李某明确而又礼貌的拒绝谈恋爱的回信。

看过回信后，张某简直不敢相信自己的眼睛，从未想到像自己这样优秀的人在第一次求爱时会被拒绝。当时，张某感到如雷轰顶，脑子里空茫茫一片，不知身在何处，独自在校园里不知游荡了多久才回到宿舍。晚上，张某呆呆地躺在床上无法入睡，眼泪打湿了枕巾，懊悔和羞辱之情无法平复。从此，张某走路时低下了头，不敢正视同班同学，更不敢正眼看李某。上课时，看着李某的背影，张某根本听不到老师在讲什么。晚上在教室自习时，也无法集中精力看书，常常忍不住悄悄挨个教室寻找李某，直到看见李某为止。一个学期下来，张某似乎变了个人，沉默寡言，面容憔悴，学习成绩一落千丈，期末考试 7 门课不及格，按学校规定被退学回家。就这样，一个被保送上大学的优秀生因求爱受挫而葬送了自己的大学生涯。

大学生初出茅庐，涉世不深，在以往的成长过程中，顺境多，逆境少，成就感强，挫折体验少，绝大多数人没有经历过人生大风大浪的洗礼，生活阅历浅，对可能遇到的挫折缺乏心理准备，对挫折的承受能力和应对能力都比较弱。张某的例子就说明了这一点。事实上，择偶求爱被拒绝是大学生经常会遇到的事情，由此在一段时间内感到痛苦、紧张、焦虑、情绪低落也是正常的情绪反应，但如果长期陷入情绪低落状态而不能自拔，甚至一蹶不振、自暴自弃，就会对正常的生活、人际交往和学习产生不良影响，甚至可能导致情绪障碍和身心疾病。张某悲剧的发生在于她不知道自己遇到了什么问题，不知道自己处在什么状态之中，更不知道如何去理性地应对这些问题。这就是下面我们所要讨论的有关挫折的问题。

一、什么是挫折

所谓挫折就是指人们在某种动机的推动下，在实现目标的活动过程中，遇到了无法克服或自以为无法克服的障碍和干扰，使其动机不能实现、需要不能满足时，所产生的紧张状态和情绪反应。例如，女大学生张某在求爱被拒绝后就产生了失眠、注意力不集中等紧张状态和懊悔、焦虑等情绪反应。

大学生自迈入大学校门之日起，便真正开始尝试从对父母和家庭的依赖中摆脱出来独立生活，新的环境、新的起点、新的需要迫使他们必须依靠自己去独立思考和解决问题，由此也会越来越多地遇到人生发展过程中比较大的课题和挫折，特别是越来越多地要靠自己独立地面对挫折、承受挫折和化解挫折。

二、大学生常见挫折

不同年龄段和不同类型的人群面对的挫折具有不同的特点。大学生遇到的挫折与大学生活环境和大学生自身特点密切相关，具有鲜明的特点。

1. 自我认识、自我定位、性心理、恋爱等方面的挫折

大学生正处于人生发展阶段的青年期中后期，这一时期是大学生自我意识形成的关键时期，也是性心理发育日趋成熟的时期。所以，大学生遇到的挫折常常与自我认识、自我定位、性心理、恋爱等方面有关。

案例 2

某大学男生刘某是一名天资聪颖的保送生。刘某对自己要求十分严格，学习勤奋刻苦，性格开朗自信，要强好胜，对自己期望很高，具有远大的抱负。一年级第一学期考试后，刘某学习成绩在全年级排在第一位，这使他感到非常自豪。然而，在学生会布置寒假社会实践活动的会上，当他看到同班的几个学习成绩远不如他而在学生会当干事的同学们忙前跑后，备受同学关注时，心里很不是滋味，强烈感到自己已落后于人。他无法忍受这种受人指使的感觉，决定要超过他们，出人头地，保持“第一”的核心地位。于是新的学期开始后，刘某将大量的时间和精力投入到了社会工作中，有时甚至利用上课时间准备各种学生活动。功夫不负有心人，天资聪颖的他很快得到了同学的认可和老师的欣赏，一年级第二学期结束时，刘某被选为班长、系学生会副主席。然而，一个人的时间和精力是有

限的，当他在社会工作方面“出人头地”的同时，他的学习成绩开始明显下降，尽管他学习非常刻苦，并且将大量的课余时间和休息时间也用在了学习上。第二学年开始了，刘某仍然在社会工作方面倍加努力，他将学习成绩的下降归结为自己还不够刻苦努力。于是，当他出现考试不及格时，就罚自己一天不吃饭或在大雨里淋一小时，以警示自己。就这样，刘某的学习成绩一再下滑，他也就一再惩罚自己，陷入了恶性循环之中。到了三年级第一学期结束时，刘某出现五门课不及格，面临着被退学的危险。这时刘某万念俱灰，感到无颜面对父母、老师和同学，感到自己的存在毫无价值，最后走上了坠楼自杀的不归路。

刘某为自己制定了远远超过自己能力的奋斗目标，这在大学生中是一种比较普遍的现象，出现挫折是必然的，也是正常的。可惜的是，他缺乏客观、理性地面对挫折的勇气和适应挫折、抵抗和应对挫折的能力，从而导致了悲剧的发生。

2. 人际交往、个人发展方面的挫折

大学是一个集体生活环境，同时也是一个学习压力大和竞争激烈的环境。很多大学生都是第一次离开父母和家庭开始独立生活，所以，大学生在人际交往、个人发展过程中经常遇到挫折。

案例3

某大学一年级男生张某是班长，为人诚恳，学习努力，热心为同学服务。进入第二学期，按规定，班长要重新选举产生。张某喜欢班长这份工作，很想继续担任班长，于是就对自己同宿舍的好友、团支部书记王某说了自己的想法。王某听后拍着胸脯对张某保证为其拉选票。一周后选举开始了，张某没有料到王某当选为了班长。事后张某得知王某根本就没有为张某拉选票，反而说服大家选自己当班长。于是，张某感到自己被愚弄和欺骗了，非常气愤和恼怒，并伺机报复。一天趁宿舍没人，张某将王某的录音机砸烂扔到了垃圾箱内。后来此事被人发现，张某受到了校规、校纪的处分。

类似事件在大学生中屡见不鲜，姑且不论团支部书记王某为人和行为的是与非，单就张某竞选班长不成功便砸王某的录音机之事，我们可以感到，大学生在遇到挫折后常出现一些幼稚和非理性的反应，这表明大学生对挫折应对方式缺乏必要的了解和认识，结果可能招致更大的挫折。

3. 生活习惯、专业学习、人际关系、经济来源方面的挫折

大学是一个不同于中学的新的成长环境，大学生（特别是低年级的新生）将面临大量的适应问题，在生活习惯、专业学习、人际关系、经济来源等方面经常会遇到各种各样的挫折。

案例4

某大学一年级女生杨某，在中学时学习成绩优异，备受同学的羡慕以及老师和家长的称赞。上大学后，她学习勤奋刻苦，决心保持一流的学习成绩。由于大学的学习与中学的学习相比，在学习内容和学习方法上都存在较大的差别，而杨某却一味地遵循曾经取得优异成绩的中学学习方法对待大学的学业，所以，尽管她非常努力，仍不能产生好

的学习效果，致使在第一学期期末考试时出现了一门课不及格的情况。杨某万万没有想到，进入大学第一次考试就出现了不及格，这对从来没有考试不及格的她来说简直是无法承受的灾难。得知考试结果后，杨某回到宿舍独自哭了很久。每当想到放假回家后面对同学异样的眼光和父母惊讶的表情，想到今后还有那么多的课程要考试，杨某感到非常紧张，也感到非常羞愧。于是，在强大的心理压力下，她不敢回家而独自出走。后来，经过家长和同学的多方寻找，才将杨某找回家。然而，杨某不敢再回学校上课，办理了休学手续。

像杨某这样，对大学的学习一时不能适应，出现考试不及格的情况，在大学生中是常有的事情，对个人的发展一般不会造成太大的影响，也不会像杨某所想象的那样遭到同学和家长的鄙视，大学生应以平常心对待。

4. 求职、择业、就业和生活适应方面的挫折

大学是为未来职业生涯打基础的阶段，大学生（特别是高年级的学生）越来越关注就业问题，在求职择业过程中也常常会遇到这样或那样的挫折。

案例 5

某大学四年级男生蒋某，机械设计制造及自动化专业学生，学习成绩中上等，性格活泼开朗，人际关系良好，上进心强，有远大抱负。进入四年级后，班上的同学都在积极寻找适合自己的职业。蒋某感到自身条件较好，一心想找一个工作环境好、收入高、发展空间大的理想的就业单位。于是精心准备了求职信，并在网络、报刊等媒体上积极寻找相关信息。半年过去了，蒋某寄发了 200 多份求职信，参加了 5 次大型的人才招聘会，与几家自己满意的单位接洽后，都没有被录用。当得知同班几个同学已经与几个条件优越的单位签订了录用协议后，杨某更是心急如焚，寝食不安。到了临近毕业的时刻，同意录用杨某的几家单位均不如同班有些同学所找的单位条件好，不能满足他的愿望，因此杨某心理很不平衡，仍在苦苦找寻理想的单位，结果原来想录用他的几家单位也与其他同学签了约，而杨某到了毕业时仍没有找到他所要找的理想单位。此时杨某已经精疲力竭，情绪低落，茫然不知所措。

三、大学生的挫折反应

人们对挫折的反应有着不同的情形，有的情绪反应强烈，有的则不明显；有的以各种偏激的行为表现出来，有的则以积极的方式对待。一般来讲，大学生对挫折的反应主要表现在以下几个方面。

（一）情绪性反应

情绪性反应是指人们在受到挫折时伴随着强烈的紧张、愤怒、焦虑等情绪所作出的反应，可能表现为强烈的内心体验，也可能表现为特定的表情或行为反应。而情绪性反应多为消极性反应，主要表现为以下几个方面。

1. 焦虑

焦虑是一种模糊的、紧张不安的综合性负性情绪，常常伴随焦急、忧虑、恐惧等感

受，甚至可能会出现冷汗、恶心、心悸、手颤、失眠等神经生理反应。

2. 冷漠

冷漠是指当一个人遇到挫折时，表现出的一种无动于衷和漠不关心的态度。表面上看冷漠似乎是逆来顺受，毫无情绪反应，而事实上并不意味着当事人没有反应，而是对挫折更加痛苦的内心体验，只是被压抑或以间接的形式表现出来了。

3. 退化

退化是指当人们受到挫折时表现出的与自己年龄和身份不相称的幼稚行为。一般来说，不同年龄阶段的人各有其不同的情绪和行为模式。当人们遇到挫折后，一些人在一定程度上会失去对自己的控制，以低于自己年龄的简单、幼稚的方式应对挫折，以求得别人的同情和照顾。

4. 幻想

幻想是指一个人在遇到挫折时企图以自己想象的虚幻情境来应对挫折。通过幻想人们可以暂时脱离现实，在自己想象的情境中满足一些自己的需要和欲望，使人产生一种愉快和满足的感觉。但如果用幻想来应对现实中的挫折，特别是长期处于幻想状态，或养成了从幻想中实现现实生活中实现不了的目标的习惯时，就会使人降低对现实生活的适应能力，严重脱离生活，甚至导致精神疾病。

5. 逃避

逃避是指一个人在遇到挫折或感到可能面临挫折时，不能面对现实、正视挫折，而是以消极的态度躲开现实的一种挫折反应方式。逃避虽然可以使人降低因挫折产生的紧张感，或者避免再次受到挫折的伤害，但当事人面对的现实问题并没有解决，长期逃避下去将大大降低人们的适应能力和自信力，甚至可能会导致适应不良。

6. 固执

固执是指一个人在受到挫折后，采取刻板的方式盲目地反复进行某种单调、机械的无效动作，尽管知道这些动作对目标的达成、需要的满足并无帮助。固执的特点是呆板、无弹性，具有很大的强制性，是人们遇到挫折后感到无能为力和不知所措时产生的反应方式。

7. 攻击

攻击是指一个人受到挫折时，为了将愤怒的情绪发泄出去，或者对构成挫折的对象进行报复而产生的攻击性行为。攻击性行为的对象可能是构成挫折的人或物，也可能是其他替代物，还有可能是受挫者本身。

8. 自杀

自杀是一个人遭受挫折后的一种极端反应方式，也可以看做是受挫后针对自身的一种典型的、特殊的攻击行为。通常自杀行为是在挫折的打击大大超出受挫者对挫折的承受能力的情况下发生的，特别是当受挫者将受挫的原因归结为自己，并对自己丧失信心，将自己作为迁怒的对象时，更易于导致自杀行为。

（二）理智性反应

理智性反应是指人们在受到挫折后采取积极进取的态度，在理智的控制下所作出的反应。通常人们在遭受挫折后都会出现紧张状态，都会在某种程度上作出某种情绪性反应，其中，有些人始终被情绪所控制不能摆脱；而有些人则能够及时调整，保持冷静，面对现实，审时度势，采取积极的态度和方式对待挫折。所以，理智性反应是对挫折的积极反应方式，主要表现为以下几个方面。

1．坚持目标，逆境奋进，矢志不渝

当人们遇到挫折后，经过客观冷静的分析，发现自己所追求的目标是现实的和正确的，当前的挫折只是暂时的，是在实现目标的道路上遇到的一些曲折，经过努力是可以克服和逾越的，所以应设法排除障碍，克服困难，坚持不懈，朝着既定目标迈进，直至最终实现自己的愿望和目标。

2．调整目标，循序渐进，不断努力

由于自身条件或社会因素的限制，人们的需要和目标并不是都能满足和实现的，或者在目前的条件下是不可能满足和实现的。因此人们在实现目标的过程中，几经努力和尝试都失败后，就要冷静下来，认真客观地分析导致失败的真正原因，并根据实际情况对自己的奋斗目标进行适当的调整。一方面可能自己定的目标太高，不符合目前自己的实际情况，或实现目标的条件尚不具备，这就需要适当降低目标，或将目标分成几个阶段性目标，适当变换实现目标的途径和方法，循序渐进，通过不断努力，逐步获得成功。另一方面，人们满足需要和实现愿望的途径和方式是多种多样的，一旦遇到挫折，发现原定的目标难以实现时，还可以以改换目标，寻找新的能够实现的目标取而代之，同样可以达到满足自身需要的目的。

四、大学生提高意志力和挫折承受能力的方法和途径

（一）什么是意志力

意志力是指人们为达到既定目标而自觉努力的程度或坚强的意志品质。意志品质是一个人在生活中形成的比较稳定的意志特征，是个性的重要组成部分。

意志力强的人对挫折的适应能力、承受能力都较强，并能将挫折进一步转化为促进目标实现的积极因素，进一步增强自己的自信心。

意志力薄弱的人往往缺少信心和主见，对自我的控制和约束力较差，在遇到挫折时容易改变行为的方向，容易回避现实，采取消极的应对方式。

（二）提高意志力和挫折承受力的方法和途径

大学生刚刚从父母的庇护下走出家门，社会实践少，经受的挫折不多，意志品质的锻炼和培养普遍不足，主要表现为意志品质的发展不充分，处理动机冲突的能力不强，目标调整力差，缺乏韧性、恒心与毅力，容易受外界影响等。所以大学生要想获得发展，实现自己的远大理想和奋斗日标，就必须在实践中不断磨炼自己，努力提高自己的挫折承受力和意志力。

要树立正确的挫折观。挫折是普遍存在的，随时随地都可能发生，因此大学生应做好

面对挫折的充分心理准备，一旦遇到挫折，不要惊慌失措、痛苦绝望，要敢于面对挫折的挑战。同时也应看到，挫折也并非总是发生的，整个生活中还有很多快乐和幸福的事，所以大学生遇到挫折时不应停留在挫折产生的不良情绪中，而应尽快从情感的痛苦中解脱出来，以理智面对挫折。

（三）积极投身实践活动，不断积累社会经验

挫折具有两面性，既具有给人打击、使人痛苦的消极的一面，也具有使人奋进、成熟、从中得到锻炼的积极的一面。因此大学生应积极投身实践活动，在实践活动中，不要惧怕失败，要善于从失败中总结经验教训，化消极因素为积极因素，使挫折向积极方向转化，不断提高自己解决困难、战胜挫折的能力。在总结经验教训时，应着重考虑确定的奋斗目标是否恰当、实施的途径和方法是否正确、造成挫折的原因来自何处。

（四）学习和掌握一些自我心理调适方法

学习和掌握一些自我心理调适方法可以有效地化解因挫折而产生的焦虑、紧张等不良情绪，从而提高挫折承受力。常用的自我心理调适方法有自我暗示法、放松调节法、想象脱敏法和呼吸调解法等。

提高挫折的承受力，还应建立和谐的人际关系，营造自己的情感社会支持系统。所以大学生在遇到挫折时，不应将自己封闭起来，而应尽快找自己的好朋友和家人进行沟通，寻求他们的支持和帮助。

当一个人受到挫折后，陷入不良情绪中不能自拔时，还可以寻求心理咨询师的疏导和帮助。

活动设计

一、活动目的

了解挫折及其对自身的影响。

二、活动形式

主题班会。

三、活动准备

纸、笔。

四、活动过程

1. 请每位同学写出 1 年来遇到的对自己影响最大的 3 次挫折，并写明自己当时的反应。

2. 按反应强度和持续时间进行排序，客观分析这些反应方式在应对挫折时的积极影响和消极影响。

3. 请几位同学总结自己应对挫折的最佳方式。

五、活动总结

合理运用挫折防卫机制可以有效地缓解情绪上的痛苦，提高对挫折的承受能力，为人

们最终战胜挫折提供条件，特别是积极的挫折防卫机制的运用，还可以促使人们面对现实，积极进取，获得进一步的发展。

心灵读本

有一个人，一生遭受了两次惨痛的意外事故。

第一次不幸发生在46岁，由于飞机意外事故，他全身65%以上的皮肤被烧坏，经过16次手术，脸变成了“调色板”，手指没了，双腿特别细，无法行动，只能瘫在轮椅上，然而6个月后他亲自驾驶飞机飞上了蓝天。

第二次不幸发生在50岁，他驾驶的飞机在起飞时突然摔在跑道上，他12块脊椎骨全部被压得粉碎，腰部以下永远瘫痪。但他没有将灾难当做消沉的理由。他说：“瘫痪之前我可以做一万件事情，现在我只能做九千件事情，我还可以把注意力和目光放在这能做的九千件事情上”。

他就是米切尔，一位生活的强者，百万富翁、企业家、演说家。

任务四　大学生恋爱心理

爱情无疑是大学生最为关注、最为敏感的问题，恋爱问题也是大学生最感困惑的问题。特别是近些年来，恋爱之风在大学校园里愈加盛行，所带来的问题也愈加突出，严重影响到大学生的学习、生活乃至人格的健康发展。因此，解析当代大学生的爱情心理特点，引导他们树立正确的恋爱观，妥善处理好爱情与友谊、爱情与学业、爱情与婚姻的相互关系，具有重要的现实意义。

一、大学生恋爱心理

（一）爱情的含义

爱情是男女双方产生的特别强烈的肉体和精神享受的相互仰慕，并渴望对方成为自己终身伴侣的高尚情感。对于爱情定义的表述，尽管各有差异，但基本内容是一致的，主要涉及生物因素、精神因素和社会因素三个方面。生物因素是指爱情产生于男女两性之间，异性相吸的生物本能使人产生性欲，从而具有与之相结合的强烈愿望；精神因素主要是指爱情是一种高尚的情操，健康的爱情会愉悦身心，使人产生美好的心理体验；社会因素是指爱情是社会现象，一方面受社会道德、法律规范制约，还将涉及养儿养女、传宗接代的社会功能。

马克思主义的爱情观认为，爱情是人的自然属性和社会属性的统一。爱情的自然属性就在于它是以性欲、性心理为自然基础，并由此而发展起来的；爱情的社会属性则在于它是男女两性在自由、互爱的基础上产生的渴望在肉体和精神上融为一体的强烈倾慕之情。现代的性爱，同单纯的性欲，同古代的爱，是根本不同的，它是两性间的一种特殊的社会精神关系，有鲜明的现代特征：自由、平等、强烈、持久、排他，必须以互爱为前提。同时，爱情还具有崇尚的道德价值。作为一种社会现象，一种特定的人际间的亲密交往，要求情侣双方遵守社会的道德规范。确立正确的道德观念正是爱情的社会属性的本质要求，而爱情又有助于促进建立、完善和贯彻道德规范。

（二）爱情的类型

心理学家研究发现，现代青年男女的爱情关系，不外乎以下六种形式。

1）浪漫式爱情：将爱情理想化，强调形体美，追求肉体与心灵的融合。

2）游戏式爱情：将爱情视如游戏，只求个人需要的满足，对其所爱者不肯负道义责任。将恋爱对象的更换视为平常之事。

3）占有式爱情：对所爱对象赋予极其强烈的感情，并希望对方以同样的方式回应。对其所爱者，极具占有欲，若对方稍有怠慢或忽视，即心存猜疑妒忌。

4）伴侣式爱情：在缓慢中由友情逐渐演变成的爱情，温存多于热情，信任多于嫉妒，是一种平淡而深厚的爱情。

5）奉献式爱情：信奉爱情是付出不是索取的原则，甘愿为其所爱者牺牲一切，不求回报。

6）现实式爱情：将爱情视为彼此现实需求的满足，不作理想的追求。男子娶妻，煮饭洗衣，女子嫁汉，穿衣吃饭，正是这种爱情的典型。

（三）大学生恋爱的阶段与心理特征

1. 大学生恋爱心理发展的阶段

恋爱是异性间择偶和培养爱情的过程，是以爱情为中心的社会心理行为。完整的恋爱一般经过物色对象、初恋、热恋、结婚四个过程。大学生恋爱心理发展大体可分为三个阶段：浪漫爱情阶段、理想爱情阶段和现实爱情阶段。

（1）浪漫爱情阶段

浪漫爱情阶段中的男女大学生从初恋到热恋，完全凭直觉选择对象，偏重于对异性气质、形象的迷恋，很少有理性介入。这一阶段恋爱状态下的男女大学生常常表现出隐蔽性、羞怯性、兴奋性、冲动性、幻想性等心理特征，双方常有眉目传情和语言沟通，常常有美化对方的倾向，力图完善自己以表现得更好；渴望与恋人形影不离，期望身心与对方融为一体；希望能为恋人多作奉献；嫉妒恋人与别的异性交往，生怕别人抢走自己的恋人，只要求两人在一起，不愿参加集体活动等。初恋中的大学生往往含蓄、羞涩，单纯稚气，充满憧憬与幻想、兴奋与忧虑。很可能为了对方一个笑容、一个眼神或某方面的特殊表现而兴奋不已、彻夜难眠，或疑心重重。热恋中的大学生心理上具有排他性、波动性和冲动性，自控力往往处于最低水平。热恋中日思夜想，形影不离，山盟海誓，激情上升，会产生热吻、拥抱、抚摸等亲昵动作，甚至冲动失控，神魂颠倒。但即使拥有这一切也并不一定拥有一份真实的爱情，这很可能只是性本能的驱使。由于这一阶段直觉排斥性的介入，所以浪漫的爱情很可能会随着热恋期的消失而遁失。

（2）理想爱情阶段

经历了初恋和热恋之后的男女大学生进入理想爱情阶段，他们冷静地从感性的爱情经验中得出理性的结论，开始审视爱情观，确立起具有理想色彩的爱情条件和模式。比如，男性心目中的女性可能是传统与现代结合、才貌双全、温柔有加；女性心目中的男性可能是学业有专攻、事业有前途、体贴入微。这一极端的恋爱多了一些理性，少了一些盲目性。

（3）现实爱情阶段

抛弃了较为浪漫或不切实际的理想爱情后，恋爱中的大学生们变得成熟起来，能够现实地考虑如何处理爱情与学业或事业的关系，如何预测由爱情所涉及的前途和未来。比如，毕业后是否能在同一个地方就业，是否能志同道合，今后有什么样的发展，经济收入多少，建立家庭后是否能幸福长久，等等。这时所考虑的问题都很现实、具体，不再热烈浪漫，有了对爱情的责任感和义务感。

2. 大学生恋爱的心理特征

由于大学生恋爱意识的完善程度还不够，因此，他们的恋爱除了具有一般青年恋爱过程中所具有的排他性、冲动性、强烈性、直觉性和依存性以外，还具有以下独有的特点。

（1）恋爱的浪漫色彩浓厚

大学生的恋爱，倾注着爱慕之情，而很少甚至根本不谈婚姻、家庭等具体问题。这是由大学生的客观条件所决定的。大学生恋爱的这种浪漫色彩，掩盖了理想与现实之间存在的矛盾，因此，爱情缺乏挫折的磨炼和必要的现实基础，比较脆弱，一旦遇到问题，容易破裂，这是大学生恋爱成功率较低的主要原因之一。

（2）恋爱的主动性较强

大学生谈恋爱，都是自己做主，主动性强，不信奉什么统一模式。社会上的青年在明确关系前，一般会征求家人的意见，明确恋爱关系后，双方家人来往密切，成人指导贯穿于各个环节。而大学生因离家独立生活，常常自己看准了对象就追求，甚至确定关系后家长都不知道。

（3）恋爱的盲目性较大

大学生把在校期间谈恋爱作为一种取得生活经验的实践活动，或想作为一种消遣方式，千方百计想跟异性交往，但他们在与对方恋爱中对究竟“爱是什么”、“为什么爱”都没有弄清楚。有的学生甚至一学期谈了好几个，甚至互相攀比，看谁的对象多，看谁的对象漂亮。

（4）恋爱的公开性突出

随着西方文化和生活方式的冲击，传统观念覆盖下的两性关系的幕帘被撩开。过去许多高校禁止大学生谈恋爱，因此，谈恋爱属于“地下活动”，恋爱双方不让其他同学知道，更不希望老师知道。现在，校方虽然没有明确赞同，但态度较过去要宽松得多，大学生的恋爱活动便由地下转为公开。

（5）恋爱的情感随意性较强

大学生谈恋爱一扫传统的以含蓄、内在、深沉为美的形式，与之相反的是在公开场合下，手拉手、肩并肩，甚至拥抱、亲吻，致使旁人不得不退避三舍。

二、大学生恋爱中常见的心理问题

（一）恋爱动机方面的问题

有学者将恋爱心理动机划分为事业型、爱情型、含蓄型、逆反型、钟情型、目标型、盲从型、实用型、生理型。上述恋爱心理动机有些是可取的，而有些会阻碍人们有效地择偶或导致不良后果。有些大学生择偶动机不端正，恋爱不是出于爱情本身，而是因为是生活单调寂寞，或精神空虚苦闷，或虚荣心作祟等原因；有些大学生根据心目中的偶像形象不切实际地确定理想化的择偶标准，结果理想过高，现实中找不到自己所需要的偶像而懊丧；有些大学生择偶方式不当，消极地等待意中人出现而与其失之交臂，或举棋不定错过机会，或一见钟情缺乏了解。有学者对379名大学生的调查表明，现在的大学生谈恋爱的原因在于：6.3%的人认为是性心理成熟，49.7%的人是想摆脱孤独，10.4%的人是受其他同学恋爱影响，14.1%的人是想更多地了解异性。可见，不少大学生谈恋爱是为了想摆脱孤独寂寞感。

（二）恋爱行为方面的问题

1. 失恋

失恋，顾名思义就是失去恋爱关系，包括慢性失恋和快速失恋。慢性失恋是指恋爱双方的矛盾由来已久，双方经常争吵不休，最终导致分手。快速分手则是一方突然提出分手要求，令对方猝不及防。不管何种失恋，心理障碍总是难免的，区别仅在于障碍的程度和持续时间。首先，失恋对于每个珍视感情的人，尤其是初恋者的打击都是巨大的，对心灵造成伤害也是难免的。失恋的同学大多逃不过这一关，原来玫瑰色的世界突然变得苍白和灰暗，女同学往往免不了大哭一场，然后像林黛玉听到贾宝玉成亲的消息后那样茶饭无味，精神恍惚；男同学则可能沉默不语，酗酒解闷，外出漫无目的地游荡。其次，失恋也有可能激起失恋者的攻击行为。失恋作为一种严重的挫折，随时都有可能引发攻击行为，可能指向对方，也有可能指向自己，严重者将会导致自杀，甚至指向社会，以缓解内心的痛苦或发泄自己的愤怒和不满。

2. 网恋

网恋，顾名思义就是通过网络平台来恋爱。时下似乎没有什么比网恋更酷、更时尚、更浪漫的恋爱方式。网恋虽然没有花前月下的卿卿我我，却也是虚拟世界中两颗炽热的心在碰撞，在摩擦起电，放射出耀眼夺目的火花。网恋作为近年来出现的一种新的恋爱方式，为不少大学生所喜爱。大学生网恋包括游戏型、感情寄托型、追求浪漫型、自我表现型、追求时尚型、随波逐流型等多种类型。不管哪一种类型，几乎都具有一个共同特点：抛弃“恋爱是为了缔结婚姻”的观点，把网恋视为一种网络游戏，在网上进行网络情感交流的一种方式。他们认为网恋不仅可以把现实社会的种种规则完全抛开，而且可以模糊性别和身份，把所有的事情当做游戏。但另一方面，网恋不仅严重影响学习，而且容易使大学生减少与老师、同学之间的交流，不愿意参加集体活动，性格变得孤僻，甚至造成人格分裂。已有大学生靠偷窃支付上网费用，还有些大学生因为网恋失意，不得不到精神卫生中心求助，问题严重的甚至出现精神崩溃。网恋的欺骗性对一些大学生更是一个沉重打击，一些受到网恋打击的学生，由于得不到及时的引导，甚至断送了前程。

3. 单恋

单恋，即一方对另一方以一相情愿的倾慕与热爱为特征的单向爱情。单恋包括暗恋和单相思。暗恋者对异性的一相情愿和热爱始终深埋在内心深处，没有一丝一毫的表示。单相思者则要将一相情愿的倾慕和热爱向对方表白。单恋始发于青春期，处于青春期的少男少女们特别爱沉湎于幻想，又不善于自我控制，单恋的学生心之所想、目之所视、耳之所闻，都是被恋者的一颦一笑、一举一动，反复去琢磨其中是否有爱的暗示，因而常常陷入极其纠结、苦闷和烦恼的境地，不仅影响学业和事业，而且影响身心健康。

4. 三角恋

三角恋，即同时与两位以上异性谈恋爱。有的学生明明知道某学生已经有了恋爱对象，却要穷追不舍，还谓之“执著的追求”。有的学生在追逐新的恋爱对象时，却不肯舍弃原来的恋爱对象，还认为自己的感情“纯洁高尚”。有的学生同时恋着几个异性的朋友，都与人家“山盟海誓”，玩弄不严肃的“恋爱游戏”。三角恋的发生可能是个体对自己失败恐惧的一种补偿。有一位男生，长的挺帅，大学一年级时，与一位女生初恋，相爱甚深。后因他患了肝炎，导致女友离他而去，严重挫伤了他的自尊心，待肝炎痊愈后，他为了弥补失恋而受到的伤害，便发狂似地与人发生多角恋，在其潜意识里存在着以此报复女性的动机。因而约会时精神高度兴奋，约会后则陷入深深的痛苦之中。有的学生因各种原因而形成较强的自卑感，为了证明自己的魅力，也有可能热衷于谈恋爱，以浪漫的多角恋来证明自己的优越。

三角恋的发生还与人格障碍有关。有自恋性人格特征的学生，往往有强烈的自我中心意识，他们自认为自己对异性有吸引力，有博得异性欢心的魅力。有表演型人格的学生，在异性面前总是表现出热情活跃，风度翩翩，说话滔滔不绝，为异性花钱毫不吝啬，很容易博得异性的青睐。

爱情是神圣的，恋爱是严肃认真的。年轻人应慎重选择恋爱对象，杜绝不严肃的“恋爱游戏”。如果自己已经有了明确的恋爱对象，就不应该再与其他异性发展恋情。如果发现他人已有明确的恋爱对象，便不要随便插足。或许有同学会说恋爱也是允许竞争的，不可否认，在恋爱的过程中，不可避免地会有竞争，恋人会在竞争中被新的目标吸引。可是问题在于插足他人的恋爱而造成的三角恋长期保持，必然会伤害各方，给卷入其间的各方带来不必要的烦恼和痛苦。恋爱中竞争，一方面应该发生在一对一的恋爱中，另一方面处于多方争夺的对象本身并没有主动企图与多人保持恋爱关系的愿望。而且恋爱中的竞争胜负一方面取决于个人的人品、青春魅力和学识才能等综合素质，另一方面也取决于双方的择偶标准和判断力，而绝不是蛮横无理的干涉和胡搅蛮缠。

人与人之间，除了爱情还有友情。我们并不主张有了恋情的人就不能与别的异性交往，与异性交往的感情是可贵的。但是这样交往只是同学、同事之间正常的友好交往，而不应该是恋爱。男女同学之间的友情与恋情不同，它通常只具有公开性、普遍性、平等性和不排他性。千万不能误将异性的友情视为爱情，不适时宜地蛮缠下去。如果真出现了三角恋的尴尬局面，可以让多方共争的对象认真抉择。若自己成为不受欢迎的“第三者”，则应该迅速明智地退出，促成对方恋爱的成功；如果在这种情况下继续蛮缠，可能涉及道德问题。可是，有的同学觉得自己从三角恋中退出，感到吃亏而无法承受。其实在这种情况下后退一步，往往是海阔天空，相反则是心胸狭窄的表现，不利于自己的身心健康。古人云：“天涯何处无芳草”，主动退出，成功实现情感转移，才能不失时机地为自己创造美好的未来。

三、大学生恋爱心理的调试

（一）树立健康的恋爱观

恋爱观是指人们对待恋爱的根本观点和看法。具体包括：爱情在生活中应有的位置，选择恋爱对象的标准，恋爱过程中采取的态度等。人们在恋爱过程中的种种行为和表现，无一不受到恋爱观的支配。因而树立正确的恋爱观对大学生来说尤为重要。

1. 确立纯洁的恋爱动机

恋爱是男女之间的私事，但同时又是一种人类的社会行为。恋爱的目的应该是为了寻求一个能与自己在未来的人生道路上志同道合、同舟共济的终身伴侣，而绝不应该把其作为改变自己社会地位的手段和交易。一旦把恋爱对象的外貌、金钱、职业、地位和权势等杂念作为自己恋爱的主导动机，就会破坏爱情。因此，恋爱动机的纯洁性是获得真正爱情的前提。

2. 摆正恋爱在人生中的位置

恋爱中的大学生，往往会沉醉于花前月下，沉溺于卿卿我我的“两人世界”中不可自拔。确实，恋爱是步入婚姻大门的必要阶段，在人的一生占据着十分重要的位置。但它并不是人生意义的全部，只是理想、事业、友谊、学习、工作等众多人生乐章中的一章。别林斯基说过：“如果我们生活的全部目的仅在于我们个人的幸福，而我们个人的幸福又仅在于一个爱情，那么，生活就会变成一片遍布荒草枯叶和破碎心灵的真正阴暗的荒原，变成一座可怕的地狱。”是的，如果我们完全只为爱情而活着，那充其量只是不懂得人生意义的“精神乞丐”，这样的爱情也会因缺乏强大的内核而流于苍白，真正的爱情只有与追求的理想事业交融在一起，才会焕发其夺目的光彩，这样的人生才是真正有价值的人生。

3. 理智健康的对待恋爱

恋爱的升华会使感情的火焰由平淡逐渐炽热，拥抱接吻成为双方交流表达感情的重要方式，它预示着热恋的到来，标志着感情的进一步深化。此情此景、此时此刻，不能不提醒热恋中的男女大学生：还要在内心深处主动设下一个理智的“哨卡”。双方感情的需要、情感的冲动常常使人做错某些不该在婚前做的事情，甚至发生两性关系。这会给以后的爱情生活留下阴影，造成不幸。高等学府被誉为文明圣地，恋爱双方的举止要文明端庄；倘若在大庭广众之处、众目睽睽之下，做出一些有伤大雅，甚至不堪入目的动作，不但会将恋爱庸俗化，无助于高尚情感的建立，而且也污染了校园环境，有损精神文明。愿每位热恋中的男女大学生都能记住大剧作家莎士比亚的话：“爱和炭相同，烧起来，得想办法叫它冷却，让它任意着，就会把一颗心烧焦。”真正的爱情固然离不开真挚感情的交流，但更离不开理智的指导和调节。

（二）正确处理恋爱中的挫折

有恋爱就可能有失恋。每个大学生都希望自己的恋爱能一次性成功，然而由于年龄、经历以及社会、经济等方面的原因，很难保证相恋的男女大学生都能永结同心。特别是纯真美好的初恋，其成功率其实是相当低的。所以说失恋的痛苦不仅仅是哪一个人的，而是多数人可能会遭到的事情。能够正确地对待失恋是一个人恋爱观是否成熟的标志。

第一，要对失恋有一个客观公正的认识，任何事情都是一分为二的。失恋虽然很痛苦，但它同时又丰富了一个人的阅历和情感世界，为其生活增加了一种色彩，充实了失恋者对人生的理解和感悟，使失恋者拨开爱情的迷雾，把问题看得更清楚。“恋爱使人幸福，失恋使人深刻”，从这一意义上来说，没有经历过失恋反倒是人生的一种残缺和遗憾了。在现实生活中，有许多“爱情不成友情在”的例子，尽管恋爱未成功，但经历过双方妥当的处理，及时进行心理调适，双方还可能成为要好的异性朋友。

失恋给人的心理投下了浓重的阴影，如果不能尽快摆脱这种不良情绪，就会造成严重的心理创伤。事实上，有人之所以特别痛苦，往往是因为对爱情期望过高，用情太深，所以一旦失恋就无法面对这一现实。此外，就是感到自尊心受到了伤害，特别是当一方另有“新欢”时，更觉得自己被人抛弃，矮人一截。其实这种看法是十分片面的。恋爱标准是因人而异的，每个人欣赏的角度、层次、重点不一样，得出的结果往往截然不同。所以，我们大可不必因失恋而自卑，绝不能因为某人不再爱你就完全否定自己的所有价值。俗话云：“天涯何处无芳草，爱情时时有知音。”

第二，失恋后不能让偏执狭隘的观念占上风，比如仇恨所有的女性或者男性等。既然一切都无法挽回，也无须强求，追求已经消失的爱情，无异于追求虚无缥缈的空中楼阁。可以试着让自己暂时远离留下爱的记忆的地方，不要经常翻动爱的旧物，让时间渐渐冲淡心中的伤痕，把更多的精力投入到工作和学习中去。

（三）学会与异性友好交往

渴望与异性交往是人类性心理发展的必然，但异性交往应既能够尊重对方、平等地与人交往，又能学会保持交往中的自尊。由于传统观念的影响，社会和家庭对青少年的异性交往方面总是持敏感或反对的态度。这使得一些大学生在异性交往方面难以应付自如，他们或是感到有压力，不敢与异性交往，导致与异性交往经验缺乏，甚至与异性交往时产生害怕或恐惧情绪；或是因为缺乏异性交往的正确指导，不能把握好异性交往的尺度，从而陷入各种困扰当中，从而影响学习和工作，导致情绪的苦闷和痛苦。

大学生要加强个人修养，通过各种活动，丰富个人阅历，磨炼意志，提高自我认识和自控能力，培养自己豁达、宽容的胸怀，树立健康的恋爱观念，妥善处理好恋爱中的各种问题。

活动设计

一、活动目的

学会正确处理友谊与爱情、恋爱与学业、恋爱与个人发展的关系。

二、活动形式

主题班会（辩论会）。

三、活动准备

以“以爱情需要理性还是感性”为题，组织正反方同学（各4名）进行资料的搜集整理，并制定辩论会过程。

四、活动过程

1. 正反方就“爱情需要理性还是感性”这一观点进行辩论。

2. 让每位同学发表自己的观点和不同的看法。

五、活动总结

爱情需要学习，爱情与婚姻是一所大学校，在这里可以感受生命，感受成长。从友谊、约会、恋爱到婚姻的过程也是大学生人格再造的过程。一方面，大学生恋爱的状况是其人格特征的反映，对爱的感受与人格健康有关，与自信、安全感等一系列构成人格的一切有关；另一方面，爱情往往也促进大学生人格的成熟，大学生只有竭尽全力促进自己完善人格，获得内心的成长，具有爱的能力，当爱情向你走来时，才能勇敢地拥抱它。

学习情境五

就业指导

任务一　职业生涯规划

一、什么是职业生涯

职业生涯是一个人一生中所有与职业相联系的行为与活动，以及相关的态度、价值观、愿望等连续性经历的过程，也是一个人一生中职业、职位的变迁及工作理想的实现过程。

简单地说，职业生涯就是一个人终身的工作经历。一般可以认为，我们的职业生涯开始于任职前的职业学习和培训，终止于退休。我们选择什么职业作为我们的工作，这对于我们每个人的重要性都是不言而喻的。

首先，我们未来的衣食住用行等各种需要，包括许多年轻人梦想的出国旅游、买房、买车，几乎都要通过我们的工作来实现。

其次，现代人大部分时间都是在社会组织中度过的。在毕业后到退休前的几十年中、人们几乎每天都要和工作打交道，因此，从事什么工作、自己是否喜欢、工作是否适合自己、是否觉得这份工作很有意义，对于人们非常重要。

所以，大学生在选择职业的时候，应该慎重对待。中国有句古话说“男怕入错行，女怕嫁错郎”，在一定程度上反映了职业对于每个人的重要性。

二、为什么要对我们的职业生涯进行规划

案例 1

在这里首先和大家分享一个小故事，希望对大家认识职业生涯规划的重要性有所启发。

“蚯蚓”是我从小到大的朋友。“蚯蚓”不是原名，由于他长得黑矮瘦弱，因而得名。

18 岁后，当我在外为生活四处漂泊奔波时，“蚯蚓”上了大学，什么事都挺顺当。在这分开的 10 年里，我们几乎每隔两三年见一次面。每一次我都喜欢问他同一个问题：你将来的目标是什么？

得到的答案总是不相同。下面记录的是“蚯蚓”每次谈及目标的原话。

18 岁，高中毕业典礼上：“我发誓要当李嘉诚第二！我要当中国首富！”

20 岁，春节老同学团聚会上：“我想创立自己的公司，30 岁时拥有资产 2000 万。”

23岁，在某工厂当技术员，第二职业是炒股："我正在为离开这家工厂而奋斗，因为在这里工作太没前途了。我将全力炒股，三年内用5万炒到300万元。"

25岁，炒股失意而情场得意，开始准备结婚："我希望一年后能有10万元，让我风风光光地结婚。"

26岁，不太风光的结婚典礼上："我想生一个胖小子，我能在不久的将来当个车间主任就行，别的不想了。"

28岁，所在的工厂效益下滑，偏偏正是妻子怀胎十月的时候："我希望这次下岗名单里千万不要有我的名字。"

从上面的案例可以看出"蚯蚓"显然没有对自己的人生进行合理的规划。刚开始的时候当技术员，但他没有去细心研究技术，而是去炒股，想赚到300万，后来炒股失败忽而又想当车间主任，最后可能技术也不是很精通，担心下岗名单中会有他的名字。他这样一个没有规划的人生，显然是很容易失败的。

实际上我们要想在未来的职业生涯中获得成功，首先应该确定一个切合实际的职业定位和职业目标，并且把目标进行分解，然后设计出合理的职业生涯规划图，并且付诸行动，经过不断努力和调整，直到最后实现我们的职业发展目标，获得人生的最大成功。

三、职业生涯规划对我们获得职业成功的重要意义

职业生涯规划是针对决定个人职业选择的主观和客观因素进行分析和测定，确定个人的奋斗目标和职业目标，并对自己的职业生涯进行合理规划的过程。

职业生涯规划要求根据自身的职业兴趣、性格特点、能力倾向以及所学的专业知识技能等因素，同时考虑到各种外界因素，经过综合权衡考虑，来把自己定位在一个最能发挥自己长处的位置，以便最大限度地实现自我价值。一个职业目标与生活目标相一致的人是幸福的，职业生涯规划实质上是追求最佳职业生涯的过程。

哈佛大学的爱德华·班菲德博士对美国社会进步动力的研究表明，那些成功的人往往都是有长期时间观念的人。他们在做每天、每周、每月活动规划时，都会用长期的观点去考量。他们会制订5年、10年，甚至20年的未来计划。他们分配资源或作决策都是基于他们预期自己在几年后的地位而定。这一研究成果，对于刚刚跨入职场的青年有重要的启示作用。

优秀的人对于他们自己以及生活，一般都会有长远规划。对职业生涯的长期眼光，是我们未来的事业成功的重要条件。

成功是要付出代价的。不管想在哪一行出人头地，你起码要投入五年的时间来作准备。你要花很长的时间才能培养出足够的专业能力，在竞争激烈的市场中走向成功。否则，如果我们经常地更换城市，更换我们从事的行业和从事的具体工作，那么随着我们变换工作，我们平时积累的相关的知识、技能、工作经验和圈内的人际关系，到时可能都将用不上，最终可能会像我们上面提到的那位"蚯蚓"一样，毕业许多年了，还没有真正的找到适合自己的职业，也没有真正建立起自己独特的竞争优势，而陷入一种在现有工作上继续下去出路不大，重新定位又要费很大力气的尴尬境地。

四、成功的职业生涯，从制定合适的目标开始

研究一些成功者的成功轨迹，就会发现他们走向成功之前大都有着明确的目标。美国成功学家拿破仑·希尔在《一年致富》中有这样一句名言：“一切成就的起点是渴望。”一个人追求的目标越高，他的才能发展就越快。一心向着目标前进的人，整个世界都会给他让路。拿破仑·希尔认为，所有成功都必须先确立一个明确的目标，当对目标的追求变成一种执著时，你就会发现所有的行动都会带领你朝着这个目标迈进。目标就是力量，奋斗才会成功。英国前首相本杰明·迪斯累里原本是一名并不成功的作家，出版数部作品却无一能给人留下深刻印象。后来迪斯累里涉足政坛，决心成为英国首相。他克服重重阻力，先后当选议员、下议院主席、高等法院首席法官，直至1868年实现既定目标成为英国首相。对于自己的成功，在一次简短的演说中迪斯累里一言以蔽之：“成功的秘诀在于坚持目标。”明确而坚定的目标是赢得成功、有所作为的基本前提。因为坚定目标的意义，不仅在于面对种种挫折与困难时能百折不挠，抓住成功的契机，让梦想一步步变为现实，更重要的还在于身处逆境能产生巨大的奋进激情，使自己的潜能得到最大发掘与释放。

案例2

哈佛大学有一个非常著名的关于目标对人生影响的跟踪调查。调查的对象是一群智力、学历、环境等条件都差不多的大学毕业生。结果是这样的：

27%的人，没有目标；

60%的人，目标模糊；

10%的人，有清晰但比较短期的目标；

3%的人，有清晰而长远的目标。

以后的25年，他们开始了自己的职业生涯。

25年后，哈佛大学再次对这群学生进行了跟踪调查。结果是这样的：

3%的人，25年间他们朝着一个方向不懈努力，几乎都成为了社会各界的成功人士，其中不乏行业领袖、社会精英；

10%的人，他们的短期目标不断实现，成为了各个领域中的专业人士，大都生活在社会的中上层；

60%的人，他们安稳的生活与工作，但都没有什么特别的成绩，几乎都生活在社会的中下层；

剩下27%的人，他们的生活没有目标，过得很不如意，并且常常抱怨他人，抱怨社会、抱怨这个“不肯给他们机会”的世界。

其实，他们之间的差别仅仅在于：25年前，他们中的一些人知道自己到底要什么，而另一些人则不清楚或不很清楚。

还有一个故事，同样说明了清晰的目标和方向，对我们人生成功的重要意义。

案例3

比塞尔是西撒哈拉沙漠中的一个小村庄，它靠在一块1.5平方公里的绿洲旁，可是在

肯·莱文1926年发现它之前，这儿没有一个人走出过大沙漠。肯·莱文作为英国皇家学院的院士，当然不相信这种说法。他用手语向这儿的人问其原因，结果每个人的回答都是一样：从这儿无论向哪个方向走，最后都还是要转到这个地方来。为了证实这种说法的真伪，他做了一次实验，从比塞尔向北走，结果三天半就走了出来。

比塞尔人为什么走不出来呢？肯·莱文非常纳闷，最后他只得雇了一个比塞尔人，让他带路，看看到底如何？他们带了半个月的水，牵上两匹骆驼，肯·莱文收起指南针等现代化设备，只拄一根木棍跟在后面。10天过去了，他们走了数百英里的路程，第11天的早晨，一块绿洲出现在眼前。他们果然又回到了比塞尔。这一次肯·莱文终于明白了，比塞尔人之所以走不出沙漠，是因为他们根本不认识北斗星。

在一望无际的沙漠里，一个人如果凭着感觉往前走，他会走出许许多多、大小不一的圆圈，最后的足迹十有八九是一把卷尺的形状。比塞尔村处于浩瀚的沙漠中间，方圆上千公里没有一点儿参照物，若不认识北斗星又没有指南针，想走出沙漠，确实是不可能的。

肯·莱文在离开比塞尔时，带了一位叫阿古特尔的青年，这个青年就是上次和他合作的人，他告诉这位小伙子，只要白天休息，夜晚朝北面那颗最亮的星走，就能走出沙漠。阿古特尔跟着肯·莱文走，3天之后果然来到了沙漠的边缘。

现在比塞尔已是西撒哈拉沙漠中的一颗明珠，每年有数以万计的旅游者来到这儿，阿古特尔作为比塞尔的开拓者，他的铜像被竖在小城中央。铜像的底座上刻着一行字：新生活是从选定方向开始的。

从以上两个案例，我们可以看出——成功，需要明确的目标和方向。

有无目标是成功者与平庸者的分水岭。用简单的数学知识来说，两点之间，直线最短。假设以相同的速度行进，如果一个人看到明确的目标，他就会和案例3中的肯·莱文一样，努力以直线前进，而很快到达他的目的地；而如果一个人没有看到目标，他就会像在浩瀚沙漠中完全凭着感觉摸索的比塞尔人一样，漫无目的，曲折前行，而且最终可能发现，自己又回到了起点，或经过多年的辛勤努力后，却两手空空，一无所获。一个人无论多大年龄，他真正的人生之旅，是从设定目标那一天开始的，以前的日子，只不过是在绕圈子而已。

目标，像分水岭一样，轻而易举地把资质相似的人们分成为少数的精英和多数的平庸之辈。前者主宰了自己的命运，后者随波逐流，枉度一生。当一个人下定决心之后，往往没什么能阻止他达成目标。一旦有了成功的渴求，就会产生强烈的使命感与责任感并为之拼搏。有位哲人说："决心攀登高峰的人，总能找到道路。"强烈的动机可以驱使人战胜诸多困难。如果你至今仍不清楚自己希望达到怎样的人生高度，那么请把你的目标写下来，矢志不渝地向着心中的目标拼搏进取，如此，你就会敏锐地捕捉到成功的契机，顺利抵达理想的彼岸。

只有我们给自己的人生设定了目标，我们内心深处那个勇敢、坚定、执著、不畏艰险的"我"才会走出来，我们才能最大限度地激发自己的潜能，更好地迎接人生路上的各种挑战。

"想干什么"与"能干什么"不是一回事，每个人的能力、天赋和悟性都有所不同，我们确立了一个目标，未必就能够百分百达到；但是，如果我们没有目标，我们更加不容易获得成功。因为国外有句谚语说的好："如果连你自己也不知道你要到哪里，往往你哪里也到不了。”中国也有句古语：“欲得其中，必求其上；欲得其上，必求上上。”所以，不管我们制定的目标是否一定能够达到，目标对于成功都有着重要的积极意义。

当然，除了自身条件外，影响成功还有许多内部和外界的因素，所以确定一个合理的目标是非常重要的。当长期从事一件事情，却看不到一点进步、一点成功的希望，那也许就是该反思的时刻了。结合自己的兴趣、爱好、天赋、特长、能力、条件，看看是否走错了路。如果走错了路，也不要紧，那就慎重地再寻找另外一条。

无论如何，我们不能没有目标，因为尽管最初确立的目标可能有误，但在重新调整之后，我们仍有成功的希望，只不过是迟了一点。但是，如果根本没有目标，那么我们未来成功的希望，就只能用“渺茫”二字来形容了。

五、确定职业定位时应考虑的几个因素

经过多年学习，广大应届毕业生终于要走向工作岗位了。而许多学生在找工作的时候，常常面临的一个问题就是：自己上大一的时候，没有能够学习自己喜欢的专业，或经过几年的专业课学习后，发现自己当初选择的专业并不适合自己，现在马上面临毕业找工作，自己不知道是该优先考虑专业对口的工作，还是重新选择一次，选择一个适合自己的工作？

另外，还有许多学生毕业找工作的时候，经常出现的情况是：找工作时只考虑工作与专业对不对口，至于自己所学的专业和要从事的工作是否适合自己，从来就不曾考虑；或者是不分企业、不分行业、不分工作，盲目发送求职简历；或者是在求职简历的求职意向一栏，写着技术、销售、部门经理等许多职位，而对自己没有一个明确的定位；也有的同学在就业压力下，只要碰到一个单位想录用自己，则不管该行业和该工作是不是适合自己，赶紧签了就业协议书，而且可能一下就签了三五年。

当然，许多时候，迫于就业压力，以上种种做法也可以理解。但我们应该看到，以上种种做法都带有一定的盲目性，没有很全面并且站在一个长远角度来考虑我们的就业问题。如果我们在找工作之前没有经过详细分析就盲目地进行了选择，那么三五年之后，我们很可能仍然面临着选择的困境：继续做现在的工作，觉得该工作不太适合自己，甚至感觉工作的每一天都很沉闷或痛苦，工作了几年也没作出太大的成绩；但如果辞职重新选择别的行业或职业，那么就意味着放弃现在积累的一些专业知识、行业背景和人际关系，不得不付出极高的“机会成本”。

而实际上，我们在择业时比较科学理性的做法是：在开始找工作以前，应该首先对外界和自身的情况都进行一下全面了解和详细分析，进而初步确定自己的职业定位和发展方向，然后在找工作的过程中有意识地去寻找。

从外界的角度讲，主要是当前的整体就业环境和就业趋势，各行各业的现状及发展前景，自己面临的一些就业机会，以及自己的家庭环境等因素。

而从自身的角度讲，了解和分析的主要因素应该包括。

1）我喜欢做什么（主要包括职业兴趣、职业价值观等）。

2）我适合做什么（主要包括职业性格、气质、天赋才干、智商情商等）。

3）我擅长做什么（主要包括职业能力倾向，如言语表达能力、逻辑推理能力、数字运算能力等）。

4）我能够做什么（主要包括自己掌握的专业知识、技能和工作经验等）。

最后经过对以上因素的综合分析和权衡，来初步确定我们的职业定位和发展方向，并在就业过程中，按照自己的职业规划有意识地去寻找。当然，对以上因素进行分析和权衡的基础，是我们对自己的职业兴趣、职业性格和能力倾向等都比较熟悉和了解。如果连我们自己也不是很清楚自己真正喜欢或适合做的工作，那么我们可以借助“职业测评”这个工具手段，来进一步发现和了解自己的职业兴趣、能力倾向等职业特征和发展潜能。

同时，以上要素只是我们在进行职业选择时应该重点考虑的几个方面，不能说哪个重要哪个不重要，每个人的情况都有所不同，每个人还要结合自己的实际情况具体考虑。同时需要说明的是，我们在就业时有意识地去寻找最适合自己的工作，并不是说不适合自己的工作就一定不能去做了。“先就业、再择业”、“先求生存、后图发展”的就业思想，在未来很长一段时间内，对大多数应届毕业生找工作都将具有战略指导意义。只是我们在择业过程中，如果在保证就业的大前提下，能够更加科学理性一些，无疑会更有利于我们未来的成功。

六、职业规划举例

规划路线图和分段实现大目标。

案例 1

1984 年，在东京国际马拉松邀请赛中，名不见经传的日本选手山田本一出人意料地夺得了世界冠军。当记者问他凭什么取得如此惊人的成绩时，他说了这么一句话：凭智慧战胜对手。

当时许多人都认为这个偶然跑到前面的矮个子选手是在故弄玄虚。马拉松赛是体力和耐力的运动，只要身体素质好又有耐性就有望夺冠，爆发力和速度都还在其次，说用智慧取胜确实有点勉强。

两年后，意大利国际马拉松邀请赛在意大利北部城市米兰举行，山田本一代表日本参加比赛。这一次，他又获得了世界冠军。记者又请他谈经验。

山田本一性情木讷，不善言谈，回答的仍是上次那句话：用智慧战胜对手。这回记者在报纸上没再挖苦他，但对他所谓的智慧迷惑不解。10 年后，这个谜终于被解开了，他在他的自传中是这么说的：每次比赛之前，我都要乘车把比赛的线路仔细地看一遍，并把沿途比较醒目的标志画下来，比如第一个标志是银行；第二个标志是一棵大树；第三个标志是一座红房子……这样一直画到赛程的终点。比赛开始后，我就以百米的速度奋力地向第一个目标冲去，等到达第一个目标后，我又以同样的速度向第二个目标冲去。40 多公里的赛程，就被我分解成这么几个小目标轻松地跑完了。起初，我并不懂这样的道理，我把我的目标定在 40 多公里外终点线上的那面旗帜上，结果我跑到十几公里时就疲惫不堪了，我被前面那段遥远的路程给吓倒了。

同样，在现实中，我们做事之所以会半途而废，往往不是因为目标难度太大，而是因为觉得成功离我们太远。所以，在制定目标的时候，我们应该把职业生涯的最终目标分解成一个个阶段性的目标，这样的话，只要坚持下去，我们职业生涯的总目标最终一定能够实现。

案例2

假设毕业生小张学的是市场营销，同时他也比较喜欢做销售，那么他的中短期的职业生涯规划如表5－1所示。

表5－1 职业生涯规划

职业目标：在2010年的时候，成为一家中小型企业的市场部经理						
	开始时间	终止时间	职 业	所需掌握的知识	所需掌握的技能	能力和经验的积累
1	2005年7月	2008年6月	销售代表	销售知识、产品知识	销售技巧	如何谈客户
2	2008年7月	2010年6月	所在公司的销售主管	领导下属的艺术	如何激励下属	团队领导能力
3	2010年7月	2012年6月	所在公司区域销售经理	市场营销方面的知识	如何制订市场营销目标计划	如何把一个地区的业务迅速做大

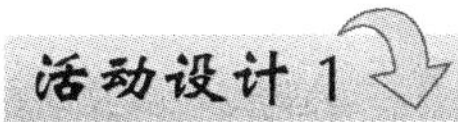

我的未来我规划

一、活动目的

1. 帮助学生从职业的角度了解所学专业、了解个人特点、了解社会需要，树立正确的成才观。

2. 使学生立足本人实际，把个人发展和经济社会发展结合起来，热爱所学专业，增强职业生涯成功的自信心，提高学生的就业竞争力。

二、活动形式

主题班会。

三、活动准备

布置教室，将全班同学分成三组，要求每位同学思考自己的未来如何规划。

四、活动过程

【案例1】

1952年7月4日清晨，美国加利福尼亚海岸笼罩在浓雾中。在海岸以西21英里（1英里＝1.609 344公里）的卡塔林纳岛上，一个34岁的女人涉水进入太平洋中，开始向加州海岸游去。要是成功了，她就是第一个游过这个海峡的妇女。这位妇女叫费罗伦丝·查德威克。在此之前，她是从英法两边海岸游过英吉利海峡的第一位女性。

那天早晨，海水冻得她身体发麻，雾很大，她连护送她的船都几乎看不到。时间一个小时一个小时过去，千千万万的人在电视上注视着她。有几次，鲨鱼靠近了她，被人开枪吓跑了。她仍然在游。在以往这类渡海游泳中她最大的敌人不是疲劳，而是刺骨的水温。

15 个小时之后，她被冰冷的海水冻得浑身发麻。她知道自己不能再游了，就叫人拉她上船。她的母亲和教练在另一条船上。他们告诉她海岸很近了，叫她不要放弃。但她朝加州海岸望去，除了浓雾什么也看不到。几十分钟之后——从她出发算起 15 个小时零 55 分钟之后——人们把她拉上了船。又过了几个小时，她渐渐觉得暖和多了，这时却开始感到失败的打击。她不假思索地对记者说："说实在的，我不是为自己找借口。如果当时我看见海岸，也许我能坚持下来。"人们拉她上船的地点，离加州海岸只有半英里！

后来她说，真正令他半途而废的不是疲劳，也不是寒冷，而是因为在浓雾中看不到目标。查德威克小姐一生中就只有这一次没有坚持到底。2 个月之后，她成功地游过了同一个海峡。她不但是第一位游过卡塔林纳海峡的女性，而且比男子的纪录还快了大约两个小时。

讨论

（1）游泳健将查德威克小姐这次为什么失败了？

（2）这个故事说明了什么？

（3）结合这个故事，根据自己的切身体会，谈谈自己的看法。

【案例 2】

在沈阳市的一次大型招聘会上，毕业于某名牌高校的小何向浙江一家汽车公司申请一个机械工程师的岗位。他学的是机械专业，在大学期间各门功课都很优秀，毕业后的五六年时间里，从事过医药、空调、摩托车等产品的销售、品质主管工作，换了六七个工作，但是没有机械方面的工作经历。招聘者看了他的情况后认为，如果他毕业后稳定从事过机械方面工作，则正是公司需要的人才，但是因为没有这方面的工作经验，公司无法录用他。

讨论

（1）小何并不是不优秀，但是他为什么没有被这家公司录用？

（2）这个故事给我们什么启示？

五、活动总结

在人生的道路上，会出现很多迷茫和黑暗，我们应该努力拨开黑暗的迷雾去寻找光明，寻找自己要走的路。

小何的例子表明了很多大学生盲目就业给自己所带来的危害。由于没有长远打算，很多大学生年轻时只是随波逐流地换工作，到了 30 多岁还没有职业定位。这种情况之下，继续下去出路不大，重新定位又要费很大力气，无奈陷入了一种尴尬的境地。因此，我们从大一开始，就要对自己的职业生涯有一个规划。

美国歌星玛利亚·凯莉有一首成名代表作《英雄》，歌词写的非常好。

英　雄

在你的内心深处

有一个英雄

你不必害怕自己是什么样的一个人

如果探索灵魂深处

你会发现答案

而所谓的痛苦便会消融

随后

英雄带着无穷的力量向你走来

让你抛开恐惧

确信困难终将被战胜

发掘自我

变得坚强

你会发现

英雄就在你心中

所以，我们要敢于梦想，敢于制定富有挑战性的目标，这样，我们的潜能才能最大限度地被激发出来，才更加容易在未来的职场上获得成功。

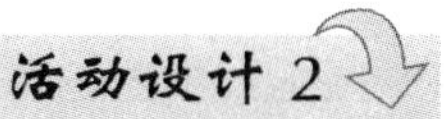

个人职业生涯规划设计大赛

你能从千军万马中脱颖而出，你也能如愿以偿地跨入梦寐以求的“象牙塔”，你更有聪慧的头脑、敏锐的思维、饱满的热情、横溢的才华……可为什么你年轻的脸上却写满了迷惘和忧愁？为什么你总是久久地徘徊在成功的门外？为什么你的才华找不到展示的舞台？为什么你一次又一次的失去机会？为什么你年轻的心灵总在经受一次又一次的挫折……

调查显示：在高校大学生群体中有不少人存在着学习兴趣不浓、学习动力不足、人生目标不明确、缺乏职业规划、求职经验和自信心不足等现象。同时也有一部分同学拥有自己的创意，却没有展示自我的平台。在当今这个知识大爆炸、科学技术发展一日千里的时代，各行各业对人才素质的要求已越来越高。作为一名大学生，如果不能从根本上提高自身的综合素质，有预见性地、科学地规划自己的学习生涯和职业生涯，就很难跟得上时代的步伐。

一、活动目的

1. 提高对职业规划的重视程度，把握好将来的职业发展方向，树立起正确的就业观。

2. 在参赛过程中帮助学生认知自我、完善自我、科学规划、提高素质，为促进学生就业、创业打好坚实基础。

3. 帮助广大同学明确学习目标、端正学习态度、增强学习动力、树立和提高职业规划的意识和能力。

二、活动形式

比赛形式，以“职业规划设计参赛作品评审”和“个人展示、现场问答”形式进行。

三、活动准备

三个同学为一组，每组同学在课前上交一份职业生涯规划打印稿，完成一个 PPT 课件，准备才艺展示。

组织者准备三份奖品，若干工作情景题。

四、活动过程

（一）职业生涯规划作品设计

参赛选手可根据“自我认知”、“职业认知”和“职业生涯规划设计”三大框架完成职业生涯规划设计作品（提供参考模版）。

作品要求（包含但不限于以下内容）。

1. 认识自我、准确定位。

参赛选手需充分认识自身条件与相关环境，并结合大学人才培养目标及专业发展要求，作为设定职业规划目标和策略的基础。包括对自己兴趣爱好、价值观、优缺点、性格、能力、追求以及就业机会、职业选择、家庭和社会等外在环境的认识、评价。

2. 确立志向、设定目标。

参赛选手需要考虑：我喜欢做什么？我能做什么？我可以做什么？我将做什么？想往哪一路线发展？能往哪一路线发展？可以从哪一路线发展？确定自己的职业目标，并在实践过程中不断优化目标。

3. 设定职业目标实现策略。

为实现职业规划的目标而制订可行性计划。例如，大学一年级学生可以根据自我认识拟定初步的职业方向、围绕职业选择提高基本素质，打好知识基础；大学二年级学生要为提高全面素质和能力，考取相关资格证书而努力；大学三年级学生要注重求职技巧、工作技能的培养，要充分了解社会及用人单位的需求，为求职就业做好充分准备。

4. 制订详细的行动计划。

例如，如何充分利用人才测评工具科学地认识自我？计划采用什么措施提高学习、工作效率？计划学习哪些知识、掌握哪些技能、提高哪些业务能力？采取什么办法开发自己的潜能？

（二）比赛

1. 自我风采展示。

在本环节选手按照赛前抽签的顺序在规定时间内展示个人风采，可包括演讲，才艺展示、PPT（可带音乐）等方式。此环节选手要充分向评委和观众展示个人风采，也是为了更好地支持其职业规划作品。

2. PPT 作品展示。

本环节选手根据提交的职业规划作品制作 PPT，通过讲演可结合音乐等方式阐述作品。

（观众互动一：职场知识或其他小游戏，参与观众获得大赛纪念品）

3. 人在职场。

在决赛之前，选手事先进行抽签，分为 A、B 两组，每组 3 名选手通过选择，回答主持人给出的特定工作情景题。此环节考核选手的工作能力和职业价值观。

4. 狭路相逢。

根据之前的抽签结果，A1—B1，A2—B2，A3—B3 自动成为三组对阵双方。在此环节中对阵双方就各自职业规划进行相互答辩。（每组 A 队选手先对 B 队选手进行发问）赛前 6 位选手参阅其他选手的作品。

此环节重点考察选手职场观察能力，现场把握能力以及对“知己知彼”战略的贯彻能力。

（观众互动二：职场知识或其他小游戏，参与观众获得大赛纪念品）

5. 终极答辩。

此环节由评委对选手进行提问，选手进行现场答辩。

通过之前的诸多环节使评委是在对选手有了更多方面的了解后再进行提问。考察选手应变能力和思维能力。

五、活动总结

选手畅谈大赛感悟，公布大赛结果，进行颁奖。

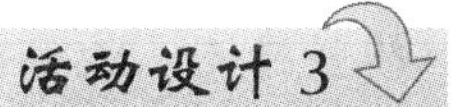

一起来走探索之旅

“生涯规划”不是空洞的理论或时下流行的术语，而应当是一种非常个人化的体验。每个人的人生不同，生涯规划自然迥异。少时被勒令退学，暮年做牛津学子，令无数人痴迷武侠的 81 岁的金庸先生，他的一生有过四个理想：拥有相当的知识和技能，做几件对己、对人、对社会有益的事，创办《明报》，安享晚年、逍遥自在。

一、活动目的

使学生经历一个探索的过程，寻找各自发展的方向，并获得行动的勇气和力量。

二、活动形式

实战训练。

三、活动准备

音响设备、音乐《月光曲》、拍卖清单、内部纵横交错的六边形。

四、活动过程

我是一个怎样的人？

【案例】

一位临近毕业的学生说：“我用了大一一年的时间来发现‘我是谁’。当时，我泡图书馆狂看市场营销方面的书，应聘了六个社团统统失败后又重整旗鼓，与我钦佩的老师和同学交流，我找到了答案。”认识自己的确不是一件简单的事，需要去经历一些事情，也需要静静地思考。旅程的第一站试图促进成员初步的个人探索。

我是谁

探索旅程的第一站，将全班同学分为三组。由教师带领成员在 3 分钟内尽可能多地写下自己的个人特质，然后选出最能代表自己的 5 项，最后确定 1 项自己最欣赏的。这个“头脑风暴”在捕捉闪过脑中的每一个对自己的看法，不论是正面的还是负面的。而因为来不及分析和思考，往往能显出成员最真实的自我。

我想要什么？

探索旅程的第二站，教师带领所有的参与者做“生涯畅想”放松训练。跟随着舒缓而清晰的指导语，和着轻柔温婉的《月光曲》，同学们要穿越想象的时光隧道，绘出 5 年后的自己。

什么是生命当中最重要的？

小组充分地分享之后，教师主持“价值大拍卖”，引导大家进行个人价值观的澄清。教师介绍说：“在这次拍卖会中，我们为大家准备了各具魅力的24项标的物，比如一个幸福美满的家庭、赚大钱、无拘无束的生活或可以不断进修等，而大家手里都只有资金1000元。现在先请大家在发下来的清单上勾出自己最想得到的东西，并预估它的价格。现在开始！”

分享与总结

拍卖和分享感受的过程让我们明白：人必须弄清楚生命之中，什么对自己而言是重要的。拍卖的过程就是一个极好的价值澄清过程：这些东西对我意味着什么，哪一样或哪几样是我认为最有价值、最想得到的？当我为得到它付出更多时，选择继续坚持还是放弃？每个人在起跑线上拥有的“资源”一样，但最终得到的却大不相同。

我要往哪里去？

实现梦想需要更多的努力。这种努力包括去发现自己想做的事究竟是不是如想象般那么难，包括向已经做出成绩的人了解他是如何做到的。这些可以归结为对职业世界的探索。

学生们在高考的重压下，很少有机会早早接触周围的世界，了解工作、职业是怎么一回事。而这个了解的过程是谁也包办不了的。有不少毕业生抱着“先随便找个工作”的想法，结果往往遭遇种种问题和困惑，付出了过多的代价。对于职业世界的探索应当尽早，尽量避免在宝贵的职业生涯中蹉跎岁月，早日迈出坚定的步子，走向自己的目的地。

地上贴一个大大的六边形，内部线条纵横交错，从起点开始，可以选择迈向任何一个交叉点来代表要走的每一步，一直要走到目标小旗的顶点。

五、活动总结

在整个课程中，我们没有反复讲述究竟什么是生涯规划，它的意义和价值是什么。整个的探索旅程让每一个参与者都有了自己独特的理解。

这次探索之旅是现实的一个缩影，在今后的人生中，还要不断地走这样的旅程。生涯规划在不断变化的人生中是一股力量、一种反思、一段调整，它让我们从懵懂的状态中尽快走出，让我们不至于迷失，对机遇保持敏感，对生活充满感恩。

美国能源部部长朱棣文应邀在哈佛大学毕业典礼上发表演讲。朱棣文是1997年诺贝尔物理学奖得主。2009年6月4日，朱棣文获得哈佛大学荣誉博士学位。在演讲中，他语言诙谐地表示，自己名气不够响亮，也非亿万富豪，但至少他是一个“书呆子”（anerd）。在此选登其演讲内容，给同学以启示。

尊敬的Faust校长，哈佛集团的各位成员，监管理事会的各位理事，各位老师，各位家长，各位朋友，以及最重要的各位毕业生同学：

感谢你们，让我有机会同你们一起分享这个美妙的日子。

我不太肯定，自己够得上哈佛大学毕业典礼演讲人这样的殊荣。去年登上这个讲台的是英国亿万身家的小说家J. K. Rowling女士，她最早是一个古典文学的学生。前年站在这里的是比尔·盖茨先生，他是一个超级富翁、一个慈善家和电脑天才。今年很遗憾，你们的演讲人是我，虽然我不是很有钱，但是至少我是一个书呆子。

我很感激哈佛大学授予我荣誉学位，这对我很重要，也许比你们想到的还要重要。要知道，在学术上，我是我们家的异类。我的哥哥在麻省理工学院得到医学博士，在哈佛大学得到哲学博士；我的弟弟在哈佛大学得到一个法律学位。我本人得到诺贝尔奖的时候，我想我的妈妈会高兴。但是，我错了。消息公布的那天早上，我给她打电话，她听了只说："这是好消息，不过我想知道，你下次什么时候来看我？"如今在我们兄弟当中，我最终也拿到了哈佛学位，我想这一次，她会感到满意。

在哈佛大学毕业典礼上发表演说，还有一个难处，那就是你们中有些人可能有意见，不喜欢我重复前人演讲中说过的话。我要求你们谅解我，因为我有两个理由。

首先，为了产生影响力，很重要的方法就是重复传递同样的信息。在科学中，第一个发现者是重要的，但是在得到公认前，最后一个得出这个发现的人也许更重要。

其次，一个借鉴他人的作者，正走在一条前人开辟的最佳道路上。哈佛大学毕业生、诗人爱默生曾经写下："我最好的一些思想，都是从古人那里偷来的。"画家毕加索宣称"优秀的艺术家借鉴，伟大的艺术家偷窃。"那么为什么毕业典礼的演说者，就不适用同样的标准呢？

我还要指出一点，向哈佛毕业生发表演说，对我来说是有讽刺意味的，因为如果当年我斗胆向哈佛大学递交入学申请，一定会被拒绝。我的妻子Jean当过斯坦福大学的招生主任，她向我保证，如果当年我申请斯坦福大学，她会拒绝我。我把这篇演讲的草稿给她过目，她强烈反对我使用"拒绝"这个词，她从来不拒绝任何申请者。在拒绝信中，她总是写："我们无法提供你入学机会。"我分不清两者到底有何差别。不过，那些大热门学校的招生主任总是很现实的，堪称"拒绝他人的主任"。很显然，我需要好好学学怎么来推销自己。

毕业典礼演讲都遵循古典奏鸣曲的结构，我的演讲也不例外。刚才是第一乐章——轻快的闲谈。接下来的第二乐章是送上门的忠告。这样的忠告很少有价值，几乎注定被忘记，永远不会被实践。但是，就像王尔德说的："对于忠告，你所能做的，就是把它送给别人，因为它对你没有任何用处。"所以，下面就是我的忠告。第一，取得成就的时候，不要忘记前人。要感谢你的父母和支持你的朋友，要感谢那些启发过你的教授，尤其要感谢那些上不好课的教授，因为他们迫使你自学。从整体看，自学能力是优秀的文科教育中必不可少的，将成为你成功的关键。你还要去拥抱你的同学，感谢他们同你进行过的许多次彻夜长谈，这为你的教育带来了无法衡量的价值。当然，你还要感谢哈佛大学。不过即使你忘了这一点，校友会也会来提醒你。第二，在你们未来的人生中，做一个慷慨大方的人。在任何谈判中，都把最后一点点利益留给对方。不要把桌上的钱都拿走。在合作中，不要把荣誉留给自己。成功合作的任何一方，都应获得全部荣誉的90%。

电影《Harvey》中，Jimmy Stewart扮演的角色Elwood P. Dowd，就完全理解这一点。他说："多年前，母亲曾经对我说，'Elwood，活在这个世界上，你要么做一个聪明人，要么做一个好人。'"我做聪明人，已经做了好多年了……但是，我推荐你们做好人。你们可以引用我这句话。

我的第三个忠告是，当你开始生活的新阶段时，请跟随你的爱好。如果你没有爱好，就去找，找不到就不罢休。生命太短暂，所以不能空手走过，你必须对某样东西倾注你的深情。我在你们这个年龄，是超级的一根筋，我的目标就是非成为物理学家不可。本科毕业后，我在加州大学伯克利分校又待了8年，读完了研究生，做完了博士后，然后去贝尔实验室待了9年。在这些年中，我关注的中心和职业上的全部乐趣，都来自物理学。

我还有最后一个忠告，就是说兴趣爱好固然重要，但是你不应该只考虑兴趣爱好。当你白发苍苍、垂垂老矣、回首人生时，你需要为自己做过的事感到自豪。物质生活和你实现的占有欲，都不会产生自豪。只有那些受你影响、被你改变过的人和事，才会让你产生自豪。

在贝尔实验室待了9年后，我决定离开这个温暖舒适的象牙塔，走进我眼中的"真实世界"——大学。我对贝尔实验室的看法，可以引用 Mary Poppins 的话，"实际上十全十美"。但是，我想离开那种仅仅是科学论文的生活。我要去教书，培育我自己在科学上的后代。

我在斯坦福大学有一个好友兼杰出同事 Ted Geballe。他也是从伯克利分校去了贝尔实验室，几年前又离开贝尔实验室去了斯坦福大学。他对我们的动机作出了最佳描述："在大学工作，最大的优点就是学生。他们生机勃勃、充满热情、思想自由，还没被生活的重压改变。虽然他们自己没有意识到，但是他们是这个社会中你能找到的最佳受众。如果生命中只有一段时间是思想自由和充满创造力，那么那段时间就是你在读大学的时候。进校时，学生们对课本上的一字一句毫不怀疑，渐渐地，他们发现课本和教授并不是无所不知的，于是他们开始独立思考。从那时起，就是我开始向他们学习了。"

我教过的学生、带过的博士后、合作过的年轻同事，都非常优秀。他们中有30多人，现在已经是教授了。他们所在的研究机构有不少是全世界第一流的，其中就包括哈佛大学。我从他们身上学到了很多东西。即使现在，我偶尔还会周末上网，向现在还从事生物物理学研究的学生请教。

我怀着回报社会的想法，开始了教学生涯。我的一生中，得到的多于我付出的，所以我要回报社会。这就引出了这次演讲的最后一个乐章。首先我要讲一个了不起的科学发现，以及由此带来的新挑战。它是一个战斗的号令，到了作出改变的时候了。

过去几十年中，我们的气候一直在发生变化。气候变化并不是现在才有的，过去60万年中就发生了6次冰河期。但是，现在的测量表明气候变化加速了。北极冰盖在9月份的大小，只相当于50年前的一半。1870年起，人们开始测量海平面上升的速度，现在的速度是那时的5倍。一个重大的科学发现就这样产生了。科学第一次在人类历史上，预测出我们的行为对50~100年后的世界有何影响。这些变化的原因是，从工业革命开始，人类排放到大气中的二氧化碳增加了。这使得地球的平均气温上升了0.8℃。即使我们立刻停止所有温室气体的排放，气温将仍然比过去上升大约1℃。因为在气温达到均衡前，海水温度的上升将持续几十年。

如果全世界保持现在的经济模式不变，联合国政府间气候变化专门委员会（IPCC）预测，21世纪末将有50%的可能，气温至少上升5℃。这听起来好像不多，但是让我来提醒你，上一次的冰河期，地球的气温也仅仅下降了6℃。那时，俄亥俄州和费城以下的大部分美国和加拿大的土地，都终年被冰川覆盖。气温上升5℃的地球，将是一个非常不同的地球。由于变化来得太快，包括人类在内的许多生物，都将很难适应。比如，有人告诉我，在更温暖的环境中，昆虫的个头将变大。我不知道现在身旁嗡嗡叫的这只大苍蝇，是不是就是前兆。

我们还面临另一个幽灵，那就是非线性的"气候引爆点"，这会带来许多严重得多的变化。"气候引爆点"的一个例子就是永久冻土层的融化。永久冻土层经过千万年的累积形成，其中包含了巨量的冻僵的有机物。如果冻土融化，微生物就将广泛繁殖，使得冻土层中的有机物快速腐烂。冷冻后的生物和冷冻前的生物，它们在生物学特性上的差异，我们都很熟悉。在冷库中，冷冻食品在经过长时间保存后，依然可以食用。但是，一旦解冻，食品很快就腐烂了。一个腐烂的永久冻土层，将释放出多少甲烷和二氧化碳？即使只有一部分的碳被释放出来，可能也比我们从工业革命开始释放出来的所有温室气体还要多。这种事情一旦发生，局势就失控了。

气候问题是我们的经济发展在无意中带来的后果。我们太依赖化石能源，冬天取暖，夏天制冷，夜间照明，长途旅行，环球观光。能源是经济繁荣的基础，我们不可能放弃经济繁荣。美国人口占全世界的3%，但是我们消耗全世界25%的能源。与此形成对照，全世界还有16亿人没有电，数亿人依靠燃烧树枝和动物粪便来煮饭。发展中国家的人民享受不到我们的生活，但是他们都看在眼里，他们渴望拥有我们拥有的东西。

这就是新的挑战。全世界作为一个整体，我们到底愿意付出多少，来缓和气候变化？这种变化在100年前，根本没人想到过。代际责任深深植根于所有文化中。家长努力工作，为了让他们的孩子有更好的生活。气候变化将影响整个世界，但是我们的天性使得我们只关心个人家庭的福利。我们能不能把全世界看做一个整体？能不能为未来的人们承担起责任？

虽然我忧心忡忡，但是还是对未来抱乐观态度，这个问题将会得到解决。我同意出任劳伦斯·伯克利国家实验室主任，部分原因是我想招募一些世界上最好的科学家，来研究气候变化的对策。我在那里干了4年半，是这个实验室78年的历史中任期最短的主任，但是当我离任时，在伯克利实验室和伯克利分校，一些非常激动人心的能源研究机构已经建立起来了。

能够成为奥巴马施政团队的一员，我感到极其荣幸。如果有一个时机，可以引导美国和全世界走上可持续能源的道路，那么这个时机就是现在。总统已经发出信息，未来并非在劫难逃，而是乐观的，我们依然有机会。我也抱有这种乐观主义。我们面前的任务令人生畏，但是我们能够并且将会成功。

我们已经有了一些答案，可以立竿见影地节约能源和提高能源使用效率。它们不是挂在枝头的水果，而是已经成熟掉在地上了，就看我们愿不愿意捡起来。比如，我们有办法将楼宇的耗电减少80%，增加的投资在15年内就可以收回来。楼宇的耗电占我们能源消费的40%，节能楼宇的推广将使我们二氧化碳的释放减少三分之一。

我们正在加速美国这座巨大的创新机器，这将是下一次美国大繁荣的基础。我们将大量投资有效利用太阳能、风能、核能的新方法，大量投资能够捕获和隔离电厂废气中的二氧化碳的方法。先进的生物燃料和电力汽车将使得我们不再那么依赖外国的石油。

在未来的几十年中，我们几乎肯定会面对更高的油价和更严厉的二氧化碳排放政策。这是一场新的工业革命，美国有机会充当领导者。伟大的冰球选手 Wayne Gretzky 被问到，他如何在冰上跑位，回答说："我滑向球下一步的位置，而不是它现在的位置。"美国也应该这样做。

奥巴马政府正在为美国的繁荣和可持续能源，打下新的基础。但是我们还有很多不知道的地方。这就需要你们的参与。在本次演讲中，我请求在座各位哈佛毕业生加入我们。你们是我们未来的智力领袖，请花时间加深理解目前的危险局势，然后采取相应的行动。你们是未来的科学家和工程师，我要求你们给我们更好的技术方案。你们是未来的经济学家和政治学家，我要求你们创造更好的政策选择。你们是未来的企业家，我要求你们将可持续发展作为你们业务中不可分割的一部分。

最后，你们是人道主义者，我要求你们为了人道主义说话。气候变化带来的最残酷的讽刺之一，就是最受伤害的人，恰恰就是最无辜的人——那些世界上最穷的人和那些还没有出生的人。

这个最后乐章的完结部是引用两个人道主义者的话。

第一段引语来自马丁·路德·金。这是1967年他对越南战争结束的评论，但是看上去非常适合用来评论今天的气候危机。

“我呼吁全世界的人们团结一心，抛弃种族、肤色、阶级、国籍的隔阂；我呼吁包罗一切、无条件地对全人类的爱。你会因此遭受误解和误读，信奉尼采哲学的世人会认定你是一个软弱和胆怯的懦夫。但是，这是人类存在下去的绝对必需……我的朋友，眼前的事实就是，明天就是今天。此刻，我们面临最紧急的情况。在变幻莫测的生活和历史之中，有一样东西叫做悔之晚矣。”

第二段引语来自威廉·福克纳。1950年12月10月，他在诺贝尔奖获奖晚宴上发表演说，谈到了世界在核战争的阴影之下，人道主义者应该扮演什么样的角色。

“我相信人类不会仅仅存在，他还将胜利。人类是不朽的，这不是因为万物当中仅仅他拥有发言权，而是因为他有一个灵魂，一种有同情心、牺牲精神和忍耐力的精神。诗人、作家的责任就是书写这种精神。他们有权力升华人类的心灵，使人类回忆起过去曾经使他无比光荣的东西——勇气、荣誉、希望、自尊、同情、怜悯和牺牲。”

各位同学，你们在我们的未来中扮演举足轻重的角色。当你们追求个人的志向时，我希望你们也会发扬奉献精神，积极发声，在大大小小各个方面帮助改进这个世界。这会给你们带来最大的满足感。

最后，请接受我最热烈的祝贺。希望你们成功，也希望你们保护和拯救我们这个星球，为了你们的孩子，以及未来所有的孩子。

任务二　职业意识训练

案例1

有一位护士专业的毕业生在一家大医院进行护士毕业实习。实习期满，如能让院方满意，她就可留下成为正式护士。一天，医院来了一位生命垂危的伤员，实习护士被安排做主刀医生的助手。手术从清晨一直做到黄昏，眼看患者的伤口即将缝合，这名实习护士突然严肃地盯着主刀医生说：“我们用的是12块纱布，可你只取出来了11块。”“我已经全部取出来了，一切顺利，立即缝合！”主刀医生头也不抬，不屑一顾地回答。“不，不行！”实习护士高声抗议道：“我记得清清楚楚，手术中我们共用了12块纱布！”主刀医生没有理睬她，命令道：“听我的，准备缝合！”这名护士毫不示弱，大声叫了起来：“您是医生，您不能这样做！”直到这时，主刀医生冷漠的脸上才浮起了一副欣慰的笑容，他举起右手心握着的第12块纱布，向在场的人宣布：“这是我最满意的助手！”于是这名实习生成了这家大医院的正式护士。

这名实习护士的举动，绝不仅仅是认真，而是体现了她作为一个医务工作者强烈的职业意识，是职业意识使她成为了这家大医院的正式护士。从这里我们可以看出，职业意识对于一个人的事业、对他人、对社会是多么的重要。

一、职业意识的概念

职业意识是职业道德、职业操守、职业行为等职业要素的总和。职业意识是约定俗成、师承父传的。职业意识是用法律、法规、行业自律、规章制度、企业条文来体现的。职业意识有社会共性的，也有行业或企业相通的，每一个人在工作岗位上都必须牢记并以其约束自己。

二、基本内容

职业意识的核心是爱岗敬业精神。它可以细化为规范意识、团队意识、责任意识、质量意识、诚信意识、服务意识和创新意识。

1. 规范意识

规范意识是指从业者按照所在单位成文的规章制度和企业文化所认同的不成文的习惯性规定，自觉地履行岗位职责、规范自身行为的意识。市场经济的发展，使现代生产社会化的程度越来越高，分工越来越复杂，也使参加社会化生产的人越来越多。在如此庞大的生产规模下，如果没有严格的纪律约束，就很难对生产进行协调，任何违反纪律的行为都将影响全局。遵纪守法是各用人单位对应聘者职业道德的首要要求。所以，规范意识是求职必备的职业素质，也是一种重要的职业意识。

2. 团队意识

团队意识是具有集体意识和协调合作能力的一种综合表现，是为了一个统一的目标，大家自觉地认同必须负担的责任和愿意为此而共同奉献的意识。其中的个体在被尊重的氛围中，上下齐心，团结合作，为了团队的利益而追求卓越。团队意识包括两个方面的含义：一是集体意识，自己与同事共同构成的是一个为了公司或者单位利益而共同努力的集体，有共同的目标，根本利益是一致的；二是合作能力；将集体意识深入发展，应用到实际工作中就表现为合作能力。企业有了团队意识就是拥有了核心竞争力，团队意识是单位和个人成功的保证。

3. 责任意识

责任意识是指自觉地履行岗位职责，按照岗位要求认真落实各项任务。责任意识所涉及的内容非常丰富，并且与其他职业意识联系非常紧密。

1）责任意识是一个人成就事业的基本保证，也是其造福社会的一项基本前提。一个人要在社会工作中立足，干一番事业，就必须具有责任意识。良好的责任心是每个人必须具备的品质。没有坚定的责任心，人就会在逆境中跌倒，在各种引诱前不能自持。只有彼此都有责任意识，才能有效提高企业整体的工作效率。

案例 2

在东京有这么一个女孩。她到东京帝国酒店做服务生，那是她涉世之初的第一份工作。但她万万没有想到上司安排她洗厕所！上司对她工作质量的要求特别高：必须把马桶清洗得光洁如新！怎么办？是接受这个工作？还是另某职业？一位前辈看到她犹豫的态度，不声不响地为她做了示范。当他把马桶洗得光洁如新时，他竟然从中舀了一碗水喝了下去！前辈对工作的态度，使她明白了什么是工作，什么是责任心。从此她漂亮得迈出了职业生涯的第一步，并踏上成功之路。而她就是如今日本的邮政大臣——野田圣子。

上面的例子让我们明白了：在工作中追求完美，也是一种重要的工作责任意识。

2）负责任还是一种决定，这种决定需要行动去承诺。敢于给出这种承诺，才是真正走向成熟的表现，才能为自己的思想、工作习惯、目标和生活负责，才能给人一种可以信任的感觉。很多时候，对于初涉职场的人来说，选择第一份工作可能不是由自己的意志决定的，但怎样看待第一份工作，走好人生奋斗的第一个起点，却是要靠个人努力。即便你不喜欢你的这份工作，但是你已经选择了它，就要学会负起责任。当你尽最大的努力做好这份工作的时候，当你因此而得到上司的赏识的时候，你可能会有意外的收获、意外的惊喜，或许你就会发现这份工作并不比你原来想要的工作差。你会发现责任心在帮助自己开创新的命运，一条走向成功的路。

4．质量意识

质量意识，顾名思义，就是以质量为核心，是指自觉保证工作质量的一种意识。质量这个词包含着数量和程度两层含义。所以保证工作质量就是指按时、优质地完成工作。只有优质的工作才能生产出优质的产品，也才能使个人和公司更有竞争力。

1）培养质量意识是和规范意识、责任意识、服务意识的养成相辅相成的。具有规范意识和责任意识是拥有质量意识的保证。

2）要把培养质量意识作为个人的追求，同时与企业的需求相结合。企业竞争的生命力来自员工的素质。贯穿全员的质量意识就是人的素质提高的过程。质量意识包括了负责的生活态度、工作态度，还包括了知识水平、业务水平，涉及人的参与意识与伙伴精神。因此，我们要不断加强个人质量意识，提高自我综合素质，服务自己的工作岗位和企业单位，为明天的辉煌而奋斗。

3）培养质量意识要从小事做起。就如沃尔玛提出的口号那样“做生意当然要实现利润最大化，而最大化的目标要从最小的具体行动开始。”事物的发展总是由量变到质变的发展过程，从小的事件中更能体现一个人的质量意识。

5．诚信意识

诚信作为基本的职业要求，意思是诚实守信，有信无欺。这是从业人员应具备的基本素质，也是最重要的品德之一。

当今社会，培养诚信意识已经成为全民共同关注和讨论的话题。而无论哪个行业都会把诚实守信作为聘用员工最起码的条件之一。如果缺少这种意识，一个人很难做好工作并从这份工作中得到成就感和自尊感。如果一个人人品不正，为了自己的利益，不惜损害公司和同事的利益，其职业道路必然会越走越窄。因此，要想在职业生涯中赢得更多的帮助和欢迎，就要做到正直和诚信，增加对他人、企业和社会的责任感。

据《人民日报》华东版2002年3月4日报道，某用人单位透露，在一次招聘会上收到的84份大学生自荐表中，发现有5人同时为同一学校的学生会主席，6人同时为同校同班“品学兼优”的班长。调查中，在高校周围的复印店里，有人把别人的英语等级证书、计算机等级考试证书、奖学金证书、优秀学生干部奖状以及发表过的文章，改头换面复印，就变成了自己的“辉煌经历”，堂而皇之地交给了用人单位。这也造成了许多用人单位不得不在要材料时必须看原件的尴尬场面。

广大毕业生在社会工作中离不开与他人的交往，在交往中，相互信任是人们相处的基础。失去了“诚实守信”，也就失去了交往的基础；诚信，使我们具备了在社会交往中应具备的起码条件，诚实守信对于我们每个人都是头等重要。在一个成熟的市场经济社会里，没有诚信就没有生存和发展，而具备良好的诚信意识是每个人在文明社会里的通行证。

6. 服务意识

服务意识是敬业精神的延伸，就是指愿意把自己所从事的工作以及给他人带去方便和快乐当做自己应该做的事情。具有强烈的服务意识，才能把工作当做快乐的事。

案例3

1998 年 1 月 31 日，年近古稀的台湾同胞郑先生住进了桂林凯悦酒店。他是获悉老伴不幸去世的恶噩耗而孤独一人赶回老家贵阳奔丧的。到桂林已是晚上，赴贵阳的交通票还没有着落。而两天后就要举行葬礼，患有心脏病的郑先生此时急得团团转。酒店行李员胡贤得之事情原委，主动上前安慰客人，又多方找关系托人替他办票。但时值春运高峰，数日内所有前往贵阳方向的机票、车票全被订购一空。怎么办？小胡使出了最后一招。次日凌晨三时许，小胡领着郑先生“强行”登上了开往贵阳的 165 次列车，然后又苦口婆心地说服了列车长，终于给郑先生补了一张卧铺票。郑先生紧紧握着小胡的手，感激得流下了眼泪。

案例中的行李员小胡热情友善、乐于助人、解客人之急的服务精神，值得我们学习。他以高度的责任感，主动给客人想办法解决车票问题，体现了强烈的服务意识和对客人深切的关心。

企业在生存过程中，必然要经过淘汰、重整的剧痛，只有这样才可能真正壮大起来。企业不相信人情，也不相信眼泪。守卫自己职位的唯一途径就是自觉认真地做好应该做的事。随着市场经济的发展，商品渠道越来越完善，商品的差异越来越少，服务的重要性就日渐突显出来。“21 世纪是服务的世纪。”经济学家认为，我们生活在“服务经济”时代，每个人都在享受他人的服务，并且为他人服务。优秀的企业家总是十分注意这一点，在要求自己的员工时尤其强调这种服务精神。

因此，作为企业中的个体，服务意识也必然作为员工的基本素质要求之一被所有人重视。每个员工必须树立自己的服务意识。一般来说，重视服务，自觉地改善服务品质，总是能够得到管理者更多的青睐。即便是你的老板自身都没有意识到这一点，即便你从服务当中所获得的利益非常小，你也要记住：服务至关重要。

培养服务意识，要做到以下两个方面。

（1）热爱自己的工作及工作环境

企业总是乐意聘用那些精力充沛、积极、热情的人。因为这些人都有一个共同点，那就是乐于热心地为他人服务，具有积极乐观的工作态度。在同事之间、与客户甚至与上下级之间都应该建立起一种互相帮助的关系，要做到这一点，自己首先要热情地为别人提供帮助。在心里，要有一种帮助别人就是帮助自己的信念，这样才能真正地从内心里生出一种服务意识。

（2）服务沟通的技巧

1）尊重备至。尊重在中国是殷勤待客的核心部分之一，缺少尊重必定会破坏和谐的关系。就算我们做不到永远按照上级、同事和客户的要求和愿望行事，但也决不能有羞辱、为难、贬低或怠慢顾客的行为。

2）温良谦恭，无论是面对上级、同事还是客户，都应该表现得自信而不骄矜，他们不总是对的，但永远是第一位的。无论出现什么情况，都应该心态平和。

3）彬彬有礼。礼貌是中国文化另外一个组成部分，它的含义是言行文明、举止大方、细致周全，礼貌能够给人创造美好又永久的印象。

4）真诚质朴。真诚、热情发自内心。诚信既然是商业活动中最重要的品质，那么它当然也是人际关系之本，更是我们所谈的服务之本。与人相处的时候，不要太过矫饰自己，应该尽量表现自己真实自然的一面，多放一些注意力在别人身上，才能够发现他人的需要，从而提供细心、周到的服务。

7．创新意识

创新意识是以深厚的文化底蕴、高度综合化的知识、个性化的思想和崇高的精神境界为基础的。心理学领域的最新研究表明，创新意识是一种认识、人格、社会层面的综合体，涉及人的心理、生理、智力、思想、人格等诸多方面，并且和这些方面相辅相成，创新意识能巩固和丰富人的综合素质。从这个意义上说，创造意识是素质构成中的核心成分。最近的一项问卷调查显示，多数企业经营者把创新视为企业家精神的核心，并且，学历越高的人越重视创新。

怎样培养自己的创新意识呢？

1）要把创新视为自己的职责，这是最重要的一点。生产适合市场的产品是工作职责，而市场需求又是不断变化的，所以就需要不断的创新。因此，创新也是一项工作职责。有了这样一种意识，就可以敦促自己时刻不忘开拓创新，就像不能忘记准时上班一样。

2）不断学习新的技术技能，使自己的专业知识能够得到不断的更新。知识技能是创新的基础，没有先进的知识技能创新就只能是空中楼阁。有了知识技能的支持，自然就会产生一种想要开拓创新的意识。

3）时刻保持信息畅通。无论做什么工作，都应该关注有关这一工作的最新的信息。例如，企业应该时刻注意市场需求的变化，及时根据变化调整自己的生产活动。不是有一句话说“需求是发明之母”吗？同样，需求也是创新的最原始动力和最大动力。当需求出现改变的趋势，要及时捕捉到，才能保证自己的创新真的是创新，也就是说，是符合市场需求的。

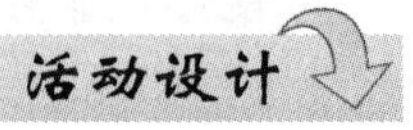

职业意识训练

一、活动目的

使学生了解职业意识的概念和内容，充分认识其重要性，并学会在生活中培养职业意识，从细节入手塑造职业形象，从而为以后的求职就业做准备。

二、活动形式

主题班会。

三、活动准备

布置教室，全班同学分成三组。

四、活动过程

1. 体验活动——海上救生模拟

一艘大船，突遇风暴，即将沉如大海。船上有医生、企业家、大学教授、中国小姐参赛队员、演员、运动员、工厂厂长、小学教师、电脑工程师、秘书、营销高手、军官、儿童、政府官员和你自己，救生艇只能容纳5人，其他只能等待救援或沉入海底。

确定你们认为应该先获救的5个人达成一致后，选一人报告本组结果，说明如此排序的原因。

3. 故事分享

【故事1】

甲、乙两个人一起携枪准备作案，被警察发现抓了起来。警方怀疑，这两个人可能还犯有其他重罪，但没有证据。于是分别进行审讯，为了分化瓦解对方，警方告诉他们，如果主动坦白，可以减轻处罚；顽抗到底，一旦同伙招供，你就要受到严惩。当然，如果两人都坦白，那么所谓“主动交代”也就不那么值钱了，在这种情况下，两人还是要受到严惩，只不过比一人顽抗到底要轻一些。

如果两人都不坦白，警察会以非法携带枪支罪而将二人各判刑1年；如果其中一人招供而另一人不招，坦白者作为证人将不会被起诉，另一人将会被重判15年；如果两人都招供，则两人都会因罪名各判10年。

讨论

1. 这两个囚犯该怎么办呢？是选择互相合作还是互相背叛？

从表面上看，他们应该互相合作，保持沉默，因为这样他们俩都能得到最好的结果——只判刑1年。但他们不得不仔细考虑对方可能采取什么选择。问题就这样开始了，甲、乙两个人都十分精明，而且都只关心减少自己的刑期，并不在乎对方被判多少年。

甲会这样推理：假如乙不招，我只要一招供，马上可以获得自由，而不招却要坐牢1年，显然招比不招好；假如乙招了，我若不招，则要坐牢15年，招了只坐10年，显然还是以招认为好。无论乙招与不招，我的最佳选择都是招认。还是招了吧。自然，乙也同样精明，也会如此推理。

2. 从这个故事中我们能学到什么？

总结

Think win-win，才有可能得到长久的欢愉。

【故事2】

1985年的一天，张瑞敏的一位朋友要买一台冰箱，结果挑了很多台都有毛病，最后勉强拉走一台。朋友走后，张瑞敏派人把库房里的400多台冰箱全部检查了一遍，发现共有76台存在各种各样的缺陷。张瑞敏把职工们叫到车间，问大家怎么办？多数人提出，也不影响使用，便宜点儿处理给职工算了。当时一台冰箱的价格800多元，相当于一名职工两年的收入。张瑞敏说："我要是允许把这76台冰箱卖了，就等于允许你们明天再生产760台这样的冰箱。"他宣布，这些冰箱要全部砸掉，谁干的谁来砸，并抡起大锤亲手砸了第一锤！很多职工砸冰箱时流下了眼泪。在接下来的一个多月里，张瑞敏发动和主持了一个又一个会议，讨论的主题非常集中："如何从我做起，提高产品质量"。三年以后，海尔人捧回了我国冰箱行业的第一块国家质量金奖。

张瑞敏说："长久以来，我们有一个荒唐的观念，把产品分为合格品、二等品、三等品还有等外品，好东西卖给外国人，劣等品出口转内销自己用，难道我们天生就比外国人差，只配用残次品？这种观念助长了我们的自卑、懒惰和不负责任，难怪人家看不起我们，从今往后，海尔的产品不再分等级了，有缺陷的产品就是废品，把这些废品都砸了，只有砸得心里流血，才能长点记性！"

讨论

1. 听到这个故事的时候，大家的心里有没有一些热流在涌动，谈谈自己的看法。
2. 从我做起，从小事做起，从现在做起，我们应该怎么做？

任务三　就业信息搜索与处理

毕业生在择业时，尤其要注意就业信息的搜集与处理，在这个信息化的时代，信息就是一切。因此，毕业生应有意识地多方搜集信息，以利于自己在更大的范围内做出更好的选择。

一、信息就是机遇

所谓就业信息，是指与就业有关的消息和情况，包括就业政策、就业机构、经济发展形势与趋势、劳动供求双方的情况、国民经济计划、干部人事制度、劳动用工制度、近期失业率以及就业培训、毕业生资源及就业制度等。在信息化程度日益发达的今天，信息就是机遇，信息就是金钱和成功。对一个求职者来说，无论是待业人员还是刚刚毕业的学生或是失业的下岗职工，如能及时掌握大量可靠的就业信息，就能目光敏锐、行动果断，从信息中把握机会，找到一份合适的工作。否则，就可能同成功失之交臂。

二、多方获得信息

随着人才市场不断发展成熟，职业选择范围扩大，职业竞争也日趋激烈，找一份满意的工作并非易事。大中专毕业生作为个体求职者必须大量搜集和掌握各种求职信息，获得职业供给信息的途径主要可以分为正式渠道和非正式渠道两个方面。

搜集求职信息的途径很多，就目前就业市场发布的招聘信息来看，主要有电视、广播、报纸、杂志以及各职业介绍机构、校内主管部门等。求职者可通过这几种媒体来搜集、分析就业信息。

1. 校内主管部门

就目前的就业机制来看，学校是连接大学生就业工作所涉及的有关对象的核心环节。他们既与毕业生就业工作所涉及的各级主管部门之间保持着密切联系，同时也是用人单位选聘毕业生所依赖的一个主要窗口。这一特定的位置，使他们对就业信息的占有量大于其他部门。

2. 各种类型的毕业生就业市场

为做好每年的毕业生就业工作，各地方、各行业及各高校都要举办规模大小不等的“供需见面会”，这些“人才市场”所容纳的毕业生需求信息量非常之大，毕业生应珍惜并抓好这些机遇。有不少毕业生就是通过这一途径确定工作单位的。

3. 实习单位

实习一般都是对口单位。通过实习，你对单位的了解或单位对你的了解都会比别的需求信息更具有质的含量。如果说实习单位有意进人，很可能你就是其考虑的第一个对象。

4. 有关就业指导的报刊、图书

目前，各级各类报刊上的招聘广告很多，一般综合性报纸，在某些版面每天都刊登有招聘信息，有的定期开设就业专版，一些就业报道的图书中也经常附上有关用人单位的情况介绍和需求人数等，这些都是获得信息的渠道。

5. 求助人际关系网

现代社会是一个关系社会，关系就是财富。具体到求职来说，关系可能就是就业的机会。一些求职者求助于亲朋好友的介绍和推荐，幸运地获得了满意的工作。亲朋好友、父母亲人都有自己的熟人和朋友，他们各有自己的关系网，通过他们提供的信息，往往比较具体、准确，成功率高。

6. 通过计算机网络获取求职信息

计算机网络以现代科技为依托，可以提供人才招聘、劳务输出的信息。求职者可在任一网站通过计算机或触摸屏查阅自己关心的供求信息和有关政策法规等，是求职者获得就业信息的又一快捷方式。

三、信息的筛选与选择

在搜集人才信息的基础上，下面的工作就是毕业生要对搜集到的用人信息进行筛选。筛选和选择目标有两个主要方面因素。

1. 正确评价自我

毕业生在择业以前，必须要对自己作出一个全面的认识和正确的自我评价。不但要清楚自己想干什么，更要弄明白自己能够干些什么，要清楚自己的兴趣爱好、气质特点、性格、基本素质、专业知识、技术能力等，只有这样才能恰当地择业。

2. 了解用人单位情况

用人单位的情况应包括以下几个方面。

1）用人单位的准确全称。

2）用人单位的隶属关系，市属单位要搞清上级主管部门（指人事管理权限），中央单位应搞清主管部、委、总公司等情况（人事档案管理关系）。

3）用人单位的联系办法：如人事部门联系人、电话、通信地址、邮政编码等。

4）用人单位的所有制性质。

5）用人单位需要的专业、使用意图、具体工作岗位。

6）用人单位对所需人才的具体要求。

7）用人单位的规模、发展前景、地理环境、经营范围和种类等。

8）用人单位的福利待遇（包括工资、福利、资金、住房等）。

总之，多方面更准确地了解用人单位的基本情况，才不至于就业错误选择。

四、使用信息的原则

就业信息的使用，一般要遵循以下原则：

1. 发挥优势和学以致用的原则

求职者在选择职业岗位和工种时，要尽量做到发挥所长，学以致用。这样可以发挥优势，避免人才资源的浪费。

2. 面对现实的原则

在择业问题上，无论个人的愿望如何美好，在实际操作时则要面对现实。不能图虚荣，爱面子，好高骛远，而要量力而行，量能择业，量才定位。在认真分析个人的实际和社会需求的客观实际后，找到实现人生价值的岗位。

3. 在一定政策范围内择业的原则

大学生是国家有计划培养的高等人才，大学毕业生在使用就业信息时，要把个人意愿和国家需求结合起来，当个人利益与国家利益、集体利益发生矛盾时，要顾全大局，服从国家和社会的需要，并根据社会需要与自己的能力、愿望做出职业选择。

五、如何对待就业信息的真伪

求职者要对通过各种途径获得的职业需求信息进行认真的辨别处理，判断其真实性和可信性，要当心虚假招聘广告，要警惕花样翻新的“职介”骗子，否则，上当受骗，不仅求职不成，还人财两空，使自己的权益受到损害。在当前劳动力市场尚不十分规范，法制还不健全的情况下，广大求职者务必提高警惕，增强自我保护的能力。

求职者通过招聘广告和职业介绍机构求职是最常见的两种求职途径，而恰恰这两条途径是求职者的权益被损害、问题比较多的两条途径。下面先重点谈谈求职者在通过招聘广告方面应如何辨别真假，提高自我保护的意识。

求职者通过各种媒体获取招聘广告信息后，不要匆忙地去应聘，而是应当认真分析和研究招聘广告的内容，然后再决定是否应聘，这项工作是十分必要的。因为媒体广告主要是以文字或画面等符号形式表现的，只能单向接受，不能像在招聘现场那样可以双向交流、咨询，而起初给求职者一定的选择空间。广告内容材料一般是由招聘单位自己提供，难免有失公正客观，加之受版面的限制，内容大都很简略，求职者难以清楚地知道招聘单位的背景。有的招聘单位允诺的条件有意或无意含糊其辞，模棱两可，容易产生误导。凡此种种，都需要求职者重视对招聘广告的分析，以免所求职业与期望值相差太大，甚至上当受骗。

那么，如何对招聘广告进行分析，去伪存真呢？

招聘广告一般由三部分组成：

1）对应聘者的条件要求，如年龄、学历、经验、技能、个人品质等。

2）招聘单位提供的条件和待遇，如工资、住房、工作地点、晋升机会等。

3）求职方式和办法。

案例 1

××市××电子制作公司招聘

我公司是设计、生产电子元件的中外合资企业，产品95%外销，年产值1200万元，因业务需要，诚聘电子工程管理人才。

要求：大学管理学专业，有一定文秘基础，25岁左右。英语四级以上。

待遇：月薪1500—2800元，包食宿。工作时有日本皇冠3．0轿车接送。

凡有意应聘者，请于5月12日—13日持以下资料：

1．学历证、职称证和身份证复印件；

2．本人简历、亲笔应聘书和具有代表性工作业绩材料的复印件；

3．本人详细通信地址、邮编、电话，到136号中国广州人才市场三楼就聘。联系电话：010-86774328。

中国广州人才市场广字（1998）788号

求职者要逐字逐句地细看和认真研究广告用词，才能意识到那些模棱两可和故意误导的话语并提防这些用语。广告中常见的这类用词主要有：

收入可靠——这意味着薪水不固定，你的所得靠你完成的任务决定，也许是承担什么工作或家庭手工业之类的副业。

给予管理职位——这经常是某些职业的诱惑，在那里被录用者只是表面上管理其他一些像他一样工作但薪水低于平均水平的人，这也意味着管理仅有一两个人的部门。

无需经验——薪水相当低又没有可观前景的明显信号，那也可能是一种虚假广告，目的是诱骗一些单纯的应聘者，或者设法不抵触法律，然而其真诚令人质疑。

广告促销工作——这个听起来不错，其实这只不过是把广告宣传册塞进门缝下，在繁忙的人行道上分发新产品、样品，在百货公司充当短期演示员，或者把促销资料填塞进信封。

对于下面这则罗列完整、明显针对管理和行政人员这一就业市场的广告，你的感觉如何？

案例 2

你是否厌倦为一个资格能力不如你一半的人打下手？富有进取和创新精神的先生女士们，这是一个绝好的公开机会，在一家即将开办的食品加工公司任新部门主管，千载难逢的就业良机和前景可观的顶尖高薪会带给你所有权和月薪超××元的收入，请寄信函及个人有效简历到××号信箱。

这则广告听起来相当诱人吧！不错，但所提供的这种工作合法否？实际薪水多少？这个广告可能会包括一些未曾提及的现金投资吗？与登广告者联系一下，实地考察一下，就可消除诸如此类的怀疑，那样做也没什么大损失。

还有一类招聘广告，很难从字面上辨其真假，更具隐蔽性。这类广告打着招聘的幌子，醉翁之意不在酒，招人是假，宣传企业是真，求职者更要加倍小心，以免被其利用。

案例 3

南方某城一家合资企业在报纸、电视台做了招聘广告，招收的范围相当广泛，从总经理、副总经理到中层的各部部长，再到各工种工人，统统在招聘范围。不光对招聘人员岗位有要求，连企业所有设备、所产产品也都尽列其中。一般的招聘广告时限，短的三五日，长的十日八日，招聘工作即可完成。但这家企业的招聘广告竟连发了 3 个月之久，招聘广告词频频更换，连“我公司产品属于二代产品，不同于 ×× 企业出产的产品只能治标，我公司的产品却是标本兼治”这类明显属不正当竞争的广告词也出现了。由于出现在招聘广告中，又没有点明哪个企业，故一直没有受到限制。

这个公司最后招聘到的员工寥寥无几，当然总经理、副总经理因没有合适人选没有招到。但很明显的是，他们的产品的销售额却翻了几番。

其实，这家公司醉翁之意不在酒，总经理每日都稳居公司办公室内，他可没有让贤的肚量，只是造了个大声势，挤占了对手的市场。这家公司当然不是在真正招聘人才。

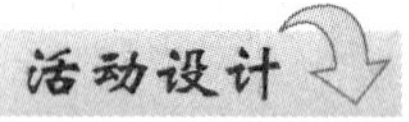

就业信息大搜捕

一、活动目的

1. 训练学生搜集就业信息的能力。
2. 帮助学生学会判断就业信息的真伪。

二、活动形式

主题班会。

三、活动准备

布置教室，全班同学分成四组，要求每组同学提前搜集 5 条与自己所学专业相关的信息。

四、活动过程

1. 每组选出一名同学对自己所在组搜集信息的过程，招聘单位的情况进行介绍。
2. 大家畅所欲言，分析信息，辨别信息的真伪。

【案例】

李强是广告系的高材生，今年 3 月份到郑州某广告公司应聘。对方给他出了一道题：为一款家用电器做个广告策划方案，限期 3 天。3 天后，李强带着自己做出的策划方案来到该公司，对方收下后让他回家等通知，然后就再无下文。

今年 5 月份，李强发现一条家用电器的广告“很眼熟”，和他做的方案几乎一模一样，而策划公司正是他曾去应聘的那家。原来，对方招聘是假，窃取他的创意才是真。

【特征】一些招聘单位以考试为借口，将公司接下的项目作为考题直接交给应聘者完成，在不付出任何成本的情况下，骗取应聘者的劳动成果，如程序设计、广告设计、策划方案、文章翻译、软件开发等，最后并不录用任何人。

【对策】对此，有律师建议，出于对自身知识产权的维护，应聘者在提交策划案时最好附上“版权声明”：“任何收存和保管本策划案各种版本的单位和个人，未经作者同意，不得使用本策划案或者将本策划案转借他人，亦不得随意复制、抄录、拍照或以任何方式传播。否则，引起有碍作者著作权之问题，将可能承担法律责任。”并要求招聘单位签收。

任务四　求职材料的制作

现今大学毕业生求职，已逐步实现在市场供求规律调节下，通过与用人单位“双向选择”来确定就业方向。在“双向选择”的过程中，大部分用人单位安排面试的依据是阅读有关毕业生情况的书面材料，对他们来说，这些书面资料就是判断和评价毕业生的学习成绩、工作潜力的依据。

所谓自荐求职，就是毕业生通过一定的形式，正确地宣传自己、展示自己、推销自己，以达到就业上岗的一种求职方法。自荐是就业的基础，在很大程度上能决定毕业生能否取得进一步面试的机会。而一套完美的求职材料，必然会不失时机地为毕业生求职择业打开成功之门。

一、求职材料的准备方法

一套理想的求职材料，必须多侧面、立体化、准确全面地反映出一个人的自然状况、专业水平、能力结构和综合素质。因此，求职成功的关键是要认真准备求职材料。

求职材料包括很多，可根据自己的具体情况进行增减。主要包括：求职信、推荐表、简历、成果、各类证件、健康状况证明材料、毕业生就业协议书、材料索引等。

1. 自荐信

自荐信是毕业生向用人单位所作的自我介绍。它可以简洁、完整地介绍毕业生的情况、表达毕业生的意愿。

2. 推荐表

推荐表是证实求职者身份、学历、成绩、能力及现实表现的综合性书面材料。

推荐表的表格一般为学校毕业生就业管理部门统一印制，除多数内容由毕业生本人填写外，毕业生所在院系的领导还要写出综合评语和推荐意见，并由校系两极组织审查、签字盖章。因此，可信度比较高。用人单位都比较相信和重视。

3. 简历

简历是个人生活、学习、工作经历的简要记述。其目的是让用人单位全面了解自己，为自己赢得面试的机会。个人简历一般均与求职信、推荐表同时使用。

4. 成果

成果是反映毕业生综合能力的主要材料。包括在报纸杂志上公开发表的文章、图片资料、社会实践调查报告、小制作小发明的成果、实物，专家的评价、实习成绩，实习单位的鉴定，等等。

5. 各类证件

各类证件是反映学生德、智、体全面发展的依据之一。它包括毕业证书、学位证书、各类学历证书和结业证书还包括有：三好学生、优秀团员、优秀学生干部、模范团干证书复印件；英语、计算机考级证书复印件；参加社会实践、征文比赛、文艺演出、体育运动会、社团活动等各类活动的获奖荣誉证书复印件；职业资格证，等等。

6．健康状况证明材料

一般为县级以上人民医院体检表。它反映了毕业生的身体状况，为毕业生顺利求职打下了坚定的基础。

7．毕业生就业协议书

是毕业生经供需见面和双向选择后，与用人单位和高等学校签订的就业协议书，它一经签订就必须严格执行。

8．材料索引

它置于整个求职材料之前，可以反映出一个人办事的条理性，同时也为用人单位的考核人员，提供最简洁的阅读途径。

全部材料整理好后，还需设计一个封面，封面要简洁明了。题目可以是《×××大学生求职资料》，下面列上自己的姓名、专业、辅修专业，还应有系名、联络电话、邮政编码等，以便于用人单位与你联系。

二、求职材料的撰写方法和技巧

求职材料又称求职申请书。一份完整的求职申请书应该包括申请人的求职信和简历，它是求职申请人给用人单位的第一印象。申请书的优劣，往往决定申请人能否引起用人单位的重视和兴趣，进而被直接录用或给予面试的机会，是应聘过程中重要的一步。

1．写求职信需掌握的几个原则

1）根据求职的目的来布局谋篇，把重要内容放在首要的位置上，并加以证实。

2）对相同或相似的内容进行归类组合，段与段之间按逻辑顺序衔接，从阅信人的角度出发组织内容。

3）信件要具有个人特色，能体现专业水平。

4）内容、语气、用词的选择和对希望的表达要积极，应该充分显示出你是一个乐观、有责任心、有创造力和通情达理的人。

5）用具体事例提高阅读人的注意力，消除他们的怀疑心理。

6）意思表达要直接、简洁。这样能体现你珍惜他人的时间。

2．求职信的内容和结构

求职信是求职文书的重要组成部分，也是写作难度最大的部分。求职信既是求职者对自己综合情况的自我介绍，又是求职者写作能力的反映，它是应用文书的一种。其内容主要包括以下七个方面。

（1）称呼

求职信的称呼往往比一般书信的称呼正规，求职者要针对用人单位的不同，选用不同的称呼，一般都是写××单位负责人，如果能将用人单位的主管领导或人事主管的姓名打听到，采用姓＋职务的称呼形式更好。如“尊敬的周局长”“尊敬的赵科长”，会给对方收信人一个惊喜，让他们感到你对他们的了解和重视，一下子缩短了你们之间的距离。

（2）问候和寒暄

问候一般常采用“您好”“近安”等语。

为了增进感情，消除生疏，寒暄几句是必要的。寒暄语可以是问候语，也可以是别的。下面这几种寒暄语一般能获得良好的印象，使人乐意看下去。如“您很忙，真不好意思麻烦您”、“您的时间宝贵，打扰您很不安”或者“占您几分钟，非常抱歉”。

（3）正文

这是求职信的重点，其内容大体包括如下几部分。

1）招聘信息。应明确招聘信息从何处得知，如果是从该单位刊登的招聘广告或者该单位的上级单位及有名望的人等处得到的信息，最好明确写出，这样既可以引起收信人的重视，又能自然引起下文。

如果用人单位没有公开招聘，你不知道该单位需不需要招聘人员时，也可以写一封求职信去“投石问路”，可写“久闻贵公司声誉卓著，发展迅速，且产品深受欢迎，据悉贵公司正在开拓新的领域，故冒昧写信自荐，恳切希望早日成为贵公司的一员……。”

2）求职条件。这是正文的重点。无论你的求职愿望多么强烈，求职动机多么纯正，但如果你求职条件不具备，或者求职条件不错但不善于表达，都不会被用人单位所接受。求职信从表达方式上讲属于求职者有目的的自我介绍，带有明显的自我推销色彩，因此在拟写时，既要实事求是，又要善于扬长避短，针对求职目标，多角度、多方位地介绍自己，特别是将自己最关键的经历，最好的成绩，最重要的特长展示出来，用你的风采和魅力吸引打动对方。

3）求职的目的和要求。即你希望得到什么职位，你能为对方做什么工作。对这两点，最好说得很明确，又带有一定的灵活性（如多提几种）。如果你非常想去那个单位，你还可以进一步表明希望对方量材分配。这样双方选择的余地大，录用的成功率则更大些。

4）你对用人单位、职业的了解和赞美。这样可以引起对方的愉悦和对你的好感。切不可将你联系了哪些单位，人家对你怎么感兴趣写在信中。这样，一是使人起疑心，既然如此，何必上我这儿来？二会使人不放心，没准干不了多久还得跳槽。因此，你必须给对方这种信息，我喜欢你们单位，只想到你们单位来工作。

5）写明你渴望得到这份工作的心情，以及你做好这项工作的决心和信心。如“若能到贵单位工作是我无比的荣幸，我将十分珍惜这一难得的机会，努力工作，尽职尽责，为贵单位贡献出我的全部学识和力量。”

（4）结尾

这部分一般是提出希望和要求。例如，可写“我期望您能给我一个面试的机会”，“盼望您的答复”或“静候佳音”之类的话。回信地址、联系电话可写在此处，也可写在简历后面，视具体情况而定。但切莫遗忘，以至无法联系。

（5）祝颂语

最常见的一般是写“此致，敬礼”！或祝“工作顺利，万事如意”。比较有特色的还可写“敬颂（此颂、顺颂……）大安”等。视对方身份、职业和季节等选用。祝颂语写得贴切，可以显示你的礼貌和修养，不可忽视。

（6）署名和日期

署名可以简单写为“求职人××”。姓名前面不必加任何谦逊的限定词，以免有阿谀之嫌，或对方轻看你的能力。写信的日期要年、月、日俱全。

（7）附件

求职信中所提到的有关自己的经历、业绩等情况，要提供原件和复印件，这就是所谓的附件。附件要与求职信一同使用。附件包括学历证、学位证、工作证、职称证、成绩一览表的复印件以及简历等。这些材料需在求职信正文左下方以附件的形式一一证明，便于用人单位审核。

求职信一般不单独使用，它与简历是一个不可分割的整体，需连同简历一起交给用人单位。

3．求职信的写作要求

求职信属于应用文书的一种，它的写作自然要符合应用文书写作的规范和要求。但求职信由于是针对特定的受文对象，有特定的写作目的，其写作也有一些特殊性。因此，总体上讲要符合以下要求。

（1）要根据招聘者的心理选择合适的内容

招聘者的心理有共性，也有特殊性。共性一般有，欢迎思想品质好的人；欢迎基础扎实、知识面宽的人；欢迎有事业心的人；欢迎综合素质高的人。不喜欢弄虚作假的人；不喜欢不敬业的人；不喜欢吹牛拍马、言过其辞的人；不喜欢成绩皆优却毫无创造力、想像力的人。

招聘者的特殊心理因人而异，如能了解到，依其心理而为之，则成功率较高。笔者曾带学生在新疆参加过面试，有一个单位体育运动开展的很好，就是缺乏裁判员，刚好有个同学除其他方面均好外，还拿了国家三级裁判证书，正合用人单位心意。因此，一谈即妥，用人单位当即表示同意接收该生，一次面试就被录用。

（2）言词要恳切

求职信应十分恳切地表达出自己的愿望。例如“非常希望到贵单位工作，请您惠于考虑”，“渴望领导能给我一个在贵单位发展的机会”等。有些人写求职信，一式多份，广为复印，到处投递，信中只介绍自己的情况，对能否被录用不抱什么希望。对这种“广种薄收，不负责任的做法”往往很难收到好的效果。因为恳切的态度是与对工作、对单位的热爱联系在一起的，而热爱正是干好工作的基础。

（3）才华要展示

求职信是送给用人单位最好的介绍信，只有充分展示自己的才华，“推销”自己的能力，才能引起用人单位的注意和兴趣。求职信一般不宜过分谦虚和低估自己，要充分展示自己的名、优、特，要用你工作或在校时的具体事例来证明你的才干。当然，所介绍的情况必须真实，绝不能为达到受聘目的而不择手段，欺骗用人单位。

（4）介绍要有针对性

展示自己的才华要注意详略得当，与自己求职相关的内容要详写，关系不太大的可一笔带过。例如，你应聘做部门主管，就应介绍你的性格、口才、交际能力、协调能力、管理能力、应变能力等；而如果你应聘做家电修理师，上述这些则关系不大，重点应转到你对家电维修技能与实际操作能力等方面。

（5）谦虚而不菲薄

人的长处与短处往往是相伴而存的，承认自己的某些不足，不仅不会损害自己的形象，相反还会给人以坦诚、谦逊的印象。例如，一位求职青年在信中写到："虽然我涉世不深，缺少工作经验，但我毕竟年轻，我有一颗不甘落后的心，有不怕吃苦的精神和从点滴做起的决心。相信在领导和师傅的指导下，我会把工作干好的。"这种不卑不亢、谦虚上进的态度，定能博得用人单位的好感。

（6）感情要联络

要想使求职信打动招聘单位，联络感情是不可忽视的重要方面。应该在信中对用人单位及其领导、员工予以真诚的、恰如其分的赞扬，而要做到这一点，就需要你对用人单位的深入了解、充分准备、全面认识，"知己知彼，百战不殆"。

（7）文面要讲究

内容固然重要，形式亦不可忽视。写求职信不仅要讲求格式正确，而且要讲求文面。讲求文面不仅是交际礼貌的需要，而且反映了一个人良好的文风、学风和工作作风。有些求职者写求职信不讲求行款格式，字迹潦草，不规范，甚至不加标点，再加上错字连篇，文不对题，这样的求职信只能被用人单位拒之于门外。

（8）长短要适宜

求职信太短，一来难以清楚介绍自己，难以表达自己的认识和感情；二来显得不够认真，不够尊重。但写得太长，又会占用对方的时间，使别人不愿过多关注求职信的内容。因此，一方面要言简意赅，文约旨丰；另一方面要长短适宜，反复斟酌，一般以一千字左右为宜。

专家建议：

求职信切不可复印，若复印，用人单位会认为你对单位缺乏诚意而不会考虑用你。

三、简历的写作方法与技巧

简历是求职文书的重要组成部分。由于其内容的特殊性，不便在求职材料中表述，一般单独撰写，独立成篇，形成履历这种文书体裁。简历要求简明、扼要、准确，不可虚饰，更不可有虚假。

简历写得好，可以帮助求职者得到用人单位的更多关注，如果因自谦而把简历写得过于简单或因信心不足写得过于谦虚，就会导致错失良机。因为人们永远不会第二次得到对你的第一印象。

简历与求职信在写法上是不尽相同的。求职信属于一种书信体，有文章的谋篇布局和章法，而简历则是提供用人单位想要知道的有关求职者的各项事实，多采用分条列举的方法，一般不用完整的文句，大多省略主语，主要以表格的形式制作。

一份好的简历应该清楚易读，能简洁的勾画出求职者的基本面貌和个性。篇幅最好一页，不超过两页纸，能让人迅速捕捉到求职者的个人信息，以决定是否进一步考虑你的求职申请。

1. 简历的构成要素

（1）一般情况

包括姓名、性别、籍贯、出生年月、民族、政治面貌、健康状况、婚姻状况、职务、职称、地址、家庭情况、电话号码等。

（2）学历概况

就读的中学、大学名称、专业名称、学位、所学课程、成绩情况。如果是工作多年的人则可将成绩略去。

（3）本人经历

大学以来的简单经历、担任的社会工作或入党等方面情况。可以按时间顺序写，也可以有重点、有选择地写，甚至可以倒叙。总之要做到巧妙安排，给人以突出的印象。作为非在职的学生，一般没有这方面的内容。

（4）科研成果

发表过的论著，择要列出其名称、出版社（报刊）名称以及出版发表时间；成功的设计、发明也包含在此项内容之中。

（5）特长、爱好

比较突出的可列举一、二。比如计算机、外语、体育、语言文字等方面。

（6）获奖情况

学校、单位或其他组织或上级组织颁发的各种重要奖项。如：三好学生、优秀学生干部、优秀团员、模范团干、专项奖学金、重大比赛奖等。

（7）技能培训

参加过的有关其他辅导或培训课程，注明完成日期。如目前正在学习某一科目，就应将完成的日期写出来。如计算机文字处理，将于明年 1 月完成等。

（8）从事志愿者工作及其他社会活动的经历

如果从事过与所找工作有联系，或有助于未来用人单位更好了解你的某种志愿者工作及其他社会活动，也可以将其包括在履历（简历）表中。例如，在某名胜地申报联合国遗产名录接待外国专家的过程中，担任过导游、翻译等。

（9）证书/许可证

可将获得的有关证书的复印件附上。例如：外语等级证书、计算机操作资格证书、会计证、汽车驾驶执照等。

（10）说明部分

如果求职者有特别的说明且此说明有助于引起招聘者的兴趣，那么，履历（简历）表上就可添加说明。

2. 附件的制作技巧

附件是指附在求职信和履历表、推荐表后，对求职者起证明或介绍作用的有关材料。它包括在求职信、履历表和推荐表中所涉及的有关自身情况的证据性材料。如：求职者的学历、获奖证书、发表的论著、学校或某个专家的推荐信等。为保有原件，可提供复印件。附件是求职文书不可缺少的部分，能提高求职信、履历表、推荐表的可信度。

附件和求职信、履历表、推荐表都是最主要的求职文书，它们密切联系，相辅相成。在求职时，应将这几种材料整理好，一并寄给或交给用人单位作录用参考。

四、毕业生就业协议书的签订

原国家教育委员会（1998 年更名为教育部）制定了《普通高等学校毕业生就业工作

暂行规定》。其中第五章第二条要求：经供需见面和双向选择后，毕业生、用人单位和高等学校应当签订毕业生就业协议书，作为制订就业计划和派遣的依据。

协议书是逐步完善、逐步规范毕业生就业市场而出台的一种新的就业文书。是毕业生按照准备求职材料的顺序在向用人单位呈送了求职信、推荐表、履历表、各种附件材料，经用人单位面试通过后，进入录取试用阶段所履行的最后一道手续。在这一阶段，将与用人单位签订就业协议书。国家教育部高校学生司监制的《普通高等学校毕业生就业协议书》中明确指出，按照《普通高等学校毕业生就业暂行规定》的要求，为维护国家就业计划的严肃性，明确毕业生、用人单位、学校三方在毕业生就业工作中的权利和义务，经协商，毕业生、用人单位、学校三方签订如下协议。

1）毕业生应按国家规定就业。向用人单位如实介绍自己的情况，了解单位的使用意图，表明自己的就业意见，在限定的时间内到用人单位报到，若遇特殊情况不能按时报到，需征得用人单位同意。

2）用人单位需要如实介绍本单位的情况，明确对毕业生的要求及使用意图，做好各项接收工作。

凡取得毕业资格的毕业生，用人单位不得以学习成绩为由提出违约，未取得毕业资格的毕业生，本协议无效。

3）学校要如实向用人单位介绍毕业生的情况，做好推荐工作。

用人单位同意录用后，经学校审核列入建议就业计划，报国家教育部（国家教育部直属院校）、各省属院校报省教育厅批准，学校负责办理派遣手续。

4）学校应在学生毕业前安排体检，不合格者不派遣，本协议自行取消，由学校通知用人单位。

用人单位对毕业生身体条件有特殊要求，原则上应在签订协议前进行单独体检，否则，以学校体检为准。

5）毕业生、用人单位、学校三方如有其他约定，应在备注栏注明，并视为本协议书的一部分。

6）本协议经各方签字，盖章后生效。

三方都应严格履行本协议，若有一方提出变更协议，须征得另两方同意违约，由违约方承担违约责任，并在备注栏注明。

7）本协议一式三份，毕业生、用人单位、学校各执一份，复印无效。

协议书一经签订，就应具有法律效力。因此，毕业生在签订协议书时要慎重，不可像推荐表一样多单位投递作投石问路。一个毕业生，只能同一个用人单位签约，协议书只能签一份，若随便变更协议，无论哪一方都要承担违约责任。

五、求职信中常见的毛病

1）错字、别字。求职信中字词的选择常能反映出一个人做事是否仔细、严谨，一篇内容很好的求职信往往会因为错别字而起到不好的效果。

2）前后两种笔迹。显示此信是请人代写，后来又增添的一段。

3）用笔不一。或用红色圆珠笔、或用铅笔、或用蓝墨水、或用黑墨水，显示写信人对求职毫不重视。

4）内容是命令式的语气。规定对方怎样怎样，引起对方反感。

有的毕业生由于求职心切，在语言上表达不好。例如：①“我家人都在贵市，故很想去贵单位就职。”本来是想表达因家就在贵市，去了以后能工作安心，但给人的感觉是为了和家人在一起才去的，对单位并不感兴趣。②“本人×月×日要到外地实习，敬请贵单位×月×日前复信为盼。”表面上看相当客气，但却限定对方时间，令人有你在操纵别人之嫌。③“本人谨以最诚挚的心情应聘于贵单位，盼望获得贵单位的尊重考虑。”似乎说，你不考虑聘用我就是不尊重我，让人难以接受。④“先有多家单位欲聘我，所以请您从速答复我。”别人会认为，既然那么多单位要你，你还来我这儿干什么，从而对你不予理睬。

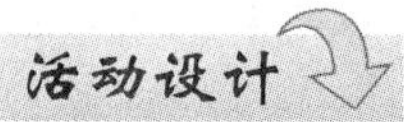

自荐书的制作

一、活动目的

1. 介绍自荐书制作技巧，提供新颖的模板。
2. 培养学生的审美观念，训练学生制作自荐书的能力。

二、活动形式

展览。

三、活动准备

布置教室，每位同学准备一份自荐材料，将教室布置成展厅。

四、活动过程

1. 同学们互相参看观摩大家的自荐书。
2. 同学们各抒己见，谈谈对自荐书制作的看法。
3. 评选出自荐书制作能手。

任务五　成功面试

面试是通过当面交谈问答对应试者进行考核的一种方式。由于面试与笔试相比较具有更大的灵活性和综合性，它不仅考核一个人的业务水平，而且可以面对面观察应聘者的口才和应变能力等。所以许多用人单位对这种方式更感兴趣。

英国哲学家罗素说过：选择职业就是选择将来的你自己。在某种意义上可说，如果找到了理想的职业，就等于推开了走向成功之路的大门。然而要步入成功之门并非易事，除已有的知识、能力、信息准备外，还必须掌握求职面试的基本技巧。因为在较短的面对面交流双向选择中，你能很快展示自己，又能被人们接受，这确实是一门功夫。

一、面试准备的技巧

1. 资料充分，有条有理

事先做充分的准备，包括资料、心理、穿着、了解应聘单位的情况等，好让主试者觉得你处事周到而有条理。

2. 心理健康显自信

很多人认为应聘面试是一个相当令人紧张的事情。因为即将和一位具有陌生面孔、陌生性格、陌生语调的人打交道，就算您事先已对所要会面的对象有一定的了解，心里也难免有一些顾虑和畏惧感，紧张的心理会压得您喘不过气来。因而，克服自己的紧张心理，以从容的心态参与面试，对于希望开拓事业的你来说是相当重要的，这就需要做好初期的准备工作。

（1）不要慑于对方的声威

关键是要摆正心态。如果把考官看得过高，慑于考官的声威，你的锐气将不挫自短，在没有进入考场时，就注定了失败的命运。其实考官是在选拔人才，是希望你应答得很好的，只要你在心理上处于与他平等的地位，便能发挥出正常水平，甚至显露出自己都难以预料的高水平。

（2）略加修饰以增强信心

俗话说："店大欺客，客大欺店"。到高级宾馆就餐或住宿的人，即使平时穿着很随便，这时也得尽力打扮一番，不能太随便。原因是宾馆的气氛使人不能不收敛平时的随便，而重视自己的服装仪表。西装革履走进高级宾馆，会使人自觉信心十足，堂堂正正，这是心理暗示。

这就是说，重视服装仪表，是预防被紧张情绪吞没的一种心理防护。在应聘面试时，讲究仪表，可以增强自信，产生良好的心理效果。

（3）确立主体意识

可以认为是我要请考官考我，考官不会为难我。这样，与考官见面，自然就不会感到胆怯了。

当自己即将与考官见面时，难免会感到胆怯。这是因为那种不得不见面的被动感支配着自己，总认为是考官考我要为难我。遇到这种情形时，如能确立主体意识，增强主动感，自己给自己鼓气、开脱，便可以在很大程度上消除胆怯的心理。

（4）事先做坏的打算

蔺相如当年与秦王谈判时就使用了这种策略，他对谈判前途作了充分分析，想到最坏的结果是璧毁人亡。因而面对秦王的威吓，毫不退缩，针锋相对，据理力争，终于迫使秦王让步，"完璧归赵"成千古美谈。

我们在应聘面试时要与考官见面时，也可以采取这样的策略。事先有万一失败的心理准备，心意就自然放松。大不了以后再考，大不了不要这份工作，还有不少机会呢？还有什么可紧张的呢？这种态度不但能使你镇定，而且会得到意外的收获。

保持心理健康，能克服在应聘面试中所带来的绝望感，使自己与考官站在平等的地位，从而在心理上产生自我激励的作用。

（5）保持乐观的心态

你是否发现，与声望较高的陌生人相处，有时候能够谈笑自如，而有时却绞尽脑汁也想不出应该说什么话。我们都知道，人的一生都要经历许多成功和更多失败的考验。所不同的是，较乐观的人认为自己的成功的机会多，悲观的人认为此生的任务是承包"失败"，胜利与己无缘。所以，只要留心一点，便可以看到那些擅长交际的人们在面对面的场合可能也有过多次的失败，而那些较孤僻、不喜欢与人交往的人，事实上也有过成功的经验，野百合还有春天呢！

虽说胜败乃兵家常事，但我们仍可靠智慧和技巧去改变情势，让自己在应聘面试中获得主动。所以，在应聘面试时，为了保持自己的心态平静，便须在意识中让强大的自我与懦弱的自我先行对话一番。总之，要保持乐观、自信的健康心理。自信是应试成功的关键一环，否则，学再多知识都可能前功尽弃。

3．注重礼仪增好感

面试是一种重要的而有意义的人际交往。能否取得面试的成功，除了取决于你的学业成绩、基本素质和工作能力以外，得体的言谈举止及仪表也是十分重要的。因此，面试时应注意基本的礼仪。

（1）早点出门，不要迟到

最好是提前 5～10 分钟到达面试地点，以示求职的诚意，给对方以信任感；同时也利于调整自己的心态，做一些简单的准备工作，以免仓促上阵，手忙脚乱。如果实在因故迟到了，要诚恳道歉并说明原因，以征得对方的谅解，但最好不要出现这种情况。另一方面，不要早于 15 分钟至半个小时到达面试地点，这使人认为你过分焦急，接待人员或主考官也因此而感到不自在。

（2）要修饰仪表

头发要梳整齐，领带要系正，皮鞋要擦亮，着装要整洁、大方、得体，忌穿太怪的衣服。女同学化妆不要太浓，忌穿金戴银，满身珠光宝气，以免让人感到你轻飘飘的，不像个大学生的样子。还要注意事先最好不要吃气味很浓的食物。

（3）忌直接推门而入

应先轻声敲门，得到许可后再进去，并向在场的各位面试者主动招呼、问好，然后自我介绍，并说明来意。

（4）在主试人没有请你坐下来时，切忌急于坐下

主试人让你坐下来时，应表示谢意，在主试人指定的位置上坐下，保持良好的坐姿，忌与主试人坐得太近、太远或坐得太高。

（5）注意主试人的面部表情

对方讲话时要认真倾听，并礼貌性地点头表示同意，不要随便插话。

（6）要举止文雅，态度谦和

与主试人谈话时，不要抽烟或嚼口香糖，不要不停地看手表或者窥视室内的摆设，更不要盯视主试人桌面上的材料。

（7）回答问题要注意谈吐和声调

回答主试人的问题，吐字要清楚，声音不要太大或太小，答语要简练、完整，忌用口头语回答问题。

（8）谈话时注意力要集中

谈话时，眼睛要适时地注视对方，不要东张西望，以免显得漫不经心，不严肃。如果有两个以上的主试人，回答谁的问题就应注视谁的目光。

（9）不要过多的提问或反问人家

尽可能地只回答主试人所提问的问题，不要过多地主动提问，注意不要反问对方，切忌过分打听生活待遇、工资多少、住房等问题。

（10）面试成功与否，都要礼貌地告退

主试人当场表态可以接收你，面试成功，当然要向对方表示感谢，并表示今后将好好工作，为单位的发展尽心尽力。主试人当场没有表态，说明对方还要进一步考察，不要急

于逼对方表态；面试不成功，或者根本就没有成功的希望，也不要当主试人的面说损话："我还瞧不上你们这儿呢！"如果通过面试，人家发现你确实在某些方面有特长，即使不适合本单位的工作，说不定主试人会向别的公司推荐你呢！最后告辞时，要感谢对方给了你这次面试的机会，面带微笑，礼貌"再见"，善始善终，给人留下美好的印象。因为或许这家公司以后由于某种原因又决定录用你呢！

二、面试的礼仪

1. 必要的自我介绍

到了应试地点，忌讳直接推门而入。应先轻声敲门，得到许可再进去，并向在场的各位面试人主动打招呼、问好，然后自我介绍，说明来意。

在面谈过程中，虽然主考官可能已通过你的个人简历，求职信了解了一些你的情况，但面对面的介绍并不是不必要的重复，它可加深印象，给对方以立体的感觉。自我介绍一般要求简短，如果自己的名字很富寓意，也不妨说："我叫××，我能参加面试真的感到很高兴。"诸如此类的完整性开场白。

2. 见面握手

在主考官与你面谈之后，不引人注意地用手绢揩去手心上的汗珠，然后将手放在裤子或裙装上，以保持手心干燥，考官出现时，你要自然地微笑，友善地望着他（她）的眼睛。

这时，主考官可能主动地伸出手来。通常，求职者都要等主考官首先伸手再握手。但如果主考官是位先生，而求职者是位女士时，女士应首先伸手。一般认为，女性求职者向主考官伸出她的手，这既显示了她的开放和友好，又充分利用了女性的这一大优势。其他情况下，如果求职者主动行事，则显得有些热情过头。握手时不要软弱无力显得缺乏能量；要坚定有力，但不要过分——握住手不放，会让对方觉得你支配欲太强。

3. 递交名片

自我介绍、握手过后，假如有名片，最好立即拿出来，双手递呈对方，一张精美的名片也是一种很好的表现方式，并说"请多关照"。如果这时主考官也拿出自己的名片以示交换，你应双手接过名片，并认真看一看，重复一下名字，有不懂的字可以请教，然后，放在自己的名片夹里以示珍重，不要往裤袋里塞，这会显示你的粗俗无礼和不尊重对方。

如果正在谈话进行的时候，再从口袋里重新取出名片来看一看，这种态度会让人感到不够诚意，进而给对方不良的印象。如果真的把名字忘掉了，无论如何也想不起来，你就得随机应变，装做有什么事情要离开片刻，到别的地方，重新取出名片仔细看看，不过这种情形应尽量避免。

4. 入座

在主考官没有请你坐下来时，不要急于坐下，否则，可能会被视为傲慢无礼。主考官让你坐下来时，应表示谢意，在主考官指定的位置上坐下，保持良好的坐姿。忌与主考官坐得太近、太远或坐得太高。如任你自选，就挑一个直背结实的椅子。不要坐吱吱作响的椅子，它将影响你的思维，对姿态也无益。即使你风度翩翩，坐在这样的椅子上，也无任何风度可言。设法不要坐的比主考官的位置低，因为它无益于交流并削弱你的自信。

如果主考官指明，你应该坐在他的对面，当然不要正对，最好是靠侧一点，坐时要精神抖擞，切忌有懒散的样子。

在面试中，坐的姿态非常重要，身美以悦目。如果你坐时，双手相握，或者不断揉搓手指，那么，你会使对方感到你缺乏信心，或显得十分紧张；如果你稳稳当当地坐在座位上，将双掌伸开，并随便自在地放在大腿上，你就会给人一种镇静自若，胸有成竹的感觉。

5．熟悉过程巧应付

面试的过程就是对求职者的信息进行获取、评价的过程。那么主试人要获取求职者哪些方面的信息呢？当然不同行业、不同职位要求也不同，但主要内容也有相通之处，大体有如下几个方面。

（1）背景情况

虽然每位求职者的“求职人员登记表”已经反映了这方面的情况，但是为了全面、深入地了解和检查这些情况，考官可能还会在面试中提出相关问题。如你的家庭背景、学校教育、工作简历等。因而，求职者一定要对自己的基本情况准确、清楚地记住，不要与应聘表中所填有所出入或自相矛盾。在询问这些情况时，考官一般会对照登记表进行核对的，只有回答准确，才会给人以诚实、可信的感觉。

（2）求职动机

有关求职的动机是面试中一个重要方面，考官一要考虑未来是否能满足求职者各方面的需求，二考虑求职者是否能满足本单位的要求这两个方面来确定合适的人选。主要了解求职者为何到该单位求职，对哪种职位最感兴趣，在工作中追求什么，判断该单位所提供的工作条件或职务岗位能否满足其需要和期望等。

（3）工作经验

这是面试过程中所考察的重点内容。此项内容，是通过了解应试者的工作经历，来查询过去工作的有关情况，如过去的工作经历、工作经验和工作成就等的情况。除了解应试者的工作态度、工作能力和工作水平外，还会了解应试者的责任心、主动性、思考力、心智状态等，通过对这些问题的了解可以作出应试者是否能满足应聘岗位要求的判断。有的应试者工作经历很多，工作经验很丰富，应针对应聘岗位的特点，突出你的优势，打动考官，使他们相信：你不仅有不俗的过去，更会有不凡的未来，你完全有能力去胜任新的工作。

（4）专业技能

考官还要了解求职者专业知识的深度和广度，其专业知识和特长是否符合应聘岗位的专业要求。作为对专业知识考试的补充，面试中对专业知识的考查更具现实性、灵活性，更接近岗位对专业知识的要求。

（5）仪表风度

这是指应试者的体格外貌、衣饰举止和精神状态等。企业对一般员工的招聘录用，仪表风度并不是一个重要内容，但对于管理阶层及公关、销售人员，对仪表风度则非常重视。一般要求五官端正、衣着整洁、举止文明的人，具有较高修养，做事有规律，注意自我约束，责任心较强。

（6）事业进取心

事业心、进取心强的人，一般都确立有事业的奋斗目标，并为之积极努力。表现在工作态度上勤勤恳恳，表现在工作作风上务实开拓，执著进取，不安于现状，不敷衍了事。而对什么事都不热心的人，是难以把本职工作做好的。

（7）综合能力

这是面试中的又一重点内容，主要测试应试者对考官所提问题能否通过理论与现实分析，用语言迅速准确地表达出来，并且说理透彻、分析全面、条理清晰。它主要包括：语言表达能力、人际交往能力、反应能力、自我控制力等。语言表达能力，看求职者能否将自己的思想、观点、意见熟练地用语言表达出来。反应能力，看求职者对主考官所提问题能否迅速、准确地理解并尽快做出相应的回答而且答案简练、贴切。人际交往能力，面试中通过询问求职者参加哪些社团活动，喜欢与什么样的人打交道，在各种社交场所扮演的角色，可以了解其人际关系倾向和与人相处的技巧，以及对人际关系的看法等。自我控制能力，看求职者在遇到工作压力或上级批评指责时，能否有耐心与韧劲，能否理智地对待，不致因情绪波动而影响工作。

（8）兴趣与爱好

考官需要从个性与工作的适宜性方面对求职者进行评价，通过了解求职者在休闲时间里爱好从事哪种活动，喜欢阅读哪些书籍以及喜欢什么样的电视节目，有什么样的嗜好等，窥一斑而知全豹，可以了解一个人的兴趣与爱好，这对将来要从事的工作是会有帮助的。

案例1

逼急了，不妨跳墙

深圳一家公司欲招聘一名公关文秘小姐。B小姐毕业于西南某财经院校，看到招聘启事去参加面试，总经理接待了她，并向她提出一连串的问题：总经理问：“你叫B小姐?”

求职者：“是的。”

总经理：“你有什么专长?”

求职者：“我在大学所学的专业是国际贸易，但我不能说贸易是我的专长，不过，我很想在经济贸易方面一试身手。此外，我会熟练地操作电脑，英文程度良好，口语表达能力较好。身体健康，能吃苦……”

总经理突然一阵大笑：“能吃苦，你能吃什么苦呢！我的小姐。”

B小姐在总经理的大笑中感到一阵嘲讽，霍地站起来说道：“总经理所指的吃苦大约不是指下稻田、挑担等吧，要是指这些，我也不需要来特区了，我所谓的能吃苦是指在公司业务拓展方面所遇到的障碍，对于那些障碍，只要不是不可逾越的，我就能尽全力去克服。”

“好!”总经理喝了一声彩，然后站起来，走到B小姐面前，轻轻地说道：“B小姐，你被本公司正式录取了，月工资××元，年底发双薪。不过，本公司目前业务发展颇为顺利，并不存在大障碍需要小姐去克服、去逾越的，只是希望你抓紧时间学粤语，在这里，你如果能够讲一口流利的粤语，便能处处受欢迎，因为这儿是广东地区，这样，你才能在生意场上打开局面。你想想，你和别人打交道，别人却不愿跟你讲话，因为和你交谈而感到很辛苦，还谈什么做生意，谈什么沟通，谈什么感情交流?”

【分析】

B小姐在面谈中，指出自己能够吃苦，但总经理却对B小姐“吃苦”的理解发生了歧义，并因此爆发出笑声，这使得B小姐陷于难堪境地，自尊心受到损害。事实上，总经理的一番反问，意在问出B小姐的“吃苦”的含义所在，并不表明他业已否定了B小姐的工作胜任能力。而总经理的问话却对B小姐造成巨大冲击，她便反唇相讥，再次表明自己能够为公司排除业务发展存在的障碍效力，同时，她使用归谬法，指出处在特区的私营企业，需要招聘的不是承担诸如下稻田、挑担等辛苦体力活的人员，而是能够为公司的发展拓宽业务的智力性人才。

B小姐的谈话简洁明快，颇富见地，使得总经理对这有胆有识的讲话感到极为满意。她的面试最终取得成功。

二、面试成功的技巧

当我们叩响自己向往的工作之门时，如果能恰当地动用求职技巧，那就好像在宝库门口高喊一声：“嗨，芝麻开门!”一旦工作之门为我们开启，便可登堂入室了。当然，求职面试的技巧绝非咒语，求职成功首先源于自己的基础条件和各方面的充分准备。这是面试求职取胜的关键方面之一。

1. 知之为知之，不知为不知——弄虚作假失良机

对主试人提出的问题，不知道，就坦率承认，对方一定不会在意，不要硬着头皮装内行，给对方留下不诚实的印象。对主试人提出的看法和指出你的不足之处，要虚心接受，主试人说得不对，一笑了之，“仁者见仁，智者见智”，不要非与对方争个是非曲直。面试中，除了考察应试者的知识技能外，更要考查应试者的气质、性格、处世与应变能力、品德等，只要做到能发挥正常水平，表现出自己的长处就可以了。

2. 言之有物，避免抽象——目标明确占高位

对主试人提出的问题要给予鲜明的回答，切不可模棱两可，对于社会问题、国际问题一类比较大的题目，最好不要照搬报纸、电视上的说法泛泛而谈，只要侧重发表一两点自己的真实看法即可。即使说得不对，也表明你对社会、对人生、对时事有自己独特的见解，同样会获得主试人的好感。

案例2

招聘者：如果你碰上了一个万分火急的任务，请问你会怎样让你手下的员工赶工呢?

某甲：我会直接告诉他们非赶工不可：他们自然会听话。我是他们的主管，他们都知道。

招聘者：你这样做，结果能有效吗?

某甲：当然啦！他们免不了会不高兴，满肚子牢骚。不过，任务总是能够准时完成的。

招聘者：请问你的单位里，员工流动率如何?

某甲：你知道，他们都是普通办公室的秘书和办公职员。在他们看来，任何地方都可以工作，因此，流动率也是普普通通，不算太大，也不算太小。

招聘者：那么百分比有多大？

某甲：每年大约是百分之三十。

招聘者：你这样做，公司将出现什么样的人事问题呢？

某甲：可能会出现人心浮动，人际关系紧张的状况。

招聘者：那么你是怎样解决这些问题？

某甲：我将裁掉那些持观望态度的职员。

不难看出，某甲在管理作风上倾向于家长式的领导作风，未免显得刚愎自用、独断专行。招聘者是希望某甲提出一些能够促进公司发展的具体措施，但某甲并没有清楚地意识到这一点，某甲的答问令公司方面感到失望。那么，某乙是怎样回答招聘者的问题呢？

招聘者：如果你碰上了一项万分火急的任务，请问你会怎样让你手下的员工赶工呢？

某乙：我会邀集全体员工，向他们解释这项任务的性质，使大家都能够了解限期完工的重要性。之后，我再问他们有没有什么特别建议，能使我们按期完工。

招聘者：你这样做，结果能有效吗？

某乙：我们都能互助合作，成为一个团体。大家共同努力，最后总能如期完工。

招聘者：请问你的单位里，员工流动率如何？

某乙：我们的流动率很低。在我们单位里，很少有人因为对工作不满意离职。即使有少数离职人员，也都是因为个别因素，例如有人怀孕了，跟随丈夫迁居别处了，等等。大致说来，我们员工的流动率，每年约为百分之八左右。

招聘者：公司还会存在一些人事问题吗？

某乙：我想是会的，任何情况下都会有的，不过我将尽力妥善解决这类问题。

招聘者：你怎样解决这类问题？

某乙：我将继续同他保持联系，多作沟通，出现人际冲突问题我将用一切办法进行调解，并予以妥善解决。

某乙的管理作风倾向于民主温和型。这种管理作风有利于上、下级之间和谐沟通，保持双向良性和谐工作，不难想象，某乙的管理作风会得到员工的支持，有利于公司的长远发展。某乙的管理作风能够同公司本身的作风相互适应，不至于发生消极冲突。而某甲的管理作风很难会受到公司其他员工的欢迎和爱戴，不利于形成一个团结互助、同舟共济的企业团体肯定对公司发展也无益处。事实上，某乙的管理作风为现代企业所欢迎。

这两种不同结果的求职面谈，说明了在竞争管理职位过程中，求职者除应明确招聘者提出的问题之外，求职者还应审慎地考虑应聘工作的性质、特点、工作环境，把握各种有利时机，提出自己的开展该种职业有创见性的建议，以引起招聘人员的注意。

如果对自己应聘的职业具体工作的内容不清楚，或者讲话没有目标，没有要点，很容易重复前面答问，这会破坏面谈的气氛，因为重复相同的话会使对方厌烦。这类重复会破坏面谈深入发展，并且会使对方认为求职者是一个没有什么见解的人。

3. 不便回答要慎重考虑——信口开河酿大错

在面试时，主试人可能提出一些同工作无关的问题，比如说个人隐私的问题等。在西方国家，个人收入、年龄、婚姻状况、家庭成员结构等都被认为是隐私，而在我国则不算是隐私。

如果应试中遇到自己确实不便回答的问题时，也应同主试人委婉地说清楚，不要态度生硬或断然拒绝，失去一次被录用的机会。

案例3

一位大学生到一家开关公司应聘销售部经理。在面谈中，人事主管经理询问他是否从事过销售或者从事其他工作的经历，这位求职者信口开河，自称自己曾在某市国际信托投资公司任职，当招聘人员问及他在该公司具体的薪金和报酬、工作待遇时，他却一时语塞。事实上他在校期间从未离开过校门一步，更无从谈起在某市国际信托投资公司的供职经历。因此，当对方询问自己的具体工作经历时，要如实回答，并表示自己愿意从零开始学习，如何从事工作并对自己做好该工作抱有信心，这样会使对方感到诚实可靠，才会对你产生信任感。另一位报考办公室秘书工作的外文系大学毕业生在参加面试时，开始一切都很顺利，可是当主考官请他谈谈自己的兴趣和特长时，他便胡编乱扯，声称自己对会计学极感兴趣，大谈财务管理以及审计、会计学等。他不知道主考官中间有公司的总经济师、总会计师。听完这位大学生陈述后，他们便向这位大学生发问，内容涉及财务管理、审计和会计的基本知识，结果他支支吾吾，无以作答，一时语塞，严重影响了面试成绩。要知道，诚实是一个人最基本的品格。

4. 确认提问内容，切忌答非所问——直面陈词满堂彩

面试中，如果对方主试人提出的问题，一时不知其所以然，以致不知从何答起或难以理解对方问题的含义时，可自己再将问题复述一遍，并先谈谈自己对这一问题的理解，请教对方以确认。对于不太明确的问题，一定要搞清楚，这样才会有的放矢，不致南辕北辙、答非所问。

5. 要有个人见解，有个人特色——面试大敌是自卑、平庸、保守

案例4

有一位大学生去一家中外合资公司应聘求职。她通过了一道道难关，最后只剩下她和另一位男性求职者。经理是外国人，她在与这两位求职者的闲聊中，极为随便地问了三句话："会打球吗?"男的说："会。"她道："打得不好。"（其实她在大学校园里是个不错的羽毛球选手）经理又问："给你俩一部小轿车，限一星期的时间内，有没有把握学会驾驶这辆小汽车?"男的说："有"。她说："不敢保证。"（其实她曾经学过开汽车）经理再问："厨房里有的是蔬菜，你俩能不能给我做几样拿手好菜，我这人不挑剔。男的说："没问题。"而她却腼腆地说："做得不好。"（其实她的烹调技术不亚于一个三级厨师）最后，男性求职者被这家公司录取，而那位大学生则被淘汰了。公司对那位求职者的评价是：工作能力差，缺乏自信心。这位大学生恪守"谦虚是最大美德"的古训，不敢表白自己的工作能力。如果从更深一层来讲，她的身上郁积着自卑心理，不敢面对机遇、迎接挑战。在求职过程中，如果招聘人员是从台、港、澳来的，他们或许会理解中国人的谦虚心理。可当招聘者是来自历史文化背景截然相异的西方国家，则可能出现上述类似的结果。

在求职面谈中，要破除自卑情绪，展示自我，推销自我，这样才能不致在求职中受挫。

三、面试中的自我推销技巧

在当今时代，推销自己是自身能力的综合表现。戴尔·卡耐基曾说：“推销自己是一种才华，一种艺术。有了这种才华，你就不愁吃、不愁穿了，因为当你学会推销自己，你几乎也可以推销任何值得拥有的东西。”在当今就业市场竞争激烈的情况下，求职者不妨学会这样的诀窍：亮出长处，推销自己。

求职择业首先是要推销自己。在求职过程中，应聘者适当地运用话语为自己做宣传，使对方了解自己，发现自己的才能和优点。只要不言过其实，适当地自我表白是必要的，它可以帮助求职者和招聘者双方之间建立信任、合作关系。求职者不懂推销自己的艺术，自然不受用人单位的欢迎；不敢大胆介绍自己的长处，当然人家也不可能了解你的长处，以下是一组推销自己有术的成功求职方法。

1. 单刀直入法

案例5

在某市的大学生毕业供需见面会上，该市公安局案情病理研究所的招聘桌前，围满了前来求职的的人，大部分是男大学生。一个年轻的女大学生硬是挤到招聘桌前，向招聘人员表明自己渴望从事刑事检验分析研究工作。招聘人员面露难色，因为这个研究所从来没有女工作人员，只是清一色的男性公民。可是，面对着姑娘恳求的目光，招聘人员决定破例给这位姑娘一个机会。他说：“工作人员需要下案发现场，遇到的尽是血淋淋的场面，姑娘家哪敢去呢?”“我就敢去!”这个姑娘双眉一挑，毫不含糊地说，“就是让我抬死人，我也不怕。”“你可别说大话，干这行没黑夜，没白天，得随叫随到。”“嘿！我假期打工就是给人家开车，跑起路来没点胆儿行吗!”说着她掏出了驾驶证。招聘的人事干部这下动心了，心里直犯嘀咕，这样泼辣勇敢的姑娘比有的小伙子还能干呢！这个研究所的人事干部当场与之拍板，并签订了招聘合同。

这位姑娘求职成功秘诀在哪里呢？在于三言两语，坦率直陈自己的优点和长处。对于人事干部的发难并没有显露出丝毫畏难情绪和踌躇神态，这一切均符合刑侦工作人员所应该具备的心理素质。尽管如此，人事干部还是不大相信她的胆量，她亮出驾驶证并表明了自己的胆量，这才使人事干部信服。我们试想一下，如果这位姑娘在这种场合讲话细声柔弱，畏畏缩缩，则很难使人事干部相信她能够干好刑侦检验研究工作。她的讲话话锋凌厉，单刀直入，快言直陈，直奔主题而不闪烁其词，从而使人确信其具备刑侦检验研究工作应当具备的品质，其成功也就是理所当然了。

2. 自信幽默法

自信机警的语言回答不但有助于受试人吻合招聘者既定的聘用要求，而且可能改变招聘者的聘用愿望。

案例6

“你们需要一位好编辑吗?”言下之意自己当然就是“好编辑”，语言是这么自信。

“不。”拒绝却是那么干脆。

“那么，好记者呢？”语言还是那么自信。

“不”。拒绝还是那么干脆。

“那么，印刷工如何？”依然是坚韧不拔。

“不！我们现在什么空缺的也没有了。”路全部都封死了，看来是没戏了。

可是——

“那么，你们一定需要这个东西。”这位大学生从公事包里拿出一块精美的牌子，上面写着：“额满，暂不雇用。”

报社主任笑了，但也开始用一种新的眼光来审视面前这位年轻人了。最后这位年轻人被录用为报社企划部经理。

3. 稳重沉着法

案例 7

某设计院是国家甲级设计院，项目多，待遇也较高，不少应聘者竞相前往，企求获得一职之位。某大学自动化工学院与该研究院同在一个城市，但只是这座城市三流大学，这个学校的一名大学生在求职时，先是自报学的是机械制造专业，然后非常认真地问对方有什么要求，设计院的一个老工程师告诉他主要是干绘图工作。这位青年人马上说：“这是我最拿手的，我课余就帮人家绘图，3 天 1 份，您可以当场试我。”老工程师露出了笑容。因为绘图容易但并不容易做好，这种工作单调枯燥乏味，年轻人如果肯干，看来不是个眼高手低者。老工程师又问：“你搞过设计吗？”“搞过四个设计，都获了优秀，还有一个被实习工厂看中了。”他拿出了证书和获奖图纸，老工程师饶有兴趣地边看边聊：“搞设计要下现场，有时连轴转，你行吗？”小伙子拍着厚实的胸脯说：“没问题，让干什么就干什么，只是希望有机会再读个本科。”“没问题”。这回是老工程师拍胸脯了。事后，老工程师说：“这个学生的设计难度并不很大，但很实用。他不问待遇，不要求坐办公室，而是希望继续学习，是个有事业心的青年。我们倒不在乎他是大专生，这种大专生可能比本科生更实干，也更能干。”

4. 有的放矢法

交流畅通的关键是“有的放矢”，共同奔一个主题。

对于一个复杂的问题，如果三言两语难以解释清楚，则不妨详细地说出来，但要做到要言不烦，简洁而不重复。有时，还要根据表达的需要，将各个不同的讲话内容细致地组织，并考虑其答话的顺序与步骤，以取得较好的效果。

案例 8

在一次求职面谈中，一家企业向一位女大学生问道：“国外一家企业的代理人携巨款来我市寻找适宜的投资对象，你作为我市某中型企业的法人代表，请问你将采用什么步骤赢得这笔投资？”这位女大学生略作思考，然后答道：“首先，我需要了解对方详细背景材料，例如，该公司的经营方针、项目、实力、已有业绩，当然也包括这位代表人的个人材料，最重要的是此次中国之行的计划；其次，代理人来后，我们应当与对方预约见面时间和地点，比如说可以通过电话，或是有关机构及个人联系；第三，与代理人商谈时我应当使用他国的语言，以增加熟识感和亲切感；第四，这次行动不一定会成功，但是我要尽我的所能给对方留下深刻而良好的形象，以期为下次合作打下良好基础。”虽然这位女大学生回答不尽圆满，但招聘单位录取了她，下面分析一下原因。

这位应聘人员第一句话，说明了作为一个企业主管人员，要知己知彼，把握对方背景资料，才能对对方有一个清楚的了解，这是面谈中最成功的一句答话。她的第四点回答也显得极为成功。胜败乃兵家常事，商界也是如此，没有所谓的常胜将军，因而企业主管人员与外商谈判时要保持良好的心理素质，胜不骄，败不馁，并给外国人留下良好印象争取下次合作。她的求职面谈较为成功，就在于她的回答把一个大问题合理地拆为几个十分紧凑的方面，有的放矢，组织周到。

5. 绵里藏针法

案例 9

外贸公司举行一次别开生面的宴会招聘考试，几个求职者的表现不佳，然而，有一位小伙子的良好表现却吸引招聘人员的注意力。在宴席上，这位小伙子勇敢地走到这家公司的人事经理面前举杯致辞：“×经理，能结识您很荣幸，我十分愿意为贵公司效力。但如果确因名额所限使我不能效力麾下，我也不会气馁，我会继续奋斗。我相信，如果不能成为您的助手，那我一定会成为您的对手”。他的讲话柔中有刚，充满自信，意志坚强这是搞外贸的最可宝贵的品格。而他的谈话彬彬有礼，不卑不亢，机智敏捷，性格开朗，具备了搞外贸的优良基本素质。他的最后那句话提醒了公司的人事经理：如果被录用名额所限制，让这些优秀人才流失到别的公司去，岂不是自讨苦吃。最后，公司破格录取了这位青年。

6. 见微知著法

案例 10

国外某家企业欲招聘一职员，有三位求职者报名前来。招聘人员让这三个人想象正在砌砖盖房子，然后问道：“你们在做什么?”第一个应聘者说：“砌砖。”第二个应聘者说：“我正在挣钱，每小时 3.3 美元。”第三个应聘者却说：“你问我吗? 说真的，我正在修建世界上最好的高楼大厦。”结果，第三个应聘者被录取了。

一个人对他工作的态度能说明他的潜力是否能有更大发展。事实上，招聘者判断求职者能否适合某项工作，就是看他对目前的工作如何看法。如果求职者认为自己的工作很重要，就会给招聘者留下深刻的印象，即使他对那项工作还有不满的地方。道理很简单，如果他认为他目前的工作很重要，那很可能会为他的下一个工作感到自豪。一个人的工作态度同他的工作表现有着密切的关系。他的工作态度，正如他的仪表一样，也会对他的上级、同事、下级，实际上是对他所接触的每一个人说明他内在的一切。因此，见微知著地看世界，要注意一些关键的细节问题。

7. 避虚就实法

案例 11

C 君是某大学中文系的本科毕业生，毕业分配在即，许多同学急得像热锅上的蚂蚁。C 君则悠然自得，神情自若，同班同学对他的表现极为惊讶，这小子葫芦里卖的什么药呢？原来 C 君已经打定主意向离家近的××师范专科学校求职，并向该校寄出了履历和学业成绩，××师范专科学校已经向他发出面试的通知。

面试这天，C 君早早地来到这所学校，学校领导接见了他，并告诉他将与另外两名来自不同学校的 A 君和 B 君竞争同一职位。面试的第一个步骤是自我介绍，C 君排在最后，他向领导表明自己出身于农家，决心献身于教育事业，为提高当地人民文化素质服务。但 A 君和 B 君自我介绍时只简单介绍自己在校的学业成绩和行为表现，未说明各自的求职动机。然后学校领导要求 A、B、C 君各自拿出自己的拿手好戏。C 君把自己四年学习期间发表的散文、诗作向学校领导呈阅，并要求上讲台为同学们上一节课，他的要求得到了学校领导的赞许，同意了他的要求。这样，A、B、C 三君要通过教学比武这一真枪实弹的表演以决定谁是胜利者。

C 君在讲坛上旁征博引，纵横捭阖，趣话连篇，教学内容讲得有声有色，课堂气氛活泼生动，学生们都深受感染，陶醉在他的讲授内容里。在一旁听课的学校领导和处主任也由心里赞叹 C 君的博学多才，话语犀利而流畅，是一位难得的教师。相反，A 君和 B 君在讲台上的表现欠佳，讲话不连贯，经常出现讲了上句而下句的话却接不上来的糟糕现象，上课的学生大都无精打采，注意力分散，课堂秩序混乱。结果是可想而知的。

求职过程中，求职者要因时循势，避虚就实，说明自己身上的优点和长处，并不失时机地向招聘人员展露自己的才华和能力，这样对方才会对你心中有数，从而形成对求职者积极的、正确的评价，这样无形中就为求职成功增添了几分筹码。常言道：到什么山头唱什么歌。具体到教师这一职业，口才尤为重要，要竞聘教师职业的朋友们，请在求职时多展露口才和其他的教师基本素质。

8. 毛遂自荐法

案例 12

S 君是某大学农经系的一名本科生，毕业分配在即，学校推荐的单位的工作不太理想，于是便南下，想要谋求一份较好的职业。某日，他注意到《广州日报》上刊登一家日本商行招聘高级人事主管的启事，便决定前往应聘，谁知招聘桌前已经齐刷刷地坐着 40 多名大学生、硕士生，而录取名额却只有区区的一名。S 君面试之后，对自己感觉极为一般，心理已打起退堂鼓，几乎没有信心再继续坐下去。这时，秘书突然惊慌地闯到正在主持面试的总经理面前说道："总经理，办公室里的电脑坏了。"总经理迫切需要的商业资料一时查不出来。总经理命令秘书立即打电话请维修站来人，秘书刚拿起来话筒，S 君突然站起来说："让我来试一试。"总经理疑惑地看看他的简历，又看了他一眼，但还是同意了。经过十几分钟修理，电脑恢复正常。这位日方总经理感到十分意外，因为在中国，文科学生精通电脑的极为少见，而懂得维修电脑的人更是少之又少。S 君平时用功好学，很注意培养包括电脑在内的现代社会所要求的基本素质和技能。他在招聘时"露一手"使成功成为可能。不久，他就接到这家日方商行的录用通知。现在 S 君已成为这家商行的总经理助理。

良好的口才固然是求职行为的精美的“外包装”，但是，在某些情形下，行为胜于雄辩。S君的成功没能依赖如簧之舌，他凭借的是维修电脑这个技术，使日本总经理由不信任到敬佩，继而成功地获取职位。当然，如果不是电脑恰巧在面试中发生故障，S君即使怀有技艺，却不敢上前试一试，抑或由于畏惧心理作祟，而让机会白白地溜走，则他的面谈可能是另一种相反的结果。

“露一手”吧，求职成功的朋友们正靠着它开启了工作的大门。它不需要你付出太大的代价，却能使你受益匪浅，你只要拿出毛遂自荐的精神，自信地走到机会面前，你一定会取得意想不到的成功。在开始面试时，你可以大声地对自己喊道：我最优秀！是我是我！

9．创新求异法

案例13

1989年2月中旬，上海市的人才交流市场，人头簇拥。200余名专业技术人员自荐出任生产上菱牌电冰箱的上海电冰箱二厂的总工程师。其中，有搞了几十年机订设计的高工，也有搞飞机制造、船舶动力装置设计的高工，还有化工、物理、电器等专业的技术人员。评审小组对自荐者进行了笔试、口试等。

在几轮激烈竞争的考试中，求职者各显神通，不分伯仲。答辩中，只有原上柴厂高工黄孝安对上菱冰箱获得金牌未有赞词，却提出了居安思危、改进产品的新设想。他说，目前冰箱生产依赖日本的设备，不能就这样一辈子，我们要将别人的技术加以消化吸收，形成自行开发，独立设计，制造新产品的能力，争取开发世界一流产品。由于这一开拓性建议和设想，黄孝安在层层选拔中脱颖而出。

黄孝安到位不久，便与工厂的领导、技术人员、工人密切合作，开发了上菱1989BCD—180W式样新颖的电冰箱。在1989年下半年市场疲软、大量家电产品因积压而大幅度降价，在群众持币观望的情况下，上海电冰箱二厂的这一新产品，却由于品种新价格低而受青睐。

逆水行舟，不进则退，企业经营的成败，不也在于此吗？黄孝安的求职面谈体现了他深刻的忧患意识，这充满了真知灼见的答辩，点明了上海电冰箱二厂要居安思危、励志图强，而不要安于现状，依赖于日本技术的企业发展思路。

企业要在竞争大潮中获胜而不至被淘汰，企业的领导者要站在经营决策的制高点，善于吸收他人的先进的科技成果和经营管理经验，并加以开发和创新，否则，如果尽是躺在别的成果上睡觉，则会处处受到牵制，最终，企业在无情的竞争中会被拖垮乃至淘汰掉。

黄孝安的求职答辩，道出了上海电冰箱二厂改革的基本思路和方案，它指明了该企业在激烈竞争面前，始终要不断地根据变革的形势调整战略目标。黄的求职答辩超越一般人雷同守旧的意识，富于创新求异，当然受到欢迎。

10．折中思维法

案例14

日本住友银行招聘公关人员时，极为重视职员协调人际关系的能力，该银行没有专门考核业务知识，而是提出了一道别出心裁的判断题：“当国家的利益和住友银行的利益发生冲突时，阁下采取何种对策？”三类不同的应聘者回答问题迥然不同。第一类人回答：“当国家利益跟我们银行利益发生冲突时，会坚决地站在我们银行的立场上。”银行主管人员认为，这样的人将来准会捅娄子，不能招聘。第二类人回答：“当国家利益和住友银行利益发生冲突时，我作为国家的一员，应该坚决保护国家的利益。”银行主管人则认为，第二类人员适合去政府部门工作，也不可取。第三类则回答说：“当国家利益和银行利益发生矛盾时，我要尽全力使矛盾淡化。”银行主管人员认为这种人才是住友银行所需要的高手。企业同政府的关系往往集中表现在国家利益和企业利益上，企业公关人员作为企业与公众之间的媒介，只有善于注重社会整体的协调性，才有可以妥善地处理好企业与国家的关系。

第三类人为何求职成功，而前两类人为何不成功呢？要成为一名公关人员，他必须具备协调上下左右的才能和本领。在企业与其他影响企业生存发展的组织发生冲突时，公关人员既要消除双方的歧异，又要维护双方的合法权益，这样才能保证公司顺利发展并与其他组织维持平衡和谐的关系。住友银行的问题可谓别出心裁，独具风格。在这种两难选择的情况下，求职者采用折中的答题方式，同时提出若干建设性意见，这样有助于企业摆脱困境。自然这类人会博得招聘者的欣赏。可见，折中思维是求职者遇到两难问题时较为理想的回答办法。

11. 角色互换法

案例 15

奥地利精神分析学专家弗洛伊德结婚后，其夫人想请一位佣人，她询问几位应试者有没有什么要求，那几位姑娘有的说要有休息日，有的说要有单独的卧房，有的问能否和主人一起上桌吃饭，等等。只有一位姑娘悄声说道：“我希望成为家庭中的一员。”弗洛伊德夫人听后大为赞扬，当即决定雇用这位姑娘。

应试者受聘后能否与他人和睦相处，一般是招聘人最关心的问题。如果应试者在面试中能恰当地表现出一种归属感，常能取得好效果。这位姑娘充分理解作为一个佣人，应当与雇主全家和睦相处，在心理上与雇主相默契，这样有助于良好家庭氛围的形成。事实上，招聘者招聘职员的目的，是寻求工作上的合作者或者“好帮手”。只有那些对单位怀有强烈归属感的人，才能与单位荣辱与共，然而，求职面谈中，这一点往往为求职者所忽略。

12. 随机应变法

一个人对于一些突发事件的不同处理方法，也是不同素质的表现。所以，就将来的工作的某种假想情景虚拟一些问题，常常是招聘面试的语言应对内容。这时要特别注意自己的角色行为的应变能力。

招聘有时会出些尴尬情境中的难题，这就要看应试者怎样应答。应试者这时如表现出色，将能一下子赢得招聘者的好感。

案例 16

国外一旅馆老板测试三名男性应试者，问题：“假如你无意推开房门，看见女房客正在淋浴，而她也看见你了，这时你该怎么办?”

甲答：“说声‘对不起’。然后关门退出。”无称呼，虽简洁，但不符合侍者的职业要求，而且也没使双方摆脱窘境。

乙答：“说声‘对不起，小姐’。然后关门退出。”称呼准确，但不合适反而加深旅客的窘迫感。

丙答：“说声‘对不起，先生’。然后关门退出。”

结果，丙被录用了。为什么呢？因为他的这种故意误会的说法，维护了旅客的体面，非常得体、机智，表现出一个侍者所应该具有的职业素质和应变能力。

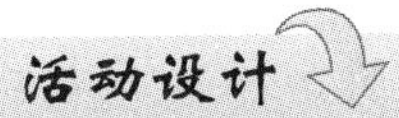

模拟招聘会

一、活动目的

1. 让同学们真切感受求职面试的实况，使学生能够根据社会的要求和自身的特长，做好职业规划以应对日益激烈的就业竞争，达到学生实现自身价值的目的。

2. 以招聘会为切入点，增强大学生对就业形势和就业压力的认识，普及人才招聘的系列知识，帮助学生更好地实现理想，为大学生走出校门走进社会打好基础。

二、活动形式

主题班会。

三、活动准备

1. 布置教室，全班同学分成四组，要求每组同学提前采访一位成功的创业者，了解他们的创业过程。

2. 每组同学准备一份自己的创业规划。

四、活动过程

1. 主持人宣布活动开始

2. 各代表致辞：老师、会长、模拟公司（介绍企业和招聘事宜）

3. 活动正式开始

（1）考官面试。2 分钟自我介绍，8 分钟面试（包括应聘者的形象、气质、应变及表达能力、对所应聘的岗位理解程度）。

（2）情景表演。由主持人事先确定情景，各队同学即兴表演。

4. 评委评分，点评。

面试流程：

（1）初步面试考核内容：针对应聘者基本情况，对面试者着装、礼仪、专业知识的考察。

（2）考察被试者的管理技巧、合作能力、团队精神。

（3）考核综合素质：对企业宏观环境的了解，对企业核心文化理念的看法，对企业的忠诚度。

相关链接

参考试题

1. 当你满怀信心的去面试，主考官却在一边喧哗，对你不理不睬你该怎么办?

2. 你是一个手机销售员，一个客户因手机充电方法不当而导致手机待机时间较短，他去商场破口大骂，你该如何处理?

3. 请你描述一种情形，在这种情形中你必须去寻找相关的信息，发现关键的问题并且自己决定依照一些步骤来获得期望的结果。

4. 请你举一个例子说明你是怎样通过事实来履行你对他人的承诺的。

5. 请你举一个例子，说明在完成一项重要任务时，你是怎样和他人进行有效合作的。

6. 请你举一个例子，说明你的一个有创意的建议曾经对一项计划的成功起到了重要的作用。

7. 请你举一个具体的例子，说明你是怎样对你所处的环境进行一个评估，并且能将注意力集中于最重要的事情上以便获得你所期望的结果。

8. 请你举一个具体的例子，说明你是怎样学习一门技术并且怎样将它用于实际工作中。

任务六　大学生自主创业

创业是创业者通过发现和识别商业机会，成立活动组织，利用各种资源，提供产品和服务，以创造价值的过程。创业具有较高的风险，但也有较高的回报。

大学生创业是解决就业难问题的有效途径。我国目前大学生就业形势严峻，据权威部门统计，2006 年全国高校毕业生 413 万，截至目前有 124 万人未能实现如期就业。表面看，是由于高校经过多年扩招，大学毕业生人数急剧增长，使越来越多的大学生面临就业难的问题。但一个重要的深层次原因是大学生创业意识淡薄、创业能力不强，毕业生创业比例太小。创业不足导致新兴产业少、新生企业少，进而难以创造新的工作岗位。事实表明，没有创业，难有就业。随着高等教育大众化程度的提高，将有越来越多的高校毕业生进入就业市场，大学毕业生的就业压力将不断加大，单纯通过“等、靠、要”的方式依赖政府解决就业问题已经是根本不可能的了，也是完全不应该的。而通过加强创业教育，培养大学生的创业精神、创业能力，鼓励大学生到生产一线积极创业，无疑是解决大学生就业问题乃至社会就业问题的一种行之有效的途径。

一、大学生创业必备硬件

大学生有创业热情，但由于经验欠缺、能力不足、意识偏差等原因，导致创业成功率明显偏低。对此，大学生创业指导专家、上海市创业教育培训中心校长徐本亮分析认为，大学生创业必须具备以下硬件。

1. 经验

大学生长期呆在校园里，对社会缺乏了解，特别在市场开拓、企业运营上，很容易陷入眼高手低、纸上谈兵的误区。因此，大学生创业前要做好充分的准备，一方面，去企业打工或实习，积累相关的管理和营销经验；另一方面，积极参加创业培训，积累创业知识，接受专业指导，提高创业成功率。

2. 资金

一项调查显示，有四成大学生认为“资金是创业的最大困难”。的确，巧妇难为无米之炊，没有资金，再好的创意也难以转化为现实的生产力。因此，资金是大学生创业要翻越的一座山，大学生要开拓思路，多渠道融资，除了银行贷款、自筹资金、民间借贷等传统途径外，还可充分利用风险投资、天使投资、创业基金等融资渠道。

3. 技术

用智力换资本，这是大学生创业的特色之路。一些风险投资家往往就因为看中大学生所掌握的先进技术，而愿意对其创业计划进行资助。因此，打算在高科技领域创业的大学生，一定要注意技术创新，开发具有自己独立知识产权的产品，吸引投资商。

4. 能力

大学生由于长期接受应试教育，不熟悉经营“游戏规则”，技术上出类拔萃，理财、营销、沟通、管理方面的能力普遍不足。要想创业获得成功，创业者必须技术、经营两手抓。建议可从合伙创业、家庭创业或低成本的虚拟店铺开始，锻炼创业能力。

二、大学生创业四大方向

虽然，现今创业市场商机无限，但对资金、能力、经验都有限的大学生创业者来说，并非“遍地黄金”。在这种情况下，大学生创业只有根据自身特点，找准“落脚点”，才能闯出一片真正适合自己的新天地。

1. 高科技领域

身处高新科技前沿阵地的大学生，在这一领域创业有着近水楼台先得月的优势，“易得方舟”、“视美乐”等大学生创业企业的成功，就是得益于创业者的技术优势。但并非所有的大学生都适合在高科技领域创业，一般来说，技术功底深厚、学科成绩优秀的大学生才有成功的把握。有意在这一领域创业的大学生，可积极参加各类创业大赛，获得脱颖而出的机会，同时吸引风险投资。推荐商机：软件开发、网页制作、网络服务、手机游戏开发等。

2. 智力服务领域

智力是大学生创业的资本，在智力服务领域创业，大学生游刃有余。例如，家教领域就非常适合大学生创业，一方面，这是大学生勤工俭学的传统渠道，积累了丰富的经验；另一方面，大学生能够充分利用高校教育资源，更容易赚到“第一桶金”。此类智力服务创业项目成本较低，一张桌子、一部电话就可开业。

推荐商机：家教、家教中介、设计工作室、翻译事务所等。

3. 连锁加盟领域

统计数据显示，在相同的经营领域，个人创业的成功率低于20%，而加盟创业的则高达80%。对创业资源十分有限的大学生来说，借助连锁加盟的品牌、技术、营销、设备优势，可以较少的投资、较低的门槛实现自主创业。但连锁加盟并非“零风险”，在市场鱼龙混杂的现状下，大学生涉世不深，在选择加盟项目时更应注意规避风险。一般来说，大学生创业者资金实力较弱，适合选择启动资金不多、人手配备要求不高的加盟项目，从小本经营开始为宜；此外，最好选择运营时间在5年以上、拥有10家以上加盟店的成熟品牌。

推荐商机：快餐业、家政服务、校园小型超市、数码速印站等。

4．开店

大学生开店，一方面可充分利用高校的学生顾客资源；另一方面，由于熟悉同龄人的消费习惯，因此入门较为容易。正由于走“学生路线”，因此在要靠价廉物美来吸引顾客。此外，由于大学生资金有限，不可能选择热闹地段的店面，因此推广工作尤为重要，需要经常在校园里张贴广告或和社团联办活动，才能广为人知。

推荐商机：高校内部或周边地区的餐厅、咖啡屋、美发屋、文具店、书店等。

三、大学生创业避免三大雷区

“创业家园”网站创始人吴明华，大学毕业后来上海创业，至今已3个年头了。期间，吴明华体验了创业的酸甜苦辣，接触了形形色色的大学生创业者，对大学生创业有着深刻的感受和认识。作为“过来人”，他提醒大学生创业者，注意规避以下雷区。

1．眼高手低

比尔·盖茨的神话，使IT业、高科技业成为大学生眼中的创业金矿，以至于不少学生不屑于从事服务业或技术含量较低的行业。其实，高科技创业项目往往需要一大笔启动资金，创业风险和压力都非常大，大学生如果对自身经验和能力认识不足，对创业的期望值又过高，一开始就起点较高，很容易失败。因此，大学生创业不妨放平心态，深刻了解市场和自己，然后从小做起，从实际做起，第一步走稳了再走第二步、第三步……

2．纸上谈兵

缺乏经验是目前大学生创业中普遍存在的问题，不少大学生创业者不习惯对其产品或项目做市场调查，而是进行理想化的推断。例如：“如果有3亿人需要我们的产品，每件售价100元，我们就有300亿元的销售市场。”这种推断方法是站不住脚的，而且常常起着误导作用。大学生在创业初期一定要做好市场调研，一些可行性研究也可委托专业机构进行，在了解市场的基础上创业，才能长久。

3．单打独斗

在强调团队合作的今天，创业者想靠单打独斗获得成功的概率正大大降低。团队精神已成为不可或缺的创业素质，风险投资商在投资时更看重有合作能力的创业团队。如今大学生一般都有个性，自信心较强，在创业中常常自以为是、刚愎自用，这些都影响了创业的成功率。因此，对打算创业的大学生来说，强强合作，取长补短，要比单枪匹马更容易积聚创业实力。

四、大学生创业的建议与流程

激情是一种催化剂，它能调动创业的综合素质与各方面的潜能用于创业。但面对大学生而言，激情过多表现为创业的信誓旦旦与对创业前途持过于乐观的态度，这种创业心态主要表现为对创业项目可行性分析不够或不全面、不严谨，只从事物的一方面评价创业项目。这其中有很大部分大学生创业者都仅仅只是有一个想法，而没有实现这个想法可行性高的实施方案作为保证。由于大学生基本没有工作经验，其在创业准备期决策所依的基本上都是个人通过书本与各种媒体所学的知识与信息。因为大学生在未进入社会参加工作之前，在其内心还没有建立一套个人经验判别体系，故在考察商机与项目时，往往只能停留在理论分析上，是故无法从各方面了解项目。在此情况下，我认为大学生朋友还是少喊口号为好，应该以冷静理性的心态面对创业机会与项目。

1. 只见冰山一角

创业是一个系统工程，它要求创业者在企业定位、战略策划、产权关系、市场营销、生产组织、团队组建、财务体系等一系列领域有一定的知识积累，大学生有了好的项目或想法，只是代表“创业的长征路”刚跨出了一步，而在我们的大学生创业者中，认为凭一个好的想法与创意就代表一定能创业成功观念的人也不少，而在创业准备时对可能遇到的问题准备不充分或根本就没有思考对策与设计好退出机制，对来自各方面的反面因素浑然不知，而导致一开始便遇到各种各样的难题，使创业者还没有走出多远，即以失败告终。所以创业者不是全才，但要着眼于全才。

2. 工作的核心是什么

按现代企业制度组建的公司是一个以盈利为目的的组织。这是公司的定义，但可能很多人不以为然，以为现代公司是以客户为中心、是以社会价值为中心、是以产品质量为中心如此，等等。这都是错误或有偏见的观念，因为一个企业如果能赢利，也就表明了它存在的价值（除了非守法的公司外）。所以我们可以说，创业者的工作核心就是赢利，这是创业者工作中的最高原则，是一个创业型企业生存与发展的基础。但在很多大学生企业里，明显存在着因在公司核心原则上认识不足或不深刻，而导致的创业工作效率不高。有的创业者很辛苦在工作，也的确是很执著，但因为他的工作与公司赢利有偏差而导致公司陷入困境。可以说在合法的经营范围内，“能否赚到钱”是衡量创业者工作的唯一标准。

3. 团队组建与协作精神

团队精神——这四个字也许是最平常最易懂的管理概念了，但由于大学生这一特定创业群体，一般为年龄在25岁以下的大学生，他们的社会与人生经验都不足，而且处于热血沸腾的感性阶段，个性化、自信力等都较强，所以在团队组建、团队分工、团队规则制度等诸多体现“人与人合作”的工作中，大学生创业者往往会出现“一人是龙、二人是虫”的情形。纵观当前时代发展趋势，社会分工越来越细，越来越专业化，任何创业者想依靠单打独斗而胜利的可能性已降得很低。在实际工作中，大学生常常会出现以已为主、刚愎自用等不利于合作创业的情形。

4. 犯错与改正

一次营销决策失误、一次小型财务危机抑或是一次上门推销失败，都有可能成为大学生创业路途中的绊脚石，都会在一定程度上打击没有打创业持久战的大学生创业者，让他们在心理上元气大伤。其实大学生要正确看待创业过程中遇到的问题与麻烦，这是十分正常不过的现象，我们只要在犯错后迅速改正，或多多请教别人的意见与建议，吃一堑长一智。要善于在交了犯错误的“成本”后，分析与总结，要学会从失败中找到自己的弱点与不足，并加以改正，很难想象没有错误的创业会成功。

5. 坚持就是胜利

再充分的创业准备都是不完善的，再周密的商业计划书也难免有没有顾及的地方，再团结的创业伙伴也会发会摩擦，再厚实的资金也有周转不灵的时候——这些都说明在瞬息万变的创业环境中，能影响我们创业的不定因素太多了，谁都无法保障在下一个路口我们能选对方向。所以创业过程中会遇到挫折与失败是再正常不过的事情了，也许有时候会觉得前途一片茫然，有时候会觉得自己很无助，有时候又觉得创业太过辛苦，无法再继续。但就像黎明前的黑暗一样，胜利的曙光就在你最困难时刻的前面。坚持就是胜利。

建议创业准备流程：

1）理清思路，明确定位。即我是什么，我能做什么，我要做什么。

2）自我检查，即按标准商业计划书进行编写本项目商业计划书，将企业人财物供产销所有要素都规划进行。

3）找人挑刺，即对你想做的行业较熟悉且能为你保持商业秘密的人对你的方案进行可行性论证。

4）组建团队、合作伙伴确定合作原则。

5）制订企业经营计划与实施计划。

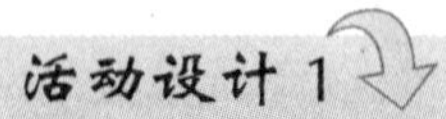

我的创业梦

一、活动目的

培养本班同学具有良好的创业素质和激发本班同学的创业精神，引导本班同学树立正确的择业观和价值观，在创业中培养本班同学的创业精神，认识自我，树立自信心。

二、活动形式

主题班会。

三、活动准备

1. 布置教室，全班同学分成四组，要求每组同学提前采访一位成功的创业者，了解他们的创业过程。

2. 每组同学准备一份自己的创业规划。

四、活动过程

1. 他的一路走来

每组选出一名同学谈谈自己采访的结果，谈谈被采访者的创业史。同学们各抒己见，分享自己的感受。

评选出明星记者，并予以奖励。

2. 我的创业梦

准备若干只气球，每只气球里装一个小纸条，纸条上将写上不同金额的本金，每组派出两名同学，选择一个气球戳破，看纸条上的内容。比如：你现在身无分文，你现在拥有

10 万元的资产，等等。根据纸条上限定的条件，勾画自己的创业之路。（可以谈自己选定了什么创业项目，原因是什么，合伙人的选择等等）

评选出最佳创业新星。

五、活动总结

创业的路上充满了艰辛和挑战，这其中我们会遇到很多挫折和失败，要想成功创业必须要有很强的自信心，能经得住挫折的磨炼。没有兢兢业业的辛苦付出，就不会有甘甜欢畅的成功的喜悦，没有勤勤恳恳的刻苦钻研，就不会有震撼人心的累累硕果。

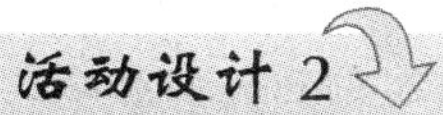

大学生应该先就业还是先择业

一、活动目的

1. 丰富同学们的文化生活，培养学生的语言表达能力，思辨能力。

2. 帮助学生更深刻的认识就业和择业，思考自己的就业方向。

二、活动形式 辩论比赛

正方：大学生应该先就业后择业

反方：大学生应该先择业再就业

三、活动准备

1. 布置教室，全班同学分成两组，每组选出四名同学参加辩论，要求提前查阅相关资料，了解创业和择业。

2. 针对辩题准备书面材料。

四、比赛规则

1. 辩手辩论不得使用侮辱性、攻击性语言。

2. 观众需遵守现场秩序，互动环节应积极参与。

五、活动过程

1. 开场白。

2. 人物介绍。

分别介绍正反方辩手，计时员，评判员。

3. 辩论主体。

（1）破题立论，首先由正方一辩发言接着由反方一辩发言。

（2）对话环节，先由反方自由人发言，接着正方自由人发言。

（3）盘问环节。先由反方二辩向正方 1、2、3 辩提问，接着由正方二辩向反方 1、2、3 辩提问。

（4）盘问小结。反方三辩总结，正方三辩总结。

（5）攻辩阶段。双方交替提问。

（6）双方自由人总结。

4. 才艺表演。

5. 评委评分和点评。

6. 主持人总结。

正反双方分别有 5 分钟时间对自己的观点进行系统论述。

学习情境六

中国传统文化

任务一　中国传统文化简介

一、文化的含义

“文化”一词来源于拉丁文 Cultura，其本意指耕作，后引申为居住、练习或注意、敬神等多种含义。在中国最早把“文”和“化”两个字联系起来的是《易经》，提出了“观乎天文，以察时变；观乎人文，以化成天下”的主张，其意思是用诗书礼乐来教化天下百姓，使社会变得文明而有秩序。

一般说来，文化的含义可以有广义和狭义两种解释。广义的文化是指人类在社会历史发展的实践过程中所创造的物质财富和精神财富的总和。狭义的文化是指社会的意识形态及与之相适应的组织机构、礼仪制度和行为方式等物化的精神。

文化一般具有民族性、多样性、相对性、延续性和积淀性等特点。文化是一个系统的概念，其基本的核心是价值观，并表现在不同的个人和不同的组织群体之中。

二、中国传统文化的含义

传统文化是指在历史发展过程中创造的，仍保存至今、沿用或有所变异、有所发展的人类生存方式。中国传统文化里的“中国”和“文化”不仅指今天国家地理版图的中国，也包括历史上的中国（版图有所不同），以及受中国文化影响的其他地域和其他民族；而且还涉及中国出现之前的、中华民族形成之前的有关地域和民族的文化。

用“源远流长、博大精深”来形容中国传统文化是再贴切不过了。然在其久远博大之中，却“统之有宗、会之有元”。若从著述载籍而论，经史子集、万亿卷篇，概以“三玄”、“四书”、“五经”为其渊流；如从学术统筹而言，三教九流，百家争鸣，则以儒、道二家为其归致。东晋以后，历南北朝、隋、唐，由印度传入的佛教文化逐步融入中国传统文化，其典籍与统绪因而也就成了中国传统文化中的一个有机组成部分。儒、佛、道三家鼎足而立，相辅相成，构成了唐宋以来中国文化的基本格局。南宋孝宗皇帝曾说的“以佛治心、以道治身、以儒治世”（南宋赵慎《三教论》）就明白地道出了中国传统文化的这种基本结构特点。

综上所述，同时结合中国学术界长久以来的观点，中国传统文化就是以儒家思想为主干，儒、佛、道互补，其他诸子百家为辅为而形成的一种人伦文化。

中国传统文化是中华文明演化而汇集成的一种反映民族特质和风貌的民族文化，是民族历史上各种思想文化、观念形态的总体表征，是指居住在中国地域内的中华民族及其祖先所创造的、为中华民族世世代代所继承发展的、具有鲜明民族特色的、历史悠久、内涵博大精深、传统优良的文化。它是中华民族几千年文明的结晶，除了儒家文化这个核心内容外，还包含有其他文化形态，如道家文化、佛教文化，等等。

三、中国传统文化的基本精神

中国传统文化不仅丰富多彩，而且有着迷人的气质和丰富的内涵。这迷人的气质和丰富的内涵就是中国文化的基本精神。文化的基本精神，就是文化发展过程中的内在动力，它是指导民族文化不断前进的基本思想，它体现了民族精神的历史性与民族精神特质。因此，中国传统文化长期发展的思想基础，也是中国传统文化的基本思想。

（一）刚健有为、自强不息的精神

中国传统文化的主流精神是刚健有为、自强不息。

刚健有为、自强不息的文化精神可以追溯到中国文化最早的代表《尚书》和《诗经》中，这两部典籍里充满了勤勉稳健，勇猛深沉的前进气息。如《尧典》里对先王“克明峻德，以亲九族”“历象日月星辰，敬授人时”功业的颂扬。《无逸》中对成王尽忠尽职的谆谆告诫，《公刘》、《生民》中描写的周部落诞生之初的艰难创业等。

对于刚健有为、自强不息这种文化精神作出明确表述的是《易经》。《易经·象传》中说：“天行健，君子以自强不息。”以天体运行无休无止、永远向上的规律，要求人们积极有为、勇于进取。此后，刚健有为、自强不息的精神便一直作为中国传统文化的主导精神激励着中华民族。它体现在人民生活的方方面面中。

1. 就民族的进步和发展而言

在民族兴旺发达、昂扬向上的昌盛时期，士子的情怀中总洋溢着建功立业的壮志豪情。汉唐将士的积极戍边，在诗文中俯拾皆是。“匈奴未灭，何以家为”的英雄气概，“海县清一，寰宇大定”的宏伟抱负，“请君暂上凌烟阁，若个书生万户侯”的豪迈气势。在民族危亡、外族入侵的关口，刚健有为、自强不息也总是激励着人民顽强不屈地进行反侵略、反压迫的英勇斗争。岳飞、文天祥、史可法……中国历史上曾有过无数可歌可泣的民族英雄壮举。

2. 就个人人格的独立和人生价值的实现而言

刚健有为、自强不息，或表现为志士仁人在强暴面前英勇不屈，坚持正义，誓死不与邪恶势力同流合污；或表现为在人生遭遇挫折时奋发图强，决不灰心，坚定不移地追求自己的理想。如号称“史笔”，不向皇帝低头的董狐；遭受不白之冤，仍忍辱负重，成就千古大业的司马迁……

3. 积极否定、革故鼎新的改革精神

《礼记·大学》中称赞“苟日新，日日新，又日新”，《易传》也肯定“天地革而四时成，汤武革命，顺乎天而应乎人。革之时，大矣哉”。中国历史上每当“积弊日久”时总会有或改革或革命的运动，为清除积弊而变规变法。北宋时的王安石变法、清末的康梁维新（戊戌变法），都是这种革新精神的体现。

（二）人本主义精神

作为中国传统文化基本精神之一的人本主义，既不同于西方古典的以神为本，也不同于西方近代追求的个人自由与民主价值。但中国传统文化的发展同样始终围绕着人，人是世间一切事物的根本，天地之间人为先。具体而言包括“民为贵”、“君为轻”的基本政治理想；关注百姓现世的人伦生活；追求一种道德伦理的人本关怀，主要表现为以下三个层次。

1. 以民为本

中国传统人本主义坚持“民为贵”的民本主义精神，《尚书》中就有“重我民”、“唯民之承”、“施实德于民”的记述。《左传》、《国语》等典籍中，也多处显示了以民为本的观念。《左传·桓公六年》称：“夫民，神之主也。是以圣王先成民而后致力于神。”《左传·庄公三十二年》载：“国将兴，听于民；将亡，听于神。”《国语·鲁语》中也有“民和而后神降之福”的说法。儒家学说更是集中突现了民为邦本的思想。孔子历来主张重民、富民、教民。在“民、食、丧、祭”这些世间大事中，将“民”列为首位。孟子则提出了影响中国几千年的“民为贵，社稷次之，君为轻”的重要思想，成为历代开明统治者维护统治的座右铭。荀子亦主张民为邦本，他的君舟民水的著名比喻，流传久远，是历代为政者必修的一课，“用国者，得百姓之力者富，得百姓之死者强，得百姓之誉者荣。三得者具而天下归之，三得者亡而天下去之。”（《荀子·王霸》）。

不仅儒家主张民为邦本，道、墨、法诸家也都具有以民为贵的重民思想。在漫长的封建社会中，这一重民贵民的精神不断得到了丰富和强化。汉代贾谊曾指出：“闻之于政也，民无不为本也。”（《新书·大政上》）唐代开明君主李世民更是深谙民贵君轻之道，认定“君依于国，国依于民。”（《资治通鉴》卷一九二）北宋张载宣传“民胞物与”，朱熹则认为“天下之务莫大于恤民。”（《宋史·朱熹传》）这一系列重民思想，集中反映了中国传统文化中民为邦本思想的发展和演进，也呈现了中国式人本主义传统的根本所在。

2. 重人伦远鬼神

中国传统文化在人与神之间，坚持以人为本位，重视现世的人伦生活，而将宗教和鬼神信仰置于其后。可以说，在中国传统文化中，神本主义始终未居主导地位。西方古典文化是一种神本文化，它有着十分强烈的宗教精神，上帝是最高的信仰，抵达彼岸世界，是人们精神的最高寄托。人们行为的准则、生活的目标、最高的善，都来自于宗教的神谕，来自万能的主的启悟。而以儒家为主体的中国古代思想家，则总是将其目光投注于现世的人的生活，而反对以鬼神为本。《论语》中早就有“子不语怪、力、乱、神”的记载。孔子说过，“务民之义，敬鬼神而远之，可谓知矣。”（《论语·雍也》）弟子问怎样事鬼神，孔子回答说：“未能事人，焉能事鬼？”又问人死后的情况，孔子说：“未知生，焉知死？”孔子虽在总体上承认天命，但天命是指个人所无法左右的天道之常，而对鬼神则一直心存疑虑，所以他病重时，弟子请求为他祷告，他也用“丘之祷久矣”，表示不必。在这里“事人”、“知生”就是关怀现实的人，关注现世的人的生命和生活。“事鬼”、“知死”是将目光投注于人所不知的鬼神世界，孔子认为这既不可能，又无必要，显示了对于宗教敬而远之的态度。孔子以后，孟子、荀子以至宋儒都继承了孔子的观点，汉代仲长统则更明确地提出“人事为本，天道为末”的观点，发展了儒家的人本思想，呈现出重现世、重人伦、重人事而敬宗教、远鬼神的整体趋向。

3. 肯定个体的心性向善

中国传统文化的人本主义是一种具有浓重道德色彩的人本关怀，具有鲜明的道德伦理特征。这种人本主义把人放在一定的伦理人际关系中来定位。每一个人，从他诞生那刻起，便进入了一个五伦的社会关系之网中：政治上的君臣关系，家庭中的父子、夫妇、兄弟关系，社会上的朋友关系。这种人与人之间的关系各有其行为典范与道德模式，这就是君仁臣忠、父慈子孝、夫教妇从、兄友弟恭、朋亲友信。整个文化所关注和努力的，也就是"经夫妇，成孝敬，厚人伦，美教化，移风俗"，而每个人则在这样一种人伦关系中寻找自己合适的位置，履行自己的责任。它更重视个人对于群体的义务和责任。

传统文化所肯定的人是作为"道德主体"的人。这里的"人本"其实是"道德主体的人本"。一方面，个人必须担负对社会所应尽的责任；另一方面，个体又要追求一种主体道德心性的完善，这种完善既是社会的要求，同时也是个体的自觉。由于心性完善所指向的"理"被提到了"本体"的高度，它在未有万物之前已先存在，这"理"所衍生出来的原则，如"忠"、"孝"、"仁"、"义"便也是自然的、天经地义的。个人的价值判断便只能定位于通向"理"的心性完善途中，一切作为"实践主体"所从事的"齐家、治国、平天下"事业，都必须是具备了"完善心性"的"道德主体"才能承担。只有"内圣"才能"外王"，只有"意诚""心正"才能"身修"，而后才能"家齐"、"国治"、"天下平"。

道德完善作为一种人格特质，作为主体的一种优良的素养，使深受传统文化熏陶的人们具有一种和谐与执著相统一的品格。体现于内心的真诚与尊严增强了他们的自信与宁静，使他们不受时风的左右与动摇。为"道"、"义"、"德"的要求完善着且固守着自己的心性天地，生活因有道德心性的良好自制而井然有序，社会也因这些具有良好心性的楷模而变得淳朴和谐、彬彬有礼。

（三）天人合一精神

天人合一是中国传统文化发展中提出的一个重要思想。这一思想认为，自然的发展与人类的发展是互相影响、互相作用的，人应根据自然的变化来调整并规范自己的言行。纵览中国的历史可知，天人合一思想不仅影响制约着政治，同时也影响了当时的社会生活，因而它是古代文化思想的一个重要组成部分，也是中国传统文化精神的主要内容之一。

在儒家看来，天是万物的起源，天生出万物，更重要的是也生成了人类社会。但同时，他们又认为，天地万物也像人类社会一样在运转着。天人合一的思想，一方面强调天是万物的起源，另一方面又强调人事的作用，这实际上就是二元论，即认为万物来源于天，又比照着人类。自然的发展变化体现着制约着人类社会的发展变化。日月正常运行时，说明人世间的一切都正常，君明、臣贤、百姓勤耕和睦；而当人事出了问题，君昏、臣奸、百姓反时，那么日月都也会用反常予以警告。也就是说，人之善将得到天之更大的善，人之恶将得到天之更大的恶。天人合一思想成了人们的行为准则，而且成为他们解释历代政权更替的理论依据。天人合一思想还具有劝谏的作用。凡是出现异常的自然现象，统治者都会检讨言行政策是否有失误，借助自然的变异和天灾警告皇帝成为一个当时行之有效的办法。

（四）礼治精神

中国传统文化，不仅贯彻实施着人本主义精神，而且也渗透着一种礼治精神。所谓礼，原本指人与人或国与国之间交往的一种仪式。所谓礼治则是将这予以加工改造，升华为一种社会理想，然后予以实施和推行。

作为一种社会理想的礼治精神，其实质是强调社会的有序，坚持社会的秩序。这种社会的有序或秩序，在儒家看来，就应是上下有序、父子有伦。用孔子的话讲就是君君、臣臣、父父、子子。汉代儒家在孔子思想的基础上，又增加了妻妻的内容。可见，礼制的有序社会或社会秩序是一个具有严格等级制度的社会。礼治精神所主张和坚持的社会秩序是一种亲和的社会关系。在这种社会里，“君仁臣忠，父慈子孝，兄爱弟敬，夫和妻柔，姑慈妇听”，充溢着爱，洋溢着和，没有仇恨，没有争讼。“君仁则不厉，臣忠则不贰；父慈则教，子孝则劝，兄爱则友，弟敬则顺，夫和则义，妻柔则正；姑慈则从，妇听则婉”。在儒家看来，礼治精神是人类社会最高的目标，是人区别动物的本质特征。

礼中最重要的是孝。“夫孝，天之经也，地之义也，人之行也。君子务本，本立而道生。”在儒家看来，只有行孝，人们才会行礼。所以，历史上人们特别注重孝，常以孝廉选拔官吏，以孝教化民众。

四、中国传统文化的生成背景

中国传统文化上下五千年，传播纵横数万里，一个个王朝的覆灭，一次次残酷的战争，多少次外族的入侵，无数次山崩地震、水旱灾害、疾病瘟疫等，都未能阻止它前进的步伐，这与它的生成背景有着直接的关系。从地理环境上看，中国是一个回旋余地广阔的半封闭的温带大陆型气候国家，经济结构上是农耕型经济模式，从社会结构看则是不同于中世纪亚欧等级制度和印度种姓制的血缘宗法制。这些既构成了中国文化产生和形成的基础，也决定了其独特的文化类型。

（一）广袤的土地及多民族的人口构成

中华大地广袤辽阔，自然环境特征多样，众多民族在各自地理环境迥异的土地上生活，由此衍生出了各自独具特色的民族文化。而后的民族大融合，使中原的汉族文化与西域、西南、东南等各个地区的少数民族文化互相渗透、互为补充，形成了以中原汉族文化为主体的、涵盖各少数民族文化的多元化的中国文化。

此外，中国虽居世界东方一隅，但中国的对外交往古已有之。外来文化的进入也对中国文化产生了一定的影响，并最终融合成为中国文化的一部分。印度佛教文化的传入及对中国文化产生巨大影响便是一例。

（二）农耕制度的确立

中国地大物博、幅员辽阔，各地自然环境差异明显。中国历史上，有些民族以游牧为生，也有民族（如中原汉族）以农业耕作为生。但秦汉以后，中国开始了长期的民族融合，汉族先进的农耕制度最终占据主导地位，成为了以后几千内推动中国封建社会生产力发展的关键因素（秦汉以后虽仍有许多少数民族保持游牧传统，但真正正统的游牧生产方式对中国封建社会生产力发展所产生的影响已极为微小）。农耕的确立，稳定了人民的生活，使人民不必为了丰美的水草而辗转迁徙。这种稳定的生活方式，为中国文化的产生提供了理想的土壤。中国传统文化中对“家”这一概念的注重，也从一个侧面表现了这种稳定的生活方式对中国文化的影响。

（三）封建社会的建立和长期稳定

封建社会的建立和长期稳定为中国文化的发展提供了良好的社会环境。封建社会的建立，为中国文化中占最统治地位的儒家学说提供了最初的发展方向。完善宗法礼制，确立适合当时社会现实的价值观，从侧面协助封建皇权和整个封建社会的维持。封建社会的长期稳定，又为中国文化的发展创造了硬性条件，使文化的发展免受社会动荡、政权更迭的冲击。

五、中国传统文化对世界文化的影响

远在周朝，中国就开始与外邦有了交往，虽与四邻相互间也曾有过屡次暴力互侵的历史，但总的来说，文化交流是中外关系的主要内容。中国在不断接受外来文化影响的同时，对世界文化也产生了重要影响。

（一）对日本的影响

史载秦始皇曾遣徐福率三千童男童女东渡日本求长生不老药，随之，中国的农业、医药、养蚕技术也传到了日本。东汉光武帝曾封日本为倭奴国王，建立了正式交往来关系。以后一直有密切往来。隋唐时，日本朝野力主唐化，派大量留学生赴唐，学习中国文化。仿效唐朝的教育，以儒家经典为教科书，也在中央设太学，地方设国学。可以说唐代文化促进了日本文化的形成与发展。

鉴真大师的东渡为日本文化注入了新的血液，不仅对日本佛教事业的发展产生了巨大影响，而且在建筑、雕刻、医学、文学、印刷等方面的影响也极为显著。其民族文字中除直接使用了不少汉字外，日本空海和尚采用中国的草书，利用汉字的偏旁创造了假名，这些文字大多沿用至今。

在政治制度方面，自日本接受东汉封号后，不断模仿中国制度。孝德天皇在位时，几乎全部模仿唐制，如中央设省、地方设郡县、建京都、设驿站，这就是日本史上有名的“大化革新”。此外，在改用公历前，日本一直采用中国的农历，连二十四节气也一样，五月端午竞龙舟，八月十五庆中秋，九月九度重阳，除夕祭祖，和中国风俗多有相同。可以说，日本是接受中国文化最多的国家。

（二）对朝鲜的影响

自周武王封其子于朝鲜，后来两国不断互相移民，所以两国不仅文化交流甚多，而且有较多血缘关系，这是中朝民族关系中的一个特点。朝鲜半岛人的姓氏至今仍与中国人一样，尤以李、金、崔为多，所以称中朝为兄弟之邦是恰如其分的。中国文化中的儒教内容在韩国还保留得相当完整，因此，韩国被西方国家称为是儒教国家的活化石。

（三）对东南亚的影响

东南亚各国中，越南是接受中国文化最多的国家。该国自秦汉以来，常为中国属国，后为法国殖民地取代，但其文字、语言至今仍有许多与中国相同。其他各国与中国联系甚多，尤其是郑和七下西洋后，这种联系更是随处可见，有些国家华人甚多，如新加坡，华语通行，风俗习惯、城市面貌与中国几乎无异。

（四）对西方的影响

中国传统文化在明清之际，通过西方耶稣会士等，还传播到了欧洲一些国家。中国的四大发明（火药、指南针、印刷术、造纸术）先后传到西方后，对于促进西方资本主义社会的形成和发展，起到了重要作用。中国传统文化对法国的影响最大，法国成为当时欧洲中国文化热的中心。法国 18 世纪的启蒙思想家很少有不受中国文化影响的。如笛卡儿、卢梭、伏尔泰、孟德斯鸠、狄德罗、霍尔巴赫，他们对中国文化的极度推崇。伏尔泰就在礼拜堂里供奉着孔子的画像，把孔子奉为人类道德的楷模。德国哲学家莱布尼兹、康德、费希特、谢林、黑格尔直到费尔巴哈以及大文豪歌德等人都研究过中国哲学，在不同程度上受到过中国传统文化的影响。如莱布尼茨就认为，正是中国的发现，才使欧洲人从宗教的迷惘中觉醒过来。这种影响或直接或间接地影响了法国的启蒙运动，影响了德国的辩证法思想。西方的现代化进程也受到过中国传统文化的影响。

活动设计

一、活动目的

1. 了解中国传统文化的精神。

2. 作为当代大学生如何传承中国传统文化精神。

二、活动形式

研讨会。

有人说："一个章子怡，比一万个孔子都有效果。要像重视孔子一样重视章子怡，中国文化才会有未来。"对此，人们纷纷质疑，章子怡能代表中国文化吗？她代表的是真正的中国文化吗？请结合所学知识，查阅相关资料谈谈自己的看法。

相关链接

1. 四书五经

四书五经是四书和五经的合称，是中国儒家经典的书籍。四书指的是《论语》、《孟子》、《大学》和《中庸》；而五经指的是《诗经》、《尚书》、《礼记》、《周易》和《春秋》，简称为"诗、书、礼、易、春秋"。之前，还有一本《乐经》，合称"诗、书、礼、乐、易、春秋"，这六本书也被称做"六经"，其中的《乐经》后来因秦始皇焚书坑儒亡逸了，就只剩下了五经。四书五经是南宋以后儒学的基本书目、儒生学子的必读之书。

2. 三玄

《周易》、《老子》、《庄子》。

3.《中庸》

旧说为子思所作，其实是秦汉时期的儒家作品，原是《小戴礼记》中的一篇。"中庸"是儒家提出的最高道德标准，是指处理事情不偏不倚、无过无不及。

4.《大学》

旧说为孔子的学生曾参所作，实为秦汉时期的儒家作品，原是《小戴礼记》中的一篇。主要强调个人的伦理道德对治国平天下的重要意义。

5.《周易》

《周易》是占卜之书，作者应是筮官，经多人完成。内容记录了西周社会各方面，蕴含历史价值、思想价值与文学价值。此书包括《经》和《传》两部分。

6.《尚书》

“尚”是指“上”、“上古”，该书是古代最早的一部历史文献汇编。记载上起传说中的尧舜时代，下至东周（春秋中期），约1500多年。基本内容是古代帝王的文告和君臣谈话内容的记录，这说明作者应是史官。古时称赞人“饱读诗书”，“诗书”分别指《诗经》与《尚书》。

7.《礼记》

战国到秦汉年间儒家学者解释说明经书《仪礼》的文章集，是儒家思想的资料汇编。

8.《春秋》

古代编年体史书。“春秋”原是先秦时代各国史书的通称，后来仅有鲁国的《春秋》传世，便成为专称。这部原来由鲁国史官所编的《春秋》，相传经过孔子整理、修订。

任务二　诸子百家简介

诸子百家是对春秋战国时期各种学术派别的总称。西周灭亡，促使人们更多地转向对天下兴亡的思考，打破了“庶人不议”的观念，取而代之的是“处士横议”的活跃风气。在对社会的广泛探讨中，人们不再崇信“天道”，进而在如何统一天下、治理国家、教化民众等方面形成了各种不同的学派。这些学派的创立者和代表人物被合称为“诸子”，“百家”则指这些学派。主要有儒家、道家、墨家、法家、名家、阴阳家、杂家、农家、小说家、纵横家、兵家、医家等。

最有影响的主要是儒家、墨家、道家和法家。各学派的人物针对一些社会问题四处游说，推行自己的政治主张，或著书立说，人们的思想空前活跃，在中国文化史上形成了一个百家争鸣的空前繁荣的局面。诸子百家的学术观点反映在他们的文学作品中也随之形成了不同的学术和文学派别。诸子散文大都观点鲜明，言辞犀利，感情充沛，表达方式灵活多样，具有很强的感染力，所以诸子百家散文不仅具有重要的学术价值，同时也具有重要的文学价值。

诸子百家的许多思想给后代留下了深刻的启示。如儒家的“仁政”、“己所不欲，勿施于人”的“恕道”；道家的辩证法；墨家的科学思想；法家的唯物思想；兵家的军事思想等，在今天光彩依然。便是春秋战国时“诡辩”的名家，也开创了中国哲学史上的逻辑学领域。我们应该借鉴儒家的刚健有为精神，来激励自己发愤图强；借鉴儒家的公忠为国精神，来培育自己的爱国情怀；借鉴儒家的“以义制利”精神，来启迪自己正确对待物质利益的坚定立场；借鉴儒家的仁爱精神，来培育自己热爱人民的高尚情操；借鉴儒家的气节观念，来培育自己自尊、自强的独立人格；也借鉴墨家的“兼爱”、“尚贤”、“节用”；道家的“少私寡欲”、“道法自然”；法家的“废私立公”等思想。

一、儒家

“儒”字本是古代对学者的尊称。字义是“雅”、“优”及“和”的意思，从“人”

从“需”，指他们的思想学问能够安定别人、说服别人、为人所需。儒家指由孔子创立的，后来逐步发展以“仁”为核心的思想体系。儒家的学说简称儒学，是中国自汉代以来的主流意识流派，自汉以来在绝大多数的历史时期作为中国的官方思想，至今也是中华民族的主流思想基础。

（一）代表人物及作品

1. 孔子

孔子（前551—前479），名丘，字仲尼，鲁国陬邑（今山东曲阜人），是我国古代著名的思想家和教育家，是儒家的创始人，被后世尊为“万世师表”，也被称为“圣人”。

孔子祖上是宋国的贵族，后因家道中落迁到鲁国。三岁时父亲去世。他在鲁国很不得志，后来周游列国，积极宣传自己的政治主张，也未得到重用。六十八岁时，回到鲁国从事著述，潜心讲学和著书，并整理了“六经”，对保存和传播我国古代政治思想文化作出了重要贡献。五年后，孔子去世，终年七十三岁。他在政治上提出“仁者爱人”、“克己复礼”，在教育方面提出“有教无类”等思想。

孔子在世创办私学，收成名弟子七十多人，后由其弟子和再传弟子编纂而成的《论语》即是其生活和思想的重要资料。《论语》是我国先秦时期一部语录体散文，主要记载孔子及其弟子的言行，全书共二十篇，每篇各有若干章节，文字简练朴实，对后世影响深远。

2. 孟子

孟子（前372—前289），名轲，字子舆，又字子车、子居，鲁国邹（今山东邹城）人，是孔子以后的儒家大师。

孟子从小在母亲的教育下，用功读书，学成以后以孔子的继承者自任，招收弟子，并且游历列国，宣扬“仁政”、“王道”的主张，提倡“民为贵，社稷次之，君为轻”政治理想。他到过齐、宋、鲁、滕、梁等国，见过梁惠王、齐宣王等君主。虽然受到了尊敬跟礼遇，可是因为被认为思想保守，不合当时潮流，没有得到重用，只有滕文公曾经试图推行他的政治主张。到了晚年，孟子回乡讲学，和他的弟子万章、公孙丑等，从事著书的工作，写成了《孟子》七篇，全书共有十四卷。

3. 荀子

荀子（前313—前235），名况，字卿，赵国郇邑（今山西安泽）人，战国后期著名思想家、教育家。关于荀子的记载很少，且颇有出入。荀子是继孔子、孟子以后最大的儒学家。他的思想记载于《荀子》一书中，对中国两千多年的封建社会产生了广泛而深远的影响。荀子曾经游历燕、齐、楚、秦、赵多国，后家居兰陵（今山东苍山县兰陵镇）至死。

在兰陵时荀子开始教书与写书，有名的韩非和李斯就是他的学生，他也在这段时间完成了他的代表作品——《荀子》。荀子虽是儒家之继承人，但他并没有盲目地将儒家学说全盘接收，相反，荀子将儒家学说融会贯通、加以发挥。在人性问题上，荀子主张“性恶”，和孟子的“性善”针锋相对。他认为人的本性是恶的，因而不可能有天生的圣贤；人性善是受教化的结果。在天道观方面，荀子受老子的影响，以为天没有意志，不过是能生长万物的自然界，不能决定人事的吉凶、祸福。提出人应该顺应自然但也可改变自然，即所谓“制天命而用之”的人定胜天的思想。

（二）儒家的主要思想

1. 仁（爱人）

“仁”是儒家思想体系的理论核心。它是儒家社会政治、伦理道德的最高理想和标准。“仁”体现在教育思想和实践上是“有教无类”。春秋时代学在官府，孔子首开私学，弟子不问出身贵贱敏钝，均可受教。“仁”体现在政治上是强调“德治”，德治的基本精神是泛爱众和博施济众。孔子把“仁”引入礼中，变传统“礼治”为“德治”，他的“德治”无疑是对“礼治”的继承和改造。爱人既为仁的实质和基本内容，而此种爱人又是推己及人，由亲亲而扩大到泛众。儒家的治国理念，推行“王道”、“仁政”，重视“礼乐教化”，同时礼法并用。

2. 义（原指“宜”，是合宜、应当、应该之意）

“父慈子孝，兄良弟悌，夫义妇听，长惠幼顺，君仁臣忠，十者谓之人义。”孔子以“义”作为评判人们的思想、行为的道德准则。一个人道德理想的实现价值最高，所以“义”应放在首位，因而提出“义以为上”、“见利思义”的主张。合义是得利的前提条件，因而，当义、利发生冲突时，要绝对地、无条件地弃利取义，人即使处于生死抉择之际，也不应偷生而害义。儒家还认为“义”是把人和动物区别开来的标志。儒家“义”的价值观念简单地归纳起来，就是要见义勇为、见利思义、舍生取义。

3. 礼（克己复礼）

儒家强调修养是一个自觉、自律的过程，这个过程也就是“克己复礼”的过程。用“礼”来规范社会各阶层人们的行为，约束人们的行为，使之不产生偏颇或越轨的行为，每个人都应该按自己的身份、地位所规定的权利和义务行事。只有通过践行礼这种形式，才能够达到守仁行义，尊礼是达到仁义的必由之路。“礼”的重要作用，就是它能使人与人、人与社会和谐相处。

4. 智（同“知”，指知道、了解、见解、知识、聪明、智慧等）

儒家认为，知是一个道德范畴，是一种人的行为规范知识。孟子把智与仁、义、礼合称为“四德”，把智当作判别是非的天赋能力。荀子把智当作知识。实际上，智慧是知识和能力的统一，知识是基础，是体；能力是外在的表现，是用。智慧作为人格的基础构成要素，它是人们认识、把握道德的前提，没有智慧，人就是愚昧的，人格就不可能完善，也就无从得知何为“仁”、“义”。在孟子看来，深刻地认识仁义，并把它转化成自己的内心信念，在行为上，坚守仁义，不违背仁义，这就是“智”的实质，“智”是对仁义的认识，更重要的是在认识的基础上对仁义的坚守，因为认识的目的就在于坚守。关爱别人，就是仁；了解别人，就是“智”。

5. 信（指待人处事诚实不欺、言行一致的态度）

“信”为儒家的“五常”之一。儒家将“信”作为“仁”的重要体现，是贤者必备的品德，凡在言论和行为上做到真实无妄，便能取得他人的信任。当权者讲信用，百姓也会以真情相待而不欺上。

6. 恕（有宽恕、容人之意）

“恕”就是不把自己的意志、爱好和憎恶强加于人，“己所不欲，勿施于人。”以自己的仁爱之心，去推度别人的心，“以心揆心”、“忖己度物”，将心比心，从而谅解别人不周或不妥之处，正确地处理好人与人之间的关系。儒家的“恕道”是严于律己、宽以待人、以己度人、推己及人的道德规范。

7. 忠（忠诚老实）

孔子认为“忠”乃表现于与人交往中的忠诚老实。就是要把自己的心摆正，不欺己，替人办事，出谋划策，尽心尽力，认真负责。“夫仁者，己欲立而立人，己欲达而达人。能近取譬，可谓仁之方也”。即是说，自己所希望的，所欲求的，所要达到的某个目标，也要让别人去追求和实现。

8. 孝（孝敬、孝顺）

孝不仅限于对父母的赡养，而应着重体现为对父母和长辈的尊重，认为如缺乏孝敬之心，赡养父母也就视同于饲养犬畜，乃大逆不孝。儒家还认为父母可能有过失，儿女应该婉言规劝，力求其改正，并非对父母绝对服从。

9. 悌（指对兄长的敬爱之情）

孔子非常重视“悌”的品德，把“悌”与“孝”并称，视之“为仁之本”。

总之，在人类历史上，以儒家文化为基础的中华文明是唯一没有中断过的古代文明。在过去两千多年时间里，儒家文化的发展道路虽然相当曲折和坎坷，但其强大的生命力始终没有减弱和停息过。究其原因，儒家文化及其价值观已经成为中华民族精神的重要因素，那些关于做人、处事和立国的名言早已深入人心，并在潜移默化中传播到社会生活的各个角落。儒学的发展，也依然影响着一代又一代的中国人的思想。

活动设计

一、活动目的

1. 了解儒家思想的内容。
2. 联系现实了解儒家思想对当今社会政治、经济、教育方面的影响。

二、活动形式

研讨会。

三、活动内容

将全班同学分成四组：历史学家组，读古籍，了解儒家思想内容，研究其在历史上的影响；政治专家组，研究儒家思想在当今政治领域中（治国）的影响；经济学家组，研究儒家思想在当今经济领域中的影响；教育专家组：研究儒家思想在当今教育领域中的影响。

小组汇总个人的研究情况，讨论修改，完成本组的最后研究报告，以自己所擅长的方式汇报各自的研究成果（形式上可以有：演示文稿、网页作品、文学作品等）

四、活动准备

1. 组长组织讨论决定小组中每个人的任务，明确各自的任务。
2. 制定每人完成任务的时间进度表。

要求：

每一个专家组都将探究有关儒家思想的内容和它对现实社会影响的信息和网页，以及从其他来源获得的补充信息。小组每个成员都必须在他们特定的任务中，认真负责地收集数据和资料，写出自己研究摘要。每一专家小组都必须完成有关专题的简要的研究报告。

专家建议

1. 这是一个团队协作的项目，而不是由单独一个人去完成。
2. 从图书馆、网络或其他途径去收集信息，丰富的信息对你的研究会大有帮助。
3. 探究过程中如果有人发现了可以帮助其他人探究的信息，请与别人共享。
4. 及时和别人交流进展情况、问题和想法，这对你的研究会大有裨益。

相关链接

儒家名言

1. 不患人之不己知，患不知人也。

【译文】不害怕别人不了解自己，而是害怕自己不了解别人。

2. 不患人之不己知，患其不能也。

【译文】不担忧别人不了解我，只担忧自己没有能力。

3. 子曰："吾十五而志于学，三十而立，四十而不惑，五十而知天命，六十而耳顺，七十而从心所欲不逾矩。"

【译文】孔子说："我十五岁有志于学问；三十岁说话做事都有把握；四十岁掌握了各种知识，不致被迷惑；五十岁时知道了什么是自然规律；六十岁时能够分别真假，判明是非；到了七十岁，我就可以做自己想做的事，但无论做什么都不会违背规矩了。"

4. 君子坦荡荡，小人长戚戚。

【译文】君子心地平坦宽广，没有德行的人却是终日烦恼忧愁。

5. 宰予昼寝。子曰："朽木不可雕也，粪土之墙不可圬也。于予与何诛?"

【译文】宰予大白天睡觉。孔子说："腐烂了的木头不能雕刻，粪土似的墙壁不能粉刷。宰予这种人也不值得责备。"

6. 君子成人之美，不成人之恶。小人反是。

【译文】君子会成全别人的好事，不会促成别人的坏事。没有德行的人恰恰与之相反。

7. 过而不改，是谓过矣。

【译文】有错误而不去改正，那么这个错误就是真正的错误了。

8. 道不同，不相为谋。

【译文】志向、主张不相同的人，不必在一块商量事情。

9. 人无远虑，必有近忧。

【译文】一个人如果没有长远的考虑，就一定会出现眼前的忧患。

10. 性相近也，习相远也。

【译文】人的本性本来是相近的，后天的学习使人与人在很多方面相差很远。

11. 日月逝矣，岁不我与。

【译文】时光匆匆溜走，岁月是不会等待人的呀！

12. 穷则独善其身，达则兼善天下。

【译文】一个人不得志的时候应当坚守自己的品德，得志的时候便可以用这种好的品德去影响他人。

13. 人有不为者，而后可以有为。

【译文】一个人要有所不为，然后才能有所为。

14. 天作孽，犹可违；自作孽，不可活。

【译文】上天降下的灾害，还可以躲逃；自己作下的罪孽，却难以逃脱。

15. 知者乐山，仁者乐水。

【译文】聪明的人喜欢山，仁爱的人喜欢水。

二、道家

与儒家同时产生和并行发展的道家学说，在中国几千年的发展历史上有着极其重要的作用。有人形象地说，中国文化中儒家和道家是相互依存的，儒家教你如何当官、怎样当官；当你当不上官的时候，道家就给你提供一个避难处，正好是一对功能各异、效果互补的双胞胎。

道家学说是一个比较完整的理论体系，它不像儒家学说那样，用对话的方式，没有多少理论的阐述和理论分析。而道家则结合易经的学说，使之成为一个理论比较严谨、逻辑性很强的理论体系，其中充满了辨证的逻辑思维方法，有着相当大的辩证法和方法论特征。尽管如此，道家的学说在中国正统的文化体系中不占主体，但它是一个主要组成部分。

道家是中国古代哲学的主要流派之一。以“道”为世界的最后本原，所以称之为道家。道家创立于春秋后期，创始人为老子。由于对“道”的理解不同，到战国中期，道家内部开始分化，形成老庄学和黄老学两大派别。前者的思想以《老子》、《庄子》、《列子》为代表，后者的思想以《管子》中的《心术上》、《心术下》、《白心》、《内业》四篇和1973年在湖南长沙马王堆出土的《经法》、《原》、《称》、《十六经》四篇和《淮南子》为代表。

（一）代表人物及作品

1. 老子

老子（前604—?）姓李，名耳，字伯阳，楚国苦县厉乡曲仁里（今河南省周口市鹿邑县太清宫镇）人，卒年不详，谥聃。有人叫他李耳，也有人叫他老聃。老子修道德，其学主无为之说，以自隐无名为务。

道家的理论奠定于老子，老子《道德经》一书上下五千言，书中广论道的形而上学义、人生智慧义，提出一种有物混成且独立自存之自然宇宙起源论，也提出世界存在与运行原理是“反者道之动”的本体论思想。对于后人而言，应学习的就是处世的智慧。老子也提出了众多的政治、社会与人生哲学观点，主张“无为而治、小国寡民”。

2. 庄子

庄子（前369—前286）名周，字子休，宋国蒙（今河南商丘市）人。庄子早年曾在蒙做过漆园吏，后一直隐居。他生活贫困，但淡泊名利，楚王闻其贤德，曾派使者赠以千金并请他出仕，被他拒绝，终身隐居于抱犊山中。

庄子学识渊博，交游很广，著有《庄子》一书，大旨源于《老子》，也有自己的独到见解，其著书十余万言，大都是寓言。庄子对老子所讲的“道”作了进一步的唯心主义说明。他否认客观真理的存在，把老子辩证法思想中的消极因素引向了相对主义，认为世界上没有是非、善恶、美丑之分。

3. 列子

列子，名寇，又名御寇（又称“圄寇”“国寇”），相传是战国前期的道家人物，郑国（今河南郑州新郑市）人。其学本于黄帝、老子，主张清静无为。后汉班固《艺文志》“道家”部分录有《列子》八卷，又名《冲虚经》，早已散逸。今本《列子》八篇，内容多为民间故事、寓言和神话传说。从思想内容和语言使用上来看，可能是晋人所作，是东晋人收集有关古代资料编写而成的，晋张湛注释并作序。

（二）道家的主要思想

1. “道”之道

“道”是用以说明世界的本原、本体、规律或原理。“道”这一范畴为道家首先提出。道的原始含义指道路、坦途，以后逐渐发展为道理，用以解释事物的规律性。老子最先把道看作是宇宙的本原和普遍规律，认为天地万物都由道而生。老子所说的道有三方面的含义：① 道是先于天地的混成之物；② 道是存在于万物之中的普遍法则；③ 道无形无象。

“道”与万物的关系，就静态而言，“道”是一切人、物共同存在的最终保证，是最高的价值，是终极性的价值根源。就动态而言，道是秩序的凝构及其动力，是“造化”或“造化力”，是使万物得以相生、相续、转化、发展的实现性原理。道家认为，天地万物虽然形态各异，但它们在本源上是相同的，即“天地与我并生，万物与我为一”（《庄子·齐物论》）。因此，人们应充分认识并尊重自然界的规律，让宇宙万物“自足其性”。个人与社会也是共生互存关系，修道不仅要“度己”，而且要“度人”，以各种适宜的方式，图世界共同的利益。

老子不仅对世界的本原作出了“道”的最高抽象，而且对“道”的运动规律作出了最高概括。他认为自然界和人类社会是变动不居的；变动不居的原因是天地万物都存在两个互相矛盾的对立面以及对立面的互相转化。他揭示出一系列的矛盾，如有无、难易、长短、高下、音声、前后、美丑、祸福、刚柔、强弱、损益、兴衰、大小、轻重、智愚、巧拙、生死、胜败、进退、攻守等。他认为，这些矛盾的任何一方面都不能孤立存在，而是互相依存，互为前提。认为正常能转化为反常，善良能转化为妖孽，委屈反能保全，屈枉反能伸直，低下反能充满，少取反能多得。中国传统思维中通常所说的“物极必反”，就是对“反者道之动”的通俗表达。

老子论道的另外一个重要思想是“贵柔”，他认为柔弱因循是“道”的作用。老子虽然讲对立面互相依存、互相转化，但不讲对立面互相斗争。他揭示对立面的互相转化主要是为了说明静可以转化为动，柔可以转化为刚，弱可以转化为强。因此，老子主张柔弱胜刚强，并提出了以静制动、以弱胜强、以柔克刚、以少胜多等政治、军事方面的战略原则。

庄子和老子一样把“道”看做世界最高原理，认为道无所不覆，无所不载，自生自化，永恒存在，是世界的终极根源和主宰。他认为不可能给“道”提出明确的规定，“道不当名”，即使取名为道，也是“所假而行”。他强调“道无所不在”，认为道作为世界的终极根据，不是存在于天地万物之外，而是一切事物的内在原因。

庄子改造了老子关于对立面互相转化的思想，把事物的运动、变化加以相对化。他说：“道无终始，物有死生，不恃其成。一虚一满，不位乎其形”。认为事物无时无刻不在变移，其形态绝不固定。从“道”的观点看来，一切事物都是无差别的，人们对事物的认识本来就没有确定不移的是非标准。

2.“无”之道

“无”是道家思想的本质特征。老子最先提出“无”范畴。“无”是对“道”的本质界定。一般认为是精神、理念。认为“有”与“无”互相依存，“无”比“有”更为根本。

庄子以“虚无”论“道”，将“无”解释为纯然无有，突出地发展了老子的虚无思想。认为作为宇宙本原的“无”即是“无有”。又说：“万物出乎无有。有不能以有为有，必出乎无有，而无有一无有。“无有”就是纯然一无所有。认为有与无、存在与非存在之间的界限无法分清，一切都是相对的。庄子还提出“无无”概念否定了一切，认为只有连“无”也没有，才能达到绝对虚无的境界。

3.“无为”之道

道家的“无为”，是清静自守之义，是道家以“道”修身所要达到的“合于道”的理想境界。能达到这种理想境界便无所不能为（无为而无不为）。

老子最先提出“道常无为而无不为”的命题，以说明自然与人为的关系。他认为道作为宇宙本体自然而然地生成天地万物，就其自然而然来说，天道自然无为；就其生成天地万物来说，天道又无不为。无为与无不为，即有为，无为为体，有为为用。也就是说，必须无为才能有为，无为之中产生有为。这就是“道常无为而无不为”的基本含义。老子明确提出“道法自然”。意思是，道的法则就是自然而然。道本身自然而然；道听任万物自然而然地发展，生长万物而不据为己有，推动万物而不自恃有功，长育万物而不作其主宰。老子还把天道自然无为推衍为人道自然无为，提出“绝圣弃智”、“无为而治的政治主张。他建议统治者顺应自然，效法自然，奉行“我无为而民自化，我好静而民自正，我无事而民自富，我无欲而民自朴”的政策，最终实现“道常无为而无不为”，“为无为，则无不治”。

庄子将老子的“无”发展到极至，也将老子的“无为”发展到极至。这个极至就是“至人”与“逍遥”。所谓“逍遥”，指一种个人精神绝对自由的境界。他认为，真正的逍遥是无待，是任其自然。所谓无待，就是无条件限制，无条件约束。他列举学鸠、大鹏以至列子御风而行，都是各有所待，都是有条件的，所以都不是绝对的逍遥。他说：“有天道，有人道。无为而尊者，天道也；有为而累者，人道也。”认为无为自然，有为徒劳；人只能顺应自然，不可能改变自然。又说：“若夫乘天地之正，而御六气之辩，以游无穷者，彼且恶乎待哉？故曰：至人无己，神人无功，圣人无名。”认为只有凭借天地的正道，驾驭阴、阳、风、雨、晦、明六气的变化，以遨游于无穷者，才是无所待、无所累的至人。至人无我、无为、无名，与天道一体，达到了超越生死、物我两忘、天地与我并生、万物与我为一的境界。庄子认为，只有到达这一境界，才是绝对的无待、无累，才是绝对的自由。

活动设计

一、活动目的

了解道家思想中的财富观。

二、活动形式

课堂讨论。

请根据老子的对待财富的观点谈谈自己的看法。

“五色令人目盲，五音令人耳聋，五味令人口爽，驰骋猎令人心发狂，难得之货令人行妨。是以圣人为腹不为目，故去彼取此。”

相关链接　道家名言

1. 知人者智，自知者明。胜人者有力，自胜者强。

【译文】能深刻地认识他人，就是有智慧；能清醒地认识自己，才是真的智慧。战胜他人表明自己有力量，而战胜自己则表明自己很强大。

2. 道可道，非常道。名可名，非常名。

【译文】道可以说，但不是通常所说的道。名可以起，但不是通常所起的名。

3. 祸兮福之所倚，福兮祸之所伏。孰知其极？

【译文】祸患啊，带来福分；福分啊，隐含着祸患。谁能知晓其中之奥？

4. 吾生也有涯，而知也无涯。

【译文】人的生命是有限的，而知识是无限的。

5. 信言不美，美言不信。

【译文】守信的话，听上去并不动听；动听的话，往往不会守信。

6. 君子之交淡如水，小人之交甘若醴。

【译文】君子之间的交情，淡薄如水；而小人之间的交情，看上去甘甜如酒。

三、墨家

墨家是先秦思想学派之一，创始人墨翟，世称墨子，这也就是墨家之名的由来。墨子对儒家学说进行了批判和改造，在战国时成为与儒家相抗衡的引人注目的“显学”。“世之显学，儒墨也”（《韩非·显学篇》）。而经过汉代董仲舒的“罢黜百家、独尊儒术”，墨学由显学逐渐变为绝学。墨家思想主要是“兼爱”、“非攻”。其理想人格讲究“任侠”。

（一）代表人物及作品

墨子（约前480—前400），是春秋末战国初时期的思想家、教育家，墨家学派的创始人，本名翟，鲁国人。

墨子平民出身，是小工业者。他精通手工技艺，可与当时的巧匠鲁班相比。他自称是“鄙人”，被人称为“布衣之士”和“贱人”。墨子曾做宋国大夫，自诩“上无君上之事，下无耕农之难”，是一个同情“农与工肆之人”的士人。墨子曾经从师于儒者，学习孔子之术，称道尧舜大禹。但后来舍弃了儒学，开创了墨家学派，并毕生为之身体力行、言传身教，为墨家学说的发扬光大和实施济世而奔走。在其晚年和身后，墨家渐渐成了最有影响的学说之一，与儒家学说分庭抗礼，并大有凌驾其上之势。以至于孟子哀叹：“墨翟之言盈天下。”荀子更是说：“礼乐灭息，圣人隐伏，墨术行。”韩非也说：“世之显学，儒墨也。”

《墨子》为墨子的重要作品，其内容广博，包括了政治、军事、哲学、伦理、逻辑、科技等方面，是研究墨子及其墨家学说的重要史料。

墨家提出王天下，正诸侯，尚贤能，等贵贱等思想。尤其反对非正义的战争和穷奢极欲的享乐生活，得到了很多小国的支持，反映了广大下层民众的呼声。

（二）墨家的主要思想

在墨子的思想体系中，“尚贤，尚同，兼爱，非攻，节用，节葬，非乐，天志，明鬼，非命”是其思想的精髓所在，构成了一个完整的体系。

1. 尚贤和尚同

尚贤就是任人唯贤。墨子反对任人唯亲的宗法血缘用人制度。尚同就是在一个国家中，政令体制赏罚刑治从中央到乡里上下一致，做到令出必行。尚贤是尚同的根本，尚同是尚贤的体现和延伸。墨子认为，只有上下一致，尚贤尚同，才能实现国家的大治。

在墨子看来，无论是乡正（乡长）里长（村长），还是国家的高层甚至君王，都应该由贤能的人（圣人）担任，都应该由大家推举产生。墨子认为，不分贵族奴隶，不分贫富贵贱，用人只有一个标准：贤或者不贤。

2. 兼爱和非攻

兼爱就是兼相爱，交相利。就是爱人，爱百姓而达到互爱互助，而不是互怨互损。兼爱还表现在大国不侵略小国，国与国之间无战事，和平共处。非攻就是反对一切非正义的战争。

兼爱和非攻是体和用的关系。兼爱是大到国家之间要兼相爱交相利，小到人与人之间也要兼相爱交相利。而非攻则主要表现在国与国之间。只有兼爱才能做到非攻，也只有非攻才能保证兼爱。

3. 节用、节葬和非乐

节用就是反对铺张浪费，反对穷奢极欲，崇尚节俭；凡事以够用即可，而不要追逐奢侈。节葬就是提倡安葬从简。非乐即反对音乐，墨子认为音乐虽然动听，但会影响农民耕种、妇女纺织、大臣处理政务，上不合圣王处事的原则，下不合人民的利益。

墨子认为儒家提倡的葬礼完全没有必要，因为这三年不仅浪费时间，荒废耕作，而且因此妨碍人丁增长，造成生产落后、国力削弱。他认为，人死后往土里一埋就可以了，应恢复正常的生产劳作，这样才有利于人民本身和国家。

墨子反对厚葬，认为人死后有三件衣服三寸棺木埋在土里不让尸臭飘出来就可以了，所有的陪葬、殉葬、奢侈陵墓都只能劳民伤财。

关于礼乐，墨子也认为是不必要的。他认为，当时的生产力低下，而各国争战连年，人民的生产根本满足不了需要，却要养着这么一批不事耕作的人，完全没有必要。

4. 天志、明鬼和非命

天志就是上天的意志，明鬼就是确信鬼神的存在。为了传播自己的学说，实现自己的政治主张，墨子借用上天和鬼神的说法来教化民众要兼相爱，交相利，非攻止战，实现天下大同。其实这只是墨子实现其政治目标的一个手段而已，像很多宗教一样，墨子也祭起了上天和鬼神的大旗以迅速扩大自己的学说影响。至于墨子本人信不信鬼神，还真值得怀疑。因为他又提出了一个独树一帜的观点：非命。

非命就是反对命运之说的意思，也就是不相信命运。墨子认为，人们必须打破命运之说，强调事在人为，施仁义，行忠孝，兼相爱，交相利，这样生活才会提高，社会才会稳定，天下才能大治。若信奉命运之说，无所作为，听任各种邪行盛行，坐看各种恶行滋长，只会使人民受害，社会祸乱，乾坤颠覆。墨子在此也提出了用法律法规和赏罚制度来规范人们行为的主张。这一主张，跟以后的法家有着某种血缘关系。

值得特别注意的是，为反对命运之说，墨子特意提出了检验理论和言论的三个标准：本之、原之、用之。本之就是从哪里来，即理论依据是什么；原之就是现实生活中存在不存在，即现实情况怎么样；用之就是要经过实践检验。这三个标准的提出，可以说了开了唯物主义的先河。特别是实践，无论是治国还是治学，都有着无比重要的意义。由此也可以看出墨子的认识观是建立在实践的基础上的。

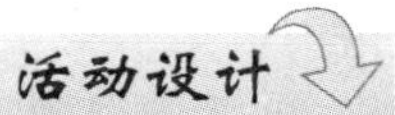

一、活动目的

1. 了解墨家思想。

2. 了解墨家理想人格中的“任侠”。

二、活动形式

播放《百家讲坛》易中天所讲《儒墨之争》之“三大分歧”的视频。

相关链接

墨家名言

1. 兴天下之利，除天下之害。

【译文】兴天下的利益，除天下的祸害

2. 无言而不应，无德而不报，投我以桃，报之以李，即此言爱人者必见爱也，而恶人者必见恶也。

【译文】没有什么话不答应，没有什么恩德不报答，你把桃子投给我，我用李子回报你。这就是说，爱人的必定被人爱，而憎恶别人的必定被人憎恶

3. 爱人不外己，己在所爱之中。

【译文】爱别人并不是不爱自己，自己也在所爱之中。

四、法家

法家是中国春秋战国时期一个以法治为核心的思想学派。法家否定了世袭贵族天然传承的等级制度，认为“圣人苟可以强国，不法其故；苟可以利民，不循其礼。”他们在政治实践中，奖励耕战，毁弃诗书，彻底与传统文化决裂，主张以法治国。

法家主要盛行于战国时的韩、魏、赵三国。法家中有三个学派：慎到重“势”、申不害重“术”，商鞅重“法”，这些学派思想最终的集大成者是韩国人韩非子，他形成了法家思想的终极核心代表。

（一）法家代表人物及作品

先驱：管仲、子产、邓析。

前期：李悝、申不害、慎到、商鞅。

后期：韩非、李斯。

1. 商鞅

商鞅（约前390—前338），卫国（今河南安阳市内黄梁庄镇一带）人。战国时期政治家、思想家，是法家代表人物。因商鞅是卫国国君的后裔，公孙氏，故又称为卫鞅、公孙

鞅，后封于商，后人称之商鞅。曾应秦孝公求贤令入秦，说服秦孝公变法图强。孝公死后，被贵族诬害，车裂而死。

2. 韩非

韩非（约前280—前233），韩国（今河南省新郑市）人。战国时期政治家、思想家，是法家集大成者，后世称他为韩非子。

他和李斯都是荀子的弟子。多次向韩王提出富强的计策，但未被韩王采纳。秦王嬴政读了韩非的文章，极为赞赏。公元前234年，韩非作为韩国的使臣来到秦国，上书秦王，劝其先伐赵而缓伐韩。后李斯妒忌韩非的才能，与姚贾一道进谗加以陷害，韩非被迫服毒自杀。

法家的文献流传至今的主要有《管子》（作者不只一人，系战国至汉代年间又人托管仲之名而编撰）、《商君书》（为商鞅及其后者的著述合编）、《韩非子》（为韩非所著，或有少部分他人的著作混入）。《韩非子》中记载了大量脍炙人口的寓言故事，最著名的有“自相矛盾”、“守株待兔”、“讳疾忌医”、“滥竽充数”、“老马识途”，等等。这些生动的寓言故事，蕴涵着深隽的哲理，达成思想性和艺术性的完美结合，给后人以智慧的启迪，具有较高的文学价值。

（二）法家的主要思想

1. 反对礼制

法家重视法律，而反对儒家的“礼”。他们认为，当时的新兴地主阶级反对贵族垄断经济和政治利益的世袭特权，要求土地私有和按功劳与才干授予官职，这是最公平、最正确的，而维护贵族特权的礼制则是落后的，不公平的。

2. 法律的作用

第一个作用就是“定分止争”，也就是明确物的所有权。其中法家之一慎到就做了很浅显的比喻：“一兔走，百人追之。积兔于市，过而不顾。非不欲兔，分定不可争也。”意思是说，一个兔子跑，很多的人去追，但对于集市上的那么多的兔子，却看也不看。这不是不想要兔子，而是所有权已经确定，不能再争夺了，否则就是违背法律，要受到制裁。

第二个作用是“兴功惧暴”，即鼓励人们立战功，而使那些不法之徒感到恐惧。兴功的最终目的还是为了富国强兵，取得兼并他国的胜利。

3.“好利恶害”的人性论

法家认为人都有“好利恶害”或者“就利避害”的本性。管子就说过，商人日夜兼程，赶千里路也不觉得远，是因为利益在前边吸引他。渔人不怕危险，逆流而航行，百里之远也不在意，也是因为追求打鱼的利益。有了这种相同的思想，所以商鞅才得出结论：“人生有好恶，故民可治也。”

4.“不法古，不循今”的历史观

法家反对保守的复古思想，主张锐意改革。他们认为历史是向前发展的，一切的法律和制度都要随历史的发展而发展，既不能复古倒退，也不能因循守旧。商鞅明确提出了“不法古，不循今”的主张。韩非则更进一步地发展了商鞅的主张，提出“时移而治不易者乱”，他把守旧的儒家讽刺为守株待兔的愚蠢之人。

5.“法”“术”“势”结合的治国方略

商鞅、慎到、申不害三人分别提倡重法、重势、重术，各有特点。到了法家思想的集大成者韩非时，韩非提出了将三者紧密结合的思想。法是指健全法制；势指的是君主的权势，提倡君主要独掌军政大权；术是指驾驭群臣、掌握政权、推行法令的策略和手段，主要用于维护君主的地位。

五、名家

代表人物：邓析、惠施、公孙龙和桓团。作品：《公孙龙子》。

名家是战国时期的重要学派之一，因从事论辩名（名称、概念）、实（事实、实在）为主要学术活动而被后人称为名家。时人则称之为“辩者”、“察士”或“刑（形）名家”。

六、阴阳家

代表人物：邹衍。

阴阳家是战国时期重要学派之一，因提倡阴阳五行学说，并用它解释社会人事而得名。这一学派，当源于上古执掌天文历数的统治阶层，代表人物为战国时期的齐人邹衍。

阴阳学说认为阴阳是事物本身具有的正反两种对立和转化的力量，可用以说明事物发展变化的规律。五行学说认为万物皆由木、火、土、金、水五种元素组成，其间有相生和相胜（克）两大定律，可用以说明宇宙万物的起源和变化。邹衍综合二者，根据五行相生相胜说，把五行的属性释为“五德”，创“五德终始说”，并以之作为历代王朝兴废的规律，为新兴的大一统王朝的建立提供了理论根据。

《汉书·艺文志》著录此派著作二十一种，已全部散佚。成于战国后期的《礼记·月令》，有人说就是阴阳家的作品。《管子》中有些篇亦属阴阳家之作，《吕氏春秋·应同》、《淮南子·齐俗训》、《史记·秦始皇本纪》中亦保留了一些阴阳家的材料。

七、纵横家

代表人物：苏秦、张仪。创始人：鬼谷子。主要言论传于《战国策》。

纵横家是战国时期以纵横捭阖之策游说诸侯，从事政治、外交活动的谋士。战国时期南与北合为纵，西与东连为横，苏秦力主燕、赵、韩、魏、齐、楚合纵以拒秦，张仪则力破合纵、连横之策，纵横家由此得名。他们的活动对于当时政治、军事格局的变化有重要的影响。

《战国策》对其活动有大量记载。据《汉书·艺文志》记载，纵横家曾有著作“十六家百七篇”。

八、杂家

代表人物：吕不韦。

杂家是战国末期的综合学派。因“兼儒墨、合名法”，“于百家之道无不贯综”而得名。秦相吕不韦聚集门客编著的《吕氏春秋》，是杂家著作集。

九、农家

农家是战国时期重要学派之一。因注重农业生产而得名。此派出自上古管理农业生产的官吏。他们认为农业是衣食之本，应放在一切工作的首位。《孟子·滕文公上》记有许行其人，“为神农之言”，提出贤者应“与民并耕而食，饔飧而治”，表现了农家的社会政治理想。十分注重对农业生产技术和经验的记录和总结。

《吕氏春秋》中的《上农》、《任地》、《辩土》、《审时》等篇，被认为是研究先秦农家的重要资料。

十、小说家

小说家先秦九流十家之一，他们采集民间传说议论，借以考察民情风俗。《汉书·艺文志》云："小说家者流，盖出于稗官，街谈巷语、道听途说者之所造也。"

十一、兵家

兵家主张运用武力通过战争来达到统一国家的目的，创始人是孙武。兵家又分为兵权谋家、兵形势家、兵阴阳家和兵技巧家四类。

主要代表人物：孙武、孙膑。今存兵家著作有《孙子兵法》、《孙膑兵法》。包含丰富的朴素唯物论与辩证法因素。兵家的实践活动与理论，影响当时及后世甚大，为我国宝贵的军事思想遗产。

十二、医家

代表人物：扁鹊、华佗。

扁鹊有著作《内经》和《外经》，但均已逸失。

华佗曾发明"麻沸散"与"五禽戏"。

中国医学理论的形成，是在公元前5世纪下半叶到公元3世纪中叶，共经历了700多年。公元前5世纪下半叶，中国开始进入从奴隶社会向封建社会过渡，在中国历史上是一个大动荡的时期。社会制度的变革，促进了经济的发展，意识形态、科学文化领域出现了新的形势，其中包括医学的发展。医家泛指所有从医的人。

活动设计

一、活动目的

了解法家的思想。

二、活动形式

阅读观看。

1. 播放《百家讲坛》易中天所讲《儒法之争》之《谋士的哲学》的视频。
2. 通过书籍与网络查询《韩非子》一书中的寓言故事并阅读理解。

相关链接

法家名言

1. 不逆天理，不伤情；不吹毛而求小疵，不洗垢而察难知；不引绳之外，不推绳之内；不急法之外，不缓法之内。

【译文】不违反自然的道理，不伤害人性；不吹起革毛寻找小毛病，不洗去污垢详察隐病；既不把法度随便扩大，也不把法度任意缩小；法令所有，决不宽缓，法令所无，决不苛求。

2. 法不阿贵，绳不挠曲

【译文】法律不会奉承权贵，法绳也不会变弯曲。

学习情境七

艺术修养

任务一　音　乐

一、漫话音乐

音乐是什么?

——音乐是人们乐生的重要因素之一，古人有曰“乐者（快）乐也”。

——音乐是艺术的一个品种，它带给人们的是美感和幸福。

——音乐是表达或寄托人们感情的“艺术语言”，有时候它比语言更能直接深刻地传达情感。

——音乐用声音作原料，转瞬即逝，因此，它又是时间性的表演艺术。

——音乐并不从属于某一政治或宗教，只是对人们的心灵、感情，产生一定的影响。音乐更不是道德信条背诵记忆的载体。

——音乐是通过人的感官刺激，使人感知到美，并产生一定的生活联想及艺术想象。

音乐是什么？音乐不以说理方式来传播，而更多的是通过熏陶及感染的途径，潜移默化地影响人的心灵，使人们更多地得到美的滋润。

——音乐与人的生活情趣、审美情趣、言语、行为、人际关系等有一定的关联。故高洁的音乐与低俗的音乐对人们的影响是大不相同的。

音乐艺术的发达与否，是一个国家或民族的文明程度高下的标志之一。

音乐是没有国界的语言，乐谱是世界共同的符号。欣赏音乐就是接受文化的熏陶，就是继承人类文明的成果，就是与古今中外音乐家的心灵沟通。

二、音乐的定义

音乐是指用有组织的乐音来表达人们思想感情、反映现实生活的一种艺术，分为声乐和器乐两大门类。

三、音乐的要素

音乐的基本要素是指构成音乐的各种元素，包括音的高低，音的长短、音的强弱和音色。由这些基本要素相互结合，形成音乐的要素：节奏、曲调、和声、力度、速度、调式、曲式、织体、旋律等。音乐的最基本要素是节奏和旋律。

1）节奏：音乐的节奏是指音乐运动中音的长短和强弱。音乐的节奏常被比喻为音乐的骨架。

2）曲调：高低起伏的乐音按一定的节奏有秩序地横向组织起来，就形成曲调。曲调是完整的音乐形式中最重要的表现手段之一。曲调的进行方向是变幻无穷的，基本的进行方向有三种："水平进行"、"上行"和"下行"。相同音的进行方向称水平进行；由低音向高音方向进行称上行；由高音向低音方向进行称下行。

3）和声：和声包括"和弦"及"和声进行"。和弦通常是由三个或三个以上的乐音按一定的法则纵向（同时）重叠而形成的音响组合。和弦的横向组织就是和声进行。和声有明显的浓、淡、厚、薄的色彩作用；还有构成分句、分乐段和终止乐曲的作用。

4）力度：音乐中音的强弱程度。

5）速度：音乐进行的快慢。

6）调式：音乐中使用的音按一定的关系连接起来，这些音以一个音为中心（主音）构成一个体系，就叫调式，如大调式、小调式、五声调式等。调式中的各音，从主音开始自低到高排列起来即构成音阶。

7）曲式：音乐的横向组织结构。

8）织体：多声音乐作品中各声部的组合形态（包括纵向结合和横向结合关系）。

9）旋律：声音经过艺术构思而形成的有组织、有节奏的和谐运动。旋律是乐曲的基础，乐曲的思想感情都是通过它表现出来的。

四、音乐的种类

（一）演唱性音乐

演唱性音乐是人以口发声的各种音乐，也称声乐。歌曲根据不同的分类原则，有许多种类。

1. 从内容与功能角度来分

歌曲可分为劳动歌曲、生活歌曲、教育歌曲、抒情歌曲、叙事歌曲、讽刺歌曲、幽默歌曲、网络歌曲等。

（1）劳动歌曲

劳动歌曲是以生产劳动为内容的歌曲，包括各种劳动号子、秧歌等，如《乌苏里船歌》。

（2）生活歌曲

生活歌曲就是反映人类日常生活的歌曲，如《摇篮曲》、《祝酒歌》、《婚礼曲》。

（3）教育歌曲

教育歌曲，也叫知识歌曲，主要用于传播知识，产生教育作用。有数字歌、字母歌、音符歌，如《三大纪律，八项注意》、《DoReMi》。

（4）抒情歌曲

抒情歌曲是歌曲中数量最多。这是因为音乐是最擅长抒发人的感情，把情感作为最主要的表现对象。在歌曲发展史上各类抒情歌曲都留下了众多珍品，其中以爱情歌曲最多。

2. 从歌唱形式来分

从此角度来分，歌曲可分为独唱歌曲、齐唱歌曲、重唱歌曲、合唱歌曲。

（1）独唱歌曲

由一个人唱的歌曲。因歌唱者的性别分为男声和女声独唱歌曲。从人声不同音区的音色特点可分为高音、中音、低音。独唱歌曲可以自由地发挥独唱者的艺术技巧，独唱曲的旋律较之其他歌曲的旋律一般有更宽的音域，音与音的连接也常构成大跳的高低关系，节奏与曲调的变化有较复杂的处理。

（2）齐唱歌曲

由多人集体歌唱的单旋律歌曲称为齐唱歌曲。齐唱歌曲最有代表性的形式是具有行进风格的歌曲。

（3）重唱歌曲

重唱歌曲是非声部的由两人以上演唱的歌曲。重唱歌曲的音乐由于有两条或两条以上旋律的多种结合而具有比单旋律歌曲更为复杂的艺术形态和更为丰富的艺术表现力。

（4）合唱歌曲

合唱歌曲是由较多人演唱的多声部歌曲。一般集中地使用多种歌唱形式与艺术表现手段，具有较丰富的艺术表现力。其中大合唱歌曲是多乐章的大型声乐套曲，一般采用独唱、重唱、对唱、齐唱、多声部合唱等多种歌唱形式，有时还有朗诵等，常用钢琴或乐队伴奏。

3. 从歌唱的方法来分

歌曲可分为美声唱法、民族唱法、通俗唱法。

（1）美声唱法

美声唱法源于意大利，它是从 17 世纪开始经历长时期发展而形成的一整套声乐艺术的技法，有着完整的理论体系。美声唱法强调气息的控制和共鸣的运用，它要求发音纯净、柔美、明亮，能在整个歌唱音域的范围内保持声音的均匀、圆润。美声唱法对世界各国声乐艺术的发展有着深远的影响。著名的男高音歌唱家，杰出的歌剧演员卡鲁索(1873—1921)，是意大利美声乐派的奠基者。

（2）民族唱法

民族唱法是指我国传统的民族声乐演唱方法，它包括我国各地区各种不同的戏曲、曲艺、民歌的传统唱法。民族唱法十分强调语言的音乐关系，讲究根据演唱语言的发音规律来处理发声、共鸣、行腔，讲究字音的五音、四呼、出声、归韵、收声。民族唱法具有浓郁的中华民族气质、个性、风格。

（3）通俗唱法

通俗唱法在我国是 20 世纪 80 年代开始兴起，它作为一种世界性的通俗文化的组成部分，已受到我国民众的普遍欢迎。通俗歌曲也可称为流行歌曲，具有通俗性、自娱性等艺术特色，擅长抒发以个人为主体的内心情感。一般说来，其演唱注重掌握语言的韵律，讲究唱词、吐字的清晰、委婉，并在演唱中经常运用轻声、气声以及颤音、滑音、音色变化等装饰性技法。通俗唱法目前尚未形成系统的发声训练体系。

（二）演奏性音乐

演奏性音乐是指人控制乐器发声形成的音乐，也叫器乐。与歌唱性音乐一般由音乐、音乐文学构成不同，演奏性音乐是纯粹的音乐。

根据乐器的演奏类型，演奏性音乐一般可分为独奏、重奏、管弦合奏、弦乐合奏、管弦乐合奏。

五、音乐欣赏的方法

音乐欣赏是一个审美过程。音乐之美有两个方面：形式美和内容美，艺术价值较高的作品往往是形式和内容美的统一。因此，音乐欣赏与其他艺术的欣赏一样，可以分为三个阶段。

（一）音乐形式美的欣赏

这是知觉的欣赏，是对音乐谐趣性的认识。音乐为什么能打动人呢？就是音乐中大量的谐趣性的因素使人一听就被深深地吸引，觉得它动听、优美，引起我们感官的快感。这其中我们最容易感受到的是它的旋律和节奏，因为旋律和节奏是音乐中最基本的要素，可以模唱、便于记忆。

（二）音乐情感的欣赏

音乐中最抽象的东西是为无法言表的情感而服务的。当音乐的旋律由低到高或由高到低时，当节奏由缓到急或由急到缓，当力度由弱到强或由强到弱时，我们的感情会随着音乐的进行而不断地起伏。音乐在表达情感时和别的艺术形式是有区别的，诗、散文要写悲痛，可以明明白白地写出“悲”字，而音乐却无法明确标明，音乐在写悲时要“引人入悲”。每个人的经历和体验是不同的，所以同一首乐曲对于每个人来说虽然喜怒哀乐不会听错，但其中的细微之处却是各有一番滋味在心头。

（三）音乐内容的理性欣赏

这是音乐欣赏的高级阶段。一方面借助于资料，听者对音乐的语义性因素进行一番了解和研究，诸如标题、歌词、作曲家的创作个性、乐曲创作的初衷等；另一方面，在获得一些必要的音乐理论常识后，对音乐的结构、旋律的发展、和声、配器等方面作详尽的分析，以达到对音乐的全面深入地理解。通常这个阶段是最难突破的一关，需要听众动很多脑子。譬如，我们第一次听小提琴协奏曲《梁山伯与祝英台》的时候，并一定懂得doremifasolsollasi，你只是觉得它的旋律优美好听，乐队的气势庞大，音响洪亮而柔美，好像说出了你想说的话，多听几遍，甚至能哼几句。那么这就是官能欣赏，是使听觉器官愉悦满足的欣赏，如果你不想多动几下脑筋，做一位这样的欣赏者也无可厚非。如果在欣赏时，你能联系到对爱情的体验，全身心与音乐所表达的情感取得共鸣，陶醉于期间，这就是情感的欣赏。如果你已经掌握了许多有关的音乐知识，能够清楚地听辨出乐曲的民间特征、每个主题及其发展、乐曲的结构等，能分析音乐是如何表现梁山伯与祝英台这一家喻户晓的故事的，在这样的层次上理解音乐，是对音乐的全面欣赏。

欣赏音乐的这三个层次应该是互为影响的，理智的欣赏也离不开感官和情感的欣赏。音乐家所写所奏的音乐怎样才能变成我们脑海里的形象呢？音乐家的情思如何才能与我们的情思连在一起？看来在音乐家和听众之间需要一座桥梁——想象、联想和感情体验，这些是音乐欣赏中必要的中间环节和纽带。想象、联想和情感体验实际上就是听众再一次地感受音乐家所感受到的东西。那么，是否每个人都有这个能力呢？答案是肯定的。比如音乐里有一段军号式的旋律，我们就仿佛看到一群战士勇敢地向敌人冲去的形象。联想是由描绘景物、人物、动物的音乐所引起的视觉幻觉；想象是由音乐的形式美或音乐的情绪引起听者感情共鸣的自由视觉幻象；情感体验则是由音乐的感情唤起了在欣赏者的心里曾经一度体验过的感情现象。由于音乐与文学、戏剧题材内容的联系，有些标题音乐带有一定的情节性。欣赏时，应以乐曲的标题、说明、歌词及文学、戏剧的内容为根据，不要凭想象去胡乱猜想。同时，也要注重音乐的特性，不能将音乐内容与文学内容机械地、简单地“对号入座”。

六、音乐欣赏能力的培养

马克思曾经指出：“对于没有音乐感的耳朵来说，最美的音乐也毫无意义。”在现实生活中我们确实可以看到这样的现象：一曲优美的音乐，无数的听众为之倾倒，如醉如痴，但在有些人身上却不能唤起任何反应，他们似乎对音乐的魅力无动于衷。除了兴趣上的偏好及环境、心情等偶然因素的影响外，不同的人在对音乐的感受能力也的确存在着差异。决定这种差异的先天因素不容否认，很多学者认为，人的音乐能力中有大量的成分来自遗传，这是有科学依据的。但是正如人的其他能力一样，音乐方面的能力也能够通过后天的培养而得到发展。且不说音乐的创作和演奏能力需要一定技能、技法方面的学习和训练，即使是欣赏音乐的能力也需要在长期的熏陶和培养下逐渐形成。作为一名普通的音乐听众，如何通过后天的实践活动使自己的音乐欣赏能力得到提高呢？归纳起来，我们所要注意的问题主要有以下几个方面。

（一）加强感性经验的积累

音乐是声音的艺术，了解这门艺术的直接途径是聆听，只有通过聆听才能发展我们的音乐听觉。因此，培养音乐欣赏力的关键在于多听，多给我们的听觉制造接触音乐的机会。首先，对同一首作品要反复地听，尤其是一些大型的音乐作品，只有在多次的聆听之后才可能为我们的听觉所把握。音乐不同于造型艺术，它不能给我们提供一个固定在时间和空间中的实在物体，构成音乐的作品是那些转瞬即逝的声音，这些声音以单音或多音组合的形式相继展现给我们的听觉，当一首乐曲的最后一个音结束之后，这首乐曲便从我们的周围消失，它留给我们只有听觉上的某种印象。心理学方面的研究告诉我们，一种对象作用于我们知觉上的时间越长，它留给我们意识印象也就越深。譬如，当我们观看一幅油画的时候，为了加深印象，我们就要尽可能长时间地注视它，无论多久它都不会消失。但是，一首三分钟长的乐曲，无论你怎样注意地听，它注定要在三分钟后消失，若要加深对它的印象，掌握它的一些特征，就需要在另一时间过程中重新接触它。我们要领略一部音乐作品的美，基本前提就是去熟悉它。虽然有一些好的作品在第一次被听到的时候就能够深深地打动听众的心灵，但越是好的作品就越需要人们多听几遍，因为每一次聆听都会给人们带来美的享受，并让他们体会到一些新东西，听得越多，就越觉得它有发掘不尽的美。这是音乐艺术的特征。

在音乐欣赏能力中，最重要的能力就是音乐的记忆力，只有具备了良好的音乐记忆力，才能够有效地把握那些在时间中流动的音符，把听觉中的印象综合起来构成整体。

实践证明，人的这种能力完全可以通过有意识的培养而得到发展。为了锻炼这种能力，我们不妨从一些短小的、结构简单的乐曲开始，由小渐大、由浅入深地反复聆听一些作品，当我们对音乐的旋律、节奏、和声等基本要素不再陌生并且能在较短的时间内迅速掌握听觉印象之后，我们欣赏音乐的能力也就达到了一个新的水准，而且我们也因此熟悉了一定数量的作品，并且在反复的聆听中，对这些作品的特征有了较深的感性体验。这是一个高品位音乐欣赏者的基本条件。

（二）提高全面的文化艺术修养

虽然音乐欣赏在本质上属于一种感性体验活动，我们对音乐美的感受是在听觉接触到声音客体的瞬间完成的。表面看来，似乎与理性、知识及其他各方面的素质并无直接关系，但实际上音乐欣赏能力往往是一个人的全面文化艺术修养的体现。音乐欣赏者在欣赏音乐的瞬间所获得的审美感受，是其长期积累知识、观念、趣味等众多因素，在一瞬间以感性方式展现出来的结果。理性认识固然不能代替审美经验，知识判断也不能等同于音乐欣赏，可是我们必须看到，音乐欣赏者的全面文化艺术修养对于音乐欣赏水平有着十分重要的影响。

（三）用耳朵与音乐交流

音乐是声音的艺术，它在表现世间万物的时候，只是模模糊糊、非常抽象地去描写，而不可能极其具体。因而有人说音乐是最“艺术的艺术”。音乐以其非具体的方式来表现事物，但是并不影响它用模糊的、粗线条的方式来描写现实世界。音乐作品中不乏描写暴风雨、鸟鸣、动物、光明与黑暗等形象的成功作品。比如普罗柯菲耶夫的《彼得与狼》表达的是鸟、猫、狼、鸭子以及彼得和老爷爷的形象，并不模拟其声音，但能感觉到人物的动态，给人以丰富的联想和想象。音乐更多的时候并不着重于描写，而是表现作曲家内心对现实世界的深刻感受，从而取得听众的共鸣和认同，借助于联想与想象来达到与作曲家的沟通。

欣赏音乐也是一个再创作的过程。欣赏音乐过程中，音乐给每个人的感觉、理解是不一样的，因为每个人的生活阅历、感情经历都是那么的不同。同样的作品，有人听了无动于衷，充耳不闻；而有的人听了却激动万分，遐想万千。所以听音乐也可以不必非得“听懂”它所表现的内容，完全可以根据自己的体验去理解音乐，或者仅凭听觉来感知音乐的美，如果你在音乐中听到了什么，可以说出来，也可以什么都不说。德国作曲家门德尔松曾说：“一首我喜爱的乐曲对我表达的思想是不能用文字来说明的。这不是因为音乐太不具体，而是因为它太具体了。于是，我发现每当我用文字来表达音乐思想时，我感觉到有些好像是说对了，但同时又感到全部都说得不令人满意……”。我们应当理性地认识到，用概念性、视觉性的内容来欣赏音乐，并不是一种好的音乐欣赏方式。

（四）用心灵同音乐对话

音乐是作曲家曾经的情感过程与生命状态，通过多样化的音乐表演，它能一次次地向我们展现，而我们则通过聆听，用心灵和它对话。音乐是情感的女神，我们一般能理解他人的情感，无论是悲伤、愤怒还是喜悦，但我们并不一定知道这是因何而来的悲伤、愤怒或喜悦，就像你看到婴儿哭泣，你真实地感知他（她）的生命状态，无论是烦躁、恐惧还是伤心，但你必须去揣摩他（她）为什么这样。音乐也是如此，我们在音乐中感到了情感的真实。

音乐是人类有目的的主体活动，因为音乐直接和人的情感相关。音乐比语言还要古老，对于原始人来说，有效的是抑扬的腔调、跌宕的节奏、丰富的表情、饱满的情绪、神秘的氛围，以及由此而产生的意象和幻觉，这些由心灵深处升起的东西，足以发挥出无比的神力或魔力，形成统一的意志和力量。其实，从那以后的漫长岁月，人类从来也没有让音乐离开过语言。我们经常可以发现，同样的语言不同的人、用不同的口气表达就会获得不同的含义，这就是音乐的力量。

音乐是诗，因此理解音乐离不开情感的投入与充满想像力的追寻，一些音乐仅属于内在的情绪情感，无须更多的解释，就能感到深沉、平静，或热烈或起伏不平的情感，它直接侵入你的内心。一些音乐包含了意境，它把你带到了特定的场景。音乐首先是歌者的想象而后才是听者的想象，把他们的心联系起来的是音乐的意境。

活动设计

一、活动目的

1. 了解音乐的有关基础知识。
2. 感受传统音乐与流行音乐的特点。
3. 通过赏析音乐来提高自己的文化素养、艺术品位及审美能力。

二、活动形式

音乐欣赏会。

古筝曲《高山流水》欣赏

因古筝曲《高山流水》早有史书记载，又有传谱，并至今仍广为流传，所以它无疑在多方面具备了“传统音乐”的文化特征。通过对它的实际演奏效果和参照谱例进行分析，我们会对这首曲子所反映的中国传统音乐文化特征有更深刻的理解。

《高山流水》，共十段加尾声。按谱面分析，符合中国传统音乐起、承、转、合的结构原则，这也正是中国传统音乐的典型结构方式。

起，包括一至三段。第一段高低两个音的交替出现，拉开了整个《高山流水》画面的“序幕”。接着，通过低沉、浑厚的低音旋律，表现出层峦叠嶂的画面。进入第二段后，流畅的旋律营造出一幅宁静的山中景象，冷冷清清，显得格外平静。第三段清澈泛音的出现，给平静凝固的画面带来了几分生机，幽涧滴泉，画面渐渐“活”了起来。这部分速度较为自由，给演奏者提供了较大的发挥空间，同时也给了听众想象的空间。

承，包括四、五两段。第四段由于速度的加快和旋律的流畅，仿佛画面中由点点清泉汇成了潺潺细流。其中还有少量滑音的使用。滑音的使用，做出了暗示波涛汹涌到来前的准备。第五段是过渡段。

转，第六段。速度在这一乐段明显加快，描写了水势的湍急。这段按照泛音序列下行和五声音阶进行的曲调，大幅度地使用滑音，把各段的滚拂加以集中，形成连绵不断的滚拂段落，表现出瀑布悬落汇成波涛翻滚的恢弘气势。整个画面的高潮也在此段。

合，七段至尾声。运用了承、转中的部分曲调，如滑音的少量使用，第八段中旋律的曲调与第二段相似等，造成了统一呼应的效果。第七段泛音五声音阶的上行与下行的交替出现，并且速度的递增，出现在激烈的滚拂乐段后，更增添了“轻舟已过，势旧徜徉”的意境。八至十乐段中引用前面各段的主要乐思，造成了前后呼应的效果，在人们耳边泛起滔滔江海的余响，令人回味无穷。尾声的速度又回到了最初的“慢”。最终，旋律结束于一个双音——纯四度的和谐音程，为画卷画上了一个完美的句号。

纵观全曲，犹如观中国传统画，因此称之为“音画”。从清冷空旷，几滴泉水的山中景象，慢慢汇成小溪，进而出现瀑布直下，汇成波涛汹涌的江海，急流之后又回到原来的意境，是一幅尽显中国传统文化审美观念的动态画面。

首先，散—慢—中—快—散的速度布局上看，与中国传统音乐的审美风格不谋而合。速度没有严格尺度的制约，给演奏者“二度创作”的空间，这也是中国传统音乐的审美原则。

其次，《高山流水》体现了中国传统音乐文化中“和”的精神。“和”是贯穿中国民族音乐美学的核心思想，体现在《高山流水》中，即前后呼应的统一性。各段之间的关系均是在一个曲调的基础上展开的，从水滴到潺潺小溪再到江海，是由一个曲调由简到繁变化得来的。

最后，就整个旋律线条而论，体现了中国“线条美”的艺术。中国特有的单音旋律线条变化丰富多彩，有柔有刚，表现出潺潺小溪到瀑布飞流的景色；行云流水，用简洁的方式表现出最丰富的内涵。

显而易见，从以上两方面的分析我们可以清晰地感受到中国传统音乐具有我们民族独特的艺术气质，蕴藏着极为丰富的艺术珍宝。

歌曲《菊花台》欣赏

菊花台

词　方文山　曲　周杰伦

你的泪光柔弱中带伤
惨白的月弯弯勾住过往
夜太漫长凝结成了霜
是谁在阁楼上冰冷的绝望
雨轻轻弹朱红色的窗
我一生在纸上被风吹乱
梦在远方化成一缕香
随风飘散你的模样
菊花残满地伤
你的笑容已泛黄
花落人断肠我心事静静淌
北风乱夜未央
你的影子剪不断
徒留我孤单在湖面成双

花已向晚飘落了灿烂
凋谢的世道上命运不堪
愁莫渡江秋心拆两半
怕你上不了岸一辈子摇晃
谁的江山马蹄声狂乱
我一身的戎装呼啸沧桑
天微微亮你轻声地叹
一夜惆怅如此委婉
菊花残满地伤
你的笑容已泛黄
花落人断肠我心事静静淌
北风乱夜未央
你的影子剪不断
徒留我孤单在湖面成双

《菊花台》回到了一种难以用文字表达的简单纯粹之中。简单也不是单纯的简单，而是一种经历过繁华过后的凝练与升华，也许该用“简约”这句词来形容更为合适。除了平铺就是高潮，没有丝毫的修饰感，一切只需跟随着感觉，渐渐就走过了河流。然而平铺中又有着自然的推动，节奏较以前却更有难度和变化。

《菊花台》的意境

整个菊花台一曲带着一种“花落断人肠”的淡淡忧伤旋律。且周杰伦也一改以往的模糊唱腔，区别与以前的咬字，无疑精准了许多，唱法趋与唯美式，对音节的掌握没有了酷酷的急转而下，突窜直上，而是改为平稳的渐进，给人以流畅和自然的意蕴。在唯美式的低吟中，现实空间变得简单，时间过程原来可以横向延伸，使歌曲的画面有动有静，灵动自然，情感曲线有起有伏，将意境中的若明若暗、瞬息急变的情感诠释出来，如果文山的词靠虚，那杰伦的唱腔就近实，虚与实结合的同时相生相息，缺一不可，这也是中国古典艺术中的精粹。

“菊花残，满地伤，你的笑容已泛黄. 花落人断肠，我的心事静静淌”，“北风乱夜未央，你的影子剪不断，徒留我孤单在湖面成双”全部景象遂笼罩其上，渗透一层无边的惆怅，情景交织，成了绝美。

专家建议

准备欣赏的曲目最好是 MTV 格式。

相关链接

1.“高山流水，知音难觅”这个典故，来自于古筝曲《高山流水》。俞伯牙弹琴“巍巍乎若泰山，汤汤乎若流水”，而一个叫钟子期的打柴人却能够准确地体会伯牙所想表现的内容。后来，钟子期故去，伯牙痛失知音，摔琴从此不再弹奏。由于这个典故在我国战国时期就早有流传，故亦传《高山流水》为伯牙所作。

2. Rap（说唱或饶舌音乐）

主要特点是以机械的节奏为背景，快速念诵一连串押韵的词句。它的来源之一是迪斯科舞会上唱片 DJ 为了介绍唱片，按着舞蹈节奏所插入的说白。Rap 还被称为 Hip-Hop，它的音乐简单，有很多重复，多半没有旋律，只有低音线条和有力的节奏。

3. Blues（布鲁斯）

Blues 音乐中包含了很多诗一样的语言，并且不断反复，然后以决定性的一行结束，使人产生苦乐参半、多愁善感的感觉冲击。Blues 又可分为：乡村 Blues、古典 Blues 和电声 Blues。

4. 重金属摇滚乐

顾名思义，其音乐伴随着很重音的金属乐器的声音，比如说爵士鼓（俗成架子鼓）的重音鼓点。

5. JAZZ（爵士乐）

JAZZ 以其极具动感的切分节奏、个性十足的爵士音阶和不失章法的即兴演奏（或演唱）赢得了广大听众的喜爱。

6. Hip-Hop（嘻哈音乐）

Hip-Hop 是一种文化，文化具体包含五个组成部分：音乐、舞蹈、涂鸦、刺青、衣着。其中音乐还包括几种形式：HOUSE、BREAKBEAT、Hip-Hop、Raps、DJ。Hip-Hop起源于20世纪80年代，BPM在90～100拍之间。Hip-Hop前生是Rap和一点点的R&B，再加上各种“摔碟”的音效声，属于20世纪80年代问题年轻人玩的音乐。从字面上来看Hip-hop是轻轻地扭臀，可以看出它的出处。Hip-Hop含有Rap的爽快且有节奏的唱法、R&B复杂的节奏以及电唱机的音效，加上它拥有令人身体轻松摇摆的节奏，特别适合长时间舞蹈。

8. R&B

R&B的全名是Rhythm & Blues，一般译作“节奏怨曲”。R&B的BPM在80～100拍之间，它原是一种黑人的流行音乐，最早R&B是Blues和Jazz的混合体。R&B体现了显著的节奏或节拍，另外它的旋律也交代得很清晰，令人留下深刻印象。由于人类优越的物质生活条件以及复古潮流的影响，目前R&B已成为乐坛宠儿。

任务二　绘　画

一、概说

绘画是运用线条、形体、色彩、明暗、笔触等造型语言在二度平面上塑造艺术形象，以表达人的思想感情的艺术。

绘画区别于雕塑、建筑等其他造型艺术的特征是其实体的平面性，即画家是在平面的材料上（如画布、画纸、墙面等）进行描绘。通过描绘，画家创造了一个视觉空间，即画面上的形象，构成了与现实生活有一定联系的，但却是视觉上的，也即虚幻的空间。

由于画家表现的内容和艺术风格不尽相同，绘画作品呈现出的空间面貌也各具特点。

二、种类

绘画种类繁多，从不同的角度可划分为不同的类别。从地域看，绘画可分为东方绘画和西洋绘画；从工具材料看，绘画可分为水墨画、油画、版画、水彩画、水粉画等；从题材内容或对象看，绘画可分为人物画、风景画、花鸟画、静物画、动物画等；从作品的形式看，绘画可分为壁画、年画、连环画、漫画、宣传画、插图等。

有几种是大家比较熟悉的，也是欣赏中常见的绘画类型，下面作简单的介绍。

（一）油画

油画是以油为调和剂调合颜料，在经过制作的不吸油的平面上描绘而成的绘画。

公元1430年左右，尼德兰画家凡·埃克史弟通过大量实验，发现运用亚麻仁油调色作画，效果更佳，调好的颜料不易干固，可以层层重叠，画好后又不易褪色，有经久的新鲜感。这种技法很快传到意大利等国，经过许多画家的实践后更加完善，油画由此成为西方的主要画种。

（二）中国画

中国画是中国传统绘画的统称。就材料而言，西方的油画不存在国别之异，所以人们一般不称“英国画”、“法国画”，而具有悠久历史的中国绘画在东方形成了独立体系，中国画因此得名。

从广义上说，中国画包括中国传统绘画的各种类别，但通常指的是以水为调合剂，以墨为主要颜料的一类，又可称“水墨画”或“彩墨画”。

中国画的工具材料为我国特有的笔、墨、纸、砚和绢素。其中宣纸可分为熟、生两种。熟宣适于层层敷染墨和彩，用熟宣创作的画往往称工笔重彩画。生宣具有较强的吸水性，笔触纸面即形成水墨或色彩的痕迹，适合以写意的方式表现物象。

中国画的另一特色是使用毛笔，比起油画笔，毛笔具有特殊的效能，它能自由地勾画出线条。中国画以线条为主要造型手段，通过线条粗细，顿挫、方圆、疾缓、转折等变化，表现物象的形体和质感。

在水墨一体的中国画中，墨色基本代替了彩色，通过布墨的皴擦点染、干湿浓淡等变化，塑造形象，烘染气氛。

（三）壁画

壁画是绘制在土、砖、木、石等各种质地的墙壁上的绘画，绘制所用的颜料比较多样。

根据壁画所绘的场所，可分为殿堂、墓室、寺观、石窟等壁画。殿堂和墓室壁画多描绘历史人物及神话传说，并有生产、战争、社会习俗等场面，间有神灵异兽、山川花木、日月星云等图像；寺观、石窟壁画（在西方主要是教堂壁画）多描绘宗教故事。

壁画的表现技法多样，各种材料都可以运用，典型的有油质、粉质、白描、堆金沥粉等。

壁画的画面主要依据建筑的要求而定。一般地说，场景恢弘、形象丰富、色泽鲜丽是它的基本特点，它往往与雕塑、建筑相关联，服务于建筑整体的构思，构成综合性的环境艺术。

（四）水彩、水粉画

水彩、水粉画是以水调和颜料创作的绘画，大多画于纸上。

水彩画特别借助水对颜料的渗融效果及纸的底色，产生画面的透明感及轻快、湿润的艺术特色。

水粉画颜料有一定覆盖力，又易于被水稀释，可用干、湿、透明、厚积等不同表现方法作画，其特点兼有水彩的明快、油画的浑厚。当代的宣传画、广告画多采用水粉材料画成。

（五）版画

版画是在不同材料的版面上刻画形象后印制而成的，它的最大特点是可以连续重复印制。

根据版材的性质与刻印方式的不同，版画可分为若干品种，主要有木刻、铜版画、石版画等。

木刻是常见的版画，在枣木、梨木或胶合板上刻去形象的部分成凹版，留下有形象的成凸版，用油质或水质颜料拓印于纸上。它一般有造型简括、明暗强烈、有刀刻韵味的特点。

铜版画是在铜版上用腐蚀液腐蚀出表现形象的凹线后印制而成，也有的直接用刀在铜版上干刻。铜版画比木刻细腻、层次丰富，主要以光影明暗效果为艺术特色。

石版画是用特制的墨笔在石面上作画后进行化学处理，使墨笔画出的形象可以印制在纸面上。石版画也具有层次丰富、表现力较强的特点。

与其他画种相比，版画作品的造型往往概括洗练，艺术风貌明快、单纯。

（六）素描

素描又称单色画。广义上指的是以任意一种材料作单色的描绘，狭义指用铅笔、钢笔、木炭笔等在纸上绘出形象。它一般是画家的写生之作，即面对人物或风景描绘而成，是一种带有研究性的绘画基础训练作品。有时也指画家构思大幅创作的草图。

就写实的绘画来说，素描是造型的基础，有什么样的素描，就有什么样的油画或国画，素描同样体现了画家的艺术观念和艺术表达方式。

不同的工具材料固然制约了不同的绘画面貌，但绘画创作的共同规律又决定了工具材料的运用只是为了更好地实现作品的艺术效果。无论使用何种工具材料，绘画创作总离不开形体、线条、明暗、色调等艺术语言。

三、绘画艺术欣赏

绘画语言中的形、光、色、结构等要素都是具有审美感染力的表象符号，不同艺术家运用它们的方式不同，就产生出具有个性的艺术作品。因此，对于欣赏者而言，面对风格各异的作品，要获得欣赏的愉悦，达到欣赏的层次，需要掌握一定的知识与方法。概括而言，有下列几个方面。

（一）对绘画作品（当然也包括一切艺术作品）要以理解的态度加以品评

不论哪种流派、风格，不论是你第一眼喜欢或不喜欢的，在欣赏之前首先要树立理解的态度。所谓理解，即设法了解作品产生的原因和背景、作者想要表达的内容，以及作品结构、形式的特征等，只有对这些真正理解了，和作品在感情上交流了，欣赏者才可能作出比较实事求是的判断和批评。欣赏和批评切忌有先入为主的成见。

（二）了解绘画发展脉络，把握代表作品特征

概言之，绘画世界是一个立体的世界。从纵向上看，是绘画的演变与发展。比如西方绘画经历了古代（古希腊和罗马）、中世纪（公元 5 世纪到 14 世纪）、文艺复兴时期（15、16 世纪）、17、18 世纪和近、现代等大的历史阶段。各个历史时期的艺术理想和艺术表现风格都不相同。我们一般把文艺复兴时期到 19 世纪初的西方绘画称为古典绘画，即造型基本上是写实的，作品很完整，其美学倾向是典雅与和谐。但在整个古典绘画中，又有风格的演变。

（三）培养艺术形式感觉

欣赏的实质不是表面地观看，而是感觉。面对画作，作品的整体面貌在瞬间便直逼眼帘。作品的艺术特征触动、撩拨、撞击、刺激着人的感官神经，形成审美的心理活动。一般而言，我们可以从以下几个方面来欣赏绘画。

1）线条：绘画诸要素中最生动的部分，是画家从自然真实中抽取出的一种有抽象意味的语言。

2）形体：在绘画中不仅指具体物象的形貌，还指这种形貌所暗示的情感倾向特征。

3）色彩：绘画中最富情感性质的要素。

4）色调：与色彩相关的是，特别在油画中，色调是构成主题思想与意境的重要因素。

5）动感：绘画中的重要因素，它既指通过构图和造型形成的某种感觉效果，又指涵盖其他因素形成的画面整体精神。

此外，在绘画中起作用的还有笔触、质感等因素。

所有这些要素在一幅幅画中组成有机整体，有时艺术家也侧重地强调某种要素。因此，培养和提高欣赏能力的主要方法是多看。

（四）尊重自我感受，尊重自己的直觉与联想

欣赏绘画是一种见仁见智的创造性活动。由于欣赏主体的年龄、经历、修养与品位各异，同样看一幅画，获得的感受结果自然会有所差异，这是正常的。

欣赏绘画的目的，在于人们希冀通过艺术理解历史文化，也理解自身的意义。所以在欣赏时应摆脱陈规与公式的拘束，敞开自己的视野，借助自己想象的翅膀，不断深化欣赏层次，达到心旷神怡的最佳审美境界。

四、中国画欣赏——线与墨的灵性

中国画是用毛笔、墨在宣纸、绢帛上作画，它讲究笔墨，着眼于用笔墨造型。在表现方法上，中国画采用一种散点透视的方法。在画面的构成上，中国画讲究诗、书、画、印交相辉映，形成独特的形式美与内容美。

（一）横展竖张巧卷轴

中国画一般是卷轴式的，即画家完成作品后还要进行裱褙，用纸或绢绫等材料衬托、加边，上下或左右装上木轴，竖式大幅称立轴，横式长幅称为手卷，收时卷起，观时展挂。横卷如此，立轴亦然。

中国画的透视被称为“散点透视”，即画中的物象可以随意列置，不受固定的焦点透视限制。山水画诀中有“三远”法，即作画可用平远、高远、深远的方式经营山水树石形象，左右远近的景物可并入画中，从山脚到山巅乃至云际可容于一轴。

（二）线造万象墨生辉

用线条造型，使中国画风格侧重于表现而非再现、写意而非写实。因为线条本身是对自然物象的抽象化表现，它表达的不是相似对象的形，而是对象最本质的特征，同时是艺术家自己的情感、情绪。线的长短、缓急、粗细、柔刚、顺折等，都表达出不同的感觉。

线条因笔的运行而富有多种表现力，可以勾勒形体，也可皴擦出体积，如若干平行或穿插的长线组成披麻皴，能表现延绵层叠的山石；粗壮的侧锋短线组成斧劈皴，可表现峻峭的峰峦。

画家在实践中总结出“墨分五色”方法，即用浓淡变化的墨色造就画中的空间层次和物象特征，致使画牡丹，墨色能显牡丹之红，写绿荷，墨色能露满纸清气。

许多画家还使用“破墨”法，使墨色多变而富有奇韵，如以浓破淡、以淡破浓、以湿破干、以焦破润等。

在破墨的基础上又产生了“泼墨”法，即大笔饱蘸水墨渲染，或端砚倾墨，任墨在绢

纸上晕化成各种状态，然后随墨色诱发的想象略加勾勒点染，使形象清晰起来，成功的作品往往有不可重复的新意。

所以，线与墨就构成了中国画的基本语言。

（三）诗、书、画、印合为一体

这是中国画完美的情境。有的作品仅有寥寥数笔，形象似简练粗率，但却在画幅中题了不少字；有的半幅是诗，半幅是画；更有许多历代名画在流传中被不断添上印章和题跋。

画中的诗文或是对景物的吟咏，或是对作画心境的记录，或是以画赠友的酬唱，总之，是画家对人生的看法与心态的披露。

从形式上看，画中的诗文是画的有机部分。何处该以诗文填补，都在画家经营运思之中。画论称之为“补画”，但“补”的意义不是填充空处，而是形成书画浑然的面貌。许多画家的书法风格与其画的风格相近，使作品呈现出统一的意韵。

五、油画欣赏——形与色的交响

在西方美术中，数量最众、影响最大的当推油画。油画作品构成的艺术画卷，容纳着宗教与世俗、神话与现实极为丰富的艺术形象。

油画发明之前，西方的绘画主要是壁画，用以装饰教堂内部的壁画和屋顶，它们的内容大部分是《圣经》故事，既把教堂打扮得五光十色，又如一幅幅宣传画，可形象地教育宗教信徒。

油画作品主要是依靠造型与色彩两大要素。也就是说，油画使用的是形，光，色这三大表现手段。

形，也就是形体。这就要求画家首先要具有造型能力，要有深厚的素描功底。没有很好的素描基础，要想画好油画，如同没有地基的高楼，是立不起来的。光，也就是光效的表现。光与光影是烘托气氛的重要元素。油画最重要的元素是色彩。色彩不同于调色板上的颜色。画家从来都不会把调色板上的颜色，也就是工厂制造出来的颜料，原封不动地搬上画布。这些颜色必须经画家精心地加以艺术化的调制，以求得色彩的柔和、逼真，色块与色块之间的和谐统一。这就是人们通常所说的调子或色调。一幅油画的颜色不能是五颜六色的胡乱拼凑，也不能是纷繁庞杂，令人眼花缭乱的，而应该形成能体现出某种色彩倾向的，并且变化无端，微妙细腻的画面效果。色调是油画的灵魂。没有调子，也就是说一幅油画如果没有形成一种基调，没有和谐统一且又富于变化的色块组合，那么，这幅油画可以说没有达到及格线。

除以上要求外，油画还讲究构图、笔触、节奏，等等。

活动设计

一、活动目的

感受中国画与西方油画的不同特点。

二、活动形式

欣赏会。

三、参考资料

1.《游春图》

隋代画家展子虔（约550—640）的《游春图》是早期山水画的代表，描写了贵族人家春游的情景，江南早春的湖光山色尽收幅中，山有层峦绵延之状，水有咫尺千里之感。

2.《墨竹》

在所有画竹的画家中，要数清代的郑燮（郑板桥）（1693—1765）数量最多，他自谓“四十年来画竹枝，日间挥写夜间思”。郑板桥的竹有独到的内涵，即用竹的形象表达他复杂的官场意绪和对现实的关注之情。在他辞去淮县知县官职时，他画了《墨竹》，题诗曰：“不过数片叶，满纸俱是节，万物要见根，非徒观半截。”可见他画竹是为了表白自己对“节”的见解。

从风貌上看，郑板桥的竹不属于萧疏淡泊圭老一体，也不属于狂放霸悍怪诞一格，它有对自然之竹千锤百炼后塑造的坦荡与落拓面貌。

3.《春》

波提切利（1445—1510）是早期文艺复兴画家中的代表。他和当时的画家力求恢复古典艺术对人本身的肯定和讴歌的传统，以古典艺术形象作为美好、正义的象征。他的代表作《春》，创作于15世纪70年代，其意图在于引导人们把目光追溯到遥远的古代，在纯净的神话王国里寻求美好与永恒。画中，春的女神抱着鲜花前行，花神与微风之神跟在后面，远处是牵手起舞的三女神，代表一切生命之源的维纳斯站在中间；小爱神在天空飞射着爱之箭。草地上、树枝上、春神的衣裙上、花神的口唇上，到处布满鲜花。整个世界充满春的气息和爱的欢悦，这就是画家的理想与憧憬。

4.《拾穗者》

法国19世纪画家米勒的《拾穗者》，给人以没有雕琢的、单纯的、质朴的美感。它的画面是三个弯身拾穗的妇女，表现了贫苦农妇们艰辛劳动的场面。鲁迅认为这幅画很美，流露出了作者对农民的深厚感情。《拾穗者》单从画面上看是极其平凡的，然而结合当时的政治背景——法国革命风暴席卷巴黎之后，尤其是1830年7月革命和1848年2月革命之后，产生的艺术效果，就远不是艺术家本人所能预料的了。当时，曾有人这样高度评价这幅画：“现代艺术家相信一个在光天化日下的乞丐的确比坐在宝座上的国王还要美……当远处满载麦子的大车在重压下呻吟时，我看到三个弯腰的农妇正在收获过的田里捡拾落穗，这比见到一个圣者殉难还要痛苦地抓住我的心灵”。

专家建议

多媒体课件制作与展示。

相关链接

1. 现代画坛的潘天寿以画荷著称，李苦禅以画鹰闻名，还有徐悲鸿的马、齐白石的虾。

2. 扬州八怪：扬州八怪是中国清代中期活动于扬州地区一批风格相近的书画家的总

称，或称扬州画派。“八怪”为罗聘、李方膺、李鱓、金农、黄慎、郑燮、高翔和汪士慎。

3. 八大山人：朱耷（1626—1705），原名统，中国清代画家，明宗室后裔，明亡后出家，一生字、号、别号极多，主要有：法名传棨，号雪个、个山、屋驴、人屋，尤以八大山人最为知名。作为明宗室后裔，朱耷身遭国亡家破之痛，一生不与清王朝合作。他性情孤傲倔强，行为狂怪，以诗书画发泄其悲愤抑郁之情。一生清苦，命运多舛，这形成了天才艺术家必需的人生苦难，更造就了他的艺术价值。

朱耷擅花鸟、山水，其花鸟多采用阔笔大写意画法，其特点是通过象征寓意的手法，并对所画的花鸟、鱼虫进行夸张，以其奇特的形象和简练的造型，使画中形象突出，主题鲜明，甚至将鸟、鱼的眼睛画成“白眼向人”，以此来表现自己孤傲不群、愤世嫉俗的性格，从而创造了一种前所未有的花鸟造型。其画笔墨简朴豪放、苍劲率意、淋漓酣畅，构图疏简、奇险，风格雄奇朴茂。他的山水画多为水墨山水，笔墨质朴雄健，意境荒凉寂寥。亦长于书法，擅行、草书，常以秃笔作书，风格流畅秀健。

任务三　书　法

一、书法概述

书法是我国汉字书写的一门独特艺术。汉字书法艺术在长期实践中，逐步形成了自身艺术发展规律的体系和技法规律，积累了丰富的表现手法。书法艺术，是中华民族珍贵遗产的一部分，历来为广大群众所喜爱；而且，它早就远播重洋，为世界各国人民所赞赏，在世界文化宝库中绽放着瑰丽的光彩。

（一）什么是书法

书法有两个含义：一是用毛笔书写汉字的艺术；二是毛笔书写的方法，主要讲执笔、用笔、笔画、笔顺、结构、布局等技法。

（二）书法语言

书法是以汉字为基础，通过点、画运动来表现一定情感、意蕴的艺术。它的艺术语言包括：用笔、用墨、结构、布白。

1）用笔：指行笔的方式、方法，如运笔中的刚柔、急缓、轻重、藏露、提按等。

2）用墨：指墨的着色程度及变化，如浓淡、枯润等用笔用墨结合，“以笔取气，以墨取韵”。

3）结构：指字的分间布白、经营位置。

4）布白：指书法作品的整体布局，布白也称作章法。

二、书法的审美标准

南朝书家王僧虔在《笔意赞》中说：“书之妙道，神采为上，形质次之，兼之者方可绍于古人。”这里，强调以形写神，形神兼备。一般来说，“形”包括点画线条以及由此而产生的书法空间结构；“神”主要指书法的神采韵味。

（一）书法的点画线条

书法的点画线条具有无限的表现力，它本身抽象，所构成的书法形象也无确指，却要把全部美的特质包容其中。这样，对书法的点画线条就提出了特殊的要求。要求具有力量感、节奏感和立体感。

1. 力量感

点画线条的力量感是线条美的要素之一。它是一种比喻，指点画线条在人心中唤起的力的感觉。早在汉代，蔡邕《九势》就对点画线条作出了专门的研究，指出“藏头护尾，力在字中”，“令笔心常在点画中行”，“点画势尽，力收之”。要求点画要深藏圭角，有往必收，有始有终，便于展示力度。需要注意的是，我们强调藏头护尾，不露圭角，并不是说可以忽略中间行笔。中间行笔必须取涩势中锋，以使点画线条浑圆淳和，温而不柔，力含其中。但是，点画线条的起止并非都是深藏圭角不露锋芒的（大篆、小篆均需藏锋）。书法中往往根据需要藏露结合，尤其在行草书中，千变万化。欣赏时，既要注意起止的承接和呼应，又要注意中段是否浮滑轻薄。

2. 节奏感

节奏本指音乐中音符有规律的高低、强弱、长短的变化。书法由于在创作过程中运笔用力大小以及速度快慢不同，产生了轻重、粗细、长短、大小等不同形态的有规律的交替变化，使书法的点画线条产生了节奏。汉字的笔画长短、大小不等，更加强了书法中点画线条的节奏感。一般而言，静态的书体（如篆书、隶书、楷书）节奏感较弱；动态的书体（行书、草书）节奏感较强，变化也较为丰富。

3. 立体感

立体感是中锋用笔的结果。中锋写出的笔画，“映日视之，画之中心，有一缕浓墨，正当其中，至于折处，亦当中无有偏侧。”这样，点画线条才能饱满圆实，浑厚圆润。因而，中锋用笔历来很受重视。但是，我们也发现，在书法创作中侧锋用笔也随处可见。除小篆以外，其他书体都离不开侧锋。尤其是在行草书中，侧锋作为中锋的补充和陪衬，更是随处可见。

（二）书法的空间结构

书法的点画线条在遵循汉字的形体和笔顺原则的前提下交叉组合，分割空间，形成书法的空间结构。空间结构包括单字的结体、整行的行气和整体的布局三部分。

1. 单字的结体

单字的结体要求整齐平正，长短合度，疏密均衡。这样，才能在正的基础上注意正欹聚散生，错综变化，形象自然，于平正中见险绝，在险绝中求趣味。

2. 整行的行气

书法作品中字与字上下（或前后）相连，形成“连缀”，要求上下承接，呼应连贯。楷书、隶书、篆书等静态书体虽然字字独立，但笔断而意连。行书、草书等动态书体可字字连贯，游丝牵引。此外，整行的行气还应注意大小变化、敧正呼应、虚实对比，以及由此而产生的节奏感。这样，才能使行气自然连贯，血脉畅通。

3. 整体的布局

书法作品中集点成字、连字成行、集行成章，构成了点画线条对空间的切割，并由此构成了书法作品的整体布局。要求字与字、行与行之间疏密得宜；平整均衡，攲正相生；参差错落，变化多姿。其中楷书、隶书、篆书等静态书体以平正均衡为主；行书、草书等动态书体变化错纵，起伏跌宕。

（三）书法的神采意味

神采本指人面部的神气和光彩。书法中的神采是指点画线条及其结构组合中透出的精神、格调、气质、情趣和韵味的统称。“书之妙道，神采为上，形质次之。”说明神采高于“形质”（点画线条及其结构布局的形态和外观），形质是神采赖以存在的前提和基础；因此，书法艺术神采的实质是点画线条及其空间组合的总体和谐。追求神采，抒写灵性始终是书法家孜孜以求的最高境界。

书法中神采的获得，一方面依赖于创作技巧的精熟，这是前提和基础；另一方面，只有创作心态恬淡自如，创作中心手双畅，物我两忘，才能写出真情至性，融进自己的知识修养和审美趣味。

三、书法艺术欣赏的方法

书法艺术欣赏同其他艺术欣赏一致，需要遵循人类认识活动的一般规律。由于书法艺术的特殊性，又使书法欣赏在方法上表现出独特性。一般来说，我们可以从以下几个方面进行书法艺术欣赏。

（一）从整体到局部，再由局部到整体

书法欣赏时，应首先统观全局，对其表现手法和艺术风格有一个大概的印象。进而注意用笔、结字、章法、墨韵等局部是否法意兼备、生动活泼。局部欣赏完毕后，再退立远处统观全局，校正首次观赏获得的“大概印象”，重新从理性的高度予以把握。注意艺术表现手法与艺术风格是否协调一致，作品何处精彩、何处尚有不足，从宏观和微观充分地进行赏析。

（二）把静止的形象还原为运动的过程，展开联想

书法作品作为创作结果是相对静止不动的。欣赏时应随作者的创作过程，采用“移动视线”的方法，依作品的前后（语言、时间）顺序，想象作者创作过程中用笔的节奏、力度以及作者感情的不同变化，将静止的形象还原为运动的过程。也就是摹拟作者的创作过程，正确把握作者的创作意图、情感变化等。

（三）展开联想，正确领会作品意境

在书法欣赏过程中，应充分展开联想，将书法形象与现实生活中相类似的事物进行比较，使书法形象具体化。再由与书法形象相类似事物的审美特征，进一步联想到作品的审美价值，从而领会作品意境。例如，欣赏颜真卿楷书，可将其书法形象与“荆卿按剑，樊哙拥盾，金刚炫目，力士挥拳”等具体形象类比联想，从而可以得出：体格强健、有阳刚之气、富于英雄本色、端严不可侵犯等特征，由此联想到颜真卿楷书端庄雄伟的艺术风格。

（四）了解作品创作背景，正确把握作品的情调

任何一件书法作品都是某种文化、历史的积淀，都是特定历史文化背景下的产物。因而，了解作品的创作背景（包括创作环境），弄清作品中所蕴涵的独特的文化气息和作者

的人格修养、审美情趣、创作心境、创作目的等，对于正确领会作者的创作意图，正确把握作品的情调大有裨益。清王澍《虚舟题跋·唐颜真卿告亳州伯父稿》云：“《祭季明稿》心肝抽裂，不自堪忍，故其书顿挫郁屈，不可控勒。此《告伯文》心气和平，故客夷婉畅，无复《祭侄》奇崛之气。所谓涉乐方笑，言哀已叹。情事不同，书法亦随而异，应感之理也。”可见，不论是作者的人格修养、创作心境，抑或是创作环境，都会对作品情调有相当的影响。加之书法作品受特定时代的书风和审美风尚的影响，更使书法作品折射出多元的文化气息。这无疑增加了书法欣赏的难度，同时更使书法欣赏妙趣横生。

总之，书法欣赏过程中受个性心理的影响，使欣赏的方法没有一个固定的模式。以上所述仅是书法欣赏的一种方法，欣赏过程中可以将几种方法交替使用。另外，欣赏过程中还必须综合运用各种书法技能、技巧和书法理论知识，极大限度地挖掘自己的审美评价能力，尽力按作者的创作意图品味作品的意境。努力做到赏中有评、评中有赏，并将作品放在特定的历史环境中去考察，对作品作出公正、客观的评价。当然，掌握了正确的欣赏方法以后，多进行欣赏，是提高欣赏能力的重要途径。杨雄谓，“能观千剑，而后能剑；能读千赋，而后能赋”，说的正是这个意思。

活动设计

一、活动目的

1. 了解我国著名书法作品的特点。
2. 激发学习书法的热情。
3. 体会书法艺术审美价值。

二、活动形式

欣赏会。

三、参考资料

王羲之《兰亭集序》。

明末董其昌在《画禅室随笔》中说：“右军《兰亭集序》章法古今第一，其字皆映带而生，或大或小，随手所出，皆入法则，所以为神品也。”王羲之书法的主要风格特点是妍美，这种妍美没有涂脂抹粉的造作，而是出于自然的天性、人格的风采。体现这一气质的代表作是《兰亭集序》，下面我们从几个方面对《兰亭帖》作具体分析。

1.“博涉多优”，兼蓄众美

王羲之是书法的集大成者，在他的书法中吸取了前人丰富的优点。如他学卫夫人，克服了章草字字不连的停留，而“浓纤折中”；他学钟繇，“增减骨肉”，强化“润色”与“婉态妍华”，王羲之就是这样在学习前人的同时又超越前人。

2.“欲断还连”，以侧取妍

《兰亭帖》在连断的处理上很有特色，笔与笔之间有俯仰、有牵丝、有顾盼、有反折、有弛张，似断还连，显示了纯熟的笔法和清丽的笔调。在用锋上，以侧豪为主的行笔是王羲之的首创，侧豪的行驶当中，用笔搅动，四面俱到，形成棱侧的起伏线条，以显示龙蛇游动的姿态，使欣赏者感到生动、活泼、优美。

3. 笔势遒劲，富有力度

王羲之追求力感。他的字素有“入木三分”的美称。在《兰亭帖》中，不论是分散的结体还是凝聚的结体，都富有紧劲的拉力。

4.“万字不同”，变化多样

李嗣真说：“羲之万字不同”，在《兰亭帖》中，相同的字，像二十个“之”，七个“不”字，六个“一”字，三个“足”字，绝无雷同。相同偏旁的字，像“化”、“信”、“俯”、“仰”等，也都呈现了差异的特征。

5. 变化统一，尽善尽美

《兰亭帖》虽然变化如此巨大，但又达到了非常和谐的程度，真是叹为观止。这一成功的表现，是王羲之“动必中庸”的追求和笔法高度纯熟的结果。王羲之的书法风格在妍美的主调中又富有对应变化，这使得俊秀妩媚之中有强健、有质朴、有粗犷，整体显得非常和谐。

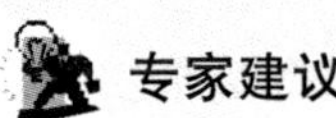

专家建议

可结合本班学生的书法作品进行欣赏。

相关链接

1.《兰亭帖》介绍

《兰亭帖》为三大行书书法帖之一，系中华十大传世名帖之一。

东晋穆帝永和九年（353 年）三月三日，王羲之与谢安、孙绰等四十一人，在山阴（今浙江绍兴）兰亭“修禊”，会上各人做诗，王羲之为大家的诗所作的序文手稿。序中记叙兰亭周围山水之美和聚会的欢乐之情，全篇气韵流畅，字体妍美，很好地表现了春和景明好友相聚时的愉悦之情。同时也抒发作者关于好景不长、生死无常的感慨。

2. 文房四宝

文房四宝是中华文化的一种特殊象征。文房，就是书房。

（1）毛笔

笔头所用兽毫分为柔（软）健（硬）两类，柔毫主要是山羊毛所制；健毫则用兔脊毛和黄鼠狼尾毛等制成，柔毫和健毫杂在一起称为兼毫。笔头中间一簇长毫称为锋，即笔尖；四周包着稍短的毫称为副毫。好的毛笔具有尖、齐、圆、健四大优点。尖，指笔锋如针；齐，指笔毫齐崭；圆，指笔头吸水饱圆；健，指富有弹性，毛笔的型号有多种，写多大的字就用与之相适应的笔。产毛笔的地区，唐代至宋代，以安徽宣州最出名，所产紫毫（老紫兔毫）笔，为无上佳品，其价如金。明清时期，为浙江湖州善琏镇所产的选料严格、制作精良的湖笔所取代，并且相沿至今。

（2）墨

墨由煤烟制成，根据其原料不同，可分为油烟墨、漆烟墨、松烟墨，分别以桐油、生漆、松枝所烧的烟炱，加黄明胶和麝香、冰片等制成。南北朝时易州的墨和剡县的纸很有名。五代时，易州墨工奚超父子避乱到江南，改进易州制墨方法，制成新安香墨。新安即徽州，这就是徽墨的源头。直到明清时，徽州制墨业更有发展。徽墨的特点是：落纸如漆，色泽黑润，经久不褪，纸笔不胶，香味浓郁，丰肌腻理。并在墨面雕刻山水人物，墨锭制成各种艺术形态及施以五彩，嵌在锦匣当中，延续至今，历久不衰，是我国高档工艺美术品之一。

（3）纸

纸是我国古代四大发明之一，西汉墓出土的文物中，已出现了麻制的纸，但很粗糙。东汉蔡伦采用多种原料和改进制纸方法，使纸的质量和产量都大为提高。由于纸的广泛使用，晋安帝才下令废除了自古沿用下来的竹木简，把历史推进到全面用纸的时代。唐代的造纸业非常发达，宣州出的宣纸、江西临川出的薄滑纸、扬州出的六合笺、广州出的竹笺等，都是上品。宣纸产自宣州府（今安徽泾县），自唐以来，历代相沿。起初用青檀树皮制纸，后逐渐扩大到用桑、竹、麻等。

（4）砚

湖北荆州凤凰山西汉墓出土的古砚说明我国早在西汉时期已使用砚了。我国传统有四大砚，即端砚、歙砚、洮砚、澄泥砚。端砚产于广东端州（肇庆市）东郊端溪，唐代就极出名，李贺有诗曰："端州石工巧如神，踏天磨刀割紫云"，赞石工攀登高处凿取紫色岩石来制砚。端砚有"群砚之首"的称誉，石质细腻、坚实、幼嫩、滋润，若婴儿之肤，温润如玉，磨之无声，发墨光润，石上且有鸲鸽眼等自然纹理。端砚资源缺乏，名贵者已不多。歙砚产于徽州，徽州是府治，歙县是县治，同在一地。所以歙砚与徽墨乃是文房四宝中同产一地的姐妹。歙砚的特点是细润如玉，发墨如油，并无声，久用不退锋；或有隐隐白纹成山水、星斗、云月异象。歙县地处黄山之阳，取材广泛，近年仍有镂刻工极细之艺术大砚出产。洮河砚之石材产于甘肃临洮大河深水之底，取之极难。澄泥砚产于山西绛州，不是石砚，而是用绢袋沉到汾河里，一年后取出，袋里装满细泥沙，用来制砚。另有鲁砚，产于山东；盘谷砚，产于河南；罗纹砚，产于江西。一般说，凡石质细密，能保持湿润，磨墨无声，发墨光润的，都是较好的砚台。

任务四　雕　塑

一、雕塑概述

（一）雕塑的含义

雕塑是雕、刻、塑三种创制方法的总称。指用各种可塑材料（如石膏、树脂、黏土等）或可雕、可刻的硬质材料（如木材、石头、金属、玉块、玛瑙等），创造出具有一定空间的可视、可触的艺术形象，借以反映社会生活、表达艺术家的审美感受、审美情感、审美理想的艺术。

（二）雕塑的分类

雕塑的分类方法很多，根据不同的标准把雕塑分为若干种类。

根据材料的不同，雕塑可分为石雕、铜雕、木雕、牙雕、泥雕等。

根据表现形式的不同，雕塑可分为圆雕、浮雕、透雕。

（1）圆雕

圆雕是可供四面观赏、触摸的立体雕塑。它一般没有背景，主要是通过自身的形体形成一定的艺术形象，多安装在公共场所的中间供人们欣赏。

（2）浮雕

浮雕只有一面能欣赏的雕塑，它是在平面上刻画凸起的艺术形象，可以表现人物活动的背景和较复杂的情景，多用于建筑物的平面装饰。

（3）透雕

把雕塑的背景镂空，可供两面欣赏的雕塑是透雕。

根据用途的不同，也分为架上雕塑、纪念性雕塑、装饰性雕塑、建筑性雕塑等。

二、雕塑艺术的审美特征

（一）实体性

雕塑是运用各种技巧在三度空间中塑造的可视、可触、可感的具体形象。观赏者可以从不同侧面、不同角度和不同距离去观看。其形体具有实际的高度、宽度和深度，以三维空间来反映现实，其艺术语言是形体，所以说，雕塑是“体积的艺术”。雕塑的实体性还可以引起人们对雕塑材料的触感经验，所以雕塑还可以在不同距离、不同光照和不同视角的情况下产生不同的视觉美和触觉美。

（二）单纯性

雕塑要占据真实的三维空间，加之其材料体积、质量较大，因而采运不便、制作方法难度相对较大。这些原因使它不像其他艺术形式那样去精细地、全面地再现复杂的场面，完成完整的情节，描绘丰富的环境，而只能以单纯的形象概括性地反映现实生活。在单纯化的过程中，形体的基本特征被强调，与原型相比，是在一定程度上删除其中某些细节而夸张其整体感，表现的是单纯之美和凝练之美，给欣赏者提供更丰富的想象空间。

（三）象征性

雕塑不是如实地再现生活中的各种形象，而是在生活形象的基础上，高度精炼地加工创造出新形象，以静示动，以少示多，以无声示有声，使欣赏者产生丰富的联想。

（四）装饰性

雕塑既然是三度空间上的立体物质，那就要占据一定的空间，其空间位置一旦固定下来，就构成了雕塑与环境的审美关系。黑格尔曾经说过：“一座雕像或雕像群，特别是一块浮雕，在创作时不能不考虑到它所要摆置的地点。”艺术家不应该先把雕刻作品完全雕好，然后再考虑把它摆在什么地方，而是在构思时就要联系到一定的外在的空间形式和地方部位。雕塑放置在一定环境中，是对环境的装饰，美的环境又会更好地衬托雕塑作品的艺术美。比如，在充满艺术气息的居室里，在恰当的地方摆上一尊维纳斯像，就会使得居室的艺术气息更浓，这浓烈的艺术环境，又使得维纳斯像更富于艺术魅力。

这样的例子很多。例如，西安顺陵站立的一尊石狮子，装饰意味就很浓，四条腿几乎呈直线，显而易见，创造者不是为了塑像而塑像，而是为了石雕与环境的结合，构成建筑的整体庄严和稳重气派。又比如，在意大利首都罗马的诺翁拉广场，有三座喷泉雕塑，其中《河之泉》雕塑，用四个老人象征世界四大河流，身边雕有四个地区的动物和植物，泉水从老人身后的岩石中喷出，像一座绮丽的岛屿。加上其他两座喷泉雕塑，使整个广场丰富、协调，弥漫着四海一家、和平、安宁、友好的气氛，笼罩着神秘、梦幻的色彩。

三、雕塑艺术欣赏要点

（一）品味形式美

雕塑是占有三维空间的立体艺术。它所塑造的形象具有实际的高度、宽度、深度，是真正的静态艺术，具有艺术本身的形式美。雕塑的形式美要求比例匀称、结构严谨，要通过形体展示形象的动势、情绪与生命力。例如，古希腊许多神的形象都是按照人体比例美学来塑造的，艺术家们创造和发现了一种黄金分割的美学秘密。他们在雕塑艺术上的高度成就，为后世的艺术树立了不朽的光辉典范。

我国陕西临潼的秦始皇兵马俑，数量惊人，形体硕大，气势磅礴，震撼世界。这些兵马俑具有高度的写实性，向世人展示了他们的形体美。

（二）环境和谐美

雕塑作品大多是为某一特定环境制作的，置于室外就要与环境（如日影、天光、地景、建筑等）发生关系，这就必须要有环境意识。优秀的雕塑作品与周围的环境协调，能作用于环境，并使环境成为作品的组成部分，共生出新的景观。

比如城市雕塑，就是指长期放置在城市广场、园林、街头或建筑物群前、桥头等固定位置上的雕塑，是与城市面貌相关的雕塑的总称。城市雕塑必须以城市环境为背景，从时间、空间、文化内涵和艺术形式上与城市空间环境形成相互联系的整体。让雕塑与环境共生的空间外化为一种文化语境，体现出城市空间的场所精神和象征意境。优秀的城市雕塑，往往成为城市文化的标志，起到美化城市的作用，如大连的《锚》、纽约的《自由女神像》等。

（三）感悟象征美

雕塑作品形象单纯，所以通常以象征性来表达主题。中国雕塑多用装饰性较强的人物、动物形象，赋予象征性和寓意性，如《锚》以“锚”象征充满生机活力的海滨城市大连。汉代霍去病墓雕刻，以“马踏匈奴”，象征大将霍去病的丰功伟绩。

西方雕塑多借助人体来象征某种思想，表达某种审美观念。例如，以《维纳斯》象征爱与美，《大卫》象征健与力。

活动设计

一、活动目的

了解雕塑艺术及其审美特点，提高对雕塑艺术的欣赏能力。

二、活动形式

表演、欣赏、讨论。

1. 两位同学上讲台摆一个他们自己认为很酷的姿势，让其他的同学讨论一下两位同学的姿势如何。

2. 平时见过哪些雕塑？它们给自己留下了怎样的印象？

3. 选择校园内某一雕塑作品进行欣赏。

相关链接

1. 西魏麦积山一二三窟的童女供养人

如果在云冈我们看到了印度文化和中国文化的交融，那么，通过麦积山的造像，我们可以发现另一种融合——就是南北的交融。主要因为魏孝文帝大力推行的汉化政策，迁都洛阳以后就派了大批工匠到南朝学习。南朝就是刘宋、南齐、萧梁、后陈的天下。虽然是小朝廷，但是经济、文化却有了长足进展。当时的文化风气十分绮丽讲究，大画家陆探微就是这时的人。他创造了一种典型，叫做“秀骨清相”，十分婉丽清秀。大概是受了这种影响吧，北魏的石窟艺术中也就出现了一种新的艺术形象，既有南朝的秀丽灵动，又有北方少数民族的刚健清新。骨气坚刚而姿容秀美。外圆内方造型法也得到了体现。西魏一二三窟的“童女供养人”可说是杰出的代表。

我们一贯主张含蓄，主张“笑不露齿”。在这里，我们看到一种温存的笑，一种纯洁的笑，一种智慧的笑，一种了悟真谛、悠然会心的笑，一种解脱了一切世俗烦恼的笑，一种超出人生但又并不否定人生的笑。既有南方姑娘的灵秀，又有北方姑娘的淳朴。这笑可以使人忘忧，这笑给人以无限的启迪。它无疑是中国古代雕刻中的一大创造。

2. 黄河母亲雕像（见图 7－1）

图 7－1　黄河母亲雕像

位于兰州滨河路中段、小西湖公园北侧，是目前全国诸多表现中华民族的母亲河——黄河的雕塑艺术中最漂亮的一尊，具有很高的艺术价值，在全国首届城市雕塑方案评比中，曾获得“优秀奖”。雕塑由甘肃著名的雕塑家何鄂女士创作，北京雕塑厂于 1986 年 4 月 30 日雕成，系一长 6 米、宽 2.2 米、高 2.6 米的花岗岩浮雕，总计 40 余吨。由“母亲”和一“男婴”组成构图。母亲秀发飘拂，神态慈祥，身躯颀长匀称，曲线优美，微微含笑，抬头微曲右臂，仰卧于波涛之上，右侧依偎着一裸身男婴，象征着哺育中华民族生生不息、不屈不挠的黄河母亲，和快乐幸福、茁壮成长的华夏子孙。雕像下基座上刻有水波纹和鱼纹图案，源自甘肃古老彩陶的原始图案，反映了甘肃悠远的历史文化。同时，水波纹和鱼纹也反映了黄河流域的先民们对自然现象敏锐的观察力。

图 7－2　乐山大佛像

3. 乐山大佛（见图 7－2）

乐山大佛地处四川省乐山市岷江、青衣江、大渡河三江汇流处，与乐山城隔江相望。乐山大佛雕凿在岷江、青衣江、大渡河汇流处的岩壁上，依岷江南岸凌云山栖霞峰临江峭壁凿造而成，又名“凌云大佛”，为弥勒佛坐像。乐山大佛是唐代摩崖造像中的艺术精品之一，是世界上最大的石刻弥勒佛坐像。大佛双手抚膝正襟危坐的姿势，造型庄严，排水设施隐而不见，设计巧妙。佛像开凿于唐玄宗开元初年（713 年），是海通和尚为减杀水势、普渡众生而发起，招集人力、物力修凿的，海通死后，海通的弟子接手修筑。直至唐德宗贞元 19 年（803 年）完工，历时 90 年。被诗人誉为

“山是一尊佛，佛是一座山”。

乐山大佛头部与山齐，足踏大江，双手抚膝，大佛体态匀称，神情肃穆，依山凿成，临江危坐。大佛通高71米，头高14.7米，头宽10米，发髻1021个，耳长7米，鼻长5.6米，眉长5.6米，嘴巴和眼长3.3米，颈高3米，肩宽24米，手指长8.3米，从膝盖到脚背28米，脚背宽8.5米，脚面可围坐百人以上。

任务五　舞　蹈

一、舞蹈概述

英国舞蹈家认为：“舞蹈是由感情产生的运动。”

美国舞蹈家认为：“舞蹈是身体的一种有节奏的运动。”“舞蹈在一定空间之中，合着一定的节奏所做的身体连续的运动。”

法国舞蹈家认为：“舞蹈是通过本能的或提炼的动作，惯常的或富有艺术性的表达思想感情的一种形式。”

日本舞蹈家认为：“舞蹈是存在于时间与空间之中的肉体的有节奏的运动。”

苏联美学家给舞蹈下的定义是：“舞蹈是一种通过艺术形象来揭示人的思想感情的艺术，而舞蹈的艺术形象是由形成一定体系的人体姿态的有节奏的和有组织的变换构成的”。

现代舞之母邓肯认为：“反借身体动作以表达思想感情的创造性活动，都是舞蹈艺术。”

舞蹈的独特之处在于它以人体的动态深刻地展示出人情、人性和人生的真谛，极大限度地展示其艺术魅力，使人们在欣赏之中受到感染和启迪。

（一）舞蹈的含义

舞蹈以人体为表现工具，通过有节奏、有组织和经过美化的流动性动作来表情达意。它是一种表情性的时空艺术。由于舞蹈是用千姿百态的舞蹈动作为语言来塑造艺术形象，借以抒发感情的，因而，人们称舞蹈为人体动作的艺术。

（二）舞蹈的分类

按舞蹈的内容分，可分为情绪舞和情节舞。

按性能，也可分为两种：一种是各民族各阶级都流行的日常生活中的风俗、礼节、仪式等舞蹈，它是自然形成的舞蹈形式，我们通常称之为生活舞蹈。如汉族的秧歌、腰鼓，藏族的锅庄，维吾尔族的赛乃姆，彝族的阿细跳月等。另一种是通过一种完整的艺术形式来表现的，如男子独舞《海浪》，用大海和海燕两个形象交错叠印，融为一体，用象征海涛翻滚和海燕飞翔的舞姿构成了一幅幅画面。同一位演员忽而是海燕展翅，忽而是海浪起伏，用自己的身体的有节奏的、富有形式美的运动，塑造出两个互相配合、互相映照、构成有机整体的形象——海燕和海浪。这样的舞蹈称为艺术舞蹈，它是由生活舞蹈发展而来的。我们平时说的舞蹈，主要就是指这种经过了艺术加工的舞蹈。

按表演者的数量，又可分独舞、双人舞、组舞、集体舞。但是比较流行的分法，是将舞蹈分为五类：古典舞、民间舞、芭蕾舞、现代舞和舞剧。

1. 古典舞

古典舞是指从古代流传下来具有典范性和古典风格的传统舞蹈。世界许多民族都有各具独特民族风格的古典舞蹈。如爱尔兰气势磅礴的踢踏舞，中国的古典舞大多保留在戏曲艺术中，剧中人物演唱和说白时的一举一动是舞蹈化的，也有成套的舞蹈组合，在表演上，手、眼、身、法、步的紧密配合是中国古典舞的传统特色。

2. 民间舞

世界各民族都有独特风格的舞蹈，其中民间舞蹈占有重要的地位。我国民间舞蹈大多数是和民歌相结合，采取载歌载舞的形式，因此也叫歌舞。民间舞具有鲜明的民族风格和地方特色，是广泛流传于民间的舞蹈形式，从人们的劳动和斗争生活中产生。由于各民族各地区人民的生活、风俗习惯、劳动方式以及历史地理环境的不同，从而形成了舞蹈的风格和特色的明显差异。在世代相传过程中，经过人民群众的不断加工创造，成为珍贵的民族文化瑰宝。

3. 芭蕾舞

芭蕾舞是欧洲古典舞剧的统称。芭蕾艺术是从 15 和 16 世纪的意大利贵族余兴戏剧演出脱胎而来的，形成于 17 世纪的法国，18 世纪传入俄国，19 世纪初期发展成为一门独立完整的艺术，创造了女演员以足尖立地跳舞的技巧，发展了各种腾空跳跃和旋转技巧，并有一套完整的训练体系，逐渐形成了不同风格的意大利、法国和俄罗斯学派，对世界文化产生了很大的影响。现在许多国家都有不同风格的古典芭蕾和著名的芭蕾作品。20 世纪初，出现了现代芭蕾学派。芭蕾艺术在“五四”运动前后传入我国，新中国成立后组建了专业的芭蕾舞剧团体。

4. 现代舞

现代舞摆脱了古典芭蕾的程式和束缚，强调以自然的舞蹈动作，自由地表现感情和生活。现代舞蹈是 19 世纪末和 20 世纪初在欧美兴起的一种舞蹈流派。其主要美学观点是反对当时古典芭蕾因循守旧、脱离现实生活和单纯追求技巧的形式主义倾向；主张摆脱古典芭蕾过于僵化的动作程式的束缚，以合乎自然运动法则的舞蹈动作，自由地抒发人的真实情感，强调舞蹈艺术要反映现代社会生活。美国舞蹈家伊莎多拉・邓肯被公认为是现代舞的创始人，她认为古典芭蕾的锻炼会造成人体的畸形发展。她向往原始的淳朴和自然的纯真，主张“舞蹈家必须使肉体与灵魂结合，肉体动作必须发展为灵魂的自然语言”，真诚地、自然地抒发内心的情感。而系统地为现代舞派建立起一套较为完整的理论和训练体系的是匈牙利人鲁道夫・拉班，他创造了一种被称为自然法则的训练方法，把人体动作的构成归纳为砍、压、冲、扭、滑动、闪烁、点打、飘浮八大要素，认为正确处理各要素之间的关系，就能组成各种动作。他创造的“拉班舞谱”至今仍为世界上最有影响的舞谱之一。

5. 舞剧

舞剧是以舞蹈为主要表现手段，综合音乐、哑剧、舞台美术等因素，以集中塑造人物形象，展现生活中的矛盾冲突的一种戏剧形式。具有完整的戏剧结构的舞剧中的舞蹈一般以古典舞或民间舞为基础，以结合剧中人物的性格和情节发展，分情节舞和表演舞两类，情节舞展现故事情节和人物性格，表演舞主要描写剧情所发展的时代和环境特征。

二、舞蹈艺术语言

舞蹈是艺术的一种，它以情感为动力，以人体为工具，以艺术化的人体动作为物质材料，在一定的空间之内合着一定的时间（节奏）连续不断地运动，是以鲜明的表现性特点外化人的思想感情、表现社会生活的一门古老而又年轻的艺术。

尽管舞蹈作品的类别、品种、样式、风格各有不同，但它们都具有人体的、时空的、综合艺术的共同特征，它们的艺术语言都由一些相对稳定的因素构成。

（一）结构语言

舞蹈的内容来自客观生活情景与舞蹈家主观感受的“撞击”。比如，新中国成立之后第一部大型舞剧《宝莲灯》，是由戏曲剧目《劈山救母》改编而来的。这是一部典型的“戏剧式结构”样式的舞剧。这种结构样式的特点是以戏剧情节为依据，沿着故事情节的发展线索的逻辑关系进行分幕分场的结构及人物的安排。这种结构类型，又称之为“线形结构”样式。

再比如舞剧《无字碑》，则选取1300多年前中国第一位女皇——武则天一生中的几个片断：“不屈命运”、“母爱升华”、“治世之争”、“武周大典”等勾勒武则天从宫女、才人到武周女皇的轮廓。这种结构类型，一般是从几个侧面、几个角度投射于人物的命运或性格，几个片断既可独立成章，又可将几大块联成一体，故而，这种结构样式又被称为“块状结构”。

（二）动作语言

动作是舞蹈语言的核心元素，是构成舞蹈语言的基本材料，是形成舞蹈语言具有直接可视性的物质前提。简言之，动作是舞蹈艺术赖以存在的条件。

舞蹈语言不是哑语手势的解释，也不是文字语言的直接图解，而是通过连绵不断的、具有强烈感情色彩的舞蹈动作去表现人物的内心感情，使观众通过这流动的视觉形象去感受人物的内心感情或作者的表现意图。

（三）时空语言

舞蹈语言既有空间属性，又有时间属性。舞蹈的内容（情感、思想）在一定的空间中展现，又在一定的时间中流动。通过空间的展现，使作品的内容变成直接可视的对象；通过时间的流动，使内容成为连绵不断呈现的过程。空间与时间的互相依存、互相构成，便成为舞蹈语言的基本存在方式，也是舞蹈语言美学特征的重要标志。在舞蹈艺术中，动作语言与音乐语言共同承担着表现内容的任务，它们犹如一条铁路上并肩平行的两根铁轨，共同承载着同样的表现任务。

（四）舞台呈现语言

舞蹈有着鲜明的直观性特点，它的内在激情通过动作语言的负载，成为直接可视的对象；它又是流动的，在音乐（节奏）的陪伴下绵绵不断地持续呈现。既有形可见，又流动持续，这便是舞与诗、乐的区别。舞蹈艺术是由内在的心动、情动去驾驭外部的“形”动的。舞蹈中的高难度技巧，也是为了表现一定的情绪、一定的思绪，或营造某种环境氛围而存在的。舞蹈的人体，是由心灵驾驭的人体；舞蹈的心灵，是由人体外化的心灵。身心一致，表里透明，身体与心灵一起飞翔，这便是舞蹈这种人体艺术所具的特殊品格。

三、舞蹈艺术的审美特征

（一）直觉性

舞蹈和所有表演艺术一样，其主要的审美特征就是直觉性。也就是说，它们的艺术形象是直接为观众所感知的。例如，我们观赏一个舞蹈作品时，大幕一打开，呈现在舞台上的人物造型、服装款式和色彩、不断变化的动作姿态以及舞蹈队形画面的不停流动，随着音乐的旋律、节奏，一下子就通过我们的视觉和听觉器官输入我们的大脑，形成一种舞蹈形象的表象感知，一般不必经过理性的思考和逻辑的判断，就可以使我们得到审美的感受。这种舞蹈的直觉性，虽然表现为一种不假思索的审美判断，好像完全是一种感性的直接反应，其实每个人的这种直觉的审美判断都是建立在他过去舞蹈审美经验积累的基础上所形成的理性积淀和自然结果，这也体现着一个人舞蹈文化素养、舞蹈审美能力和舞蹈审美水平。

（二）情感性

情感性是一切艺术给人以美感的极为重要的特征之一。舞蹈作为一种抒情性为内在本质属性的艺术，这一特点就更为鲜明和突出。它有别于其他艺术的特点就在于：一是情绪感染的直接性；二是情绪感染的强烈性。由于舞蹈是用人体自身的动作直接表现自己的情感的艺术，它所表现人的内心世界各种繁多复杂的情感，其细腻、其深刻、其强烈的程度都要远远超过其他艺术；而它所具有的人体动感的直接传导性又比使用文字、语言、声音、色彩、线条等为表现手段的艺术形式有着更为优越的条件。

（三）思想性

舞蹈艺术在本质上虽然是一种抒情性的艺术，和其他艺术一样，它不仅表现情感，也表现思想，而且能够表现更为深刻、更富于概括性和哲理性的思想。新中国成立以来，我国产生了一大批优秀舞蹈作品，普遍突出的特点就是它们既能使观众产生强烈的情感上的共鸣，同时又能使观众产生更深刻的理性思考，有着较深刻的思想内涵。欣赏这类舞蹈，一般大多从悦目悦耳进入悦心悦意，再达到悦神悦志；从感性的意会进入到理性的领悟，从而产生意味无穷的审美感受。

（四）民族性

由民族的历史文化传统、民族社会生活的发展、民族的共同爱好情趣以及民族的感知、想象、情感、理解的思维定势所形成的审美心理和欣赏习惯，对于构成人们的舞蹈审美感受方式有着直接的制约作用，而舞蹈的民族性则是增加舞蹈美感的重要因素。所谓舞蹈的民族性，一般都包括舞蹈的民族内容（民族生活、民族心理、民族精神等）和舞蹈的民族形式（构成舞蹈艺术形象的舞蹈语言、舞蹈结构、舞蹈风格、舞蹈韵律等）的特性。从舞蹈美感的角度来看，人们的审美情趣、审美爱好，既受民族传统的欣赏爱好和习惯的制约，同时也受时代民族生活内容不断发展变化和舞蹈艺术形式为适应这种发展变化而进行的革新创造的直接影响。因此，舞蹈美感的民族性，并不是一成不变的，而是和时代、社会、舞蹈艺术的发展同步发展的。

（五）愉悦性

舞蹈美感是一种舞蹈审美的愉悦和欢乐，是舞蹈审美的快感，这其中就包含了舞蹈美感的愉悦性这个特征。舞蹈的认识、教育等作用必须经过审美的通道才能发生效力，而舞蹈美感愉悦性的直接表现，就是给人以直接的美的享受，给人以愉快的享受，给人以审美能力的提高。这也就是说，舞蹈艺术除了可以帮助人们认识生活，给人们带来令人向往的理想之光，唤起人们改造生活、建立和追求美好生活的勇气和力量以外，它还能直接使人们享受到美的欢乐和愉悦。

四、舞蹈艺术欣赏方法

舞蹈美的不同层次，对应着欣赏者自身对美的发现与感觉。也就是说，客体的美须通过主体对美的把握，方能感受到美之所在、美之动人、美之高尚。

（一）舞蹈形式美

舞蹈的形式美主要表现在人体、动作、舞台构图、舞台美术几个方面。

舞蹈着的人体，是艺术活动中的人体，它既是舞蹈的工具，又是舞蹈多层次美的物质载体，更是观众接受舞蹈美的第一视觉对象；动作，是表现感情的物质材料；舞台构图，是通过人体动作在舞台空间勾画出来的流动画面，这种流动画面当然是为了表现某种情绪而设计的；舞台美术，是指舞蹈中的景、光、色、服（装）、道（具）、化（妆）等综合元素。

人体、动作、舞台构图、舞台美术这些有形可见的形式自然具有美的独立性，但是，它们终究只是一些独立的局部，是一些视觉可见的表层。舞蹈，是一种擅长表现人的内心世界的艺术，舞蹈作品如果仅仅满足于娱人眼目，那就不能称为一部好的作品。舞蹈欣赏，如果只停留在娱人眼目的层次，那也只是一种浅层次的欣赏。

（二）情绪意境美

对于情绪意境美的欣赏，既要对形式美有较敏锐的感觉，又要有主体积极投入的心理冲动。

欣赏舞蹈，不仅要有艺术的“眼光”，还要有艺术的“心灵”。因为，舞蹈艺术本身就是灵与肉、情与思的美妙结合，是身体与心灵一起飞翔的艺术。只有“心灵的眼睛”去体会那形式美中所蕴涵的情绪与意境，才能真正“看懂”一部作品，也才是真正地看懂了形式的美之所在。

（三）舞蹈整体美

舞蹈，是一门综合艺术，同时又在综合中突出舞蹈自身的特性。如果我们用一句简练的话来概括舞蹈特性的话，那就是“诗心、乐性、舞体”。

诗心，是指舞蹈作品的意义、意境、意味犹如诗歌一样的概括，简练又具有很强的抒情性；乐性，是指舞蹈作品的空灵性、感受性和想象性等特点；舞体，是指舞蹈作品的直观性、直接性和形式美的规范性。

因此，欣赏舞蹈应该感受和认识它的整体美，包括文学性、音乐性、造型性和思想性等，这样才能进一步把握它的社会价值，从而获得更强烈的、更高层次的审美感受。

活动设计

一、活动目的

感受舞蹈的魅力，体会舞蹈与个人形体的联系。

二、活动形式

表演、欣赏、讨论。

提示 让学过或练过舞蹈的同学做一些舞蹈动作，其他学生模仿他们的动作。

讨论 舞蹈动作与个人形体之间有什么联系？

相关链接

“芭蕾”起源于意大利，兴盛于法国，“芭蕾”一词本是法语“ballet”的音译，意为“跳”或“跳舞”。芭蕾最初是欧洲的一种群众自娱或广场表演的舞蹈，在发展进程中形成了严格的规范和解构形式。其主要特征是女演员要穿上特制的足尖鞋立起脚尖起舞。作为一门综合性舞台艺术，芭蕾17世纪在法国宫廷形成。1661年，法国国王路易十四下令在巴黎创办了世界第一所皇家舞蹈学校，确立了芭蕾的五个基本脚位和七个手位，使芭蕾有了一套完整的动作和体系。这五个基本脚位一直沿用至今。

任务六 影 视

一、影视艺术概述

（一）电影艺术、电视艺术与影视艺术的含义

电影艺术是利用现代摄影技术手段，以画面和音箱为媒介，以戏剧和绘画为基础，在屏幕上创造形象，反映和再现生活的一门艺术。它是综合吸收了绘画、音乐、舞蹈、雕塑、建筑、戏剧等各门艺术的一些表现方式与方法而发展起来的一门艺术种类。

电视艺术是一门独立的新兴的现代艺术种类——“电质化”艺术。电视通常以“TV”作为代号，是从英文“television”简化而来的，意即“远距离传送的画面”。电视的内容很广泛，可以播放电视剧、电影、新闻、晚会、讲座等信息。我们这里讲的电视艺术指以电视剧为代表的影视艺术。

影视艺术是电影艺术与电视艺术的统称。电影艺术与电视艺术是两种艺术样式，有着各自的特殊性，如二者成像的原理不同、传播的媒体不同、欣赏的方式不同等，但它们所产生的形象形态是相同的，都是活动影画，使用同样的语言，运用同样的表现手法，都是屏幕艺术，其审美特征基本一致。故把电影艺术与电视艺术统称为影视艺术。

（二）影视艺术的产生

电影源于我国古代的“影灯”。公元前140年左右，汉武帝命人制成“影灯”，不久，民间出现由蜡烛灯光、纸人纸马和外壳组成的“走马灯”。至宋代，已有在形式上接近现代电影的“灯影戏”，即皮影戏演出。且于13世纪传入波斯、阿拉伯国家和土耳其，其后

传入了法国、英国等地，被称为“中国影灯”。

19 世纪中叶，最早的摄影机和放映机诞生，并逐步完美。1895 年 12 月 28 日，法国首次放映了 5 部短片，标志着电影的诞生。

初期的电影只有画面而无声音，后来虽然把爱迪生发明的留声机和放映机合并，但仍难以使声画同步。1927 年 1 月 6 日，美国放映了世界上第一部有声电影《爵士歌王》，从此电影进入有声阶段。1935 年，美国的彩色电影《浮华世界》问世，后又出现了宽银幕的形式，大大增加了画面的容量。目前，电影技术日趋进步，种类日益繁多，已经出现了诸如全景电影、立体电影、汽车电影、动感电影、香味电影等特色电影。

电视的历史比电影的历史还短。1877 年，法国构想出人类最初的电视发射系统。1929 年，英国第一次播出了无声电视，第二年开播了有声电视。1936 年英国建立了电视台，法国、美国、苏联等国也相继建立了电视发射和接收系统。1940 年美国制成第一台彩色电视机。目前，电视覆盖面超越了国界、洲界。闭路、加密、专用等形式丰富了电视艺术功能。大屏幕、微型袖珍、超薄型、多画面电视机等都已成批生产，光控、声控系统也不断完善。

二、影视艺术的审美特征

（一）影视艺术是异于众艺而又博采众艺的综合性艺术

影视艺术从诗中学得了语言和韵律；从小说中得到了故事和情节；从戏剧中汲取了角色和表演；从摄影中搬来了光线和色彩；从音乐里“窃”来了音响流动；从画师处“偷”得了构图和情趣；从建筑那里临摹得到了结构。它吸取了上述各种艺术的精华，变成了一门崭新的艺术。

电影电视的综合性，使得它有着丰富多样的艺术表现力。它打破了现实时空和舞台时空的束缚，它既可以在空间上迅速转移，又可以在时间上自由转换。电影《牧马人》，一开始的画面是蓝天似盖，大地如盘的敕勒川草原，可第二个镜头一下子就转移到了北京饭店，许景由的秘书宋蕉英在向中国旅行社的工作人员打听许灵均；北京饭店房间里许灵均在剥着茶叶蛋，想起了秀芝，场景一下子又跳到了敕勒川牧场到县城去的黄土路上。可以说，人物活动需要什么空间，就可以转移到什么空间。再看时间的转换，北京饭店，许灵均从楼上眺望着天空，是现在，而随着旁白“30 年了……”一下子回到了 30 年前，时间转换也是很自由的。

电影、电视的影像，只要符合生活逻辑，只要艺术需要，可以自由分切，可以自由组合，任何画面都可以和其他画面并列，任何音响都可以和其他音响并列，这种千变万化的组合，给电影、电视创作带来了极其丰富的创作天地和表现手段，使得电影电视获得了造型的美、诗情的美、韵律的美、哲理的美。比如，美国的电影《翠堤春晓》，我国的电影《生活的颤音》、《二泉映月》就是以音乐美见长；而美国的《黑驹》，法国的《白鬃野马》，我国的《农奴》、《我们的八路军》则被人们举为以造型见长的散文绘画诗。

（二）影视艺术的结构方法和结构方式及核心内容是蒙太奇

电影、电视通过蒙太奇手段组接画面，调度音响，创造银幕形象。蒙太奇，是法语译音，原为建筑学上的一个常用术语，意思是装配、构成。在电影艺术中，它是构成方法与构成手段的总称。有人把它说得神乎其神，其实，它不仅指镜头的衔接，更重要的是对电影的各种组成要素如时间、空间、运动、画面、音响、表演、光效、色彩、节奏等的组织和综合。苏联电影《战舰波将金号》那段起义水兵炮击沙皇在敖德萨的司令部的戏，影片用睡卧的石狮、抬起头的石狮、跃起怒吼的石狮三个镜头快速闪接炮击场面，隐喻人民忍无可忍、奋起反抗沙皇残暴的专制制度，成为蒙太奇的典范。

蒙太奇手法在电影电视中有着十分重要的作用，它可以完整地叙事，可以抒情与写意，可以表现同时的动作，可以创造独特的时空……蒙太奇问题，是一个极其复杂而又十分关键的问题，可以说，要打开影视艺术的大门进行电影艺术美的欣赏，它是一把重要的金钥匙。

（三）影视艺术是造型性与运动性相结合的艺术

影视艺术是在电影银幕或电视屏幕上造型，靠画面的运动使得影视形象“活”起来。因此，造型性与运动性的有机结合构成了影视艺术重要的美学特征之一。

造型性是个比较广泛的概念。它包括美工、摄影（摄像）、导演总体构思中的造型艺术部分，乃至演员的外部造型等许多内容，这些内容在电影、电视中都是通过画面反映出来的，因而电影、电视的画面造型集中体现了电影、电视造型的美学特征。画面造型如同绘画、雕塑、摄影一样，既是传递信息的手段，又通过造型展现出巨大的艺术感染力。

画面造型性可以通过色彩、光线、构图等来表现。比如，苏联影片《这里的黎明静悄悄》就是依靠色彩来进行画面造型的：当一群沉浸在和平生活的幸福之中的年轻人，在灿烂的金秋中兴高采烈地尽情度假时，画面采用了高调彩色来表现这第一时空；当影片回顾过去那场残酷的战争时，表现人物造型的画面采用涂了茶色的黑白片来表现这第二时空；当表现五位女战士对美好往事回忆的时候（即“过去之过去”时），画面采用了乳白色的高调摄影，爱情的画面用了全红的高色调，产生一种过去时的生活氛围，以此来表现第三时空。

画面外部造型的这种色调，不但能使观众迅速理解和适应这种时空的大幅度跳跃，而且具有深刻的哲理内涵，通过特定的色调表现出战争的残酷与和平的美好。又比如中国电影《绝响》，就是通过不同的用光，力图在造型上赋予每个时代各自不同的鲜明特色，以增强表现力：表现20世纪60年代，是运用了清新、柔和的直射光；表现20世纪70年代，则是运用了阴沉沉的散射光，大反差地表现昏暗、压抑等。再如，在画面构图上，《早春二月》采用的是和谐、均衡、富有美感的画面构图，很好地表现了世外桃源式的江南小镇的风貌。

有人将电影、电视称为“活动的绘画”，运动性有着决定性的作用，这正是它区别于绘画、雕塑等其他造型艺术的根本所在。因此，连续的运动是电影、电视的又一美学特征。

影视的运动所涉及的内容也十分广泛。它包括客体的运动，即拍摄对象的运动；也包括主体的运动，即摄影机（摄像机）的运动；还包括主客体的复合运动，即影片中人物所看到的运动：更包括蒙太奇剪辑组接的运动，将两个静止的画面衔接起来，造成时空的自由跳跃。这些运动的复杂组合形成影视中连续不断的多动形式的运动，构成了影视迥异于其他艺术的美学特征。

当然，造型性与运动性两者之间是对立统一的辩证关系，造型性更多地注意了每一个画面本身；运动性则更多地关注画面与画面之间的联系。同时，造型性又不能脱离运动，画面造型的叙事、抒情、传神，情节的发展等必须在运动中才能得以实现；而运动性如果离开了造型性，就无法达到运动的目的，运动就会变得毫无意义。

（四）影视艺术是逼真性与假定性相结合的艺术

影视艺术是一种给逼真地再现现实提供了最大可能性的艺术。它能真实、精确地再现事物的一切特征。影视的逼真性来源于影视画面的照相本性，具有直观的纪录性。声音和色彩的出现，更加丰富和发展了电影、电视的这种逼真性和纪实性功能。影视表现的是一种直观的真实。这种直观的真实，使得电影观众不能容忍银幕上的任何虚假。影视中的道具、服装、布景、表演上任何一个细节的失真，都会直接影响观众的审美感受。影视表现的应该是生活的本质。影视形象如果不能体现这种本质的真实，即使画面是逼真的也是不真实的，因此，影视艺术又应该是“本质的逼真”。电影、电视的逼真性不排斥影视艺术家的主观作用，使得影视艺术通过艺术家的主观努力更接近现实，更逼真。

所有的艺术都有假定性，影视艺术也同样如此。影视艺术绝不是对现实生活的照搬，而是像所有艺术所共有的规律那样必须通过对生活素材的选择、提炼、加工、综合，使之更强烈、更集中、更富典型意义，反映生活的本质。影视艺术同样需要通过艺术的媒介对客观环境进行非原样的表现。比如电影中的时空，并不是客观现实中的时空，而是再造的一种时空。它能够打破时间、空间的自然连续性，加以切割并重新组接；它也能够利用各种技术手段去缩短或拉长实际时间，扩展或压缩实际空间；它还能够利用“闪回”来创造假定时空，因为“闪回”表现的是剧中人物的想象或回忆，因而这种想象与回忆的时空就呈现出明显的假定性。当然，影视中的时空的假定性，更多的是通过蒙太奇来实现的，因为要打破时空的自然连续性，必须通过蒙太奇切去中间的过渡部分，组接成新的时空转换，实现时空的跳跃。这里蒙太奇的本质就是假定性的。毫无疑问，影视中的时空再造必须符合其固有规律具有的内在逻辑。

影视语言和表现手段，诸如声音、色彩以及特技摄影等都具有假定性。比如苏联影片《一封没有寄出的信》结尾，画面上雪地里躺着一个小小的人形，但这个人的心脏的搏动声却响彻了整个放映大厅，这在现实中是不可能的，可电影中的这个声音的假定性却是被观众所认可。再如意大利电影《红色的沙漠》里，导演把大片的沙漠都变成了红色，这样的色彩假定，使画面具有了强烈的象征和隐喻色彩。至于说影视中的特技假定性，那就更加明显了，电影中的快镜头、慢镜头等就是最常见的例子。

综上所述，影视的逼真性与假定性同样是对立统一的关系。影视的逼真性靠其假定性来艺术化地反映生活的本质，假定性又以逼真性为前提，这就构成了影视又一独特的美学特征。

三、影视艺术欣赏的主要方法

（一）懂得影视艺术的语言

影视艺术语言有着自己独特的叙述事件、表达感情的方法。

如一辆汽车飞驰而过，这样的画面不能告诉我们什么，但是后面紧接着的画面是马路中间的一只箱子，观众就会联想到，这是从汽车上掉下来的。如果再接下来的镜头是路人纷纷涌向这只箱子，争夺它。观众就会联想到，箱子里面可能藏有贵重的物品。如果路人都四散奔逃，那就意味着箱子里藏的可能是炸弹。这样构成的画面就有了叙事的作用，同时也会调动观众的情绪，或者兴奋，或者紧张……这就是影视在叙事。

影视就是用这样的语言叙述事件、表达思想感情的。它需要导演巧妙地使用电影语言，也需要观众的介入，也就是在观看影视时积极参与，动脑筋思考、联想。当然，在很大程度上，这种思考、联想是观众在无意中进行的，是被影片激发起来的。可见，影视艺术要靠影视工作者和观众双方的努力，没有观众的积极参与，一部影视作品不可能被理解。

（二）了解影视作品的文化背景

影视艺术总是反映特定的时代背景下某一方面的社会生活。所以要明确地评价一部作品，就要将它放到作品所反映的时代背景中进行历史分析。这就要求我们了解影视作品所反映的文化背景。

20 世纪 80 年代，我国的一部影片中有这样的片段，一位青年工人在失恋后，在昏暗中点着一支烟，默默地走着，他后面是闪耀着红光的钢铁厂。影片本意是表现失恋者的痛苦，可能还暗示着主人公想振作起来的心理。可是一位美国电影家在看完这部影片后，却问影片导演是怎么构想出了这样精彩的具有强烈“性暗示”的情节，这种误解完全是因为文化背景不同造成的。

可见，一部影视作品要被观众所理解，除了导演拍片时要考虑能让观众看懂外，观众也要提高自己，以达到能够欣赏不同影视作品的水准。同时，还要积累自己的生活经验，扩大自己的眼界和知识面，这样才能逾越横亘在影视作品和观众之间的“障碍“。当你克服了、逾越了这些“障碍”之后，你就会发现影视作品中蕴藏着那么多值得欣赏的美，以及那么多值得思考、值得探讨的问题。

（三）欣赏影视作品的音乐

影视作品中的音乐有声乐和器乐两类，分为主题歌与插曲，器乐分为主题音乐与背景音乐。主题歌的功能是渲染作品主题，它通常是主题音乐的表现形式。插曲的功能是调节影片节奏和气氛，抒发感情。影视音乐与剧情和画面融为一体，给观众以丰富的视听美感。

（四）欣赏演员的表演

演员在影视艺术中有举足轻重的作用，演员的表演是影视艺术的主要审美因素。要从以下几个方面来欣赏演员的表演艺术。

1. 形体外貌

演员的形体外貌要给观众以美感，这不仅在强调演员的外貌，更是在强调形体也要有鲜明的特点和魅力。影片《巴黎圣母院》中的敲钟人的形体外貌和美国演员卓别林所扮演的角色的形体外貌并不漂亮，甚至丑陋，但个性鲜明，有特殊的魅力，令人长久难忘。此外，影视艺术要求演员的形体外貌与他们所扮演的角色相吻合。电视剧《刘老根》中范伟扮演的李保库的外表形象十分成功，不出众的外表却展现了一个活生生的东北农村“文化人”的形象。

2. 动作表情

表演艺术主要是动作和表情的艺术。影视演员的动作表情必须十分自然，动作表情的程式、幅度、力度必须符合角色的个性、心理和影片规定的情景。演员必须要表现角色，而不是表现自己。表演中的创造，只能是对角色的创造。

3. 内部气质

影视艺术要求演员对自己所扮演角色的内部气质体验深刻、理解透彻。内部气质是动作表情的依据。演员只有准确地把握了角色气质，才能真实、丰富、深刻地进行表演。影片《老井》中的男主角孙旺泉的内部气质是一种苦难与抗争的结合体，演员演出时必须准确地体现出这种心理感受、气质风度。扮演者张艺谋为了寻找和体验塌方后的垂死感觉，三天半没吃一口饭；为了感受背石板的艰辛，一连多日每天背四五趟石板；为了使自己的手向农民一样粗糙，有空就用手掌在地上搓。这样刻苦地体验生活、体验感情，终于使他的演出产生了巨大的艺术魅力，从而获得日本国际电影节最佳男演员称号。

活动设计

一、活动目的

学习欣赏影视艺术的方法。

二、活动形式

研讨会。

集体观看学生喜欢的影视作品，然后把学生分成四个组，分别对影视作品的语言、文化背景、音乐、演员的表演四个方面作出分析与评价。

参 考 文 献

[1] 段伟. 大学生素质教育指南 [M]. 北京：科学出版社，2008.

[2] 蒙坪，邹静，刘文. 大学生素质训练教程 [M]. 成都：西南交通大学出版社，2007.

[3] 雷五明. 绝不迷茫——青年职业心理测评与生涯规划 [M]. 武汉：华中科技大学出版社，2005.

[4] 徐畅，庞杰，黄天民. 大学生基本素质训练教程：礼仪、团队、心理、拓展训练 [M]. 北京：清华大学出版社，2009.

[5] 吴兆方，陈光曙. 大学生素质拓展训练 [M]. 上海：同济大学出版社，2010.

[6] 李国俊，方大钧，李闽. 大学生素质育化指导 [M]. 苏州：苏州大学出版社，2009.

[7] 阚雅玲，张强. 大学生成功素质训练 [M]. 北京：机械工业出版社，2007.

[8] 严文思. 高职大学生成才与素质教育 [M]. 北京：北京理工大学出版社，2008.

[9] 车辉. 大学生人文素质修养 [M]. 北京：化学工业出版社，2009.

[10] 向群英，唐雪梅，赖芳. 大学生心理素质教育与训练 [M]. 北京：科学出版社，2010.

[11] 郭云贵. 大学给了我们什么 [J]. 教育与职业，2004 (8).

[12] 王凌峰. 大学生职业规划与就业指导 [M]. 北京：中国时代经济出版社，2005.

[13] 赵北平，雷五明. 大学生生涯规划与职业发展 [M]. 武汉：武汉大学出版社，2006.

[14] 傅佩荣. 走向成功人生 [M]. 北京：国际文化出版公司，2005.

[15] 严肃，陈先红. 大学生心理素养 [M]. 合肥：中国科学技术大学出版社，2008.